Said Musa Samimy • Pufferstaat

Für Zakiah, meine Ehefrau

SAID MUSA SAMIMY

Pufferstaat

Zum Debakel der „Legitimation“ der politischen Herrschaft in Afghanistan

FRIELING

Bibliografische Information der Deutschen Nationalbibliothek
Die Deutsche Nationalbibliothek verzeichnet diese Publikation in der Deutschen Nationalbibliografie; detaillierte bibliografische Daten sind im Internet über http://dnb.d-nb.de abrufbar.

Rheinstraße 46, 12161 Berlin
Telefon: 0 30 / 76 69 99-0
www.frieling.de
ISBN (Print): 978-3-8280-3793-9
ISBN (E-Book): 978-3-8280-3794-6
1. Auflage 2023
Bildquelle: pixabay, Archiv des Autors

Printed in Germany

INHALT

Prolog **7**

Einstieg in die Thematik: „politische Legitimation" als Kriterium der Herrschaft **9**

I. Kapitel: Zu Spezifika der historischen Entwicklung eines gebirgigen Raumes **16**

Von der ferneren Vergangenheit bis zur erblichen Monarchie

II. Kapitel: Pseudolegitimation der Herrschaft im Namen der „Werktätigen" **41**

Zur staatsbürokratischen Herrschaft der Demokratischen Volkspartei Afghanistans, 1978–1992

III. Kapitel: Zur theokratischen „Legitimation" der Machtausübung der Islamisten **85**

Herrschaft Gottes auf Erden, 1992–2001

IV. Kapitel: Defizitäre demokratische Legitimation der Herrschaft **136**

„Anokratie der neu etablierten Oligarchie" im Namen der Demokratie, 2001–2016

V. Kapitel: Historischer Rückblick: imperiale Beziehungen der USA zu Afghanistan **234**

Zum ergebnislosen Versuch einer Imperialmacht, in Afghanistan Fuß zu fassen, 1919–2021

VI. Kapitel: Das überraschende Finale des „demokratischen Gesellschaftsmodells" **273**

VII. Kapitel: Rückkehr der „Tahrik Islami Taliban" **289**

Afghanistan steuert auf eine Katastrophe ungeahnten Ausmaßes zu

Epilog: Von einer segmentären Gesellschaft zur Nation: eine Sisyphusarbeit **366**

Quellen und Anmerkungen **373**

Referenzen **390**

Biografie und Werke des Verfassers **394**

Prolog

Eine umfassende historische Darstellung des Territoriums am Hindukusch, das nun seit etwa 150 Jahren Afghanistan heißt, gleicht einem Minenfeld, bei dessen Betreten man sich rasch verletzen kann. Denn es sind vielfältige Faktoren, die als externe und interne Determinanten in einem komplizierten wechselseitigen Verhältnis das historische Schicksal des Landes bestimmt haben. Das Spektrum dieser Determinanten reicht von der geografischen Situation auf dem Kreuzweg der Kulturen über vielfach unterschiedliche topografische Konstellationen bis hin zur ausgeprägten Diversität der dort beheimateten Völkerschaften. Über die historisch-geografische Entwicklung hinaus ist Afghanistan nun seit etwa 40 Jahren als eine „institutionelle Anarchie" kaum beherrschbar.

Afghanistan gilt seit langem als strategisch wichtiger Pufferstaat zwischen den rivalisierenden Großmächten. Doch wie hat sich diese Rolle auf die Legitimation der Herrschaft in Afghanistan ausgewirkt? In meinem Buch „Pufferstaat – Zum Debakel der ‚Legitimation' der politischen Herrschaft in Afghanistan" untersuche ich die Geschichte des Landes und die Auswirkungen der ausländischen Einmischung auf die Legitimation der Regierung.

Ich gehe dabei auf die verschiedenen Regime in Afghanistan ein, angefangen bei der Monarchie bis zur aktuellen Regierung. Hierbei untersuche ich die unterschiedlichen Faktoren, die die Legitimität dieser Regierungen beeinflusst haben, z. B. die soziale Hierarchie innerhalb der einzelnen Stammesstrukturen, die unterschiedliche Stadt-Land-Mentalität, die ethnischen Konflikte und/oder den Stellenwert der Religion. Gleichzeitig beleuchte ich die Einflüsse von außen, insbesondere die politischen und militärischen Interventionen der USA und die strategischen Interessen der russischen Föderation wie auch der Volksrepublik China und anderer Anrainerstaaten Afghanistans. Im Hinblick auf die aktuelle Entwicklung, die mit der Machtübernahme der Taliban-Milizen im August 2021 das Land in eine Katastrophe ungeahnten Ausmaßes gestürzt hat, beleuchte ich die vielfältigen Hintergründe dieser Krise im Einzelnen.

Ich versuche in diesem Werk einen gründlichen Einblick in die Gesellschaft und Wirtschaft Afghanistans zu vermitteln und mit einer chronologisch geordneten Analyse der Hintergrundereignisse die Ursache der heutigen mehrdimensionalen Krise zu skizzieren. Bei meinem Vorhaben hat mich Dr. Peter Oesterdiekhoff von Anfang an begleitet. Für seine Unterstützung danke ich ihm herzlich. Es muss jedoch rasch hinzugefügt werden, dass für jeden Mangel allein der Verfasser verantwortlich zeichnet.

Einstieg in die Thematik: „politische Legitimation“ als Kriterium der Herrschaft

Das heutige Afghanistan verfügt als Staat über ein zusammenhängendes Territorium, ist aber als Nation ein zersplittertes und vielfach heterogenes Konstrukt, ein kompliziertes Produkt historisch bedingter interner und externer Determinanten: Formiert als eine „Satrapie“, eine Provinz des Chorasan-Imperiums, in der Mitte des 18. Jahrhunderts, hat das Land seither eine Variation von Ausdehnung und Schrumpfung seiner Fläche erfahren. Chorasan bedeutet in der persischen Sprache „woher die Sonne kommt“ oder „die östliche Provinz“. Die Herrscher dieses neu gebildeten Landes nannten sich „Könige Chorasans“, das in der Historiografie der britischen Forscher erst im 19. Jahrhundert als „Kingdom of Kabul“, Hauptstadt des heutigen Afghanistans, charakterisiert wurde (Elphinstone, 1991, 105 und Laslzad, 2019). In den Verträgen von 1838 und 1839 zwischen Großbritannien und Schah Schoja in Lahore und Kandahar wird Letzterer noch nicht als König von Afghanistan bezeichnet (Farhang, 1988, 554 und 555). Der britische Schriftsteller Gleig bezeichnete noch 1846 das paschtunische Territorium als „Kingdom of Cabul“; er schrieb wörtlich: „Es ist unmöglich, die gegenwärtigen Grenzen des ‚Kingdom of Cabul‘, des Königreichs Kabul, mit einiger Genauigkeit festzulegen“ (Gleig, G. B., 1846, 13). Erst im Vertrag von 1857 zwischen Großbritannien und Dost Mohammad Khan wird dieser als Emir von Afghanistan bezeichnet. Dies ist jedoch umstritten. Denn in anderen historischen Schriften wird Dost Mohammad Khan immer noch als ein Emir charakterisiert, der auf dem Thron des Landes Chorasan regiert (Mousavi, 1998, 3). In diesem Vertrag erklärte sich Großbritannien bereit, dem Emir monatlich einen Betrag in Höhe von einhundert Rupiah (zehntausend Pfund) zu bezahlen (Farhang, 1988, 556). Auch im Gandomak-Abkommen, das am 26. Mai 1879 zwischen Großbritannien und Afghanistan geschlossen wurde, wird der afghanische Herrscher Mohammad Jaqub Khan als „Emir von Afghanistan“ bezeichnet (Ghobar 1980, 610).

Nach der Berliner Konferenz von 1887 wurde im Laufe des expansionistischen Vorwärtsdrangs des zaristischen Imperiums im Norden und des britischen Imperiums im Süden dem Land am Hindukusch (Siah Koh – dunkler Berg) das heutige geografische Korsett eines „Pufferstaates“ aufoktroyiert.

Die imperialen Interessen der damaligen Großmächte und die Auseinandersetzungen zwischen der Zentralverwaltung in Kabul und den zentrifugalen Rivalen im Lande ließen nicht zu, dass sich ein zentralistisch strukturierter Staat dauerhaft etablierte. In Ermangelung eines konsequenten Prozesses von Nationenbildung geriet das Land nach dem Zweiten Weltkrieg zwischen die Mühlsteine der sowjetisch-amerikanischen Blockbildung. Zunächst wurde Afghanistan durch das „nichtkapitalistische Entwicklungskonzept" zu einem Satellitenstaat des sowjetischen Imperiums. Nach einem tragischen kurzen Intermezzo degradierte der falsche Ansatz der Politik des „Neoliberalismus" Afghanistan zu einem peripheren, von den USA abhängigen Land.

Für eingeweihte Beobachter der politischen Szene des Landes war es keine Überraschung, als mit dem Einzug der Terrorgruppe der „Tahrik Islami Taliban" (Islamische Bewegung Taliban) am 15. August 2021 – aufgrund der imperialen Abhängigkeit, wie in Kapitel 5 ausführlich diskutiert wird – das Land wie ein Kartenhaus zusammenbrach. In Afghanistan als einem „Stammesstaat" herrschte unter der historischen Vorherrschaft der Paschtunen eine Art „institutionelle Anarchie", die der Soziologe Christian Sigrist, ehemaliger Professor an der Universität von Münster, einst als „regulierte Anarchie" charakterisiert hatte (Sigrist, 1967,9; die These der „regulierten Anarchie" wird im letzten Kapitel dieses Werkes behandelt). Von politischer Relevanz ist jedoch, dass Afghanistan mit Ausnahme einer zeitlich beschränkten chaotischen Vorherrschaft der Tadschiken (neun Monate im Jahr 1929 und vier Jahre von 1992 bis 1996) unter der Vorherrschaft paschtunischer Clans von einer Katastrophe in die nächste steuerte und damit quasi unregierbar wurde. Aus der Tatsache, dass der „Stammesstaat" Afghanistan jahrhundertelang von Paschtunen beherrscht wurde, leiteten paschtunische Machteliten im Namen der erblichen Monarchie einen historischen Anspruch auf den Thron von Kabul ab. Dieser Anspruch geriet allerdings 1978 zum ersten Mal ernsthaft ins Wanken.

Seitdem hat das Land drei unterschiedliche Ansätze der Legitimation der politischen Macht erfahren: Legitimation im Namen der Werktätigen, Legitimation im Namen Allahs und Legitimation im Namen der Demokratie. Mit dem Einzug der Taliban-Milizen in Kabul am 15. August 2021 kehrte das Land am Hindukusch wiederum zum altbekannten Legitimationsmuster zurück, nämlich zum historischen paschtunischen Anspruch auf Vorherrschaft – allerdings mit dem fundamentalen Unterschied, dass die Taliban die monoethnische, monokulturelle und monolinguale Herrschaft der Paschtunen unter dem Deckmantel des militanten Islams durchsetzen wollen.

Das vorliegende Werk wird nach den verschiedenen Phasen der Legitimation politischer Macht in Afghanistan gegliedert. Zuvor aber werden im ersten Kapitel die internen und externen Determinanten der historischen Formation des Landes herauskristallisiert – Faktoren, welche zur spezifischen Herausbildung der Produktionsverhältnisse des Landes am Hindukusch erheblich beigetragen haben. Die inhaltliche Konzeption dieses Kapitels beruht auf dem Versuch, sich anhand der Modalitäten der „hydraulischen Gesellschaftsformation" (Wittfogel, 1977) und unter Bezugnahme auf die Ansätze der „peripheren Handelsformation" (Amin, 2011, 120) mit der Auffassung der „unilinearen Evolutionsmodelle" auseinanderzusetzen. Auf der Basis der topografischen, historisch-geografischen und sozial-ökonomischen Komponenten sollen die wichtigsten Charakteristika der Produktionsverhältnisse des Raumes am Hindukusch zumindest in groben Zügen herausgearbeitet werden. Die Produktionsweisen des Landes am Hindukusch koexistierten in einem „Ensemble" unterschiedlicher, teilweise komplementärer Weisen der Ressourcennutzung (Oesterdiekhoff, 1978), das auch traditionellen, von neueren Entwicklungen (z. B. dem wachsenden Fernhandel im 19. Jahrhundert) überlagerten Modalitäten die Weiterexistenz erlaubte. So entstand von der fernen Vergangenheit bis zur Gegenwart eine Konfiguration, die – bildlich gesprochen – an einen vielfältig gefärbten und zerstückelten Mantel eines Derwischs erinnert. Dieses Phänomen lässt sich als ein ständiger Prozess von Konstruktion, Destruktion und Rekonstruktion interpretieren.

Im ersten Kapitel, in dem die historische Legitimation eines „dynastischen Staates" zur Diskussion steht, wird die monoethnische Vorherrschaft der Paschtunen als eines der Hauptstämme im Vielvölkerstaat exemplarisch am Beispiel von Mohammed Zahir, dem König, und von Mohammed Daoud, dem Präsidenten des „gottgegebenen Landes", kritisch beleuchtet.

Im zweiten Kapitel wird eine historische Phase der Herrschaft ins Auge gefasst, in der zum ersten Mal die Legitimation des „dynastischen Königtums" infrage gestellt wird. Mit der „April-Revolution" des Jahres 1978, die von der „Volksdemokratischen Partei Afghanistans" durch einen Militärputsch vollzogen wurde, wurde ein historisches Tabu gebrochen: Die „Demokratische Volkspartei Afghanistan" substituierte die historisch-erbliche Legitimation der Herrschaft der Paschtunen durch den Herrschaftsanspruch im Namen der „Werktätigen". Die aus der oberen Mittelschicht der Städte und gut situierten Landeigentümern bestehende Elite der Partei verwechselte ihren eigenen gesellschaftspolitischen Aufstiegsanspruch mit den berechtigten Interessen der „Werktätigen". Dazu kam nach langjähriger Invasion durch die Sowjetunion das massive Engagement der Kreml-Führung, um Afghanistan endgültig zu einem Satellitenstaat zu degradieren. Damit war beabsichtigt, die Grenzen des sowjetischen Imperiums in Richtung des Indischen Ozeans zu verschieben. In der Konsequenz jedoch wurde Afghanistan zur „blutenden Wunde" (Michail Gorbatschow) der Sowjetunion. Diese Phase, die sich von 1978 bis 1992 hinzog und schließlich in die erste Tragödie mündete, wird in drei Beiträgen beleuchtet.

Im dritten Kapitel wird das Einrücken der Mujahedin und danach der Taliban-Milizen in Kabul behandelt. Schon in den achtziger Jahren wurde der Widerstand der Afghanen gegen die Willkürherrschaft der „Volksdemokratischen Partei" bzw. gegen die sowjetische Besatzungsmacht in zweifacher Hinsicht manipuliert: Zunächst wurde er in der vorherrschenden Atmosphäre des islamischen Fundamentalismus im Iran, in Pakistan und in Saudi-Arabien als Djihad gegen die „Ungläubigen" in Kabul umgemünzt bzw. instrumentalisiert. Gleichzeitig wurde dieser Moment durch den Westen, besonders durch die Vereinigten Staaten von Amerika, als eine historische Chance wahrgenommen, um die Rote Armee in die afghanische Falle geraten zu lassen. Mit der Instrumentalisierung des afghanischen Widerstandes durch den Westen wurde aus der schwach geprägten islamistischen Bewegung in der Region eine schlagkräftige Kampftruppe. Afghanische Mujahedin als ein Produkt der bewaffneten Auseinandersetzung waren nicht prädestiniert dafür, nach ihrem eigenen Verständnis des Islam für die Befriedigung des Landes ein gesellschaftspolitisches Konzept zu erarbeiten. Im Gegenteil, mit dem Versuch der vage definierten „Herrschaft Gottes auf Erden" stürzte Afghanistan ins politische Chaos mit der Konsequenz der Entstehung ethnisch geprägter Machtinseln. Diese zweite Tragödie, von 1992 bis 2001, wird durch drei Beiträge kritisch beleuchtet.

Im vierten Kapitel wird die defizitäre demokratische Legitimation der Herrschaft behandelt, was der Verfasser als „Anokratie der neu etablierten Oligarchie" im Namen der Demokratie charakterisiert. Hierbei wird ausführlich auf die Einzelheiten des implementierten Konzeptes des Neoliberalismus in einem „peripheren Staat" eingegangen.

Im fünften Kapitel werden die historischen Beziehungen zwischen Afghanistan und den USA von 1921 bis 2021 skizziert. Diese Periode der imperialen Beziehungen ist gegliedert in sechs Phasen, wobei jede Phase ihr eigenes Spezifikum aufweist, gekennzeichnet durch die jeweiligen historischen Umstände, vor allem in der Region.

Das sechste Kapitel beschäftigt sich mit dem überraschenden Finale des demokratischen Modellversuchs, das zur Rückkehr der Taliban-Milizen führte. Hierbei hat die Mannschaft des Präsidenten Aschraf Ghani eine fundamentale Rolle gespielt.

Das siebte Kapitel behandelt die Auswirkungen der Machtübernahme der eklektizistischen Taliban-Milizen auf die regionale und internationale Politik. Die Rückkehr der „Tahrik Islami Taliban" nach Kabul stürzte Afghanistan in eine politische Krise ungeahnten Ausmaßes. Die Widersprüche und Defizite der Taliban werden im Zusammenhang mit dem historischen Widerstand am Hindukusch einerseits und den Staaten in der Region andererseits, von Russland über China, Indien und Pakistan bis zum Iran und den arabischen Golfstaaten, ausführlich behandelt. In Ermangelung einer Alternative zur monoethnischen Gewaltherrschaft der Taliban steht das Land vor einem historischen Dilemma: Balkanisierung oder angemessene Partizipation der nichtpaschtunischen Volksstämme an Politik und Ressourcen. Aufgrund der Erfahrungen der Vergangenheit, dass eine streng zentralisierte Regierung zum Scheitern verurteilt ist, schlägt der Verfasser vor, den Top-down-Ansatz von politischer Legitimation aufzugeben zugunsten eines Bottom-up-Ansatzes – von der Distriktebene über die Gouverneure von Provinzen bis hin zur Zentralregierung, jeweils auf der Basis demokratischer Legitimation.

Im Epilog erfolgen einige Erläuterungen zum Diskurs der „segmentären Gesellschaften", um zu verdeutlichen, dass die paschtunische Machtelite, die zum Teil selbst dem Staat feindlich gegenübersteht, keineswegs dazu berufen ist, einen funktionsfähigen Staat zu gründen, der ein friedliches und dauerhaftes Zusammenleben aller Völker am Hindukusch garantieren kann.

Dieses Werk wurde als Sammelband verschiedener Beiträge des Verfassers zusammengestellt. Bei den Kapiteln 2, 3 und 4 handelt es sich um Beiträge, welche der Verfasser in der Vergangenheit aus Anlass des jeweiligen Ereignisses geschrieben und veröffentlicht hat. Sie wurden jedoch im Lichte der politischen Legitimation der Macht überprüft. Die Kapitel 1, 5, 6 und 7 wurden für dieses Werk neu verfasst.

Kapitel I:

Zu Spezifika der historischen Entwicklung eines gebirgigen Raumes

Von der fernen Vergangenheit bis zum Ende der erblichen Monarchie

1.1 Historischer Abriss der Herrschaft am Hindukusch (Sia Koh – dunkler Berg)

Von antiken Imperialstrukturen zu einem abhängigen Pufferstaat

1.2 Zur historisch-ethnischen Legitimation eines „dynastischen Pufferstaates“

Traditionelle Herrschaft des Durani-Volksstammes, eines paschtunischen Subclans

1.2.1 Mohammed Zahir, allmächtig als „Schatten Gottes“

Ein charakterschwacher Schah als Symbolfigur der Monarchie, 1933–1973

1.2.2 Mohammed Daoud, ein chauvinistischer Despot als „republikanischer Präsident“

Zur Willkürherrschaft eines Machtbesessenen, 1973–1978

I. Kapitel:
Zu Spezifika der historischen Entwicklung eines gebirgigen Raumes

Von der ferneren Vergangenheit bis zur erblichen Monarchie

1.1 Historischer Abriss der Herrschaft am Hindukusch (Sia Koh - dunkler Berg)

Von antiken Imperialstrukturen zu einem abhängigen Pufferstaat

Der geografische Raum in Zentralasien, der mit einer Fläche von 650 000 Quadratkilometern Afghanistan heißt, ist ein Vielvölkerstaat. Ethnologen sprechen von etwa 21 Ethnien am Hindukusch. Die Hauptethnien sind Aimaken, Belutschen, Paschtunen, Tadschiken, Hazara, Turkmenen, Kirgisen, Kasachen, Qisilbash, Türken und Usbeken (Dupree, 1980, 58–64). Da noch nie ein präziser und realistischer Zensus stattgefunden hat, ist weder die genaue Bevölkerungszahl noch der Anteil der jeweiligen Ethnien an der Gesamtbevölkerung des Landes bekannt. Dieses Defizit ist der Skepsis der paschtunischen Elite zu verdanken, was die Resultate einer genauen Zählung angeht, und ist schon seit jeher Gegenstand politischer Konflikte.

Afghanistan grenzt auf 5529 km an folgende Staaten: Pakistan im Osten und Süden mit 2430 km und Iran im Westen mit 936 km; im Norden und Nordosten sind Tadschikistan mit 1206 km, Turkmenistan mit 744 km, Usbekistan mit 137 km und China mit 76 km die unmittelbaren Nachbarstaaten des Landes.

Renommierte afghanische Historiker – von Ali Mohammad Kohsad (Kohsad, 1946) über Abdul Hai Habibi (Habibi, 1999) bis hin zu Gholam Mohammad Ghobar (Ghobar, 1980) – beschreiben „Ariana“ (Land von Ariern) und „Chorasan“ (wo die Sonne aufgeht) als alte Imperien auf dem Boden des heutigen Afghanistans. Das heutige geografische Konstrukt Afghanistan ist aber erst im 19. Jahrhundert als ein Pufferstaat zwischen dem zaristischen Imperium im Norden und dem britischen Imperium im Osten und Süden entstanden.

Vor dem Eindringen des indogermanischen Volksstammes (etwa tausend Jahre vor Christus) war das Territorium am Hindukusch besiedelt von indigenen Völkern. Sie wurden durch indogermanische Volksstämme erobert, massakriert und vertrieben. Sicherlich handelt es sich bei Ariern um einen indogermanischen Volksstamm, der etwa 1500 bis 1000 Jahre vor Christus vom mittleren Kaukasus in die Gebiete des heutigen Irans, Afghanistans und der zentralasiatischen Staaten Usbekistan und Tadschikistan eingewandert ist.

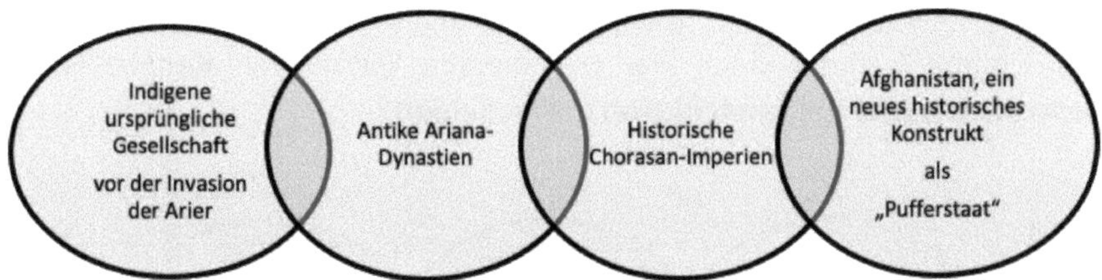

„Chorasan" als historische Region und Reich umfasste ein riesiges Gebiet, das im Nordosten des Iran, im Süden Turkmenistans und im Norden Afghanistans lag. Die historische Region erstreckte sich im Norden vom Amudarya (Fluss Oxus) nach Westen bis zum Kaspischen Meer und im Süden von den Ausläufern der zentraliranischen Wüste bis an die Grenzen Indiens (Hudud al-Alem, 1970, 102).

Als geborene Reiter und ausgestattet mit überlegenen Waffen aus Hartmetall haben die Arier zunächst das Territorium am Hindukusch eingenommen. Im Laufe der Zeit sind sie zum Teil nach Indien weitermarschiert, haben dort die Mohenjo-Daro-Hochkultur der „Indus Valley Civilization" zerstört und die Indigenen nach Süden vertrieben (Basham, 1994, 27; und Garraty, 1987, 96).

Historischer Prozess von Konstruktion, Destruktion und Rekonstruktion

Die Imperien unter dem Namen „Groß-Chorasan" erstreckten sich in variierendem Umfang über verschiedene geografische Räume von Buchara und Samarkand (in Usbekistan) bis Delhi (in Indien) und Karachi (in Pakistan) im Süden, Qashqai (in China) im Osten und bis Isfahan (im Iran) im Westen. Bezeichnend ist jedoch, dass im historischen Verlauf um den Hindukusch herum bekannte Reiche entstanden und zerfallen sind, die die Namen der jeweiligen Gründer tragen, z. B. das Kuschan-Reich, das Hephtaliten-Reich, das Samaniden-Reich, das Ghaznawiden-Reich und das Ghoriden-Reich. Charakteristisch ist auch, dass Entstehung, Aufstieg und Fall dieser Imperien sich keinesfalls friedlich, langsam und sanft vollzogen haben. Jedes Imperium hat den Satrapien einen hohen Tribut abgepresst, der das ökonomische Potenzial der Peripherie zerrüttete und damit die Existenzbasis des Imperiums selbst schwächte bzw. zerstörte. Daher hat die gesellschaftspolitische Entwicklung historisch keinen linearen Verlauf genommen. Im Gegenteil treten diese Entwicklungen durch einen klar erkennbaren Verlauf von **Konstruktion, Destruktion und Rekonstruktion** in Erscheinung.

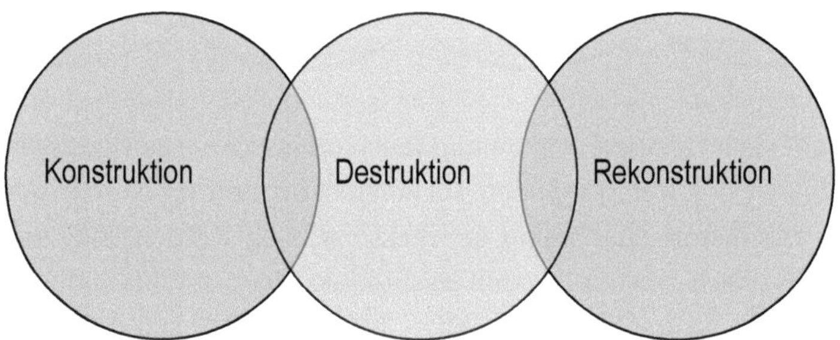

Zu dieser Entwicklung, die für die historische Stagnation verantwortlich gemacht werden kann, trugen auch geografische Faktoren bei. Darüber hinaus waren sowohl die Produktionsverhältnisse als auch die Eigenschaft der Multiethnizität des Raumes für diesen historischen Ablauf vor großer Tragweite. In diesem Kontext entfaltete sich die „tributäre Eigenschaft" der Dynastien, Beute aus den fremden Territorien zu erpressen, um durch Bestechung die zentrifugalen Kräfte an die Zentralmacht binden zu können. Die materielle Grundlage der Machterhaltung und Machterweiterung der Zentralinstanz basierte auf durch Raubzüge gemachter Beute, den von anderen Völkern erzwungenen Tributen und Abgaben auf Transithandel. Damit befanden sich die jeweiligen Imperien in kritischer Abhängigkeit von unsicheren Finanzquellen.

Das Land am Hindukusch am Knotenpunkt diverser Kulturen

Das heutige geografische Afghanistan liegt am Knotenpunkt verschiedener Kulturen. Historisch betrachtet haben in diesem Raum große Völkerwanderungen stattgefunden. Verschiedene Völker sind dorthin eingewandert, zum Teil dort sesshaft geworden und zum Teil auf der Suche nach besseren Lebensbedingungen oder aufgrund politischer Motive weitergezogen. Diese Völkerwanderungen korrespondieren auch damit, dass zahlreiche Könige, Abenteurer und Imperatoren aus allen Himmelsrichtungen diesen Raum immer wieder überfallen, die vorhandenen Produktionsverhältnisse und Lebensweisen der dort beheimateten Völker zerstört und den Raum als „Satrapien" an die Peripherie ihres Imperiums angeschlossen haben. Manche von ihnen haben sich am Hindukusch niedergelassen und dort große Reiche gebildet, die wiederum in der zweiten oder dritten Generation durch internen Zwist der Prinzen, Reichsanwärter und Hauptkommandeure oder durch den Ausfall externer Tribute als ökonomischer Grundlage des Reiches wieder untergegangen sind. Diese Region hat den auf der Seidenstraße beheimateten Völkern große Chancen zur materiellen und geistigen Entwicklung, aber auch riskante Momente der Gefährdung ihrer Existenz beschert.

Gründung der Durani-Dynastie

Nader Schah Afschar, bekannt als Nader Qoli Beyg (August 1688 bis Juni 1747), war der Gründer der Afschariden-Dynastie in Chorasan und einer der mächtigsten Herrscher in der iranischen Geschichte, der von 1736 bis 1747 als Schah des Iran (Persien) regierte. Nach seiner Ermordung gründete Ahmad Khan, der Kommandant der Durani-Einheit in der Garnison von Nader Schah, im Jahr 1747 in Kandahar sein eigenes Reich.

Ahmad Khan, bekannt als Ahmad Schah Baba, gehörte zum Durani-Volksstamm, einem Clan der Paschtunen. Er wurde 1722 in Herat geboren und trat mit 20 Jahren in den Dienst von Nader Afschar. Ahmad Khan befehligte etwa 16 000 Ghilzai und Durani, zwei Hauptclans der Paschtunen (Brechna, 2005, 69). Nach der Ermordung von Nader Afschar nahm Ahmad Khan mit der Unterstützung seiner Tante, der Frau von Nader Afschar, einige Schätze des Hofes (u. a. den berühmten Koh-i-Noor-Diamanten) an sich und marschierte mit seiner Truppe nach Kandahar, wo er 1747 die Herrschaft seiner eigenen Dynastie gründete. Zur Beute von Ahmad Schah schreibt der Historiker Jonathan Lee: „Statt den Körper von Nader Afschar mit zu behandeln, entfernte Ahmad Schah den königlichen Siegelring von der abgetrennten Hand des Königs und stahl den Koh-i-Noor-Diamanten, der um seinen Arm gebunden war. Dies war kaum die Aktion eines loyalen Kommandanten und der Diebstahl dieser beiden wichtigen königlichen Insignien war eindeutig vorsätzlich und in voller Kenntnis ihrer Bedeutung erfolgt" (Lee, 2018, 103).

Seit der Gründung der paschtunischen Dynastie 1747 wurde die politische und sozioökonomische Entwicklung dieses Raumes einerseits durch die interne Zwietracht der Clans der Paschtunen (Durani und Ghilzai) und andererseits durch den Konflikt der zentrifugalen Kräfte des Reiches stark geprägt. Als ursprüngliches Ansiedlungsgebiet der Paschtunen gilt das Suleimangebirge, das zwischen dem Indus und der heutigen Durand-Grenze zwischen Afghanistan und Pakistan liegt. Von dieser kargen Gegend expandierten sie in den Süden und Südwesten des heutigen Afghanistans, wo sie Steppen und Oasen eroberten und zum Teil ansässig wurden.

Die territorialen Grenzen des heutigen Afghanistans wurden im 19. Jahrhundert unter dramatischen Umständen im Konflikt der rivalisierenden imperialen Mächte gezogen. In der Rivalität zwischen dem zaristischen Russland und dem britischen Empire beschloss Großbritannien, den Expansionsdrang der Zaren in Richtung des Indischen Ozeans mit der „Forward Policy" zu beantworten. Diese Rivalität führte dazu, dass die paschtunischen Herrscher durch verschiedene Verträge große Teile ihres Territoriums an Großbritannien abtreten mussten und am Ende selbst als „moderne Satrapen" zu Almosenempfängern der Briten wurden. Anders jedoch als antike Satrapen, die den Tribut der Peripherie an die Zentralinstanz des Imperiums lieferten, benötigten die paschtunischen Herrscher selbst Finanzhilfen, um über die Deckung der kostspieligen Ausgaben des Königshofs hinaus die zentrifugalen Kräfte ihres Territoriums beschwichtigen zu können. Damit wurde das Land in der „Pufferzone" zwischen dem zaristischen und dem britischen Imperium zu einem Vasallenstaat degradiert. Im Laufe des 19. Jahrhunderts, beginnend mit dem Jahr 1839, wurden u. a. folgende Verträge zwischen Durani-Herrschern und dem britischen Indien unterzeichnet: 1838 und 1839 das Lahore- bzw. Kandahar-Abkommen mit Schah Schuja, 1855 das Peschawar-Abkommen mit Dost Mohammad Khan, 1879 das Gandomak-Abkommen mit Jakub Khan und 1893 das Durand-Abkommen mit Emir Abdur Rahman Khan (Ghobar 1980, 448).

Gleichzeitig näherten sich zaristische Truppen durch die Eroberung der großen Gebiete in Zentralasien, z. B. durch die Einnahme von Taschkent, Buchara, Samarkand und Kokand, dem afghanischen Territorium als Einflusssphäre der Briten. Mit weiteren Verträgen, zunächst dem „Kooperationsvertrag" mit Emir Habibullah Khan im Jahre 1905 und dann dem „Unabhängigkeitsvertrag" mit Emir Amanullah Khan, wurden die abgeschlossenen Verträge zwischen dem britischen Imperium und den Durani-Herrschern offiziell bestätigt bzw. anerkannt. Durch diese Verträge verloren paschtunische Herrscher zunächst große Teile ihres Herrschaftsbereichs im Westen und Süden, die nach dem Zweiten Weltkrieg durch die Teilung des indischen Subkontinents Bestandteile Pakistans wurden. Dieses verlorene Territorium liefert jedoch heute immer noch latent gefährlichen Konfliktstoff zwischen Afghanistan und Pakistan aufgrund der Ansprüche der jeweiligen Herrscher in Kabul. Das gegenwärtige Schweigen der Taliban-Administration zu diesem Thema ist allein ihrer umfassenden Abhängigkeit von Islamabad zu verdanken.

Erst nach dem Unabhängigkeitskrieg mit den Briten (1919–1929) gelang es Amanullah Khan, das Land politisch vom Joch des britischen Imperiums zu befreien. Mit seinem geringen Wirtschaftspotenzial blieb es jedoch in seiner Abhängigkeit vom Imperium gefangen. Das durch die Rivalität zwischen den britischen und zaristischen Imperien entstandene Korsett wurde nach dem Zweiten Weltkrieg durch die Systemrivalität zwischen den USA und der Sowjetunion zum Spielball im „New Great Game". In der Krise des heutigen Afghanistans spielen interne soziale und politische Faktoren eine Rolle, sie ist aber zugleich ein Produkt dieses „New Great Game". Hinzu kommt die regionale Rivalität zwischen Indien, Pakistan, dem Iran und den arabischen Golfstaaten, vor allem dem totalitären Staat Saudi-Arabien. Sie wollen mit politischen, finanziellen und geheimdienstlichen Mitteln durch Einflussnahme auf die Konfliktparteien im Inneren Afghanistans das Schicksal der Völker am Hindukusch zumindest mitbestimmen.

Beschwichtigung der zentrifugalen Kräfte durch externe Finanzquellen

In Ermangelung interner Ressourcen war der Fortbestand des „dynastischen Staates" Afghanistans stets von den Möglichkeiten des Einzugs externen Tributs abhängig, nicht nur um die kostspieligen Ausgaben von Haram bzw. Hof zu finanzieren, sondern darüber hinaus die Loyalität der zentrifugalen Kräfte durch materielle Zuwendungen sicherzustellen. Mit dem Ausfall des auswärtigen Tributs (vor allem aus indischen Provinzen) wurde die Autorität des Emirs in Kabul in Gefahr gebracht, es sei denn, die Lücken konnten durch die „Beschwichtigungsgelder" der imperialen Kräfte, vor allem die der britischen Imperialmacht, kompensiert bzw. überkompensiert werden. Die regelmäßigen finanziellen Leistungen an Könige seitens Großbritanniens am Ende des 19. und zu Beginn des 20. Jahrhunderts stellen typische Beispiele dar, wie die Loyalität der afghanischen Emire gekauft wurde. Sie konnten ihrerseits durch diese Finanzgeschenke zentrifugale Kräfte an sich binden. Nach der formalen Unabhängigkeit des Landes im Jahre 1919 blieb diese Finanzspritze aus. Die für die Funktionsfähigkeit des Staates erforderlichen Finanzen konnten aber durch die spärlichen Staatseinnahmen aus der schwach entwickelten Landwirtschaft und dem geringen Volumen der Viehzucht nicht aufgebracht werden. Daher stand die Bildung eines stabilen Staats auf wackeligen Beinen. Erst durch die Rivalität der Supermächte nach dem Zweiten Weltkrieg, wodurch externe Finanzen als „Entwicklungshilfe" ins Land flossen, konnten zumindest auf ökonomischer Ebene Voraussetzungen für eine relativ stabile Entwicklung geschaffen werden. Jedoch wurde diese Entwicklungshilfe zunächst von der Staatsführung, vor allem dem autokratischen Regime in den fünfziger Jahren, zur Unterdrückung der eigenen Bevölkerung und damit zur Aufrechterhaltung des „dynastischen Staates" instrumentalisiert.

Vielschichtige soziale Hierarchie als systemimmanenter Faktor

Am Hindukusch spielt schon seit jeher die Schicht der Korangelehrten – vom Großmullah über den Imam (Vorbeter) bis hin zum kleinen Dorfmullah – eine wichtige Rolle. Trotz einiger Gemeinsamkeiten mit dem Adel und dem Klerus im europäischen Feudalismus hat diese Schicht am Hindukusch einen anderen Stellenwert. Sie pflegt eine andere sozialpolitische Beziehung zu ihrer Klientel. Der „afghanische Adlige", beispielsweise der Khan, genießt zunächst alle Vorzüge, die ihm die patriarchalische und patrilineare Gesellschaft nach der Tradition der jeweiligen Stammesstruktur gewährt. Er ist als Oberhaupt der Großfamilie an Freuden, Glück, Sorgen und Leiden des gesamten Clans beteiligt. Gegenüber anderen trägt er als Repräsentant des Clans die Hauptverantwortung. Er vermittelt zwischen den Angehörigen seines Clans und den Repräsentanten des Staates, seien es Sicherheitskräfte, Steuereintreiber oder Verwalter des Bezirks. Die Mitglieder des Clans sind jedoch auf einer gewissen Ebene gleichgestellte Mitglieder der Clangemeinde und nicht abhängige Arbeitskräfte in der Verfügung des Khans. Die anderen Mitglieder des Adels, beispielsweise der Mirow (Wasseraufpasser) oder Malek (Oberhaupt des Dorfes), stellen in ihren Funktionen urdemokratische Institutionen dar, die von allen Mitgliedern der Gemeinde getragen werden. Seit dem Staatsstreich von 1978, in dem das autoritäre Regime von Mohammed Daoud durch die „Volksdemokratische Partei Afghanistans“ (DVPA) liquidiert wurde, geriet der traditionelle Stellenwert der Adligen ins Wanken. Vor dem Hintergrund der religiösen Atmosphäre in der Region verlor diese Schicht zugunsten des Klerus – nicht der traditionellen Islamgelehrten, sondern des importierten Fundamentalismus – an Bedeutung.

Trotz der regionalen und ethnischen Unterschiede genießen im afghanischen Raum der Adel und die Geistlichen immer noch einen Sonderstatus. Der Adel besteht aus Khan, Malek (Dorfbürgermeister), Naser (Verwalter), Mirow (Wasseraufpasser), Arbab (Einflussreiche) und Rischsafid (Weißbärtige). Die Geistlichen setzen sich zusammen aus Sayeds (Nachkommen des islamischen Propheten), Sahebsada (Nachkommen des zweiten Kalifen), Achond (geistliche Lehrer), Achondsade (Nachkommen bekannter geistlicher Lehrer) und Pier (Sufi-Meister). Der soziale Stellenwert des Klerus hat im Laufe der Jahre einen gravierenden Wandel erfahren. Im Zeitalter der archaischen Herrschaft vor Christi Geburt standen „Raschide“ (Weise) den religiösen Zeremonien der Gesellschaft vor. Mit der Verbreitung der Religionen des Zoroastrismus und des Buddhismus entfaltete sich diese Schicht mit gewissen Privilegien, war aber dennoch auf Abgaben der Gemeinde angewiesen. Nach der Islamisierung des Raumes ab dem 8. Jahrhundert genossen die Geistlichen, die im Dienst der Imperatoren und Emire standen, große Privilegien. Dagegen waren die Geistlichen, welche die offizielle politisch-religiöse Position nicht vertraten, Schikanen und Verfolgung ausgesetzt. Dies war z. B. bei der „Khawarej" – einer islamischen Glaubensrichtung im Sistan – und der „Qermatia" – einer anderen islamischen Glaubensrichtung – zur Zeit der Ghaznawiden-Dynastie bis zum 11. Jahrhundert der Fall.

In späteren Jahrhunderten stand, von einigen Ausnahmen abgesehen, der Klerus in den Diensten des Khans und der politischen Herrscher. Er fungierte quasi als religiöser Interpret der Taten bzw. Untaten von Herrschern. Diese Geistlichen legitimierten am Hofe des dynastischen Staates den religiösen Charakter der Herrschaft. In den zwanziger Jahren des letzten Jahrhunderts verursachte eine Gruppe konservativer Mullahs, die sich vom Reformkönig Amanullah (1919–1929) verprellt fühlten, mit der unmittelbaren Rückendeckung des britischen Imperiums den Sturz des Emirs. Danach genossen alle Regimes am Hindukusch bis zum Staatsstreich des Jahres 1978 die religiöse und politische Unterstützung des Klerus, wenn auch in unterschiedlichen Graden. Befand sich das autokratische Regime von Daoud (1973–1978) in einer gewissen Spannung mit dem Klerus, so zielte der „real existierende Sozialismus" der Volksdemokratischen Partei Afghanistans ab 1978 zunächst auf frontale Verfolgung, Verhaftung und Tötung der Geistlichen. Erst später, in einer zweiten Phase der Aprilrevolution und nach der Invasion der sowjetischen Truppen, versuchte die bürokratische Partei den Kurs zu korrigieren und ein einvernehmliches Verhältnis zu den Geistlichen herzustellen.

Doch die Versäumnisse waren zu gravierend und der Revisionskurs nicht korrigierbar. Denn die Geistlichen hatten sich inzwischen parteipolitisch organisiert, genossen die Rückendeckung der „islamischen Welt" und zum großen Teil die politische Solidarität der Bewegung der Blockfreien. Sie wurden massiv – militärisch und finanziell – im Geiste des Kalten Krieges vom Westen unterstützt. Dies führt konsequenterweise dazu, dass sich 1992 erstmals in der Geschichte des Landes der Klerus aus dem Schatten von Herrschern herauswagte. Er übernahm selbst die politische Macht und legitimierte seine Herrschsucht auch theokratisch als „Herrschaft Gottes auf Erden". Nach einer kurzlebigen Herrschaft des Tadschiken Habibullah Kalakani im Jahre 1929, die nur etwa neun Monate dauerte, kam 1992 mit Burhanuddin Rabbani ein Tadschike und relativ gemäßigter Fundamentalist an die Macht. Als Absolvent der Al-Azhar-Universität in der ägyptischen Hauptstadt Kairo genoss er eine gewisse religiöse Autorität. Seine langjährige politische Praxis hatte ihm eine gut organisierte Partei beschert. Zudem hatte er mit Ahmad Schah Massoud, dem „legendären Kommandeur“ in den achtziger Jahren, eine starke militärische Hausmacht. Dass sich Rabbani nicht an der Macht halten konnte, war u. a. deswegen vorprogrammiert, weil sein Rivale Gulbuddin Hekmatyar, der Emir der „Hezbe Islami“, im Namen des Islam, jedoch hauptsächlich als selbsternannter Vertreter der Paschtunen dem Tadschiken Rabbani in Kabul die Herrschaft streitig machte. Hekmatyar setzte erfolgreich auf die „ethnische Karte“, womit er im afghanischen Vielvölkerstaat auf Resonanz stieß. Auf diese Praxis wurde von selbsternannten Vertretern der politischen Elite des Landes immer wieder zurückgegriffen.

Das Stammes-Wirgefühl prägt das Schicksal des labilen „Pufferstaates“

Das Schicksal der Bevölkerung am Hindukusch war schon immer durch Stammeszugehörigkeit geprägt. Die Hauptethnien in Afghanistan, mehr als 20 Volksstämme, befinden sich in einem historisch labilen Gleichgewicht. Viele Afghanen fühlen sich nicht unbedingt als frei handelnde Subjekte, die unabhängig vom vermeintlichen Schicksal ihres Volksstammes Entscheidungen treffen können. Das Stammes-Wirgefühl wird im Vergleich zur religiösen und parteipolitischen Zugehörigkeit in der afghanischen Gesellschaft höher bewertet. Es ist gleichzeitig ein ausgeprägtes Indiz für einen schwach entwickelten Bezug zu einem Nationalstaat, in dem alle Einwohner des Landes als gleichberechtigte Bürger betrachtet werden. Das solidarische Stammesgefühl kommt vor allem bei den meisten politischen Eliten unabhängig von ihrem ideologisch-politischen Bekenntnis zum Tragen.

Die Machtergreifung von Mohammed Daoud durch den Staatsstreich im Jahre 1973 gegen seinen Neffen Mohammed Zahir, den König von Afghanistan, wird oft als Auftakt der ersten Tragödie des Landes nach dem Zweiten Weltkrieg dargestellt. Doch hatte sich schon die Dekade der „Demokratie“ in den sechziger Jahren äußerst widersprüchlich entwickelt: Teile der politischen Elite, die sich mit Lippenbekenntnissen zu den Demokraten rechneten, glaubten keineswegs an die Demokratie und konterkarierten die Entwicklung hin zur Abschaffung der „demokratischen Ansätze“. Vielmehr bahnte sich eine ideologische Polarisierung zwischen „kommunistisch“ orientierten und „islamisch“ gesinnten Kräften an. Das politische Bild der künftigen Entwicklung bestimmte eigentlich diese Polarisierung, wobei zunächst die an Moskau orientierten Genossen an die Macht geputscht wurden, denen später die islamisch ambitionierten Mujahedin folgten.

Defizite der ideologischen Ausrichtung der Demokratischen Volkspartei Afghanistans

Das Stammes-Wirgefühl beherrschte die politische Elite der „Sozialrevolutionäre“ ebenso wie die islamisch orientierten Eliten. Trotz ihres verbalen Bekenntnisses zum „Klassenkampf“ und zum „proletarischen Internationalismus“ grenzten sich beispielsweise Mitglieder der DVPA untereinander nach Zugehörigkeit zu ethnischen und Sprachgruppen ab. Große Teile der Paschtu sprechenden Kader sammelten sich in der Fraktion Chalq (Volk). Demgegenüber konzentrierten sich Dari sprechende Mitglieder in der Fraktion Partscham (Fahne). Sicherlich gab es weitere Kriterien, welche die Unterschiede noch vertieften. Rekrutierten sich die Mitglieder der Partscham-Fraktion in ihrer Mehrheit aus der urbanisierten Elite großer Städte, vor allem aus Kabul, so handelte es sich bei den Mitgliedern der Chalq-Fraktion eher um aufsteigende Provinzler, die in ländlichen Gebieten verankert waren. Auf gewisser Ebene waren selbst ihre ideologischen Prägungen aus unterschiedlichen Himmelsrichtungen beeinflusst: Die Partscham-Fraktion mit ihrem Chef Babrak Karmal speiste ihre vermeintliche Ideologie des Kommunismus unter Zuhilfenahme von Schriften der iranischen kommunistischen Partei „Hezbe Todah“ und zum Teil direkt aus der Sowjetunion. Die Chalq-Fraktion mit ihrem Chef Nur Muhammad Taraki war, bedingt durch dessen jahrelangen Arbeitsaufenthalt in Indien, in ihrem ideologischen Standpunkt von der kommunistischen Partei Indiens geprägt. Er hatte sich selbst die Parole der indischen Kommunisten „Roti, Kapra or Makan“ als „Dodai, Kali und Kor“ (Nahrung, Kleider und Unterkunft) zu eigen gemacht. Trotz alledem waren beide Fraktionen Moskau-hörig und bestrebt, sich mit mehr „revolutionärem Geist“ – sprich politischem Abenteurertum – zu profilieren. Beide verkannten die vorherrschenden Verhältnisse der traditionellen Gesellschaft in ihrem sozialpolitischen Kontext. Letztlich stürzte ihre defizitäre Strategie der Überführung Afghanistans aus dem „Feudalismus“ unter Umgehung des

Kapitalismus in den Sozialismus das Land am Hindukusch in den Abgrund. Ihr ideologisches Verständnis der vorherrschenden Produktionsweise lief darauf hinaus, die afghanische Gesellschaft als nur „feudalistisch" zu charakterisieren. Dabei gab es am Hindukusch Feudalverhältnisse, Vorfeudalbeziehungen, archaische und selbst kapitalistisch geprägte Bereiche, die sich in einem komplizierten sozioökonomischen Geflecht gegenseitig beeinflussten. Sie stürzten damit Afghanistan in eine historische Tragödie, denn erst ihre Politik hat den Boden für die Erstarkung der islamistisch geprägten Kräfte entscheidend mit vorbereitet.

Die Demokratische Volkspartei Afghanistans (DVPA) setzte mit der Machtübernahme durch den Staatstreich von 1978 der Tradition des dynastischen Staates vorerst ein Ende. Die Herrschaft von Präsident Daoud von 1973 bis 1978 wurde als Fortsetzung der paschtunischen Dynastie mit dem sarkastischen Ausdruck „königliche Republik" charakterisiert. Daoud als Vetter und Schwager des Exkönigs Mohammed Zahir regierte zusammen mit seinem Bruder Mohammad Naim das Land am Hindukusch eigenmächtig und behandelte es quasi als Privateigentum seines Clans. Ironischerweise hätte die DVPA ohne den Staatsstreich von Daoud 1973 kaum die Chance gehabt, sich an die Macht zu putschen. Erst im Schatten des Autokraten Daoud und im Einklang mit der Afghanistan-Strategie der Sowjetunion konnte sie das Ruder in die Hand nehmen. Ihre willkürliche Herrschaft spiegelte den politischen Monopolanspruch einer kleinen Schicht der Machtelite wider, die gegen die Privilegien der anderen dünnen Schicht der Oberklasse aufgestanden war: Sie war gefangen in der Anmaßung, mit ihren selbstherrlichen Entscheidungen, die gegen alle Andersdenkenden gerichtet waren, das Schicksal der Menschen am Hindukusch allein bestimmen zu können. Die politischen Zerwürfnisse zwischen beiden Fraktionen und ihre gesellschaftspolitische Ignoranz trieben das Land in den Ruin. Zehntausende Andersdenkende wurden willkürlich verhaftet, systematisch gefoltert, verschwanden spurlos und wurden ohne Prozess hingerichtet. Die Machtelite der DVPA versagte damit auf ganzer Linie.

Nach dem Zerfall des sowjetischen Imperiums, der dem klassischen Geist des Kalten Krieges ein Ende setzte und als ein Triumph des amerikanischen Imperiums gefeiert wurde, zog sich der Westen aus Afghanistan zurück, wo er gegen die Sowjetunion einen erfolgreichen Stellvertreterkrieg geführt hatte. Es gab nicht einmal ansatzweise ein gesellschaftspolitisches Konzept für das vom Krieg zerstörte Land. Die Konsequenzen, die aus der undurchdachten Strategie der Förderung bewaffneter Mujahedin in den achtziger Jahren resultierten, wurden im Westen entweder verdrängt oder – zumindest offiziell – nicht wahrgenommen. Das Schicksal der Afghanen wurde praktisch den mächtigen Anrainerstaaten überlassen.

Die Einleitung der „Herrschaft Gottes auf Erden" – das Scheitern des theokratischen Ansatzes der Islamisten

Im Grunde ist die Frage der politischen Legitimation von Macht Dreh- und Angelpunkt des gesamten Spektrums der Konflikte innerhalb der islamischen Welt seit dem Tod des Propheten Mohammed im Jahre 632. Selbst wenn die Machtausübung in der islamisch dominierten Welt nicht unbedingt ausdrücklich auf der Scharia (islamische Gesetzgebung) beruht und faktisch säkular ist, wird sie religiös legitimiert. In Ermangelung demokratischer Traditionen stellt es daher kein politisches Novum dar, wenn neben „islamistischen Kreisen" despotische Könige, militärische Machthaber und bornierte Sultane in der islamischen Welt den Islam als Legitimationsinstrument beanspruchen. Trotz der dramatischen Entwicklung, die sich seit der Machtübernahme der islamisch orientierten Kräfte in Afghanistan im Jahre 1992 vollzogen hat, begründen sowohl die „aufgeklärten" islamischen Kräfte als auch obskure Islamisten in Afghanistan ihren Anspruch auf die Führungsposition im Lande nach wie vor „islamisch". Diese Position ist insofern konsequent, als sie die politische Überzeugung dieser Kräfte über die Zukunft Afghanistans ebenso wie eine umfassende islamisch geprägte Wirtschafts- und Gesellschaftsordnung widerspiegelt. Zudem würde eine etwaige Abkehr von dieser Position realpolitisch fatale Folgen nach sich ziehen. Sie würde eine klare Negation ihres Djihads bedeuten, was einer tatsächlichen Selbstverleugnung der islamischen Kräfte gleichkäme und eine praktische Selbstentmachtung zur Folge hätte.

In den neunziger Jahren des 20. Jahrhunderts instrumentalisierte Mullah Omar, der Chef der Taliban, den Islam für die Begründung der Alleinherrschaft seiner Bewegung. Hingegen bemühte sich Rabbani, der Chef der Jamiati Islami, vor allem in den letzten Jahren, die islamische „Legitimation“ der Führungsstruktur als eine angemessene Beteiligung aller islamisch orientierten Kräfte zu interpretieren. Aus ethnischer Perspektive mündet dieser Dissens in die monoethnische Strategie der Taliban-Milizen, die auf die Alleinherrschaft der Paschtunen im Namen des Islams abzielt, während die „Vereinigte Front“ Rabbanis daraus den Ansatz einer multiethnischen Herrschaft ableitet. Daraus resultieren schier unüberwindbare Differenzen. Mullah Omar erhebt den Monopolanspruch auf eine „himmlische Mission“ und Rabbani plädiert für eine parteipolitisch-pluralistische Gestaltung der Theokratie. Damit wurde die Zersplitterung des Landes besiegelt: An der Spitze des „Islamischen Emirats“ kämpfte der Paschtune Mullah Omar als Emir der Gläubigen gegen den Tadschiken Rabbani als Präsident des „Islamischen Staates Afghanistan“. Um seine Kampfansage gegen die „Islamische Vereinigte Front zur Rettung Afghanistans“, eine Front, die später als „Nordallianz“ bekannt wurde, wiederum islamisch zu begründen, ließ Omar die seit zwei Jahrzehnten für die Errichtung einer islamischen Theokratie kämpfenden Parteien schlicht als „unislamisch“ deklarieren. Das war in jeder Hinsicht erforderlich, denn Mullah Omar als Muslim durfte gegen Rabbani, einen anerkannten Moslemgelehrten, nicht den Djihad erklären. Er konnte auch nicht im Namen der Paschtunen seine Soldateska gegen Angehörige anderer Volksstämme marschieren lassen. Um einen Ausweg aus dem politisch-religiösen Dilemma zu ermöglichen, instrumentalisierte Omar den politischen Islam und erklärte Rabbani zum Ungläubigen, der zu liquidieren war.

Damit scheiterte aber der „islamische Ansatz“ in seiner real existierenden Prägung zur Lösung des Konfliktes am Hindukusch auf ganzer Linie. Mit der problematischen Machtübernahme der Mujahedin 1992 wurde die zweite Tragödie am Hindukusch eingeleitet. Außenpolitisch gesehen wurde Afghanistan zum Spielball der Regionalmächte, unter denen Iran, Pakistan und die arabischen Golfstaaten, darunter das totalitäre Regime in Saudi-Arabien, die ausschlaggebenden Rollen spielten. In dieser Phase der massiven Einmischung in Afghanistan fühlte sich vor allem Pakistan als ehemaliger Frontstaat und „Gastgeber“ der Mujahedin-Gruppen dazu berufen, die künftige Regierung und damit die politische Richtung in Kabul entscheidend mitzugestalten. Islamabad setzte von Anfang an auf die Karte von Hekmatyar, dem

Emir der Hezbe Islami. Pakistanische Ambitionen korrespondierten mit der religiösen Richtung und den strategischen Motivationen der konservativen arabischen Staaten. Damit sah vor allem das wahhabitische Saudi-Arabien seine Chance gekommen, im Konkurrenzkampf gegen den schiitischen Iran zunächst in Afghanistan Fuß zu fassen. Es rechnete damit, dann auch in den neu entstandenen mittelasiatischen Republiken religiös stärker agieren zu können. Damit geriet die politisch labile Koalition um Rabbani zunehmend unter politischen Druck. Rabbani versuchte, einen adäquaten Verbündeten gegen die Unterstützung der Taliban durch Pakistan und arabische Golfstaaten in der Region zu finden. Hierbei bot sich notgedrungen zunächst der Iran an, der ohnehin am Hindukusch sehr engagiert war und seine eigene Strategie der Ausbreitung seiner Machtsphäre in der Region verfolgte. Dazu kam auch für die Rabbani-Koalition das immer noch imperial denkende Russland infrage, das zumindest die südasiatischen Republiken als Einfluss- und Schutzzone betrachtete.

Unter der Verwaltung der Taliban-Milizen (ab 1996) wurde Afghanistan zum Zentrum der internationalen Mujahedin. So verlagerten viele Terrorgruppen aus Pakistan ihre Netze nach Afghanistan, wo sie sich ohne Einschränkungen frei entfalten konnten. Das günstige Ambiente für freie Bewegung und Entfaltung nutzte vor allem der Chef der al-Qaida, Osama bin Laden, aus. Er etablierte im Machtbereich der Taliban einen zentralen Ausbildungsplatz für Terrorristen und holte etwa zehntausend Djihadisten ins Land. Neben ideologischer Indoktrination bekamen diese als „afghanische Araber" bekannt gewordenen Djihadisten unmittelbare Kampferfahrungen, indem sie auf der Seite der Taliban an vorderster Linie gegen die „Front zur Rettung Afghanistans" kämpften.

Die Ermordung von Ahmad Schah Massoud, dem Chef des militärischen Zweigs der „Nordallianz", am 9. September 2001 geht auf das Konto von bin Laden. Er bezeichnete die Tat als sein Geschenk an Mullah Omar. Aber noch wichtiger waren für die internationale Gemeinschaft die Terroranschläge in New York am 11. September 2001, die wiederum zur Revision der Politik der USA gegenüber den Taliban führten.

Errichtung einer neuen Ordnung in Afghanistan als Nebenprodukt der Bekämpfung des internationalen Terrorismus

Zum vorprogrammierten Scheitern einer „demokratisch konzipierten und streng strukturierten Zentralinstanz"

Die Terroranschläge des 11. September 2001 in New York und Washington haben die politische Landschaft der internationalen Gemeinschaft in vielfältiger Hinsicht geändert. Die Bekämpfung des internationalen Terrorismus, der mit den Anschlägen auf das World Trade Center in New York und auf das Pentagon in Washington neue, bislang ungeahnte Dimensionen erreichte, wurde zum obersten Ziel der US-Administration. Ohne Zweifel hatte die enge Zusammenarbeit der Taliban mit dem Terrornetz von al-Qaida zur Durchführung terroristischer Aktivitäten im Weltmaßstab beigetragen. Damit gerieten die militärische Infrastruktur der Milizen und die Verstecke der al-Qaida im Hindukusch ins Visier der militärischen Bekämpfung des internationalen Terrorismus. Die Militärschläge der internationalen Koalition unter dem Oberkommando der USA in Afghanistan stellten in ihren politischen Folgewirkungen eine historische Wende in der leidvollen Geschichte des seit Jahrzehnten von erbitterten Kämpfen heimgesuchten Landes dar. Mit der Vertreibung der Einheiten der Taliban aus den großen Städten und dem Einrücken der bis dato in Opposition stehenden Kräfte wurden die erforderlichen Voraussetzungen für eine neue Gestaltung des Vielvölkerstaates geschaffen. Trotz vielfältiger Skepsis einer beachtlichen Reihe von Militärstrategen und Afghanistan-Experten, die im Fall eines aktiven US-Militäreinsatzes in Afghanistan Horrorszenen eines zweiten Vietnam befürchteten, war das Pentagon – im Gegensatz zur Clinton-Administration – nicht davon abzuhalten, mit Militärschlägen konsequent gegen al-Qaida und die Milizen vorzugehen. Die Skeptiker gingen davon aus, dass jede ausländische Militärintervention in Afghanistan zum Scheitern verurteilt sei. Hinzu kam das Argument, dass dadurch in erster Linie die Zivilbevölkerung leiden werde. Letzten Endes waren die US-Militärschläge am Hindukusch auch innerhalb der politisch dominanten Kräfte Afghanistans umstritten.

Im Rahmen der direkten und massiven Intervention der USA wurde ein dysfunktionales zentralisiertes System im Namen der Demokratie etabliert. Außerdem kamen neoliberale Wirtschaftskonzepte zur Anwendung, was die Entstehung einer „neuen Oligarchie“ begünstigte. Letzten Endes wurde Afghanistan zu einem militärisch und ökonomisch abhängigen Peripheriestaat, der mit Massenarmut und verbreiteter Unzufriedenheit zu kämpfen hatte. Es ist daher nicht überraschend, dass nach dem fehlgeleiteten „Friedensabkommen“ mit den Taliban das „anokratische System“ am Hindukusch nach dem Abzug der USA und ihrer Verbündeten wie ein Kartenhaus zusammenfiel.

1.2 Zur historisch-ethnischen Legitimation eines dynastischen Pufferstaates

Herrschaft der Yahya-Familie des paschtunischen Subclans der Mohammadzai, 1930–1978

Nach den turbulenten Ereignissen der zwanziger Jahre des 20. Jahrhunderts, die König Amanullah als Reformkönig (1919–1929) scheitern sahen, und nach einer neunmonatigen Herrschaft von Habibullah Kalakani kam Mohammed Nadir in Kabul 1930 an die Macht. Als Angehöriger der Mohammadzai, eines Subclans der Durani-Paschtunen, war er schon zur Zeit von Amanullah ein einflussreicher Mitspieler im dynastischen Staat. Mohammed Nadir (1889–1933) war unter Amanullah Verteidigungsminister, fiel aber während seiner Zeit als afghanischer Botschafter in Frankreich in Ungnade und blieb dort als Exilant. Mit Unterstützung der paschtunischen Volksstämme und der Rückendeckung Großbritanniens gelang es ihm nach dem Sturz Amanullahs, den Tadschiken Habibullah, der den Thron in Kabul den Paschtunen streitig gemacht hatte, zur Aufgabe zu zwingen.

Mohammed Nadir brachte seine Brüder auf Schlüsselposten des Staates: Mohammed Haschim als Premierminister, Schah Mahmud als Oberbefehlshaber der Armee und Minister der Verteidigung, Schah Wali als Botschafter in London und Mohammed Aziz als Botschafter in Moskau.

Im Oktober 1931 legte Nadir eine Verfassung vor, in der die Scharia als Grundlage des staatlichen Rechtssystems deklariert wurde. Um sicherzugehen, dass alle Gesetze mit dem islamischen Recht in Einklang standen, wurde „Jamiati Ulema", die Gesellschaft der Geistlichen, gebildet. Zur Durchsetzung der Scharia, von Moral und religiösen Praktiken im Alltag wurde zum ersten Mal in der Geschichte des Landes ein Amt für Moral gegründet. Am 8. November 1933 wurde Mohammed Nadir bei einer Zeremonie zur Vergabe von Zertifikaten an Schüler ermordet. Sein Nachfolger wurde Sohn Mohammed Zahir, „ein schüchterner, introvertierter Neunzehnjähriger mit sehr wenig Regierungserfahrung" (Lee, 2018, 531).

In diesem Kapitel wird nach einer kurzen Skizzierung der umstrittenen Herrschaft von Mohammed Zahir Schah, dem ehemaligen König von Afghanistan, die Machtergreifung von Mohammed Daoud durch den Staatsstreich gegen seinen Neffen im Jahre 1973 als Auftakt der ersten Tragödie des Landes dargestellt. Die eigentliche Krise setzte erst mit der Aprilrevolution der Demokratischen Volkspartei Afghanistans (DVPA) im Jahre 1978 ein, die in die sowjetische Invasion im Dezember 1979 mündete.

1.2.1 Mohammed Zahir, allmächtig als „Schatten Gottes"

Ein charakterschwacher Schah als Symbolfigur der Monarchie
Zum Pokerspiel in der „Dynastie" der Mohammadzai, eines Subclans der Durani-Paschtunen

Der letzte König von Afghanistan, Mohammed Zahir Schah, starb am 25. Juli 2007 im Alter von 92 Jahren in Kabul. Vierzig Jahre lang (1933–1973) hatte er in Afghanistan als Monarch geherrscht. Mohammed Zahir, bekannt als Zahir Schah, war ein umstrittener Monarch, dessen amibivalente Politik das Gesicht Afghanistans ein ganzes Jahrhundert lang stark geprägt hat. Als König besaß er kein Durchsetzungsvermögen. Er scheute politische Entscheidungen und vermochte kein politisches Risiko einzugehen. Sein Name war eng verbunden mit der turbulenten Entwicklung Afghanistans in den letzten sieben Jahrzehnten. Mohammed Zahir war stets umgeben und beherrscht von Personen, die in seinem Namen umstrittene und autoritäre Politik machten, was letzten Endes das Land in den politischen Abgrund führte. Geboren am 15. Oktober 1914 in Kabul, stammte Mohammed Zahir aus der Paschtunen-Dynastie der Mohammadzai, deren Stammesgebiet im Süden in der Umgebung der Oase von Kandahar liegt, die seit dem 18. Jahrhundert die Vorherrschaft über Afghanistan ausgeübt hat. In Frankreich ausgebildet, wurde der Prinz nach seiner Rückkehr mit 18 Jahren zum stellvertretenden Verteidigungsminister und wenige Monate später zum Erziehungsminister ernannt. Nach der Ermordung seines Vaters Mohammed Nadir am 8. November 1933 bestieg er den Thron. Als erste Amtshandlung unterschrieb Mohammed Zahir das Todesurteil der 16 mutmaßlichen Mörder seines Vaters. In den fünfziger und sechziger Jahren, als politische Turbulenzen im Lande aktives Handeln des Königs erforderlich machten, sorgte er dafür, dass seine Herrschaft als „Zellellah" (Schatten Gottes auf Erden) auch in der neuen Verfassung als „Tolwak" (Allmächtiger) legitimiert wurde. Damit konnte der König alles allein entscheiden, zur Verantwortung durfte er nicht gezogen werden. 1964 kam es mit der Verabschiedung der neuen Verfassung durch die Loja Dschirga, die traditionelle Stammesversammlung, zur Einführung der konstitutionellen Monarchie. Das Parteiengesetz, das für die Etablierung einer demokratischen Ordnung von fundamentaler Bedeutung war, hat der König nie unterschrieben. Trotzdem gründeten sich Parteien, doch Parteipolitiker, die dem König nicht genehm waren, sahen sich Schikanen ausgesetzt. Auch kritische Berichterstattung wurde verboten und die Verantwortlichen wurden aus fadenscheinigen Gründen inhaftiert. 1973 wurde Zahir Schah während eines Aufenthaltes in Italien durch einen Militärputsch des langjährigen Ministerpräsidenten Mohammed Daoud (1953–1963) gestürzt. Danach verfolgte er die politischen Ereignisse in Afghanistan aus dem Exil: einer Villa an der Peripherie der italienischen Hauptstadt Rom.

Er unternahm jedoch keinen ernsthaften Versuch, auf die Entwicklung in „seinem" Land Einfluss zu nehmen. Nach dem Abzug der sowjetischen Invasionstruppen aus Afghanistan 1989 kam das Land nicht zur Ruhe. Afghanistan stürzte immer tiefer in chaotische Zustände. In dieser Situation schlug Zahir Schah vor, eine in der Tradition der Afghanen verankerte Loja Dschirga, eine Stammesversammlung, einzuberufen. Und er sagte auch, wer daran teilnehmen sollte: „Die Teilnehmer dieser Loja Dschirga werden sich zusammensetzen aus Vertretern der Djihadi-Organisationen, den Vertretern der Kommandeure, Vertretern anderer Pro-Djihad-Organisationen, berühmten afghanischen Wissenschaftlern aus dem In- und Ausland, politischen afghanischen Persönlichkeiten und Stammesältesten aus dem In- und Ausland." Diese außerordentliche Dschirga sollte über das Schicksal des Landes entscheiden. Doch der Vorschlag stieß weder in Afghanistan auf Unterstützung noch fand er international ein positives Echo. Nach dem von den USA geführten Krieg in Afghanistan gegen das despotische Taliban-Regime und das mit ihm verbündete Terrornetzwerk al-Qaida bot sich der greise Ex-Monarch im November 2001 als Vermittler an. Sein als Rom-Gruppe bekannt gewordener Beraterkreis trug mit drei anderen afghanischen Gruppen zu den Bonner Vereinbarungen über Afghanistan erheblich bei. Am 18. April 2002 kehrte Mohammed Zahir als „Bürger" nach Afghanistan zurück. Wie auf dem Petersberg vereinbart, erklärte er seinen Verzicht auf das Amt des

Staatsoberhaupts. Sein Stellenwert wurde in der neuen Verfassung des Landes im Jahre 2004 als „Baba-e Mellat" (Vater der Nation) verankert. Seine angeblich große Popularität im Lande erwies sich jedoch als trügerisch, als sein Kandidat und Schwager Homayoun Schah Asefi bei der Präsidentschaftswahl im Oktober 2004 weniger als ein Prozent der Stimmen bekam. Im Vielvölkerstaat Afghanistan sahen die nichtpaschtunischen Volksstämme in Asefi den Stellvertreter Mohammed Zahirs. Sie hatten nicht vergessen, dass sie in dessen 40-jähriger Amtszeit (1933–1973) unterdrückt und diskriminiert worden waren. Hinzu kam, dass sich ebenso viele Paschtunen von Zahirs Rückkehr in der Person seines Schwagers Homayoun Schah Asefi nicht viel versprachen und keinen autoritären Regierungsstil mehr billigen wollten.

1.2.2 Mohammed Daoud, ein chauvinistischer Despot als „republikanischer Präsident"

Zur Willkürherrschaft eines Machtbesessenen

Für die Bevölkerung der Stadt Kabul schien zunächst mit dem 17. Juli 1973 (26. Saratan 1352) ein üblicher, von Erwartungen und Sorgen des Lebens begleiteter Tag hereingebrochen zu sein. Dies erwies sich jedoch bald als ein Trugschluss. Einige früh aufgestandene Menschen eilten zur Arbeit und andere in gewohnter Manier am frühen Morgen in die Nähe des Königspalastes Arge Schahi. Sie beobachteten Panzer und Mannschaftswagen der Armee, die den Palast, einige Ministerien und Radio Kabul umzingelt hatten. Hinzu kam, dass Radio Kabul nicht wie üblich um 6 Uhr Ortszeit mit seiner Erstsendung anfing, sondern erst nach 40-minütiger Verspätung mit Marschmusik bzw. mit der Melodie des bekannten afghanischen Nationaltanzes seine Hörer überraschte. Seit Tagen kursierten Gerüchte, dass in der Abwesenheit des Königs Mohammed Zahir Schah entweder Sardar Wali, der Schwiegersohn des Königs, oder Musa Schafiq, der Premierminister des Landes, die Macht übernommen habe. Etwa um 7:30 Uhr setzte Mehdi Zafar, der renommierteste Moderator von Radio Kabul, diesen Spekulationen ein Ende, indem er Mohammed Daoud ankündigte, angeblich aus Opportunitätsgründen mit dem Titel „Sardar". Eine den Afghanen bekannte und für die männlichen Mitglieder der Zahir-Schah-Familie typische Donnerstimme verkündete entschlossen die Abschaffung der Monarchie und proklamierte im selben Atemzug die Republik. Erst dann wurde der Bevölkerung von Kabul klar, dass der von der warmen Sonne beschienene Tag mit heißer Politik eines Staatsstreichs seitens des als „Sardare Dewana“ (verrückter Sardar) berüchtigten Vetters des Königs einherging. Der Staatsstreich von Daoud 1973 war nicht das Ergebnis einer Reihe unglücklicher Zufälle. Im Gegenteil, er war das konkrete Produkt einer langfristig angelegten, im Einzelnen durchdachten und abgestimmten Strategie, deren Ursprung aus den fünfziger Jahren datierte. Trotz kontroverser Diskussionen über die Begleitumstände der Machtübernahme, die militärische Durchführung und die Einzelheiten der Programmatik war dieser Staatsstreich eindeutig und ohne Zweifel auf die autoritär geprägte Denkweise eines ambitionierten Politikers zugeschnitten: Mohammed Daoud, nicht nur bekannt als Schwager und Vetter des Königs, war schon in den fünfziger Jahren als autoritärer Premierminister bekannt gewesen.

Die Grundzüge seines Regierungsprogramms stellte Daoud am 22. August 1973 in seiner historischen Rede „Khetab ba Mardom“ (an das Volk) vor. Er verkündete darin ein ehrgeiziges Reformprogramm, darunter vor allem eine gründliche Umgestaltung der Wirtschaft und Gesellschaft, eine Ausweitung der demokratischen Rechte und Freiheiten, einen Kampf gegen Korruption, die Durchführung einer Landreform, die Bekämpfung des Analphabetismus und die Ausweitung des Erziehungs- und Gesundheitswesens. Daoud, der den Titel „Rahbar“ (Führer) annahm, bekleidete über das Präsidentenamt hinaus die Positionen des Premierministers und des Verteidigungsministers. Sein Bruder Mohammad Naim war De-facto-Außenminister. Die versprochene Demokratie mündete in die Auflösung des demokratisch legitimierten Parlaments und das Verbot der freien Presse. Er ließ Andersdenkende brutal unterdrücken. Bekannte Gesichter aus der demokratischen Szene, religiös orientierte Politiker und einige Persönlichkeiten aus linken Bewegungen, insbesondere aus der Reihe der nicht an Moskau orientierten Bewegungen, fielen der Willkürherrschaft des autokratischen Daoud zum Opfer. Einige wurden verhaftet und blieben jahrelang im Gefängnis, andere wurden sogar ohne Prozess hingerichtet. Aus der Reihe der politischen Gruppierungen stellte sich die „Demokratische Volkspartei Afghanistans“ (DVPA) in den Dienst der politischen Willkürherrschaft von Daoud. Die DVPA betrachtete die Abschaffung der Monarchie und die Ausrufung der Republik per se als Fortschritt. Später verstand sie die Grundzüge der Daoud-Rede „Khetab ba Mardom“ als identisch mit ihrem eigenen Parteiprogramm. Es wurden Hunderte junger Parteikader zur Propagierung der Ziele bzw. zur Stabilisierung der Verhältnisse auf die wichtigsten Posten gesetzt. Die Kader der DVPA, insbesondere die der Partscham-Fraktion, wollten aufgrund der Nähe der Daoud-Politik zur Sowjetunion ihre Solidarität mit dem Daoud-Regime auch zur Zerschlagung anderer politischer Kräfte instrumentalisieren. Daoud ging mit der DVPA eine Zweckehe ein in der Überzeugung, dass er daraus im Sinne der Stabilisierung seines Regimes profitieren würde. Als Ergänzung ließ sich Daoud außenpolitisch auf ein Pokerspiel mit der Sowjetunion ein. Es bestand kein Zweifel daran, dass der Kreml Afghanistan zum Satellitenstaat des sowjetischen Imperiums machen wollte. Daoud erkannte jedoch die Gefahr der Umklammerung des russischen Bären zu spät. Als er anfing, die Beziehung mit Pakistan zu normalisieren und als Ersatz für die Abhängigkeit von dem mächtigen Nachbarn im Norden die Beziehungen mit den anderen Staaten in der Region auszubauen, erlitt er eine tödliche Bruchlandung.

Daoud trat anstelle der versprochenen demokratischen Freiheiten für ein repressives Einparteiensystem ein und gründete seine eigene politische Partei „Melli Ghorzang“ (Nationale Bewegung). Statt einer demokratischen Legitimation durch freie Wahlen setzte er zur Fortsetzung seiner Herrschaft auf die traditionelle Machtlegitimation durch die Loja Dschirga, die große Rats- und Stammessitzung. Ende Januar/Anfang Februar 1976 wurde die im Auftrag von Daoud formulierte Verfassung von der einberufenen Loja Dschirga verabschiedet und Daoud als einziger Kandidat als Präsident bestätigt. Auf die Frage des Präsidenten der Loja Dschirga Azizullah Wasefi, ob der „verehrte Daoud“ die Wahl annehme, antwortete Daoud mit Ja, jedoch mit einer Einschränkung, nämlich solange er gesundheitlich dazu in der Lage sei. Damit krönte sich Daoud nach der üblichen Manier autoritärer Führer zum Präsidenten auf Lebenszeit.

Nach einer gewissen Zeit und nach intensiven Kontakten mit den Nachbarstaaten, dem Iran, Pakistan und den arabischen Golfstaaten, beabsichtigte Daoud, sich von der Sowjetunion abzuwenden. Um der Abhängigkeit Afghanistans von der Sowjetunion zu begegnen, hatten Iran und Saudi-Arabien große finanzielle Rückendeckung für Kabul in Aussicht gestellt. Gleichzeitig sollte die politische Einflussnahme der DVPA eingeschränkt werden. Inzwischen hatte sich jedoch die DVPA durch konspirative Arbeit und Infiltration in der Armee und der Verwaltung tief verankert. Sie schlug zu, ihr Schlag war hart und tödlich. Mit der Aprilrevolution am 27. April 1978 endete die Herrschaft von Sardar Mohammed Daoud und Sardar Mohammed Naim, zwei Brüdern, die Afghanistan quasi als ihr Eigentum betrachteten und das Schicksal des Volkes nach eigener Willkür bestimmten. Die DVPA beendete die 37-jährige Herrschaft des Mohammadzai-Clans.

Daoud war ein selbstherrlicher Politiker, dessen autoritäre Denkweise, falsche Einschätzung der politischen Entwicklung im Inneren des Landes und defizitäre Außenpolitik letzten Endes das Land am Hindukusch nachhaltig ruinierten. Daoud war umgeben von Jasagern, politischen Opportunisten und unfähigen Politikern, die ihre Karriere nur ihrer Loyalität zum „Führer" (Rahbar) verdankten. Daoud duldete keine Kritik. Er ging machiavellistisch nach dem Motto „Der Zweck heiligt jedes Mittel" vor. Unmissverständlich war seine politische Praxis geprägt vom paschtunischen Chauvinismus; daraus machte er auch keinen Hehl. Er war durch und durch egozentrisch. Er überschätzte seine Urteilskraft und entschied bei strittigen Fragen letzten Endes im Alleingang.

Durch den Staatsstreich von Daoud im Jahre 1973 wurde ein Tabu gebrochen, als die durch historische Kontinuität legitimierte Monarchie des Durani-Volksstammes infrage gestellt wurde. Trotzdem sahen einige Kreise in der Person Daouds den Fortbestand der Vorherrschaft des paschtunischen Subclans gewährleistet. Im historischen Rückblick gesehen wäre ohne die von Daoud eingeleitete Entwicklung, die auf einer vielfachen Fehleinschätzung basierte, der Bevölkerung am Hindukusch die verheerende Zukunft höchstwahrscheinlich erspart geblieben.

Ein afghanisches Sprichwort lautet: Wer mit Löwen spielt, muss damit rechnen, zerfleischt zu werden.

II. Kapitel:

Pseudolegitimation der Herrschaft im Namen der „Werktätigen“
Zur staatsbürokratischen Herrschaft der Demokratischen Volkspartei Afghanistans, 1978–1992

2.1 Zur April-Revolution der Demokratischen Volkspartei Afghanistans
Auftakt einer turbulenten Phase in der Geschichte des Landes

2.2 Zum endgültigen Abzug der sowjetischen Soldaten aus Afghanistan
Historischer Rückblick

2.3. Der bittere Abgang von Dr. Nadschibullah
Zum tragischen Schicksal des letzten Generalsekretärs der Partei

II. Kapitel: Pseudolegitimation der Herrschaft im Namen der „Werktätigen“

Zur staatsbürokratischen Herrschaft der Demokratischen Volkspartei Afghanistans, 1978–1992

In diesem Kapitel wird eine historische Phase der Herrschaft ins Auge gefasst, in der zum ersten Mal die Legitimation der Durani-Dynastie ernsthaft infrage gestellt wurde. Mit der April-Revolution des Jahres 1978, die von der DVPA durch einen Militärputsch vollzogen wurde, wurde ein historisches Tabu gebrochen: Die DVPA substituierte die historisch-erbliche Legitimation der Herrschaft der Paschtunen durch den Anspruch der Herrschaft im Namen der „Werktätigen“. Die aus der oberen Mittelschicht der Städte und gut situierter Landeigentümer stammende Elite der Partei verwechselte ihren eigenen gesellschaftspolitischen Aufstiegsanspruch mit den berechtigten Interessen der Werktätigen. Hinzu kam das massive Interesse der Kreml-Führung, nach einer langen Phase schleichender Invasion Afghanistan endgültig zu einem Satellitenstaat zu degradieren. Damit war beabsichtigt, dem Ziel des sowjetischen Imperiums, seine Grenzen in Richtung des Indischen Ozeans zu verschieben, näher zu kommen. Eine Konsequenz dieses Unterfangens war jedoch, dass Afghanistan zur „blutenden Wunde“ der Sowjetunion (Michael Gorbatschow) wurde. Im Folgenden wird diese Phase von 1978 bis 1992 in drei Beiträgen erörtert.

2.1 Zur April-Revolution der Demokratischen Volkspartei Afghanistans

Auftakt einer turbulenten Phase in der Geschichte des Landes

Dieser Teil wurde 1980 geschrieben und erschien in Samimy 1983, 1–51

Am 27. April 1978 wurde der Palast des Präsidenten Daoud durch eine Panzerabteilung der Kabuler Garnison „Puli-Tscharchi“ unter dem Kommando von Panzermajor Mohammad Aslam Watanjar gestürmt. Es schlossen sich Teile der Luftwaffe unter dem Befehlshaber Oberst Abdul Qadir an. Nachdem etwa zehn Stunden lang Panzer durch die Straßen Kabuls gerollt waren und sowjetische MiG-21 Ziele im Präsidentenpalast in schauspielartiger Inszenierung angegriffen und bombardiert hatten, wurde der Umsturz militärtechnisch einwandfrei vollzogen. Politisch wurde er erst zum Erfolg, als eine Stunde nach dem Sturz das neue Regime von der Sowjetunion offiziell anerkannt wurde. Mit dem Staatsstreich, bei dem Daoud, einige seiner Kabinettsmitglieder und der Kern seiner Familie ums Leben kamen, wurde die DVPA an die Macht geputscht.

Der recht blutig verlaufene Umsturz wurde von der DVPA als „Modell-Revolution“ hochgejubelt. So wurde das Ende der fünfjährigen Regierung Daoud und das der fünfzigjährigen Mohammed-Nadir-Familie sowie der Herrschaft des Mohammadzai-Clans eingeleitet. Die Eroberung des Regierungssitzes, der von der 2000 Mann starken bewaffneten Palastgarde bewacht wurde, verlief mit solcher Präzision, dass man mit Recht „dahinter die Regie der in Kabul seit langem etablierten sowjetischen Berater vermutet hat“ (Bonn, 1978, S. 360).

Mit welchen konzeptionellen Vorstellungen wurde die DVPA an die Macht geputscht und mit welchem Ziel wurde das Drehbuch zu dieser Aktion in die Tat umgesetzt? Und schließlich: Was ist die Bilanz der DVPA? Das sind die Hauptthemen, die nun im Einzelnen erörtert werden.

2.1.1 Konzeptionelle Vorstellungen der DVPA

Die politischen Ideen der DVPA lassen sich aus der im Jahre 1966 erschienenen Parteizeitung unter dem Namen Chalq (Volk), dem Nachfolgeblatt Partscham (Flagge) und aus den zu anderen Anlässen von der Partei herausgegebenen Materialien leicht herauskristallisieren. Von Bedeutung ist hierbei die am 9. Mai 1978 vom Generalsekretär der Partei, Nur Muhammad Taraki, gehaltene Antrittsrede, in der nicht nur ein gesellschaftspolitisches Konzept der Partei artikuliert, sondern darüber hinaus die künftige Strategie der an die Macht gelangten Partei umrissen wird.

Aus der Sicht der DVPA ist Afghanistan als ein Entwicklungsland einzustufen, dem es trotz der politischen Dekolonisation im Jahre 1919 nicht gelungen ist, wirtschaftliche Unabhängigkeit und sozioökonomischen Fortschritt zu erzielen. (1) Dass in Afghanistan nur feudale Verhältnisse herrschten, konnte von der Partei nicht oft genug hervorgehoben werden. Zur Überwindung der Feudalstrukturen sei als entwicklungspolitische Strategie der „nichtkapitalistische Entwicklungsweg“ einzuschlagen, wobei eine Intensivierung staatlichen Engagements im sozioökonomischen Leben ein notwendiges Element dieser Strategie darstelle. Politisch wurde für Parlamentarismus und „nationale Demokratie“ plädiert. Während der Liberalisierungsphase von 1963 bis 1973 war die DVPA im „aristokratisch-feudalen“ Parlament vertreten, auch bekannte Parteifunktionäre wie Babrak Karmal, Hafizullah Amin und Anahita Ratebzad saßen im Parlament. Die offiziellen Thesen der Sowjetunion zum einzuschlagenden Weg der Entwicklungsländer steckten das Spektrum der politisch-ökonomischen Vorstellungen der DVPA ab: von der Beseitigung des Einflusses von Neokolonialismus und Imperialismus über den Schutz der Industrie und Inlandsproduktion vor Importkonkurrenz bis zur Beseitigung „aller Arten und Formen der Unterdrückung, der Arbeitslosigkeit, das Analphabetentums, der Korruption, des Papierkrieges und des Schiebertums“. (2)

Die DVPA erhob den Anspruch, die Demokratie im Interesse des Volkes zu sichern, die Rechte und demokratischen Freiheiten zu garantieren und die ökonomischen und beruflichen Forderungen des Volkes zu erfüllen. Da sich die DVPA als „Avantgarde der Arbeiterklasse“ verstand, sollten wirksame Maßnahmen im Sinne der Realisierung der Interessen der Werktätigen eingeleitet werden, die ihrerseits zur Etablierung einer Gesellschaft führten, die frei von Ausbeutung des Menschen durch den Menschen sei.

Mit diesem programmatischen Anspruch trat die Mannschaft der DVPA 1978 die Macht an. Das Hauptanliegen der folgenden Skizze besteht darin, im Einzelnen aufzuzeigen, wie sich zwischen dem programmatischen Anspruch und der praktischen Leistung der DVPA eine immer größere Kluft entwickelte und wie sehr die Partei ihren eigenen Zielvorstellungen untreu wurde. Darüber hinaus soll gezeigt werden, dass durch die eingeschlagene Strategie letzten Endes keine eigenständige nationale Entwicklung eingeleitet werden konnte, sondern im besten Fall die Abhängigkeit Afghanistans von der sowjetischen Machtsphäre intensiviert worden wäre. Sie hätte nichts weniger als eine Einverleibung der Wirtschaft und Gesellschaft Afghanistans in den Reproduktionsprozess der sowjetischen Machtsphäre bedeutet, wodurch ein peripheres parteibürokratisches Gesellschafts- und Wirtschaftssystem entstanden wäre.

2.1.2 Bilanz der realen Leistungen der DVPA

Aufgrund der sozioökonomischen Maßnahmen der DVPA-Regierung wurden Entwicklungen ausgelöst, die zur Zerstörung der Reproduktionsbasis der afghanischen Gesellschaft führten. Damit wurde schließlich der Regierung der DVPA die materielle Basis zur Durchführung ihrer Reformprogramme entzogen.

2.1.2.1 Bankrott des Industrie- und Handelskapitals

Die afghanische Wirtschaft musste in den ersten zwei Jahren der DVPA-Regierung schwerwiegende Rückschläge hinnehmen. Die Entwicklung im Industrie- und Handelssektor war durch Stagnation bzw. Schrumpfung charakterisiert. Vor allem war die nur schwach entwickelte Privatindustrie zum Teil lahmgelegt. Die Regierung hat jedoch kein nennenswertes Industrieprojekt im Staatssektor in Angriff genommen, das die Zerstörung der Privatindustrie zumindest teilweise hätte kompensieren könnte.

Von den Wirkungen her gesehen lassen sich die Maßnahmen, die zur Lahmlegung der Industrie führten, folgendermaßen zusammenfassen:

Verunsicherung des Industrie- und Handelskapitals

Widersprüchliche Stellungnahmen der Parteifunktionäre ließen bei Kaufleuten und Industriellen Unsicherheit und latente Angst entstehen. Der „Nationalbourgeoisie“ sollte nach den ideologischen Konzeptionen der DVPA in dieser Phase der „Revolution“ ein gewisser Spielraum eingeräumt werden. Aber die Parteifunktionäre bzw. die ihnen nahestehenden Technokraten waren nicht fähig, den oft verwendeten Begriff der „Nationalbourgeoisie“ mit einem dem realen Milieu adäquaten klassenbezogenen Inhalt auszufüllen.

Als brauchbare Kriterien zur Abgrenzung des Begriffes der „Nationalbourgeoisie“ müssten folgende Faktoren in Betracht gezogen werden:

1) Ursprung des Kapitals (inländisch oder ausländisch),

2) Gewinntransfer ins Ausland und

3) Evaluierung der Investitionen im Hinblick darauf, ob sie in den Rahmen der eigenständigen nationalen Entwicklung passen bzw. diese fördern.

Kurz nach der Machtergreifung leitete die DVPA eine Spendenaktion ein, um die „revolutionäre Arbeit" der Partei zu unterstützen. Der Umfang der „freiwilligen" Spenden, die von Privatindustriellen und Kaufleuten an die DVPA als Solidaritätsbeitrag zu leisten waren, wurde praktisch als Indikator zur Abgrenzung des Begriffes der „Nationalbourgeoisie" verwendet. Zunächst stellten diese Spenden keine freiwilligen Beiträge dar. Denn bei einer bestimmten Fraktion des Industrie- und Handelskapitals galten diese Spenden eher als eine Form von Rettungsakt mit dem Hintergedanken, lieber Geld als den Kopf zu verlieren. Eine andere Fraktion des Industrie- und Handelskapitals, welche sich entweder durch Verwandtschaftsbeziehungen zu hohen Parteifunktionären oder aufgrund ihrer Raffinesse in kurzer Zeit den Zugang zu Parteifunktionären verschaffen konnte, blieb nicht nur von der großangelegten Spendenaktion verschont, sondern konnte darüber hinaus ihre ökonomische Position im Konkurrenzkampf gegen die erste Fraktion ausbauen.

Wie willkürlich mit der Zuordnung zur Kategorie der Nationalbourgeoisie verfahren wurde, wird deutlich an folgendem Vorfall: Die Inhaber und Geschäftsführer der Betriebe im Industriepark von Puli-Tscharchi (einem in der Nähe von Kabul angesiedelten Industriekomplex) wurden ständig von Parteifunktionären, die mit der „Mobilisierung" der Arbeiterschaft in der Privatindustrie beauftragt waren, als Kapitalisten abgestempelt und als Verräter diffamiert. Nachdem einige Vertreter ihrer Organisation, des „Rates der afghanischen Industriellen", im Mai des Jahres 1979 Hafizullah Amin einen Scheck in Höhe von 300 000 Afghani präsentiert hatten, wurden sie in den Medien als zur Klasse der „Nationalbourgeoisie" gehörige Persönlichkeiten eingestuft und geehrt.

Durch diese Unsicherheitsmomente wurden einige national gesinnte Industrielle und Kaufleute zu einer Haltung des Abwartens gezwungen. In einer späteren Phase wurde durch widersprüchliches Vorgehen, nämlich Erweisung von Respekt auf einer Ebene und Beleidigung bzw. Beschimpfung auf einer anderen, eine grundlegende Desorientierung erzeugt. Darüber hinaus wirkte sich die latente Angst vor Verstaatlichung, vor allem bei Industriellen, auf den Umfang von Investitionen und Reinvestitionen aus. Wenn auch Taraki, Generalsekretär der DVPA, auf die Frage eines westlichen Journalisten mit der doppeldeutigen Bemerkung „Es gibt nichts zu verstaatlichen" die angespannte Atmosphäre zu bemänteln versuchte, wurde schon 1978 die Verstaatlichung der Druckereien als erster Schritt zur Verstaatlichung sämtlicher Industriezweige aufgefasst. Es folgten auch tatsächlich weitere Enteignungen, vor allem die der Transportgesellschaften, wobei die Limousinen der Manager dieser Gesellschaften in den privaten Gebrauch der Parteifunktionäre wechselten.

Babrak Karmal, damaliger Staatschef und Generalsekretär der DVPA, soll daraus angeblich Konsequenzen gezogen haben, indem er auf die „Wahrung der Prinzipien des rechtmäßigen Eigentums einschließlich des persönlichen" hingewiesen hat. Aber dazu hatten sich seine Vorgänger Amin und Taraki auch bereits auf dem Papier bekannt.

Verbürokratisieren des Staatsapparates

Ganz im Gegensatz zu dem von der DVPA-Regierung propagierten „revolutionären Handeln im Staatsapparat" entstanden im Staatsapparat durch zusätzliche Kontrollen seitens der Partei weitere bürokratische Engpässe. Der Import einiger Halbfabrikate bzw. Ersatzteile für die Industrie benötigte erheblich mehr Zeit als unter der Bürokratie der Vergangenheit üblich. Zur Sicherung eines störungsfreien Ablaufs der Produktion kalkulierte man in den auf Inputs aus dem Ausland angewiesenen Branchen mit einem Zeitbedarf von etwa sechs Monaten. Der Antrag auf Import der für die einheimische Industrie benötigten Güter und Ersatzteile, der im Voraus in einem Kontingent vom Planungsministerium bewilligt werden musste, konnte nur dann von einer inländischen Bank bearbeitet werden (z. B. z. B. durch die Eröffnung eines Akkreditivs), wenn er die Zustimmung des Investitionsausschusses gefunden hatte. Dieser Ausschuss setzte sich zusammen aus Vertretern des Planungs-, Finanz- und Handelsministeriums sowie des Ministeriums für Bergbau und Industrie.

Die Aufgabe des Ausschusses bestand in der Nachprüfung, Bewilligung und Aufsicht über die industriellen Projekte. Er wurde aber häufig seiner Aufgabe nicht gerecht. So konnte über Monate keine Sitzung stattfinden, weil die Vertreter der Ministerien sich auf keinen gemeinsamen Termin einigen konnten. Überhäuft mit vielen Aufsichtsfunktionen fanden sie keine Zeit, in einer gemeinsamen Sitzung die angehäuften Anträge zu genehmigen, geschweige denn, dass sie sich über die Einzelheiten der Anträge informieren konnten und die benötigten Fachqualifikationen als Voraussetzung zum „revolutionären Handeln" mitbrachten.

Expertise und theoretische Orientierung sollten die ausländischen Bündnispartner der DVPA, die sowjetischen „Berater", beisteuern. Sie hatten sämtliche Ministerien mit ihrem Personal schon längst überschwemmt, kannten sich jedoch nicht in deren Abläufen aus. Es wurden keine Richtlinien entwickelt, nach denen die in Verzweiflung geratenen, jedoch sich arrogant gebärdenden Parteifunktionäre hätten revolutionär handeln können. So wurden willkürliche und spontane Maßnahmen in aller Eile getroffen, ohne sie im Einzelnen durchdacht und aufeinander abgestimmt zu haben. Diese daraus resultierenden Probleme führten dazu, dass der ohnehin schwache Sektor der privaten Industrie fast gänzlich lahmgelegt wurde. Es kam zu Betriebsschließungen und Entlassungen, die weder von privaten Industriellen noch vom Staat durch neue Industrieprojekte kompensiert wurden. Auf diese Weise wurde statt der Verwirklichung des im Regierungsprogramm der DVPA angekündigten „Schutzes der einheimischen Industrie" ihre Zerstörung eingeleitet. (3)

Der Bürokratisierungsschub im Außenhandel lässt sich am Beispiel der Gründung der sogenannten Handelsausschüsse demonstrieren, die auf Initiative der DVPA-Regierung zur wirksamen Kontrolle des Außenhandels gegründet wurden. Jeder registrierte Kaufmann musste Mitglied eines Ausschusses werden, welcher für jeweils eine bestimmte Warenkategorie gebildet wurde, mit dem Ergebnis, dass viele von ihnen Mitglied aller Ausschüsse (22 Ausschüsse) werden mussten. (4) Für jede Mitgliedschaft in einem Ausschuss musste ein Mitgliedsbeitrag geleistet werden und für jede Genehmigung wurden Gebühren erhoben, die als Prozentsätze auf den Importwert in Rechnung gestellt wurden. Statt Entlastung des Handels von herkömmlichen bürokratischen Modalitäten entstand eine zusätzliche finanzielle Belastung. Die geringe Nachfrage-Preis-Elastizität bei vielen importierten Konsumwaren führte dazu, dass die Abgaben weitgehend auf den Endverbraucher (also auf den „kleinen Mann") abgewälzt wurden, womit die Verknappung der Güter verschärft wurde und Preissteigerungen beschleunigt wurden.

Umleitung der außenwirtschaftlichen Beziehungen

Die Regierung war bestrebt, die politisch-ökonomischen Außenbeziehungen von westlichen Staaten auf die Sowjetunion bzw. deren Machtsphäre zu verschieben. Ideologisch wurde diese Intention mit der These begründet, die ökonomischen Beziehungen mit den realsozialistischen Staaten beruhten auf einer gerechten Basis. Entwicklungspolitisch sollten durch langfristige Handelsverträge stabile Verhältnisse geschaffen werden, um überhaupt langfristig planen zu können. Im Ergebnis wurde so der Prozess der Integration der afghanischen Wirtschaft in die Handelssphäre der Sowjetunion forciert.

Im Hinblick auf den Staatssektor konnte dieses Ziel ohne Komplikationen verwirklicht werden, weil sich die Parteifunktionäre an der Spitze der jeweiligen Staatsorgane mit „Begeisterung und Ehre" dafür einsetzten. Der Abschluss von zehn Verträgen mit der UdSSR in einer Zeitspanne von nur 20 Tagen nach dem Staatsstreich von April 1978 ist nicht als Zufall zu betrachten. Die dreißig bis Oktober 1978 zwischen Afghanistan und der Sowjetunion abgeschlossenen Verträge sind ebenfalls in diesen Rahmen einzuordnen. (5) Zur Verwirklichung des Zieles im Privatsektor hat man sich anderer Mittel bedient. Durch die Gründung von Handelsausschüssen, in denen der Handel mit verschiedenen Ländern verwaltungsmäßig unterschiedlich gehandhabt wurde, versuchte der parteibürokratische Apparat, den Prozess der Umorientierung auf die sowjetische Machtsphäre zu forcieren. Ein Antrag auf Importe aus westlichen Ländern konnte z. B. monatelang im parteibürokratischen Apparat hängen bleiben. Als weiteres, mit einer noch umfangreicheren Zuständigkeit ausgestattetes Organ wurde die „Export- und Importgesellschaft des Volkes" gegründet, mit deren Hilfe der Staatshandel allmählich zur Norm werden sollte.

Zunächst wurde diese Gesellschaft mit dem Privileg des Importmonopols einiger Güter, u. a. Reifen, versehen. Die Motivation für diese Monopolisierung beruhte auf einer naiven Kalkulation der Gewinnspanne, die vermutlich nur aus der Differenz zwischen dem Einkaufs- und Verkaufspreis hergeleitet wurde. Das Scheitern dieses und eines anderen, ähnlichen Unterfangens, nämlich des Exports einiger Heilpflanzen nach Pakistan und Iran, ist auf solche undurchdachten, im Einzelnen nicht vorbereiteten Maßnahmen zurückzuführen, wobei am Ende Verluste hinzunehmen waren.

2.1.3 Landreform als Kern der Reformvorhaben der DVPA

2.1.3.1 Durchführung der Landreform

Da die DVPA die These vertrat, auf dem Lande seien Feudalverhältnisse vorherrschend, stellte die Landreform das Hauptanliegen der programmatischen Erklärungen der Partei dar. Politisch sollte durch Zuweisung von Landstücken an landlose Bauern die Unterstützung dieser Klasse für die April-Revolution gewonnen werden. Am 17. Juli 1978 wurde das Dekret Nr. 6 des Revolutionsausschusses veröffentlicht, wodurch u. a. bestimmt wurde, dass die Pachtschuld (Gerawi) nach fünf Jahren abgegolten war (Rudersdorf, 1980, 150–51). Zur eigentlichen Landreform wurde das 8. Dekret am 2. Dezember 1978 veröffentlicht, mit dem die Überwindung der Feudalstruktur eingeleitet werden sollte.

Nach offiziellen Angaben der DVPA Regierung gab es in Afghanistan 4,5 Mio. Hektar Land, von denen etwa 3,2 Mio. jährlich bebaut wurden. Vom gesamten bebaubaren Land gehörten etwa 40 % den Feudalherren. (6) Zur Identifizierung der Feudalherren wurde als Kriterium der Besitz von 6 Hektar Land in der Qualitätsstufe „erste Klasse" herangezogen, was etwa 60 Hektar in der Qualität der siebten und damit der schlechtesten Klasse entsprechen sollte. Wer darüber hinaus Land besaß, sollte ohne Entschädigung enteignet werden. 817 000 landlosen Bauern (darunter 150 000 Nomadenfamilien) sollte pro Familie 1 Hektar vom besten Land (erster Klasse) oder ein Äquivalent von geringeren Qualitäten zugewiesen werden, das sich durch einen Multiplikator größer als eins (je nach der Qualität des Bodens) leicht errechnen ließ.

Die Landreform wurde am 1. Januar 1979 eingeleitet und bis Ende Juni desselben Jahres, wie offiziell bekannt gegeben, „erfolgreich" abgeschlossen. Nach Aussage des Ministers für Landwirtschaft hatte die Landreform eine neue Agrarstruktur geschaffen, nun müsse die Landwirtschaft in geregelte Bahnen gelenkt werden. (7)

2.1.3.2 Einschätzung des Landreformprogramms

1) In Modernisierungsstrategien westlicher wie auch sowjetischer Prägung stellt die Landreform ein notwendiges Element dar. Es gibt kaum ein Entwicklungsland, in dem nicht eine Art Landreform entweder durchgeführt wurde (mit welchen praktischen Konsequenzen auch immer) oder auf der Tagesordnung steht. Durch die Ankündigung oder Durchführung einer Landreform an sich verdient sich eine Regierung noch keine Verdienste als Fortschrittsagent, auch nicht unbedingt, wenn die Expropriation der Feudalherren ohne Entschädigung vollzogen wurde bzw. werden soll. In seiner Schrift „Die Bauernfrage in Frankreich" schreibt Engels: „Ob die Expropriation mit oder ohne Entschädigung erfolgt, wird großenteils nicht von uns abhängen, sondern von Umständen, unter denen wir in den Besitz der Macht kommen, und namentlich auch von der Haltung der Herren Großgrundbesitzer selbst. Eine Entschädigung sehen wir keineswegs unter allen Umständen als unzulässig an" (Marx-Engels, 1970, 405). Im Ergebnis muss eine erfolgreiche Landreform den landlosen Bauern zugutekommen, zugleich darf sie keine isolierte Maßnahme sein, sondern muss den Weg zu einer eigenständigen nationalen Entwicklung ermöglichen.

Trotz mancher Übereinstimmungen mit westlichen Modernisierungskonzepten existiert eine fundamentale Differenz in der sowjetisch geprägten Anschauung: Sie setzt auf den Staat als Hauptakteur, der den privaten Sektor zunehmend verdrängen wird. Offensichtlich liegt hier eine Kongruenz mit den Interessen der herrschenden Parteibürokraten vor, auf dem Wege der Verfügungsgewalt über die Produktionsmittel ihre privilegierte Position in der Gesellschaft zusätzlich zu verbessern. Die 1978 an die Macht gekommene Elite konnte sich nicht auf das Volk stützen, brauchte aber Bündnispartner. Diese fand sie in den etablierten sowjetischen Bürokratien.

2) Dass es in Afghanistan feudale bzw. präfeudale und rentenkapitalistische Ausbeutungsverhältnisse gibt, ist nicht umstritten. Dass durch die herrschenden Verhältnisse auf dem Lande die Masse der Bauernschaft in Schuldknechtschaft geraten ist, kann nicht genug betont werden. Und dass darüber hinaus die Verhältnisse nicht nur auf dem Lande, sondern im gesamten Afghanistan nicht idyllisch waren, wird jedem klar, der sich mit den sozioökonomischen Verhältnissen in Afghanistan beschäftigt. Dass daher das System als Ganzes tiefgreifend umwälzungsbedürftig ist, steht außer Zweifel. Daher stehen in der Einschätzung des Landreformprogramms zwei Kriterien im Zentrum:

1. Die Durchführung der Landreform muss der Masse der Bauernschaft zugutekommen.
2. Die Realisierung dieses Vorhabens muss in den Diensten einer eigenständigen nationalen Entwicklung des Landes stehen.

Hinzu kommt als weiterer Aspekt, dass die ökonomischen Risiken, denen die landlosen Bauern in diesem Prozess ausgesetzt sein können, minimiert werden. Dies setzt eine intime Kenntnis der Realität voraus, wenn es nicht zur „Vergewaltigung" der Verhältnisse kommen soll. Entscheidend ist nicht zuletzt, ob die Durchführung des gesamten Reformplanes von einer Mobilisierung der Bauern getragen wird oder fremdbestimmt ist und nur im Namen der Bauern angeordnet wird. Inwiefern entspricht die von der DVPA durchgeführte Landreform diesem Forderungskatalog?

3) Schon die gesellschaftlichen Beziehungen auf dem Lande einzig auf Feudalverhältnisse zu reduzieren, stellte eine plumpe Vereinfachung der komplizierten sozioökonomischen Beziehungen der afghanischen Gesellschaft dar. Aufgrund der gebirgigen Lage Afghanistans ist es von fundamentaler Bedeutung, die sozialgeografischen Unterschiede der Agrarlandschaft bei der Landreform zu berücksichtigen. Der Norden Afghanistans unterscheidet sich von der südwestlichen und westlichen Steppen- und Halbwüstenzone (Schindand, Kandahar und Moqor) nicht nur durch bodenklimatische Gegebenheiten, sondern auch dadurch, dass er von unterschiedlichen ethnischen Gruppen besiedelt ist, deren Reproduktion sich je auf spezifische Weise auf Grund und Boden bezieht. Von ebenso großer Bedeutung ist eine Unter-

scheidung zwischen der Zone um Kabul, der nicht besiedelten Oase um Herat und der östlichen Zone Afghanistans (Chost, Paktia, Dschalalabad), z. B. anhand der Merkmale des Bewässerungssystems, der Siedlungsform und der Betriebsgröße in der Landwirtschaft. Dadurch wird nicht nur die Rolle der Mittelsmänner wie die des Khans, Maleks, Nasers und nicht zuletzt der Geistlichkeit bestimmt, es ergeben sich daraus auch spezifische Stadt-Land-Beziehungen (Grevemeyer, 1980, 140).

In Afghanistan existierten drei Kategorien von Bodenbesitz:
Staatlicher Grundbesitz, Waqf (Besitz religiöser Stiftungen) und privater Grundbesitz.

Staatlicher Grundbesitz: Im Lauf der Geschichte variiert sein Anteil am bebauten Land beträchtlich. „Lamalek" (unbebauter staatlicher Grundbesitz) konnte zur Nutznießung z. B. an pensionierte Bürokraten übertragen werden. Dabei etablierte sich eine spezifische Schicht von Agrariern: Die pensionierten Bürokraten saßen selbst in den großen Städten und ließen Nasers (Aufpasser) als ihre Stellvertreter auf dem Land agieren.

Waqf (Besitz religiöser Stiftungen): Vereinzelte Ländereien im Besitz religiöser Stiftungen galten als unantastbar, d. h., weder konnten sie in privaten Besitz übergehen noch konnten Nutzungsrechte vergeben werden.

Privater Grundbesitz: Hier lassen sich nochmals drei Kategorien unterscheiden: der private Großgrundbesitz, der kleine Grundbesitz und der bäuerliche Grundbesitz.

Die Großgrundbesitzer lassen sich nach dem Kriterium des Zugangs zu Pächtern wiederum in dorfsässige und abwesende unterscheiden, wobei sich die abwesenden unterteilen lassen in solche, die in große Städte umgezogen sind, und Kaufleute und Bürokraten. Diese Differenzierung ist insofern von Bedeutung, als „das patriarchalische Verhältnis des dörflichen Grundbesitzers zu seinen Pächtern [...] den direkten Gegensatz zu den versachlichten Beziehungen zwischen den stadtsässigen Großgrundbesitzern und deren Pächtern" bildet. (8)

Eine Quantifizierung, die für das gesamte Afghanistan gültig sein soll, ist aufgrund der Vielfalt der örtlich zu bestimmenden Aspekte nicht problemlos.

Denn der Besitz von 30 Hektar in der Dascht-e Zari in der Umgebung von Kandahar wird noch lange nicht als Großgrundbesitz angesehen, was in Chost, im Osten Afghanistans, längst der Fall wäre.

Neben den oben angeführten Kategorien der Grundbesitzer existiert die Masse der landlosen Bauernschaft von Festpächtern (Ejara) über Anteilsarbeiter (Dehqani) bis hin zu Lohnarbeitern (Masdurkari), deren Lebensverhältnisse durch ein jeweils regional unterschiedliches Milieu bestimmt sind. Häufig muss bei den einzelnen Kategorien der Bauern nochmals untergliedert werden, z. B. variiert bei den Dehqani der Anteil der Ernteabgaben zwischen 20 % und 50 % der Ernte; je nachdem, welcher Arbeitsaufwand erforderlich ist und welche Produktionsmittel eingebracht werden.

Gegenüber der Masse der Bauern „mag die Feudalität des Grundbesitzes als gemeinsamer Feind erscheinen" (Marx-Engels, 1970, Bd. 2, 397), jedoch ist der bäuerliche Grundbesitzer durch seinen eingefleischten Eigentumssinn daran gehindert, sich auf die Verwirklichung einer gemeinsamen Strategie mit landlosen Bauern einzulassen.

4) Das Konzept der DVPA zur Beseitigung der Feudalverhältnisse reduzierte sich darauf, 501 000 Hektar Land, das zum großen Teil durch entschädigungslose Enteignung der Großgrundbesitzer verfügbar wurde, an 817 000 landlose Bauernfamilien zu verteilen. Alle oben skizzierten Besonderheiten auf dem Lande blieben unberücksichtigt. Im Verlauf der Landreform stellte sich obendrein heraus, dass nur etwa 210 000 Familien Land zugewiesen wurde. Die übrigen 607 000 Familien mussten sich wie in der Vergangenheit auch diesmal mit leeren Versprechungen zufriedengeben und darauf hoffen, in naher Zukunft in den Besitz von Land zu gelangen.

Die Landzuweisung wurde ohne Bereitstellung von Produktionsmitteln wie etwa Saatgut vollzogen. Durch das Fehlen ergänzender bzw. begleitender Maßnahmen wurde der Bauer „aus dem dörflichen Gegenseitigkeitssystem, das ihn zwar ausbeutet, jedoch gleichzeitig sein Überleben sichert, hinauskatapultiert". (9) Der parteibürokratische Apparat war eben nicht in der Lage, die sozial-ökonomischen Aufgaben der dörflichen Mittelsmänner zu übernehmen. Aufgrund dieser Unzulänglichkeiten sowie der Tatsache, dass alle Maßnahmen „von oben" kamen und fremdbestimmt waren, konnten die Defizite auch nicht durch versuchsweise Gründung von Genossenschaften behoben werden. Bekanntlich hatte die DVPA die Gründung von Genossenschaften stark propagiert. Paradoxerweise mussten die Bauern Eintritts- bzw. Mitgliedschaftsbeiträge zahlen und sich mit dem Versprechen abfinden, dass ihnen erst in einer späteren Phase liquide Mittel zur Verfügung gestellt würden. Dabei kam es zu erheblichen Unterschlagungen und es wurden sogar Fälle bekannt (so z. B. im Bezirk Arghasan in der Provinz Kandahar), in denen die zuständigen Funktionäre mit der vollen Kasse untertauchten.

Viele Bauern glaubten, dass sie durch die Landzuweisung nur das Nutzungsrecht, jedoch kein Eigentum erworben hätten. Daher sahen sie darin nur eine „Zwischenlösung" auf dem Weg zu einer vollständigen Verstaatlichung, wobei sie die Genossenschaften als ersten Schritt in dieser Richtung einschätzten. Vor dem Hintergrund dieser Befürchtung stellten sie sich auf die Seite der bäuerlichen Grundeigentümer und mithin gegen eine etwaige Verstaatlichung ihrer landwirtschaftlichen Betriebe. Dabei spielte auch die Auffassung eine Rolle, dass eine Landzuweisung auf der Basis einer Enteignung privaten Grundeigentums nicht mit den Vorschriften des Islam in Einklang zu bringen sei, was sogar Protestaktionen der Bauern motivierte. Politikfehler und Rücksichtslosigkeit provozierten spontane Bauernaufstände, die jedoch brutal niedergeschlagen wurden.

5) Bekanntlich existiert in Afghanistan eine weitgehende Verflechtung zwischen dem Handels-, Industrie- und Landkapital. Denn nach alter Tradition werden die im Außenhandel erzielten Gewinne zum Einkauf von Landstücken eingesetzt, wodurch zum Teil die im ersten Ring um die großen Städte situierten Landstücke allmählich in den Besitz des Handelskapitals übergehen. Zumeist haben auch Bürokraten in diesem Bereich investiert. Diese Ländereien stellen den fruchtbarsten Teil des bebauten Landes dar, der allerdings kaum enteignet werden durfte, weil die Betriebsgrößen überwiegend unter der Schwelle von sechs Hektar lagen. Anscheinend haben die Interessen dieser Fraktion des Handelskapitals bzw. der gehobenen Schicht der Bürokratie bei der Gestaltung der Landreform eine gewisse Rolle gespielt und bewirkt, dass als Kriterium nur die Betriebsgröße, nicht aber der wirtschaftliche Wert in die Entscheidung über Enteignungen eingeflossen ist.

6) Auch die technisch-organisatorischen Unzulänglichkeiten der Funktionäre der DVPA tragen eine Verantwortung für die verheerenden Folgen der Landreform. Die für die Durchführung der Landreform eingesetzten Parteifunktionäre waren häufig mit den komplexen Verordnungen zur Landreform nicht vertraut. Korruption ließ zu, dass die Berechnung der Größe eines Grundstückes manipuliert wurde. Es gab Fälle, in denen Grundeigentümer, die tatsächlich weniger als sechs Hektar besaßen und kein Einkommen aus anderen Quellen bezogen, enteignet wurden. Bei Beschwerden wurde ihnen klargemacht, dass die Enteignung ihres Landes nicht mehr rückgängig gemacht werden könne, da sie durch ein Dokument besiegelt sei, welches die Unterschrift des Großen Vorsitzenden und Parteisekretärs Taraki trage. Aufgrund der Turbulenzen konnten 20 bis 30 % der verteilten Grundstücke nicht bebaut werden. Hinzu kommt die Massenflucht vor der gegen die Widerstandskämpfer gerichteten Bombardierung, die dazu beigetragen hat, dass viele nicht verteilte Grundstücke, die sich im Besitz der kleinen Grundeigentümer bzw. der bäuerlichen Eigentümer befanden, brach liegen mussten.

Die Situation in der Viehwirtschaft war noch prekärer, da die sippenhafte Flucht in die Nachbarländer Pakistan und Iran einen drastischen Rückgang der Viehbestände bewirkte. In der landwirtschaftlichen Erzeugung machten sich ab 1979 Engpässe bemerkbar. Versorgungsnot und akuter Mangel an Nahrungsmitteln wurden die Hauptsorgen der Kabuler Machthaber.

Die schematische Anwendung des ungeeigneten Konzeptes von Landreform unter Ignorierung des komplexen Systems innerdörflicher Vernetzung und Abhängigkeiten in Afghanistan und nicht zuletzt die Defizite im „revolutionären" Engagement der Parteifunktionäre ließen die Agrarreform im Fiasko enden. So konnte keine der drei oben angeführten Forderungen erfüllt werden: Weder hat die Masse der Bauern Nutzen aus der Reform gezogen noch wurde eine eigenständige nationale Entwicklung gefördert und die Belastung der bäuerlichen Bevölkerung wurde keineswegs so gering wie möglich gehalten.

2.1.4 Sonstige Reformvorhaben der DVPA

Das vom „Revolutionsausschuss" erlassene Dekret Nr. 7 war als Beitrag zur Befreiung der Frauen von den Fesseln der Feudalverhältnisse konzipiert. Danach wurde der Brautpreis (Toijana bzw. Walwar) abgeschafft bzw. auf ein Minimum reduziert. Dass die Frauen in Afghanistan doppelt unterdrückt wurden und die Mädchen geringere Bildungschancen besaßen, spiegelte die bittere Realität der afghanischen Gesellschaft wider. Beträgt die Analphabetenquote insgesamt 90 %, so erreicht sie bei den Frauen 96,5 %. Zweifelsohne waren Maßnahmen zur Emanzipation der Frauen nicht nur begrüßenswert, sondern notwendig. Es war jedoch ein fundamentaler Fehler zu glauben, eine tiefgreifende Umwälzung mit einem Federstrich (Abschaffung des Brautpreises) herbeiführen zu können, ohne für die notwendigen Voraussetzungen zu sorgen, nämlich den Frauen durch Chancengleichheit und Arbeitsmöglichkeiten finanzielle Unabhängigkeit zu ermöglichen.

Der Brautpreis hat in der afghanischen Gesellschaft eine Funktion als Element sozialer Absicherung verheirateter Frauen. In vielen Regionen Afghanistans ist es üblich, ein Drittel des Brautpreises vor der Hochzeit zu bezahlen. Der Rest wird erst fällig, wenn eine Ehescheidung vollzogen ist. Man stelle sich die Situation einer geschiedenen Frau in der afghanischen Gesellschaft vor, die zumindest als keine „gute" Frau eingestuft wird, eine Frau, die nicht unbedingt zu ihren Eltern zurückkehren kann. Vielen Frauen wird sogar bei der Hochzeitzeremonie ins Ohr geflüstert: „Lieber tot als Rückkehr ins Elternhaus." Eine Frau, die keine Ausbildung besitzt und sich ohne Schleier nicht sehen lässt, hat keine Arbeitsmöglichkeit und ist quasi hilflos sich selbst überlassen. Es gibt in Afghanistan außer der Struktur der Großfamilie keine anderen sozialen Einrichtungen, die in solchen Fällen finanzielle oder sonstige Leistungen erbringen, um Frauen das Überleben zu sichern. Mithin dient der Rest des Brautpreises, der nach der Scheidung unmittelbar der geschiedenen Frau selbst zuteilwird, als eine minimale soziale Sicherung.

Die Schaffung einer sozialen Einrichtung für solche Fälle wäre ein Beitrag zur Befreiung der Frauen von den Fesseln der restriktiven Gesellschaftsstruktur gewesen. Aber wenn die Implementierung einer derartigen Maßnahme selbst in Städten schwierig war, so hatte sie im dörflichen Milieu keine Realisierungschance.

Bereits im Grundgesetz 1923 wurde den Frauen die Gleichberechtigung zugesichert, ebenso in der Verfassung von 1963. In der „Liberalisierungsphase" von 1963 bis 1973 saßen einige Frauen, u. a. Anahita Ratebzad, im Parlament. Die Realisierung der Gleichberechtigung war jedoch immer eine prekäre Angelegenheit, so z. B. in der Frage der Abschaffung des Schleierzwangs. Es fragt sich weiterhin, ob man es nicht mit einem plumpen Versuch der Volksverdummung zu tun hat, wenn die Gleichberechtigung vor der Tür der Parteifunktionäre Halt machen muss, indem sie selbst als Vorkämpfer nicht bereit sind, über ihre eigenen zwei Frauen zu sprechen, die sich obendrein nicht ohne Schleier auf der Straße sehen lassen dürfen. Währenddessen wurden Frauen und Töchter der Bauern mit Gewalt zu sogenannten Alphabetisierungskursen geschleppt. Das Verhalten der Parteifunktionäre war diesbezüglich naiv, widerspruchsvoll und ethisch problematisch.

Ein anderes Kapitel misslungener Sozialreform ist die angekündigte Wohnungsbeschaffung für die Werktätigen. Dies sei an einem Beispiel illustriert: Nach einem „revolutionären" Akt des Revolutionsausschusses sollten diejenigen Einwohner ihre Eigentumswohnungen in Makrorajan (einem mit Hilfe der Sowjetunion gebauten Wohnviertel in Kabul) räumen, die außer dieser noch eine andere in Kabul besaßen. Zunächst waren Parteifunktionäre von diesem revolutionären Akt in der Praxis ausgenommen. Aber die geräumten Wohnungen wurden nicht Bedürftigen zur Verfügung gestellt, sondern von Parteifunktionären bezogen, ohne Rücksicht darauf, ob sie eigene Eigentumswohnungen hatten oder nicht. Mit einem Projekt, das 500 Einfamilienhäuser in Chair-Chana (einem Wohnviertel in Kabul) umfasste, ist es ähnlich verlaufen. Auf Anregung des Ministers für öffentliche Arbeit wurde durch „freiwillige" Arbeit der Arbeiter, Beamten, Studenten und Schüler eine Wohnsiedlung gebaut, die ausschließlich an Parteifunktionäre vergeben wurde. Die Werktätigen mussten sich auch diesmal mit leeren Versprechungen abfinden.

Die Verwaltungsreform war ein zentrales Moment im gesamten Reformprozess, wurde jedoch durch den Kampf um die Besetzung höherer Posten pervertiert. Sie war – im Rahmen des Konkurrenzkampfes gegen die abgesetzte Fraktion unter Daoud – ein Vehikel für die Besetzung lukrativer Posten im Staatsapparat. Es waren etwa 3000 Posten zu vergeben, die gleichermaßen von Chalq- und Partscham-Fraktionen der DVPA besetzt wurden. Das paritätische Verteilungsverhältnis zog sich bis ins Kabinett hindurch, in dem von 20 Ministerposten etwa je die Hälfte von der Partscham- bzw. der Chalq-Fraktion übernommen wurden. Nachdem die erbitterten Fraktionskämpfe dazu geführt hatten, dass die Partscham-Fraktion in Ungnade gefallen war, mussten Parteifunktionäre der Partscham auch ihre Posten abtreten. Genau das Gegenteil vollzog sich nach der Invasion der Roten Armee unter Karmal, als sich die Chalq-Fraktion im Abstieg befand. Statt eine gründliche Umgestaltung des Staatsapparates einzuleiten, wurde die bestehende Bürokratie durch weitere Aufsichtsgremien und -posten noch verstärkt, also keine effektive Arbeit im Sinne des Abbaus der Bürokratie geleistet. Unter dem Motto des „revolutionären Handelns“ standen Unterschlagungen und Missbrauch der Bürokratie durch willkürliche Interpretation von Verwaltungsvorschriften auf der Tagesordnung.

2.1.5 Vorläufiges Scheitern der Regierung der DVPA – die DVPA im Zersetzungsprozess

Die DVPA wurde 1965 in Kartai-e Tschar, einem Ortsteil Kabuls, gegründet. Beim Gründungskongress am 1. Januar 1965 wurde Nur Muhammad Taraki zum Generalsekretär der Partei gewählt. Vom 11. April bis zum 16. Mai 1966 erschien fünfmal das Wochenblatt der Partei legal unter dem Namen „Chalq" (Volk), dessen Herausgeber Taraki und Chefredakteur Bareq Schafiee waren.

Nach dem Verbot von Chalq wurden Ideen der Partei illegal in den gelegentlich erscheinenden Zeitschriften „Jonbesch“ (Bewegung) und „Rahnama“ (Wegweiser) veröffentlicht. Vom März 1968 bis Mai 1970 wurde von der Partei wieder ein Parteiblatt unter dem Namen „Partscham“ (Fahne) herausgegeben, wofür Suleiman Laiq und später Mir Akbar Khaibar verantwortlich zeichneten.

Mit der Gründung der Partei wurde der Grundstein anhaltender gegenseitiger Bekämpfung gelegt. Die offizielle Spaltung in Chalq und Partscham war die Krönung fraktioneller Kämpfe, die ihren Ursprung in den persönlichen Rivalitäten aufgrund unterschiedlicher Klassenherkunft und politischen Engagements der Parteifunktionäre schon vor Parteigründung hatten. Im Hinblick auf ihre politischen Zielsetzungen gab es jedoch zwischen beiden Fraktionen nur geringe Differenzen. Allein in der Frage, wer die Führungsrolle in der Partei übernehmen solle, gab es Konflikte. Erst später wurde versucht, zur Legitimation etwaiger Spaltungen plausible Gründe zu konstruieren. An geeignetem Material dafür gab es keinen Mangel, es gab genug „schmutzige Wäsche", denn die höheren Parteifunktionäre waren zum großen Teil keine „sauberen" Persönlichkeiten. Es ist kein Zufall, dass zwei Parteifunktionäre, Dastagir Panjsheri und Taher Badachschi, nachdem sie die wahren Gesichter einiger ZK-Mitglieder erkannt hatten, aus der Partei austraten. Panjsheri ging so weit, dass er seine Ansichten über die Karmal-Fraktion und speziell über den Chef Babrak Karmal selbst in einer umfangreichen Schrift zu Papier brachte, um, wie er sagte, die „materielle Basis des Verrates von Karmal" zu entlarven.

Seit der offiziellen Spaltung der Partei im Jahre 1969 wurde die Chalq-Fraktion mit dem Vorsitzenden Taraki und die Partscham-Fraktion mit dem Fraktionschef Karmal identifiziert. Aus diesem Grunde hat sich auch die interne Parteikritik auf die Personen, nicht jedoch auf die eingeschlagene Linie (obwohl dahingehend einige taktische Differenzen festzustellen sind) konzentriert. Karmal wurde als Generalssohn und als ein Mann bezeichnet, der in den Diensten des Staatsapparates stand. Dies war insofern richtig, als Karmal im Gegensatz zu Taraki enge Beziehungen zu Daoud als Person bzw. zu seiner politischen Fraktion pflegte. Es gibt auch glaubwürdige Berichte, denen zufolge Karmal als „junger Revolutionär" bei der Zerschlagung der demokratischen Bewegung in den fünfziger Jahren der Daoud-Fraktion große Dienste erwiesen hat. Nach Augenzeugenberichten war Karmal als „privilegierter Gefangener" damit beauftragt gewesen, einige Patrioten (z. B. Abdul Rahman Mahmudi, Gholam Mohammad Ghobar und Said Ismail Balchi) im Gefängnis zu bespitzeln, um das Widerstandspotenzial gegen die Daoud-Herrschaft zu schwächen. In den sechziger Jahren trug Daoud mit seiner politischen Autorität und finanziellen Unterstützung dazu bei, die Partei quasi im Hintergrund großzuziehen.

Der Vorsitzende der Chalq-Fraktion, Taraki, wurde in einem Flugblatt der Partscham-Fraktion als „Sohn eines Feudalherrn" bezeichnet, der in seinem Werdegang zunächst in den Diensten von „Abdul Majid Zabuli, einem afghanischen Kapitalisten im Dienst des amerikanischen Imperialismus", gestanden hatte. Er wurde beschuldigt, in den fünfziger Jahren bei der Etablierung des Terrorapparates als einer der Organisatoren des Geheimdienstes an der Unterdrückung und Zerschlagung der demokratischen Bewegung maßgebend beteiligt gewesen zu sein. (9) Karmal warf Taraki vor, sein schriftstellerisches Talent in den Dienst des Könighauses gestellt zu haben, obwohl er selbst kaum eine Gelegenheit ausließ, den König Zahir Schah als den bisher demokratischsten Monarchen zu loben.

Der Staatsstreich 1973 wurde von der DVPA als Revolution propagiert. Auch personell leistete die DVPA Unterstützung; der ganze Parteiapparat wurde in den Dienst der Machtergreifung von Daoud gestellt. Dabei gelang es Partscham, die Chalq-Fraktion sukzessive aus den höheren Posten im Staatsapparat zu verdrängen. Beide Fraktionen waren jedoch raffiniert genug, die Daoud-Periode (1973–1978) zum Ausbau ihrer Organisation und besonders zur Gewinnung von Einfluss im Militärapparat auszunutzen, der zum Teil von sowjetischer Ideologie geprägt und beinahe ausschließlich mit sowjetischem Kriegsmaterial ausgerüstet war. Im Ausbau ihrer Machtposition gingen sie skrupellos vor. In dieser zweiten Periode der Daoud-Herrschaft wurden Tausende afghanischer Oppositioneller von Chalq und Partscham bespitzelt, ohne Prozess hingerichtet oder zu lebenslanger Haft verurteilt, während Chalq und Partscham als einzige politische Organisationen frei tätig sein durften.

Die Haltung Moskaus gegenüber diesen Fraktionskämpfen war sehr geschickt. Beide Fraktionen waren um eine Anerkennung als alleinige Vertreter sowjetischer Ideologie in Afghanistan bemüht. Der politische Sieg der einen Fraktion in diesem Anerkennungskampf hätte die Liquidierung der anderen Fraktion bedeutet. Die KPdSU, als große Bruderpartei, war diesbezüglich erfahren genug, um dem „Schriftsteller“ Taraki einen Literaturpreis zu verleihen, jedoch gleichzeitig nicht darum verlegen, für den jüngeren „gesellschaftspolitisch engagierten“ Karmal lobende Worte zu finden. Es lag im Interesse der KPdSU, zur Minimierung eventueller Risiken zwei Fraktionen mit kleinen Differenzen als fünfte Kolonne in Afghanistan in der Hand zu haben.

Als 1977 Daoud seine eigene Partei gegründet hatte und bestrebt war, sich seines linken Partners Partscham zu entledigen, zudem Moskau nun nicht mehr den getrennten Marsch beider Fraktionen für vertretbar hielt, kam eine Einigung beider Flügel der Partei zustande, bei der Mir Akbar Khaibar eine Integrationsfigur darstellte. Nach der Machtergreifung im April 1978 schien es vorerst so, als werde von nun an die Zusammenarbeit beider Fraktionen friedlich verlaufen. Wurden noch die 3000 hohen Posten zwischen Chalq und Partscham „brüderlich" geteilt, so machten sich allerdings schon im Mai Differenzen bei der ersten Pressekonferenz des Generalsekretärs der Partei, Taraki, bemerkbar, als er die Existenz einer Fraktion namens Partscham negierte. Eine widerspruchsfreie Rekonstruktion der Differenzen zwischen Chalq und Partscham zu Beginn der Machtübernahme ist keine leichte Aufgabe, weil die Statements der Fraktionsanhänger nicht homogen waren. Die individuellen Ansichten der Parteifunktionäre wurden als Konzeption der Fraktionen dargestellt, doch es hatten niemals gründliche Fraktionsdebatten über einzelne Themen stattgefunden.

Es lässt sich mit ziemlicher Sicherheit sagen, dass die Ausschaltung der Partscham-Fraktion im Juni 1978 bereits von langer Hand geplant war und ihre Beweggründe in persönlichen Rivalitäten hauptsächlich zwischen Taraki und Karmal lagen.

Es gab aber auch soziale und politische Differenzen zwischen beiden Fraktionen, die sich etwa folgendermaßen charakterisieren lassen: Auffallend ist zunächst, dass sich die Chalq-Fraktion mit ihren überwiegend Paschtu sprechenden und sozial aufgestiegenen Provinzlern von den meistens Dari sprechenden aristokratischen Abkömmlingen der Partscham-Fraktion abhob. Die Partscham-Fraktion plädierte dafür, dass man sich schneller zum Sozialismus bekennen müsse. Paradoxerweise war sie eher zum Kompromiss mit anderen gesellschaftspolitischen Gruppierungen bereit.

Hinsichtlich der außenpolitischen Beziehungen zur Sowjetunion war die Partscham-Fraktion bestrebt, den Prozess der Eingliederung Afghanistans in die „sozialistische Gemeinschaft" unter Vorherrschaft der Sowjetunion zu beschleunigen. Damit sollten die Standfestigkeit und Tatkraft der Partschamis und nicht zuletzt ihre Überzeugung vom „realen Sozialismus" sowjetischer Prägung artikuliert werden. Es kommt auch nicht von ungefähr, dass sich die Partscham-Fraktion für eine umgehende Änderung der Nationalflagge, nämlich für rote Farbe mit Sternsymbolen, eingesetzt und dies zum Teil durchgesetzt hat.

Wenn sich auch Partscham und Chalq aufgrund ihrer unterschiedlichen Herkunft im Hinblick auf die Ziele des April-Putsches gegenseitig ergänzten, war doch die Machtbesessenheit der Chefs beider Fraktionen stärker als ihr Wille zur Zusammenarbeit. Im harten Machtkampf gewann Taraki die Oberhand mit der Folge, dass viele Kabinettsmitglieder der Partschamis ins Ausland geschickt wurden. Im Juli 1978 wurde Karmal aus der Regierung entlassen und zum afghanischen Botschafter in Prag ernannt. Als am 20. August 1978 der Verteidigungsminister Abdul Qadir und der Planungsminister Sultan Ali Kischtmand unter dem Vorwand eines gescheiterten Putschversuchs verhaftet wurden, war die Ausschaltung der Parteifunktionäre der Partscham-Fraktion komplett.

Karmal und seine Anhänger hielten sich bis Anfang 1979 in der ČSSR auf. Als die Notwendigkeit einer Ersatzmannschaft aus Sicht der Sowjetunion evident wurde, zog dieses Schattenkabinett von Marienbad in der ČSSR nach Moskau um. (10) Diese „Ersatzmannschaft“ wurde als Erpressungsmittel gegen die Taraki-Amin-Mannschaft instrumentalisiert, was allerdings nicht bedeutet, dass die Chalq-Fraktion nicht Moskau-hörig war. Nach der Ausschaltung der Partscham-Fraktion wurden Studenten, Schüler und Beamte in verschiedenen Provinzen zu Straßendemonstrationen gezwungen und in sämtlichen Medien des Landes große Entlarvungskampagnen gegen Karmal und seine Parteifreunde gestartet. Karmal wurde unermüdlich als Agent des Imperialismus und Feind des afghanischen Volkes bezeichnet. (11) Mit der Verhaftung der „Verräterbande“, so hieß es, solle dem Volk gezeigt werden, dass sich deren Führer (Karmal, Kischtmand, Rafi und Qadir) mit einer „fortschrittlichen und patriotischen Gesinnung maskiert hatten, um in Wirklichkeit ihre schmutzigen Ziele in maßloser Selbstüberschätzung zu verwirklichen“. Zu diesem Zweck hätten sie sich mit dem Feind gegen Volk und Vaterland in einer Verschwörung zusammengeschlossen. (12)

Nach der Ausschaltung der Parteifunktionäre der Partscham-Fraktion war damit der Weg für Hafizullah Amin, den „großen Despoten und Strategen“, frei. Amin war der Verbindungsmann der Partei zum Militär und der eigentliche Architekt des April-Putsches. Um seine Positionen in der Gesamtpartei durchsetzen zu können, versteckte er sich raffiniert hinter Taraki. Letzterer genoss höchstes Ansehen und Popularität in der Partei. Ohne Unterstützung Tarakis hätte Amin mit keinem persönlichen Erfolg gegen seine Rivalen in der Partscham-Fraktion rechnen können. Also war der Stratege Amin schlau genug, Taraki zum „Symbol der Revolution“, „Genie des Ostens“ und „besten Sohn des afghanischen Volkes“ hochzujubeln, um damit sich selbst als ehrlichen Verwalter, treuen Schüler und energischen Vollstrecker der „Revolution“ präsentieren zu können. In einer Rede verglich er die sowjetische Oktoberrevolution mit dem Staatsstreich des Jahres 1978 und bezeichnete Taraki neben Lenin als Führer der proletarischen Revolution. Taraki sei, so Amin, die Seele der DVPA; wenn von der Partei die Rede sei, gehe es um Taraki und vice versa. (13)

Amin war sich bewusst, dass er außer der Unterstützung der Partei durch Taraki auch militärische Rückendeckung benötigte. Nach der Festnahme von Verteidigungsminister Oberst Qadir hatte er noch engere persönliche Kontakte zu seinen Freunden im Militärkorps aufgebaut. Nachdem er als Berater und mit voller Kompetenz neben Taraki den zweiten Rang auch im Verteidigungsministerium errungen hatte, war auch dieses Ziel erreicht.

Neben der Unterstützung durch Partei und Militär benötigte das autoritäre Regime der DVPA ferner einen funktionsfähigen Geheimdienstapparat. Nachdem Amin den engen Freund von Karmal und Innenminister zur Zeit der Taraki-Karmal-Regierung Noor Mohammad Nur liquidiert hatte, taufte er im Innenministerium den schon existierenden Geheimdienstapparat „Masuliat-e Melli“ (Nationale Sicherheit) auf den Namen „Aksa“ um und setzte an seine Spitze im Dezember 1978 Asadullah Sarwari, den Vizevorsitzenden der Partei. Sarwari war beauftragt, über den Kopf des Innenministers hinweg ihm persönliche Mitteilung zu machen. Nicht zu unterschätzen ist Amins enge Beziehungen zu Posanov, dem Vertreter der Sowjetunion in Afghanistan. In seiner Zuständigkeit für die Außenbeziehungen des Landes hat Amin es stets verstanden, die „guten und freundschaftlichen Beziehungen“ zum großen Nachbarn im Norden zu betonen, von denen Afghanistan stets profitiert habe. Bereits am 18. Mai 1978 hatte der sowjetische Außenminister Alexei Gromyko laut Nachrichtenagentur TASS den neuen Außenminister Amin in Moskau zu einer „herzlichen Unterredung“ empfangen. (14)

Bei aller machiavellistischer und chauvinistischer Denk- und Handlungsweise war Amin geplagt von Minderwertigkeitskomplexen, nicht nur gegenüber der fortschrittlichen Intelligenz Afghanistans, sondern auch gegenüber den eigenen Parteigenossen. Er war kein brillanter Redner, konnte nicht einmal vom Papier fließend ablesen und seine „fundiert wissenschaftlichen“ Reden bestanden aus Phrasen. Zur Beurteilung seiner Äußerungen, etwa der, dass der Klassenkampf in Afghanistan mit der Gründung der DVPA angefangen habe, braucht man keine tiefen theoretischen Kenntnisse zu haben, denn Klassengesellschaften ohne Klassenkämpfe, welcher Prägung auch immer, sind nicht vorstellbar. Ihm könnte man nur dann recht geben, wenn die afghanische Gesellschaft bis zur Gründung der DVPA klassenlos gewesen wäre.

Ein weiterer wichtiger Einschnitt in der DVPA fand statt, als nach der Ausschaltung von Funktionären der Partscham-Fraktion einige theoretisch besser geschulte Parteikader der Kandahari-Fraktion (sogenannte Schwarze Chalqis) gezwungen wurden, zugunsten der Paktiawal-Fraktion (als Rote Chalqis bezeichnet) die politische Bühne zu verlassen. Ein Teil dieser Kandahari-Fraktion war schon vor der Machtergreifung der DVPA unter Führung von Zaher Ofoq aus der Partei ausgetreten und als Kritiker bekannt, jedoch nach der Machtergreifung der DVPA wieder gewillt, mitzuwirken. Die Bereitschaft zur Kooperation dieser Fraktion wurde nicht honoriert, im Gegenteil wurde Zaher Ofoq von seinem Posten abgesetzt. Einige andere Funktionäre der Schwarzen Chalqis, für die Raschid Arian (Vizeminister für Information und Kultur zur Zeit der Taraki-Amin-Regierung) und Abdul Rahman (Sekretär der Partei in der Provinz Kandahar) als repräsentativ galten, mussten ebenfalls zugunsten der Roten Chalqis von ihren Posten abtreten. Raschid Arian wurde auf den Botschaftsposten in Islamabad abgeschoben, der früher von Mahmud Barialei, dem Bruder von Karmal, besetzt gewesen war. Abdul Rahman wurde durch den Vertreter Amins, Ingenieur Zarif, abgelöst.

Mit dem Ausgang dieses Machtkampfes hatte Amin zwei Ziele erreicht, nämlich die Ausschaltung ihm überlegener Rivalen zum einen und die Schwächung der Rückendeckung Tarakis zum anderen. Die Willkür der Parteifunktionäre führte zu wachsender Unzufriedenheit der Parteibasis mit der Folge, dass einige Mitglieder die Partei verließen. Der Verlust von Parteianhängern wurde jedoch durch die Gewinnung einer opportunistischen Schicht, die sich mit jedem Machthaber – Daoud oder Taraki – arrangieren konnte, quantitativ überkompensiert. Qualitativ stellte dies eine weitere Vulgarisierung der Partei dar, womit ihr Zersetzungsprozess fortgesetzt wurde und ihr Image weiter in Verruf geriet.

Auf der Rückkehr von der Havanna-Konferenz der blockfreien Staaten im September 1979 hatte Taraki auf Vorschlag der Sowjetunion in Moskau ein Treffen mit Karmal, dem ehemaligen „Verräter und Agenten des Imperialismus". Um dem Verfall der Partei ein Ende zu setzen und ihr eine breitere Basis zu schaffen, sollte Taraki mittels seiner Autorität innerhalb der Partei dafür sorgen, dass Amin gestürzt und mit Hilfe von Karmal alle Schuld für das Politikversagen auf Amin geschoben würde. Der Plan schlug jedoch fehl. Am 16. September 1979 meldete Radio Kabul, dass auf der außerordentlichen Sitzung des Plenums des Zentralkomitees der DVPA auf Ersuchen Tarakis eine allgemeine Diskussion stattgefunden habe. „Nur Muhammad Taraki erklärte, aus gesundheitlichen Gründen und wegen geistiger Abgespanntheit sei er nicht in der Lage, seine Arbeit in den Partei- und Regierungsämtern fortzusetzen. Das Plenum des Zentralkomitees unterzog diese Frage einer umgehenden und umfassenden Untersuchung und billigte dieses Ersuchen mit Stimmenmehrheit. An seiner Stelle wurde Genosse Hafizullah Amin, Mitglied des Politbüros, zum Generalsekretär der DVPA ernannt." (15)

Allerdings stellte sich später heraus, dass Taraki zu diesem Zeitpunkt längst erschossen war und mit ihm vier weitere Parteifunktionäre. Amin konnte damit sämtliche Posten besetzen, die zuvor sein „genialer" Lehrer innegehabt hatte. Sein Aufstieg war begleitet von einer Serie rigoroser Säuberungen in der Partei und der Regierung, wobei sein Vorgehen gegen jegliche Opposition kompromisslos war. Seine Äußerungen über die Opposition außerhalb der Partei übertrafen jedes bekannte Maß an Lüge und Demagogie. Einen Monat vor seiner Machtergreifung antwortete er auf die Frage eines Journalisten, wie viele politische Gefangene es in Afghanistan gebe, es seien etwa 1200. Nach der Machtergreifung wurde unter seiner eigenen Regierung bzw. von ihm selbst eine Liste veröffentlicht mit den Namen von 12 000 politischen Häftlingen, die im Gefängnis bestialisch hingerichtet worden waren. Dieser kalte Mörder wurde am darauffolgenden Tag von der Sowjetunion zu seiner Wahl an die Spitze von Partei und Staat beglückwünscht. (16) Die Sowjets drückten die Überzeugung aus, dass sich die brüderlichen Beziehungen zwischen der Sowjetunion und Afghanistan auch in Zukunft auf der Grundlage des Freundschaftsvertrages zwischen beiden Ländern weiter entfalten werden. (17)

Mit der Liquidierung Tarakis wurde die politische Situation innerhalb der Partei noch komplizierter. Die Machtkämpfe zwischen den Anhängern Tarakis, die die Niederlage nicht hinnehmen wollten, und der Fraktion Amins, die nun aus allen politischen Machtkämpfen als Sieger hervorgegangen war, dauerten an. In der ersten Rundfunkansprache an die Bevölkerung heißt es u. a.: „Alle Regierungsangelegenheiten werden kollektiv vom Politbüro, dem Zentralkomitee der DVPA und dem Revolutionsrat in einer Atmosphäre der Aufrichtigkeit und treuen Ergebenheit gegenüber Heimatland und Volk gehandhabt und erledigt werden." (18)

Im außenpolitischen Teil seiner Rede hob Amin die „freundschaftlichen und brüderlichen Beziehungen zu allen sozialistischen Ländern, besonders zur UdSSR mit ihrer stolzen 60-jährigen Vergangenheit" hervor. (19) Er versprach Sicherheit und Gerechtigkeit. In Wahrheit setze er den politischen Terror fort, u. a. durch Verhaftungen weiterer, von den Taraki-Karmal- und Taraki-Amin-Mannschaften bisher verschont gebliebener Kreise und Massenerschießungen ohne Prozess.

Die Armee wurde durch den militärischen Widerstand in den Regionen weiter überstrapaziert und von den vielen Kämpfen, die eigene Verwandte und Freunde nicht aussparten, demoralisiert. Die Offensive der Widerstandskämpfer war so erfolgreich, dass sie über die Hälfte der ländlichen Gebiete unter ihre Kontrolle gebrachte hatten. Sie waren im Oktober/November 1979 bis etwa 25 Kilometer südlich von Kabul (Ainak) vorgedrungen. Offensichtlich waren die ausländischen Bündnispartner der Amin-Regierung – mit etwa 10 000 sogenannten Militärberatern – nicht in der Lage, die Situation zu stabilisieren. Es war absehbar, dass sich die DVPA in Kabul nicht mehr lange halten konnte.

Am 27. Dezember 1979 mündete die Krise im Einmarsch der sowjetischen Armee unter Berufung auf einen „Hilferuf" aus Kabul. Amin wurde hingerichtet und Karmal an die Spitze des Partei- und Staatsapparates gesetzt. Der kurz zuvor von der Kreml-Führung hochgejubelte und beglückwünschte Amin wurde plötzlich als CIA-Agent und Verräter abgestempelt. Die Invasion war eine militärische Notwendigkeit geworden, da die DVPA sich aus eigener Kraft nicht mehr an der Macht halten konnte. Mit dem bisherigen „begrenzten" Kontingent an Militäreinheiten von etwa 10 000 Soldaten vermochte auch die Sowjetunion nicht, den Widerstand einzudämmen. Daher war sie nun gezwungen, die Kapazitäten auf über 100 000 Soldaten, 2100 Schützenpanzer, 1750 Panzer, 400 Jagdflugzeuge und Kampfbomber sowie 200 Gefechtshubschrauber hochzufahren.

Als neuer Vertrauter des Kremls trat Karmal mit einem gemäßigten und bescheidenen Programm auf. Er sprach von der zweiten Phase der April-Revolution und versprach Pressefreiheit und Pluralismus. (20) Es deutete jedoch alles darauf hin, dass das Ziel der Partscham-Gruppe, einen gemäßigten Kurs zu steuern und dem Regime ansatzweise Unterstützung in der Bevölkerung zu verschaffen, fehlschlagen musste. Obwohl der Generalssohn Karmal von der „vereinigten DVPA" sprach, wurde er nicht nur von Chalqis infrage gestellt, sondern auch von einigen Partschamis. In der Gesamtheit der Bevölkerung Afghanistans hat die Sowjetbesetzung ein starkes antisowjetisches Gefühl hervorgebracht, das sich in Hass gegen Karmal und seine Mannschaft niederschlug. Karmal konnte die Zeichen der russischen Zangengeburt nie loswerden.

Regierungssitz in Kabul war zu diesem Zeitpunkt de facto schon längst die sowjetische Botschaft. Mit der Invasion wurde nicht einmal das Ziel der Versöhnung der Fraktionen in der DVPA erzielt. Auf lange Sicht konnte es auch für die Sowjetunion nicht ohne Bedeutung sein, dass sich die DVPA weiter zersetzte.

2.2 Zum endgültigen Abzug der sowjetischen Soldaten aus Afghanistan

Historischer Rückblick

(Dieser Abschnitt wurde 1992 geschrieben und ist erschienen in Samimy 1992, 31–46)

Die geostrategische Lage des afghanischen Raumes war nicht nur bei der Gestaltung seiner außenpolitischen Beziehungen, sondern auch bei der Entstehung der Gesellschaftsformationen des Landes von ausschlaggebender Bedeutung. Seine Rolle als Transitland auf dem Weg nach Indien hat als externer Faktor das Schicksal der im afghanischen Raum beheimateten Völkerschaften so stark beeinflusst, dass die afghanische Gesellschaft im Verlauf der Geschichte einem ständigen Zyklus von Destruktion und Konstruktion unterworfen war. Dieses Phänomen spiegelt sich auch in den außenpolitischen Beziehungen zum zaristischen Russland und zur „realsozialistischen" Sowjetunion wider.

Schon im 18. Jahrhundert gab der russische Zar zu verstehen, dass er so rasch wie möglich nach Indien vorzurücken gedachte, wozu er allerdings die Türkei, den Iran und Afghanistan unter seine Kontrolle bringen musste – dieser Plan wurde als „Master Policy" bezeichnet. (1) In dem 1807 in Tilsit geschlossenen Friedensvertrag zwischen dem russischen Zaren Alexander und dem französischen Kaiser Napoleon Bonaparte wurden u. a. Bedingungen geschaffen, die es dem Zaren ermöglichen sollten, durch Persien nach Indien vorzumarschieren. Bis Ende der dreißiger Jahre des 19. Jahrhunderts annektierte er große Teile des Irans, 1865 wurde Taschkent und 1868 Samarkand – beides selbstständige Khanate – in das zaristische Reich einverleibt. Nachdem die Russen 1873 auch noch Chiva – an der Nordflanke Afghanistans gelegen – besetzt hatten, wurde im „Granville-Gortschakow-Abkommen" des Jahres 1873 der Amudarya als Grenze zwischen Afghanistan und Russland festgelegt (Fraser-Tytler, 1967, 139).

Wenn man allerdings von der Pufferrolle spricht, welche Afghanistan damals zwischen dem zaristischen Russland und dem britischen Imperium einnahm, geht man völlig über die Bemühungen der afghanischen Völkerschaften hinweg, die Unabhängigkeit Afghanistans zu bewahren. Denn im Laufe des

19. Jahrhunderts versuchten sowohl die Russen als auch die Engländer immer wieder, ihre Einflussgebiete auf Kosten des afghanischen Raumes zu erweitern. Durch die Unterzeichnung des „Gandomak-Vertrags" zwischen dem Engländer Cavagnari und dem afghanischen König Jaqub Khan im Mai 1879 wurde dem Emir explizit die Kontaktaufnahme mit anderen Staaten versagt (§ 3 des Abkommens). Darüber hinaus wurde das Austragen bewaffneter Konflikte mit anderen Staaten ebenfalls von der Zustimmung Großbritanniens abhängig gemacht (Chakravarty, 1978, 261–264). Abdur Rahman, der Nachfolger von Jaqub Khan, übernahm die Verpflichtungen dieses Vertrags, sodass ihm die Hände gebunden waren, als die Russen „Panj Deh" (wörtlich „Fünf Dörfer", eine Region im Nordwesten Afghanistans) Mitte der achtziger Jahre des 19. Jahrhunderts besetzten.

Von der Machtübernahme Abdur Rahman Khans 1880 bis zur Proklamation der Unabhängigkeit Afghanistans im Jahre 1919 war die Außenpolitik des Landes isolationistisch geprägt, wobei sich zunehmend eine neutrale außenpolitische Haltung des Landes ausprägte. In den Jahren 1921, 1924 und 1926 wurde nach vorausgegangenen engen diplomatischen Kontakten eine Reihe politischer und wirtschaftlicher Verträge zwischen Afghanistan und der Sowjetunion abgeschlossen. Im Vertrag von 1921 erkennt die Sowjetunion die Unabhängigkeit Afghanistans an, außerdem wurde die Rückgabe von Panj Deh versprochen und die Unabhängigkeit von Buchara garantiert (Mapravil, 124–127). Bekanntlich blieben dies leere Versprechungen.

In den zwanziger Jahren war die sowjetische Afghanistanpolitik gleichzeitig defensiv und offensiv, denn einerseits zielte sie darauf ab, Afghanistan von den annektierten Gebieten fernzuhalten und den Plan zur Gründung einer „Konföderation der mittelasiatischen Staaten" zu Fall zu bringen, andererseits nutzte man den Einfluss in Afghanistan, um verstärkte Propaganda gegen die Briten in Indien zu betreiben. Dies war vor allem die Aufgabe des bekannten sowjetischen Propagandisten Agabekow, der sich in Kabul niedergelassen hatte. Von 1921 bis 1928 verdoppelte sich der Handelsaustausch zwischen den beiden Staaten, außerdem arbeiteten in Afghanistan etwa dreißig sowjetische Piloten und Mechaniker (Samimy, 1983, 63).

Die sowjetische Afghanistanpolitik der dreißiger Jahre war dagegen durch eine gewisse Zurückhaltung gekennzeichnet. Denn die Außenpolitik Afghanistans zielte auf eine „Äquidistanz" zu den beiden mächtigen Nachbarn ab, der Sowjetunion im Norden und Großbritannien im Osten und Süden. So lieferte die afghanische Regierung unter Nadir Schah 1932 Ibrahim Beg an die Sowjetunion aus, den Führer der sogenannten „Basmatschi-Bewegung", einer Widerstandsbewegung, die im Süden der Sowjetunion gegen die Annexion ihrer Heimatprovinzen kämpfte. Gleichzeitig versuchte Afghanistan, die Bewegungsfreiheit der „Red Shirt Movement", einer antibritischen Bewegung der Paschtunen, einzuschränken. Im Zweiten Weltkrieg blieb Afghanistan neutral und unterstützte keinen der Kontrahenten in besonderer Weise.

Erst zu Beginn der fünfziger Jahre kam es zu einer Intensivierung der afghanisch-sowjetischen Beziehungen, was auf folgende Ursachen zurückzuführen ist:

1) Durch den Anspruch des Königshauses auf Paschtunistan und die Aufnahme Pakistans in die Organisation der Vereinten Nationen wurde Afghanistan außenpolitisch isoliert.
2) Diese Isolation wurde noch dadurch verstärkt, dass Afghanistan keinem der sich bildenden Militärbündnisse (CENTO-Pakt, SEATO) beitreten wollte.
3) Diese Weigerung hatte die Absage der amerikanischen Hilfe für Afghanistan zur Folge.
4) Und schließlich wurde die sowjetische Außenpolitik nach dem Tode Stalins im Hinblick auf Afghanistan flexibler bzw. offener.

Überwindung der „blutenden Wunde" am Hindukusch

Die Intensivierung der Beziehungen zwischen der Sowjetunion und Afghanistan wurde schon zur Zeit von Daouds Präsidentschaft (1973–1978) in Angriff genommen. Sie setzte sich unter der Herrschaft der DVPA in den achtziger Jahren fort und führte zu starker, vielfacher Abhängigkeit Afghanistans von der Sowjetunion. Nach dem Einmarsch russischer Truppen im Dezember 1979 wurden jedoch der Sowjetunion ihre ökonomischen und militärische Grenzen im Umgang mit dem Nachbarland aufgezeigt. Deswegen gab es schon 1982 im Hinblick auf Afghanistan politische Gespräche zwischen den USA und der Sowjetunion, wenn auch ohne sichtbare Fortschritte. Erst am 2. März 1988, nach einer Vereinbarung zwischen Moskau und Washington, wurden „indirekte Gespräche" zwischen Pakistan und Afghanistan in Genf intensiviert.

Diese Gespräche wurden von den Medien fast einheitlich als „Schlussrunde" bezeichnet. Hierzu gab es auch berechtigten Anlass, nicht nur weil sich der Unterhändler der Vereinten Nationen, Diego Cordovez, im Vorfeld der neuen Runde mit Blick auf seine Pendeldiplomatie zuversichtlich äußerte. Auch die USA und die Sowjetunion hatten hochkarätige Diplomaten auf Erkundungsreisen geschickt. Besuchte der Sonderbeauftragte im US-State-Department, Michael Armacost, die Hauptstädte Pakistans und Indiens, so traf der erste Stellvertreter des sowjetischen Außenministers, Juli Woronzow, in der ersten Februarhälfte in Islamabad mit der pakistanischen Führung zusammen.

Ein weiterer Stellvertreter im sowjetischen Außenministerium, Wladimir Petrowski, wurde sogar vom Präsidenten der Islamischen Republik Iran empfangen, dem er eine mündliche Botschaft Gorbatschows zu Afghanistan überbrachte. Darüber hinaus waren Wladimir Poljakow, Michail Sytenko und Oleg Grinjewski vom sowjetischen Außenministerium unterwegs, um die Führer der arabischen Länder über die Standpunkte der UdSSR bezüglich Afghanistans zu unterrichten.

Diese diplomatische Großoffensive des sowjetischen Außenministeriums wurde von vielen Beobachtern der Szene in und um Afghanistan als starkes Indiz dafür gewertet, dass Moskau nun endlich in der Afghanistanfrage zum Einlenken bereit sei. Schon am 8. Februar 1988 hatte der Generalsekretär der KPdSU, Michail Gorbatschow, erklärt, am 15. Mai mit dem Abzug der Truppen beginnen zu wollen und diesen Abzug binnen zehn Monaten abzuschließen. Voraussetzung sei allerdings, dass zwischen Islamabad und Kabul in Genf bis zum 15. März eine entsprechende Vereinbarung erzielt werde. (2) Obwohl Pakistan noch weiterhin auf einem Zeitraum von acht Monaten beharrte, konnte der UN-Sonderbeauftragte Cordovez nun endlich mit konkreten Daten und Zahlen – die ja kaum mehr auseinanderklafften – zwischen dem pakistanischen Delegationschef Zain Noorani und dem Vertreter des Kabuler Regimes, Abdul Wakil, vermitteln. Wie erwartet, wurde auch rasch die Zauberformel gefunden und ein Kompromiss erzielt, wonach der Abzug binnen neun Monaten stattfinden sollte. Es seien nur noch einige „Detailarbeiten und juristisch einwandfreie Formulierungen", so Cordovez, zu leisten und die „politische Lösung" sei fertig. Aber gerade im Detail steckte der Teufel und lediglich grobe Vereinbarungen wurden über folgende „Instrumentarien", wie die einzelnen ausgehandelten Punkte genannt wurden, erzielt:

- Nichteinmischung in die inneren Angelegenheiten Afghanistans;
- internationale Garantie für diese Nichteinmischung;
- Rückkehr der afghanischen Flüchtlinge und
- Abzug der sowjetischen Truppen aus Afghanistan.

Im Kontext der Sicherstellung eines reibungslosen Abzugs der sowjetischen Truppen aus Afghanistan blieb die Frage der Bildung der künftigen Regierung Afghanistans strittig. Bis vor kurzem hatte noch die Kreml-Führung darauf bestanden, dass bei den Genfer Gesprächen die Bildung einer Koalitionsregierung in Kabul in die Verhandlungen einbezogen werden müsse.

Der Kabuler Regierungschef Nadschibullah hatte daraufhin sogleich im Rahmen seiner „Politik der nationalen Versöhnung" den „Oppositionellen", wie die Exilafghanen schon seit einiger Zeit genannt wurden, einige Ministerposten angeboten. Damit wollte Nadschibullah unter Beibehaltung der politischen Hegemonie seiner DVPA die soziale Basis seiner bürokratischen Partei erweitern. Im Gegensatz dazu hatte Islamabad bei den Genfer Gesprächen die Bildung der künftigen afghanischen Regierung als eine interne afghanische Angelegenheit angesehen und bezeichnete sie deswegen als „keinen Gegenstand der Diskussion". Doch als über die Frage der Garantie des reibungslosen Abzugs der sowjetischen Truppen aus Afghanistan sowie die gefahrlose Rückkehr der über fünf Millionen afghanischen Flüchtlinge in ihre Heimat ernsthaft verhandelt wurde und die Möglichkeit eines eventuellen Abzugs sich immer stärker abzeichnete, vertauschten sich die Positionen. Pakistan ging von der Einschätzung aus, dass die auf äußerst wackeligen Beinen stehende Kabuler Regierung nicht dazu prädestiniert war, allein den

Abzug und die Rückkehr der Flüchtlinge zu bewältigen. Deshalb müsse die Frage einer „Interimsregierung“ in Kabul noch vor dem Abzug eine zufriedenstellende Lösung finden. (3)

In Übereinstimmung mit dem Kreml bezeichnete Kabul diese Forderung als ein „zusätzliches Instrumentarium“, über das in Genf nicht zu verhandeln sei. Rein völkerrechtlich gesehen habe Afghanistan eine Regierung, ließ das sowjetische Außenministerium verlauten, und wie immer sie in der Zukunft neu gestaltet werde, sei eine interne Angelegenheit der Afghanen.

Den Hintergrund der pakistanischen Überlegung bezüglich der Einsetzung einer Interimsregierung in Kabul bildet natürlich der Tatbestand, dass die afghanischen Flüchtlinge kaum geneigt gewesen sein dürften, Pakistan zu verlassen, wenn in Kabul auch weiterhin die „Sowjet-Satrapen“ das Sagen hatten. Die zunehmende Last der Flüchtlingsmassen auf Pakistan wurde von Tag zu Tag deutlicher. Würde das Interesse der internationalen Hilfsorganisationen nachlassen, was zum Teil schon geschehen war, dann würden die ökonomische Belastung und die daraus resultierenden Spannungen für das Gastland Pakistan nahezu unerträglich.

Darüber hinaus stand die pakistanische Regierung unter einem starken Druck der innerpakistanischen Opposition, in der Afghanistanfrage umgehend einzulenken. Schon kurz nach dem Beginn der „Schlussrunde“ in Genf hatte der pakistanische Ministerpräsident Muhammad Khan Junejo mit 19 Oppositionellen politische Gespräche geführt, um bezüglich der in Genf zu beziehenden Verhandlungsposition einen „nationalen Konsens“ zu finden. Mit Ausnahme der Jamaate-Islami-Partei musste sich Junejo von einer ganzen Reihe wichtiger Oppositionspolitiker scharfe Kritik gefallen lassen. So warf ihm der Vorsitzende der „National People's Party“, Ghulam Mustafa Jatoi, vor, die Genfer Gespräche mit der Forderung nach einer Interimsregierung in Kabul torpedieren zu wollen.

Frau Benazir Bhutto betonte, dass Pakistan in erster Linie das Flüchtlingsproblem belaste, und nicht etwa die Frage, welche zukünftige afghanische Regierung der pakistanischen Regierung angenehm sei. Daher müsse in den Genfer Gesprächen der Beseitigung der Fluchtursache, also dem Abzug der sowjetischen Truppen, die höchste Priorität gelten.

Der Generalsekretär der „Bewegung zur Wiedereinführung der Demokratie“ (MRD), Malik Mohammad Qasim, ging sogar so weit, die pakistanische Regierung nicht nur zu einer sofortigen Unterzeichnung des Abkommens in der ausgehandelten Form zu drängen, sondern darüber hinaus auch noch der Sowjetregierung für ihre Bereitwilligkeit, ihre Truppen aus Afghanistan abzuziehen, ausdrücklich zu danken. Regierungschef Junejo versicherte den Oppositionellen, dass die pakistanische Regierung die gemachten Äußerungen in Erwägung ziehe, ehe sie eine Entscheidung über die Verhandlungsposition fällen werde. Unbestritten war das ein kluger Schritt, um die Opposition, der nachgesagt wurde, sie liebäugele mit dem Kabuler Regime, mit in die Verantwortung einzubeziehen, wenn die Forderung nach einer afghanischen Interimsregierung bei den Verhandlungen in Genf nicht weiter aufrechterhalten werden könnte. (4)

Im Laufe der Genfer Gespräche wurde dann auch zunehmend deutlich, dass die Interessen Islamabads zusammen mit den Vorstellungen der US-Administration und die Wünsche des Kabuler Regimes sowie die Ambitionen der Kreml-Führung nicht unbedingt deckungsgleich waren. Die pakistanische Regierung sah nämlich in den Verhandlungen plötzlich die historische Chance, die seit 1893 umstrittene Grenzsicherung zu Afghanistan in einem Aufwasch mit zu erledigen. Nach pakistanischen Vorstellungen sollte das auszuhandelnde Abkommen für ein Afghanistan „innerhalb der international anerkannten Grenzen“ gelten, was massive Proteste der Kabuler Delegation auslöste, die auf der Alternativformulierung von „bestehenden Grenzen“ bestand.

Erst ein Machtwort aus Washington, für das das Abkommen mehr war als nur ein bilateraler Vertrag zwischen Afghanistan und Pakistan – im Gegensatz zum Kreml, der in ihm nur einen solchen sah –, ließ Islamabad einlenken. Die US-Administration machte unmissverständlich deutlich, dass sie eine Regelung des Afghanistan-Konfliktes nicht an „Bagatellen“ scheitern sehen möchte und den Grenzkonflikt als „zurzeit nicht relevant“ ausklammere.

Sicher spielte dabei der Wunsch Reagans eine Rolle, sich nicht nur in Fragen der Abrüstung als bedeutend in das Buch der Geschichte einzuschreiben, sondern darüber hinaus auch als einen Mann darzustellen, der beweist, dass scheinbar unlösbare Probleme lösbar sind. Und nicht zuletzt erhoffte er sich wohl von einem derartigen Entgegenkommen, dass Moskau nun eher geneigt war, seine Einwilligung zu einem Waffenembargo gegen den Iran zu geben. Es ist auch hervorzuheben, dass der amerikanische Präsident in seiner Haltung bezüglich Afghanistan von beiden Parteien im Senat und Kongress des Landes voll unterstützt wurde.

Aber auch Moskau ließ seine Kabuler Gefolgsleute kräftig zur Ader. Die Installation einer „Koalitionsregierung", in der die afghanischen Genossen ihr weiteres politisches Schicksal überleben könnten, war nunmehr – ohne das Ergebnis der von Nadschibullah ausgeschriebenen Wahlen abzuwarten – nicht mehr aktuell und wurde als interne afghanische Angelegenheit betrachtet, über die in Genf nicht zu verhandeln sei.

Überhaupt entwickelten sich die Verhandlungen nun so, dass der UN-Vermittler Cordovez jetzt nicht mehr nur zwischen den Delegationen Pakistans und Kabuls vermittelte, sondern auch die „Beobachter" der USA, Robert Peck vom State-Department, und der UdSSR, Sonderbotschafter Nikolai Kosyrew, mit in seine tägliche „Tour de Suisse" einbezog. Hierbei wurde rasch deutlich, dass sie die eigentlichen Vertragsunterhändler waren, denn schließlich sollten ihre Regierungen ja ein eventuelles Abkommen als Garantiemächte mitunterzeichnen.

Und zwischen diesen beiden war nur noch die weitere Behandlung zukünftiger Waffenlieferungen an die jeweilige Klientel kontrovers. Washington war für eine „Symmetrielösung", d. h. für gleichzeitige Einstellung der militärischen Unterstützung der UdSSR an die Kabuler Regierung und der USA an die Widerstandskämpfer. Lange Zeit schien es so, als wären darüber die Genfer Gespräche in eine Sackgasse geraten.

Doch die Geheimdiplomatie der Großmächte konnte wieder einmal ihre Wirksamkeit unter Beweis stellen. Der Durchbruch erfolgte am 6. April, als der sowjetische Generalsekretär höchstpersönlich seinen Kabuler Statthalter Nadschibullah in Taschkent in die neue Lage einwies. Anscheinend war es dem sowjetischen Außenminister Schewardnadse, der sich schon zwei Tage vorher in Kabul aufgehalten hatte, nicht gelungen, die Kabuler Genossen vom Vorhaben der Kreml-Führung zu überzeugen. Dass sie sich mit Händen und

Füßen gegen den Verlust der Protektion des großen Bruders wehrten, war nur allzu verständlich; schließlich ging es nicht nur um das politische Überleben, sondern um ihre nackte Existenz. Doch Moskau blieb hart und die Nachrichtenagentur TASS meldete, dass das „Taschkent Communiqué" nun den Weg freimache für die Unterzeichnung des Genfer Abkommens, wobei der Beginn des Abzuges der sowjetischen Truppen definitiv auf den 15. Mai 1988 terminiert sei. Erstaunlich war, dass der pakistanische Staatspräsident zum gleichen Zeitpunkt in einer Rede vor dem Parlament seines Landes in nahezu identischer Wortwahl denselben Erkenntnisstand mitteilte.

Daraufhin konnte am 14. April 1988 das Genfer Abkommen zwischen Pakistan und Kabul unterschrieben und von den USA und der Sowjetunion gegengezeichnet werden; nach der Wertung des UN-Vermittlers Cordovez beinhaltete es „eine historische Chance" für Afghanistan. Konkret wird darin der Rückzug der Roten Armee aus Afghanistan festgelegt, beginnend am 15. Mai mit einer Dauer von neun Monaten, wobei die Hälfte der Truppen innerhalb der ersten drei Monate das Land verlassen sollte. Hiermit sollte eine rasche Rückkehr der afghanischen Flüchtlinge in ihre Heimat ermöglicht werden. Die „Symmetrielösung" der Nichtunterstützung wurde fallen gelassen, sodass auch weiterhin jede Seite von den Großmächten mit Waffen beliefert wurde.

Ob dieser Vertrag ohne Einschränkungen in die Praxis umgesetzt würde, war mit einem großen Fragezeichen zu versehen; denn er kam über die Köpfe der eigentlich Betroffenen, nämlich der afghanischen Widerstandskämpfer, hinweg zustande. Hätte es eine „Null-Lösung" bezüglich der Waffenlieferungen gegeben, die von der UdSSR rundweg abgelehnt worden war, wäre es wahrscheinlicher gewesen, dass das Abkommen dem leidgeprüften afghanischen Volk den Weg zum baldigen Frieden eröffnet hätte. Und das ist auch nicht zuletzt der Grund, warum der Genfer Vertrag vom Widerstand einheitlich abgelehnt wurde: Solange sich in Kabul das Regime, gegen das ja ursprünglich der Widerstand gerichtet war, mit sowjetischer Unterstützung halten konnte, würde kein Flüchtling wieder nach Afghanistan zurückkehren.

Der 14. April 1988 als Schicksalstag am Hindukusch

Der 14. April 1988 war ein sonniger Donnerstag. In den Straßen von Genf flanierten frohgestimmte Menschen und erfreuten sich am blühenden Frühlingsgrün. Drinnen im Völkerbundpalast saßen sich vier Männer gegenüber, die, unter den Augen eines fünften, gewichtige Dokumente unterzeichneten. Alle machten sie Gesichter, als herrschten sibirische Minustemperaturen. Dabei hätte doch das, was da so feierlich zelebriert wurde, ihnen Anlass zu großen Freudensprüngen sein sollen: Ein Frieden ward geschlossen – so jedenfalls hieß es landauf, landab (Samimy, 1993, 119).

Doch was dort mit schwungvollen Unterschriften versehen wurde, war lediglich ein Abkommen, das es der seit mehr als acht Jahren in Afghanistan Krieg führenden Sowjetunion ermöglichte, ihre Truppen vom Kriegsschauplatz zu entfernen, ihr aber einräumte, auch weiterhin mit Waffen dort präsent zu bleiben. Ausgehandelt und unterschrieben wurde die Abmarschvereinbarung denn auch nicht von den tatsächlichen Kriegsgegnern, sondern von den Stellvertretern Pakistans und dem Kabul-Regime. Besiegelt wurde es von den USA und der UdSSR als „Garantiemächte" und abgesegnet von der UNO. Die fünf Diplomaten im frühlingshaften Genf waren: Abdul Wakil (Afghanistan), Zain Noorani (Pakistan), George Schultz (USA), Eduard Schewardnadse (UdSSR) und Perez de Cuellar (UNO).

Dem aufmerksamen Leser ist gewiss nicht entgangen, dass eine Vertretung des afghanischen Widerstandes den Zeremonien der Vertragsunterzeichnung nicht beiwohnte, geschweige denn, dass sie eigenständig als Hauptpartner eine Rolle gespielt hätte. Man habe sie auch gar nicht nötig, weil, so wurde versichert, man nur und ausschließlich in ihrem Sinne handele.

Ohne den totalen, aufopfernden und heldenhaften Widerstand der afghanischen Völkerschaften hätte sich die Kreml-Führung nie zum Rückzug ihrer Truppen aus Afghanistan genötigt gesehen. Allerdings wäre ohne weltweite Unterstützung des afghanischen Widerstandes einerseits und ohne Perestroika und Glasnost in der Sowjetunion andererseits die Zeitspanne bis zum Beginn des Abzuges erheblich länger und die Verluste auf beiden Seiten wären erheblich größer gewesen.

Und doch bedeutete das Genfer Abkommen ohne Zweifel das Eingeständnis der Sowjetunion, militärisch eine Niederlage erlitten zu haben, und dem Widerstand der afghanischen Völkerschaft gegen die Sowjetisierung ihrer Heimat gebührt der Siegeslorbeer in der bewaffneten Auseinandersetzung – aber politisch hat er keinen Blumentopf gewonnen. Nach wie vor war er zersplittert und auf internationalem Parkett, wie in Genf, nicht einmal Zaungast. Das war die bittere Realität. Auf der anderen Seite hatte das Regime in Kabul sich ein Stück „internationale Legitimität" im streng völkerrechtlichen Sinne erkämpft, was ihm in den vergangenen zehn Jahren nicht gelungen war. Das war der Preis, der aufgrund der politischen Schlafmützigkeit der Widerstandsorganisationen vom gesamten afghanischen Volk zu zahlen war.

Das Genfer Abkommen war daher nicht mehr als ein Abzugsvertrag, der langfristig sogar die sowjetischen Absichten bezüglich Afghanistan doch noch erfolgreich werden lassen könnte. Denn was 115 000 Sowjetsoldaten in mehr als acht Jahren nicht haben schaffen können, wurde nun möglich – sogar mit Billigung der USA als „Garantiemacht" und der Mitwirkung von Pakistan, das sich verpflichtet hatte, „subversive Aktivitäten", die von seinem Boden ausgehen, zu unterbinden: die Stabilisierung des Kabuler Regimes.

Der Genfer Afghanistanvertrag war wahrscheinlich nicht das Ei des Kolumbus. Er war ein Werk voller Widersprüche und lieferte weiterhin Zündstoff für die Fortdauer des Afghanistan-Konfliktes.

2.3 Der bittere Abgang von Dr. Nadschibullah, dem ohnmächtigen letzten Generalsekretär der Partei

Auf den Tag genau 14 Jahre nach der April-Revolution von 1978 zogen die Mujahedin in Kabul ein. Der Zusammenbruch des Kabuler Regimes war bereits im Februar 1989 erwartet worden, als die seit Dezember 1979 am Hindukusch stehenden sowjetischen Invasionstruppen abgezogen waren. Zur Überraschung vieler Beobachter konnte sich aber das Regime und damit auch Präsident Nadschibullah vorerst behaupten. Den Hauptgrund, wie makaber das auch klingen mag, schuf der afghanische Widerstand selbst. Militärisch blieb er nach wie vor ohne Zentralkommando und damit zersplittert, politisch heterogen und operativ unsicher. Erst der Frontwechsel der usbekischen Verbände im Norden, die unter dem Kommando von Abdul Raschid Dostum standen und mit den Kräften von Schorai Nezar (hoher Aufsichtsrat) unter Leitung des Kommandanten der Jamiati Islami (islamischer Bund), Ahmad Schah Massoud, eine lose Zweckbindung eingegangen waren, bewirkte die Auflösung der Herrschaftsstruktur des Kabuler Regimes. Am 16. April 1992 trat der Staats- und Parteichef Nadschibullah zurück. Nachdem seine Flucht am internationalen Flughafen in Kabul durch verfeindete Kräfte vereitelt worden war, suchte er Zuflucht in der UN-Mission in Kabul.

Zum Teil im Alleingang und zum Teil im Zusammenwirken mit unterschiedlichen Fraktionen der ehemaligen DVPA drängten rivalisierende Mujahedin-Gruppen in das Machtvakuum, das sich nun in Kabul auftat. Im Gegensatz dazu zauderten die in der pakistanischen Grenzstadt ansässigen Führer der islamischen Parteien Afghanistans, das Heft des Handelns in die Hand zu nehmen. Sie waren von der atemberaubenden Entwicklung der Ereignisse überrollt, besaßen kein politisches Konzept, waren auf die Machtübernahme nicht vorbereitet und blockierten sich letzten Endes gegenseitig.

Diese Situation suchte Gulbuddin Hekmatyar, der militante Führer der Hezbe Islami, einer fundamentalistischen Partei, mit brutalen Vorstößen gegen Kabul zu nutzen. Ein drohendes Blutbad vereitelte sein Gegenspieler, Ahmad Schah Massoud, Kommandant der Jamiati Islami (islamischer Bund). In losem Bündnis mit dem Führer der usbekischen Verbände, übergelaufenen Milizen und Sicherheitskräften ließ der Stratege Massoud Schlüsselpunkte und Verwaltungsgebäude der Zweimillionenstadt besetzen. Ultimativ forderte er die afghanischen Mujahedin in Peschawar auf, einen Konsens zu finden und schnellstens nach Kabul zu kommen.

Der April 1992 war in zweifacher Hinsicht für die politische Entwicklung in Afghanistan von großer Tragweite. Zunächst verdichteten sich die Anzeichen dafür, dass die Vermittlungsbemühungen der Vereinten Nationen für eine politische Lösung des Afghanistan-Konflikts bald Früchte tragen würden. Der zweite Aspekt war der unerwartete Zerfall der Watan-Partei (vormals DVPA). Dem UN-Sonderbeauftragten für Afghanistan, Benon Sevan, war es in den ersten Monaten des Jahres 1992 gelungen, in unermüdlicher Pendeldiplomatie zwischen den Hauptstädten Teheran, Islamabad und Kabul und in ständigen Konsultationen islamischer Parteien und technokratischer Zirkel Afghanistans die unterschiedlichen Positionen der Konfliktparteien und Interessengruppen zu sondieren. Als Ergebnis seiner Gespräche legte Sevan einen Friedensplan vor, der die Abhaltung einer 150-köpfigen Ijlas (Versammlung) für Ende April in der österreichischen Hauptstadt Wien oder in der schweizerischen Konferenzstadt Genf vorsah. Daraus sollte eine 50-köpfige Exekutive, eine Art Übergangsregierung, hervorgehen, die ihrerseits in einem vertretbaren Zeitraum (etwa in 18 Monaten) Vorbereitungen für allgemeine Wahlen in Afghanistan treffen sollte. Die afghanischen Mujahedin gaben ihre unversöhnliche Position gegenüber dem Kabuler Regime auf und erklärten sich mit der Partizipation der Vertreter der Watan-Partei an der Ijlas einverstanden.

Der Durchbruch wurde erzielt, als es dem UN-Sonderbeauftragten gelang, den iranischen Außenminister Ali Akbar Welajati sowie den pakistanischen Ministerpräsidenten Nawaz Sharif für den Friedensplan zu gewinnen. Doch große Schwierigkeiten bereitete dem UN-Vermittler Sevan nach wie vor der Chef des Militärgeheimdienstes Pakistans (ISI), Asad Durani. Er wollte seinem Schützling, dem Chef der Hezbe Islami Afghanistan, Gulbuddin Hekmatyar, im Alleingang in Kabul zur Macht verhelfen. Er wäre nicht zuletzt auch damit einverstanden gewesen, wenn der Machtwechsel in Kabul unter seiner Regie stattgefunden hätte. Allerdings gab der UN-Friedensplan seinen Ambitionen wenig Spielraum. Durani verkannte, dass die Zeiten, in denen der Militärgeheimdienst Pakistans bei der Gestaltung des Afghanistan-Konfliktes die ausschlaggebende Rolle spielte, vorerst vorüber waren. Der afghanische Konflikt hatte inzwischen eine eigene Dynamik entwickelt. Zu seiner Überraschung kostete ihn diese Haltung schließlich seinen Job. Er wurde kurz und bündig am 3. April 1992 durch Javid Nasir ersetzt.

Damit war eine große Hürde zur Verwirklichung des UN-Friedensplanes genommen. Das zweite entscheidende Moment lag in der Beschleunigung des Zerfallsprozesses der Watan-Partei. Je näher die Realisierung des UN-Friedensplans heranrückte, desto nervöser wurden die Genossen des Präsidenten Nadschibullah. Er wurde zunehmend verdächtigt, auf Kosten der Watan-Partei sowie der zu ihm in Opposition stehenden Kader der Partei seinen eigenen Kopf retten zu wollen; vor allem wuchs das Misstrauen der Genossen, weil sie immer weniger in die Konsultationen eingeweiht wurden.

Den Konfliktstoff dazu lieferten wieder einmal – wie so oft in der 27-jährigen Geschichte der Demokratischen Volkspartei Afghanistans – in erster Linie die Rivalitäten der zwei Hauptfraktionen: Chalqis (Volk) und Partschamis (Fahne). Staatpräsident Nadschibullah, selbst ein Partschami, musste sich aufgrund seiner Herkunft als Paschtune – er gehörte zum paschtunischen Subclan Ahmadzai den Vorwurf gefallen lassen, dass er mit anderen Paschtunen, vor allem der Chalq-Fraktion, aber auch mit dem Paschtunen Gulbuddin Hekmatyar, insgeheim gegen die Dari sprechenden und nicht zur paschtunischen Ethnie zählenden Kader intrigiere.

An der Spitze dieser unzufriedenen Genossen standen einige nichtpaschtunische Kader aus der Partscham-Fraktion, die dem Militär nahestanden. Dieser Allianz aus politischen und militärischen Kreisen gelang es rasch, dem Kommandanten der Usbeken-Milizen, Abdul Raschid Dostum, auf die Bühne zu verhelfen und Präsident Nadschibullah in den Rücken zu fallen. In dem Moment, in dem ein Bündnis zwischen Massoud und Dostum, der inzwischen als Chef der „Nationalen Islamischen Bewegung Afghanistans" auftrat, für Verwirrung in Kabul sorgte, gab es sicherlich auch Kontakte zwischen dem Chef der Hezbe Islami, Hekmatyar, und einigen wichtigen Anhängern der Chalq-Fraktion der Partei, darunter Verteidigungsminister Aslam Watanjar und Innenminister Paktin. Als die Kräfte von Dostum und Massoud gemeinsam von Norden in Richtung der Hauptstadt Kabul vorrückten – zwischen dem 10. und 16. April 1992 – und über die Einnahme der strategisch wichtigen Städte Djabulos Saradj und Tscharikar hinaus die Kontrolle über den Militärflughafen Bagram 60 Kilometer nördlich von Kabul übernahmen, standen auch die Kampfeinheiten von Hekmatyar im Süden vor den Toren der Hauptstadt.

In dieser verfahrenen Situation stand Nadschibullah vor einem nicht zu lösenden Dilemma; er suchte den Ausgang in der Flucht. Er versuchte, Kabul zu verlassen, wurde daran aber durch Einheiten von Dostum auf dem Weg zum Kabuler Flughafen gehindert. Er suchte schließlich Schutz im UN-Hauptquartier von Kabul. Dort blieb er bis zur Eroberung Kabuls durch die fundamentalistischen Taliban, die ihn am 27. September 1996 abholten, folterten und ermordeten. Sein Leichnam wurde aufgehängt und an einer Betonplattform für Verkehrspolizisten vor dem Präsidentenpalast zur Schau gestellt.

Der Countdown lief und es ging darum, wer schneller die strategischen Knotenpunkte in der City und die Schlüsselministerien besetzte. Damit wollten die Kontrahenten, die sich im losen Bündnis mit unterschiedlichen Fraktionen der Watan-Partei in und um Kabul aufhielten, ihren Machtanspruch untermauern und die Gegenseite vor vollendete Tatsachen stellen. Es wurde auch kein Hehl daraus gemacht, dass auf beiden Seiten, sowohl bei Hekmatyar als auch bei Massoud, in entscheidenden Augenblicken und auch danach kommunistische Militärs trotz ideologischer Differenzen mitgewirkt hatten.

Dieser Tatbestand verdeutlicht ein typisches Verhalten vieler Islamisten und Kommunisten Afghanistans: Das verbale Bekenntnis Hekmatyars zum Panislamismus (Islam kennt keine Grenzen) scheiterte genauso an der Grenze der ethnischen Zugehörigkeit wie die Kader der DVPA, die trotz ihres „kommunistischen Internationalismus" ethnische Barrieren nicht zu überwinden vermochten. Um an die Macht zu gelangen, paktierten islamische Kräfte mit kommunistischen Militaristen. Die Kader der DVPA verließen das sinkende Schiff ihrer Partei und verbanden ihr Schicksal mit den Interessen ihrer ethnischen und sprachlichen Zugehörigkeit.

Während Hekmatyar in diesem Schicksalsspiel als „islamischer Militant" und „paschtunischer Chauvinist" apostrophiert wurde, wurde alle Hoffnung auf den angeblich gemäßigten Nationalisten Ahmad Schah Massoud gesetzt. In der Tat ging Massoud im Norden ein Zweckbündnis mit den ethnischen Kräften von Usbeken, Turkmenen und Hazara, also mit nichtpaschtunischen Ethnien, ein. Umgekehrt versuchte sich Hekmatyar als Führer der Paschtunen zu profilieren. Der Fundamentalist Hekmatyar ging sogar das Risiko ein, den ursprünglich politisch verstandenen Kampf des Islam gegen den Kommunismus in einen ethnischen Konflikt von Paschtunen gegen Nichtpaschtunen ausarten zu lassen. Über die anfänglich bescheidenen Erfolge hinaus ging seine Rechnung nicht auf, weil sein Werdegang im krassen Unterschied zu seinem jetzigen, aus der Not entstandenen Bekenntnis stand. Hekmatyar hatte schon in der Vergangenheit den paschtunischen Nationalismus als unvereinbar mit seinem islamischen Gedankengut betrachtet. Außerdem war er weder als Person noch als Mitglied des paschtunischen Subclans Kharoti in der Hierarchie der paschtunischen Volksstämme dazu prädestiniert, eine Führungsrolle zu spielen.

Sein Gegenspieler Massoud agierte militärisch vorsichtig und politisch raffiniert. Trotz seiner Zugehörigkeit zu einer streng islamischen Partei versuchte er, gemäßigte Kräfte zu gewinnen, wagte aber letzten Endes nicht, die Macht in Kabul allein zu beanspruchen. Als politischer Realist ging er davon aus, dass ihm dazu die traditionelle Legitimation fehlte. Seit Gründung der paschtunischen Dynastie im Jahre 1747 hat sich nur ein einziges Mal ein Tadschike an die Macht gewagt, im Jahr 1929 mit fatalem Ende.

Der 44-jährige Hekmatyar hatte mit seinem vier Jahre jüngeren Rivalen Massoud (Jahrgang 1953) eines gemeinsam: Beide waren als Studenten der Ingenieursfakultät aus der Studentenbewegung der sechziger Jahre in Kabul hervorgegangen. Über die ethnische Zugehörigkeit hinaus unterschieden sie sich jedoch in ihrem politischen Werdegang dadurch, dass Hekmatyar sich im politischen Kampf mit den anderen Führern der islamischen Parteien Afghanistans im pakistanischen Ausland als ein unversöhnlicher Islamist profiliert hatte. Massoud überließ das politische Feld im Exil dem Vorsitzenden der Jamiati Islami, Burhanuddin Rabbani. Dafür konnte er sich im Landesinneren durch seine militärischen Erfolge das Image eines geschickten Strategen erwerben, was ihm den Beinamen „Löwe von Pandschir" einbrachte. Religiöse Autorität besaß jedoch keiner von ihnen, was in einem islamisch geprägten Staat von großer Relevanz gewesen wäre.

III. Kapitel:

Zur theokratischen „Legitimation“ der Machtausübung der Islamisten
Herrschaft Gottes auf Erden, 1992–2001

3.1 Chaotische Herrschaft der Mujahedin
Modschaddedi: ein Sufi-Gelehrter im Schatten der Giganten

3.2 Burhanuddin Rabbani, der Chef der Jamiati Islami, ein Theokrat mit gemäßigtem Antlitz
Ein religiöser Tadschike an der Spitze des afghanischen Staates

3.3 Zur Genesis und Konzeption der theokratischen Herrschaft der Tahrik Islami Taliban
Eine eklektizistische Bewegung als eine „fiktive Ordnungsmacht“

III. Kapitel: Zur theokratischen „Legitimation“ der Machtausübung der Islamisten

Herrschaft Gottes auf Erden, 1992–2001

(Dieser Teil ist zunächst erschienen in Samimy 2003, 29–200. Hier wird eine Kurzfassung wiedergegeben.)

3.1 Chaotische Herrschaft der Mujahedin

Modschaddedi: ein Sufi-Gelehrter im Schatten der Giganten

Unter starkem Druck Saudi-Arabiens und Pakistans einerseits und der drohenden Eskalation der Gewalt in der afghanischen Hauptstadt Kabul andererseits wurde am Spätabend des Freitags, 24. April 1992, zwischen den in Peschawar ansässigen Führern der islamischen Parteien Afghanistans eine umstrittene Vereinbarung erzielt, die von vornherein zum Scheitern verurteilt war. Denn sie spiegelte keineswegs die relative Stärke der einzelnen islamischen Parteien wider; ganz zu schweigen davon, dass andere, nicht in Peschawar anwesende, jedoch am Widerstand beteiligte afghanische Kräfte nicht einmal zu den Beratungen hinzugezogen wurden.

In der pakistanischen Grenzstadt Peschawar wurde die Bildung eines 50-köpfigen Interimsrates bekannt gegeben. (1) Diesem Rat sollte der Vorsitzende der Jabhai Nejate Melli (Nationale Rettungsfront), Sebghatullah Modschaddedi, vorstehen. Der Interimsrat sollte aus 30 Kommandeuren, 10 islamischen Gelehrten und je einem Mitglied der zehn islamischen Parteien bestehen. Zwei Monate nach der Einsetzung dieses Rates, die für den darauffolgenden Montag, 27. April, vorgesehen war, sollte dieser in ein beratendes Gremium umgewandelt werden. Nach diesen zwei Übergangsmonaten sollte die Macht an einen „Schorai Qiade“ (Führungsrat) übergehen. An der Spitze dieses Rates, der sich aus Vertretern der zehn islamischen Parteien Afghanistans zusammensetzte, sollte der Führer des Islamischen Bundes, Burhanuddin Rabbani, stehen. Damit würde Rabbani, so die Vereinbarung in Peschawar, gleichzeitig als Präsident des Islamischen Staates Afghanistans fungieren, während der Ministerpräsident aus der Islamischen Partei von Hekmatyar kommen würde. Spätestens 18 Monate nach der Einsetzung des Führungsrates waren allgemeine Wahlen vorgesehen. Die Vereinbarung wurde nur von Emiren von fünf Parteien, nämlich Burhanuddin Rabbani (Islamischer Bund), Sebghatullah Modschaddedi (Nationale Rettungsfront), Abdul Rab Sayyaf (Islamische Allianz), Mawlawi Junis Chalis (Islamische Partei II) und Sayed Ahmad Gailani (Nationale Islamische Front) unterzeichnet. (2)

Als Erster begrüßte der pakistanische Ministerpräsident Nawaz Sharif die Übereinkunft. In einer Erklärung des Regierungschefs heißt es, er hoffe, die Übergangsregierung werde ihre Arbeit bald aufnehmen und Waffenstillstand, Frieden, Leben und Besitz der Bevölkerung Afghanistans sichern. (3) Bei den Verhandlungen in Peschawar wurde die Hezbe Islami durch den stellvertretenden Parteivorsitzenden Qutbuddin Helal vertreten, denn Hekmatyar, der Chef der Partei, hatte inzwischen südöstlich der Hauptstadt des Landes Position bezogen und wiederholt mit einem Angriff auf Kabul gedroht, falls der derzeitige Militärrat, der nach dem Sturz von Präsident Nadschibullah die Amtsgeschäfte in Kabul übernommen hatte, sich nicht der Hezbe Islami ergeben würde. (4)

Hekmatyar bestand weiterhin darauf, dass sich die Regierung bis Montag, den 27. April, ergeben müsse. Nach einer Erklärung des Sprechers von Hekmatyar, Nawab Salim, lehnte die Hezbe Islami die Bildung des Interimsrates ab und forderte stattdessen die sofortige Übernahme der Macht durch eine Übergangsregierung. (5) Mit seiner Drohung wollte Hekmatyar tatsächlich Kabul unter seine Kontrolle bringen. Damit hätte er die Oberhand gewonnen und den anderen Parteien seine Bedingungen diktieren können. Das wurde am Samstag, den 25. April, vom Befehlshaber der Hezbe Islami, Tariq, in Kabul bestätigt. Er sagte, sein Chef befinde sich 20 Kilometer außerhalb von Kabul und werde in Kürze eintreffen. Das würde ihm einen Vorteil gegenüber den anderen Mujahedin-Führern verschaffen. (6) Auch die Hezbe Wahdat (Einheitspartei), eine aus acht schiitischen Gruppen Afghanistans zusammengesetzte Partei, ließ am selben Abend verlauten, die Kompromissformel in Peschawar sei ohne ihre Beteiligung ausgearbeitet worden und werde nicht funktionieren. (7) Der Außenminister des Kabuler Regimes, Abdul Wakil, sagte am Samstag, den 25. April, in Kabul, seine Regierung sei zur friedlichen Übergabe der Macht an die Mujahedin bereit. Er appellierte an Hekmatyar, auf eine militärische Aktion gegen die Stadt Kabul zu verzichten. (8) Auf einer Pressekonferenz in Kabul ergänzte Wakil, er sei zuversichtlich, dass sein „geschätzter Bruder Hekmatyar Toleranz und Geduld" zeigen werde. (9) Und der Übergangspräsident Modschaddedi selbst sagte: „Wir hoffen, dass durch die praktische Anwendung dieser Formel Frieden und Ruhe nach Afghanistan zurückkehren werden." (10)

Der historische Stellenwert der Familie Modschaddedi:

Modschaddedi, ein schwacher politischer Führer als Kompromisskandidat

Dass der 67-jährige Modschaddedi zum Leiter des 50-köpfigen Rates und damit zum Übergangspräsidenten bestimmt wurde, reflektierte keineswegs die Stärke der „Nationalen Rettungsfront", deren Vorsitzender der Absolvent der Kairoer islamischen Al-Azhar-Universität war. Er wurde vielmehr militärisch als ein Zwerg sowie politisch als eine schwache Figur verstanden, die den mächtigen Parteien und Hauptrivalen, nämlich der Hezbe Islami und Jamiati Islami, nicht gefährlich sein konnte. Schließlich hatte man auch in der Vergangenheit schon Erfahrungen mit ihm gemacht: Er war vorher Präsident der Exilregierung der afghanischen Mujahedin in Peschawar gewesen, besaß jedoch keine Befugnisse.

Seine machtpolitischen Ambitionen wurden jedoch unterschätzt. Als der Machtwechsel am 28. April 1992 mit einer kurzen Zeremonie im Kabuler Außenministerium offiziell vollzogen wurde, verzichtete der Sufi-Gelehrte Modschaddedi auf eine programmatische Erklärung, die er sowieso nicht konzipiert hatte. Er verfügte kurz, Afghanistan sei fortan ein „islamischer Staat", in dem die Scharia (der islamische Rechtskodex) zu gelten habe. Er versäumte keine Zeit, seine Position durch umstrittene und übereilte Schritte zu festigen.

Ohne starke militärische Macht und ohne große parteipolitische Rückendeckung versuchte Modschaddedi, gesellschaftspolitisch auf dem Image seiner Familie, einer angesehenen Sufi-Familie, aufzubauen. Militärische Unterstützung suchte er bei den ehemaligen Streitkräften des „Watan-Regimes", Milizen und Sicherheitskräften. Was er in sein machtpolitisches Kalkül nicht einbezogen hatte, war die Tatsache, dass sich die afghanische Gesellschaft und damit die althergebrachten Loyalitätskategorien fundamental geändert hatten. In der konservativ-islamischen Gesellschaft Afghanistans haben die Modschaddedis schon immer eine gewisse Rolle gespielt.

Charakteristisch ist jedoch dabei ihr ambivalentes Verhältnis zu Staat und Obrigkeit. Während sie bei den königlichen Höfen hohen Respekt genossen, suchten sie gleichzeitig die Nähe der oppositionellen Kräfte. Damit ist es ihnen gelungen, ihre religiös-politische Autorität aufrechtzuerhalten und die daraus resultierenden Privilegien zu genießen. Sie standen, wie überwiegend die afghanische Geistlichkeit insgesamt, im konservativ-islamischen Staat in den Diensten der Emire, Khans und Herrscher. Schon im 18. Jahrhundert, als Timor Schah, der Nachfolger und Sohn von Ahmad Schah, am 19. Mai 1793 starb, gelang es einem seiner jüngeren Söhne, Schah Zaman, als Erstem, die Rückendeckung der Geistlichen zu gewinnen. Mohammad Samiullah Modschaddedi bestätigte die Inthronisierung von Schah Saman zum König mit dem königlichen Turban (Farhang, 1988, 121). Zu Beginn des 20. Jahrhunderts, als sich gegen den britischen Schützling in Afghanistan, Habibullah Khan, in den intellektuellen Kreisen eine oppositionelle Bewegung formierte, welche die absolute Monarchie in eine konstitutionelle verwandeln wollte, war zumindest ein Mitglied der Familie Modschaddedi, trotz der Nähe zum König, Mitläufer dieser Bewegung. So taucht der Name Sahebzada Abdullah Khan Modschaddedi auf einer Liste der konspirativen nationalen Partei auf (Farhang, 1988, 130). Dreiundvierzig Mitglieder dieser Gruppe, darunter Modschaddedi, ließ König Habibullah Khan hinrichten (Ghobar, 1980, 719). Später gehörte Fazl Mohammad Saheb Modschaddedi (später als Schamsul Maschaikh – Sonne der Gelehrten – bekannt) zu jener Gruppe, die den späteren König Afghanistans (1919–1929), Amanullah Khan, gegen seinen Vater unterstützte. Am Vorabend des Sturzes von Amanullah im Jahr 1929 gehörten Mohammad Sadeq Modschaddedi (jüngerer Bruder von Schamsul Maschaikh Modschaddedi) und Mohammad Masum Modschaddedi (Sohn von Schamsul Maschaikh Modschaddedi und Vater von Sebghatullah Modschaddedi) zu den Hauptkontrahenten der national-demokratischen Bewegung, die König Amanullah eingeleitet hatte. Ein Dokument, in dem 24 Mullahs in einer Fatwa (religiöses Dekret) bestätigt hatten, dass Amanullah Khan den Boden des Islam verlassen habe, wurde bei ihnen als ein Agitationsmittel gegen Amanullah gefunden, worauf beide ins Gefängnis geworfen wurden. Als Habibullah Kalakani 1929 den Thron bestieg, wurden sie als Erste aus dem Gefängnis entlassen. Der Tadschike Kalakani behandelte die Familie Modschaddedi großzügig und ließ ihr Privilegien zuteilwerden. Jedoch hatte der aus einfachen Verhältnissen stammende Kalakani seine Macht noch nicht gefestigt und Amanullah war noch auf der Flucht in Kandahar, als Nurulmaschaikh Modschaddedi (Licht der Gelehrten), ein Bruder und Nachfolger von Schamsul Maschaikh, von Delhi aus nach Afghanistan kam, um gegen Kalakani zu kämpfen (Ghobar, 1980,719). Es fehlte in dieser Zeit nicht an Vorschlägen, dass Nurulmaschaikh Modschaddedi selbst König werden sollte (Ghobar, 1980, 719). Sein Verzicht auf den Thron ist ein typisches Beispiel dafür, dass in Afghanistan religiöse Gelehrte im Schatten der Könige, Khans und Emire lieber die zweite Geige spielten, keine unmittelbare politische Verantwortung übernahmen und letzten Endes lediglich als Interpreten der Taten (oder auch Untaten) der Obrigkeit auftraten. Im Unterschied zu dieser historischen Entwicklung spielen seit April 1992 die islamischen Geistlichen die Hauptrolle.

Als Belohnung für die Unterstützung von Nader Khan, der am 15. Oktober 1929 als Sieger in Kabul eintraf, bekleideten Fazl Omar Modschaddedi und Fazl Ahmad Modschaddedi 1932 hintereinander das Amt des Justizministers (Farhang, 1988, 440). Damit wurde der politische und religiöse Einfluss der Modschaddedis in der Nader-Dynastie gefestigt. In den fünfziger Jahren machte Sebghatulallah Modschaddedi unangenehme Schlagzeilen: Die Regierung von Ministerpräsident Sardar Mohammed Daoud warf ihm vor, an einem geplanten Attentat auf den Generalsekretär der KPdSU, Nikita Chruschtschow, während einer Reise nach Kabul 1959 beteiligt gewesen zu sein. Tatsache ist, dass er als ein religiöser Führer der mystischen Schule von Naqschbandiya gegen die Annäherung Afghanistans an die Sowjetunion war. Damit opponierte er unmittelbar gegen die Politik des Despoten Daoud, der sich auf eine enge Bindung an die Sowjetunion eingelassen hatte. Er wurde verhaftet und saß bis 1964 im Gefängnis. Die religiöse Autorität der Modschaddedi-Familie in Kabul blieb jedoch nach wie vor bestehen. Nach der

Machtübernahme der DVPA war er einer der Politiker der ersten Stunde, die aus ihrer politischen Überzeugung heraus die Partei der Nationalen Rettung Afghanistans als eine Widerstandsgruppe gründeten.

Sein Bekanntheitsgrad im Ausland und sein antikommunistisches Image trugen dazu bei, dass seine Partei großzügige Finanzunterstützung erhielt. Er war vier Jahre (1974–1978) Leiter des Islamischen Zentrums in Kopenhagen und hatte gute Beziehungen zu Saudi-Arabien. Er pflegte intensive Kontakte zu islamischen Kreisen an der Kairoer Al-Azhar-Universität und zu anderen islamischen Gruppen im Nahen Osten und Europa. Die Tatsache, dass einige Mitglieder seiner Familie von der DVPA massakriert wurden, steigerte die Popularität der Familie Modschaddedi im Widerstand gegen das Kabuler Regime. Er bekam großen Zulauf an Mitgliedern und Sympathisanten und damit eine starke Rückendeckung von der Naqschbandiya-Bruderschaft im Norden unter den Tadschiken und im Osten unter dem paschtunischen Subclan von Solaimankhel.

Doch Sebghatullah Modschaddedi konnte diese Welle der Zustimmung nicht in militärische Stärke und eine parteipolitische Organisation ummünzen. Dazu war er zu stark Einzelkämpfer und unterwarf seinen eingefleischten Individualismus nicht einer Parteidisziplin, die ihn in seiner Spontaneität eingeengt hätte. Er konnte dann im Wettstreit mit anderen aufkommenden islamischen Parteien im pakistanischen Exil nur durch ein Bündnis mit der „Islamischen Revolutionären Bewegung" von Mawlawi Mohammad Nabi Mohammadi und der „Nationalen Islamischen Front" von Sayed Ahmad Gailani, Führer der Qadiriya-Bruderschaft, bestehen. Dieses Bündnis, bekannt als Dreierallianz, wurde mit seinem traditionellen Islamverständnis zunehmend von den als Hardliner bekannten vier islamischen Parteien (Jamiati Islami, Hezbe Islami I, Hezbe Islami II und Etehade Islami von Sayyaf) überschattet. Denn Modschaddedi bekam knapp 3 bis 5 Prozent der US-Waffenlieferungen, der Hezbe Islami wurden jedoch über 20 Prozent dieser Lieferungen zuteil (Yousaf & Adkin, 1992, 105). Seine stark ausgeprägte Spontaneität, politische Farblosigkeit und militärische Schwäche machten ihn stets, und zuletzt auch bei der Entscheidung vom 25. April 1992, zu einem idealen Kompromisskandidaten für das Präsidentenamt. Die Wahl Modschaddedis zum Übergangspräsidenten reflektiert gleichzeitig vorerst den Sieg der Basare-Fraktion um den pakistanischen Ministerpräsidenten Nawaz Sharif, einer politisch-aristokratischen Schicht, die im Gegensatz zu pakistanischen Islamisten und den Militärs des Landes neue ökonomische Perspektiven in einem stabilen Afghanistan als Zugang zu den unabhängig gewordenen mittelasiatischen Staaten sah.

Pompöse Ankunft eines machtlosen Präsidenten in Kabul

Um die viel beschworene Gefahr einer blutigen Auseinandersetzung in der afghanischen Hauptstadt abzuwenden, kam Modschaddedi im Auftrag der in Peschawar ansässigen islamischen Parteien Afghanistans am 26. April nach Kabul. Fuhr er von Peschawar mit 15 Begleitautos ab, so wuchs seine Karawane auf etwa 100 Autos an. Ein begeisterter Empfang seitens der Stadtbevölkerung in Kabul, wie Modschaddedi und seine Begleiter es erwartet hatten, blieb aber aus. Rückblickend wurde auch bestätigt, dass der stille Protest der Bevölkerung nicht unberechtigt war. Die am Fuße des Koh e Asamai und des Sher Darwaza liegende majestätische Hauptstadt, die bislang von Zerstörungen verschont geblieben war, wurde bald in Schutt und Asche gelegt.

Dafür war jedoch die Erleichterung bei den Gruppen, die Kabul unter ihrer Kontrolle hatten, umso größer. Die politische Strömung von Babrak Karmal innerhalb der Partscham-Fraktion sah die Ankunft Modschaddedis als ihren politischen Sieg an. Es war eben gelungen, den militanten Hekmatyar und damit ihre Rivalen aus der Chalq-Fraktion, die zum Teil ein Zweckbündnis mit Hezbe Islami eingegangen waren, von der Schaltzentrale in Kabul fernzuhalten. Hinzu kam die Tatsache, dass durch ein Amnestiedekret, das Modschaddedi unterschrieb, die ehemaligen Kader der Watan-Partei, darunter auch Partschamis, ihren Kopf retten konnten.

Die Rechnung der Partscham-Fraktion ging schließlich in einer anderen Hinsicht ebenso auf. Die gemeinsame Front, welche die Karmal-Fraktion hinter der Fassade der national-islamischen Bewegung unter dem Vorsitz Dostums mit dem „Schorai Nezar“ von Massoud gebildet hatte, konnte ihr nun dazu verhelfen, ihre parteipolitischen Strukturen sowie ihr militärisches Potenzial auf einer gewissen Ebene aufrechtzuerhalten. Damit war sichergestellt, dass sie künftig als ein militärisch-politischer Faktor im Lande bestehen bleiben konnte. Auch der „Löwe von Pandschir", Massoud, der inzwischen als Verteidigungsminister fungierte, war glücklich, einen Präsidenten bekommen zu haben, der gänzlich auf seine militärische Rückendeckung angewiesen war. Im Nachhinein kann gewiss festgestellt werden, dass unter den seinerzeit vorherrschenden Verhältnissen der mit seinem schmalen Gesicht und langem Bart mager wirkende, aber gesundheitlich vitale Greis Modschaddedi die einzige Chance für einen relativ friedlichen und ohne Blutvergießen vollzogenen Übergang von der Watan-Partei zu den ehemaligen Mujahedin war. Modschaddedi selbst war sich dieser politischen Entwicklung völlig bewusst, spekulierte aber auf Zeit, um seine Position zu festigen. Bei seiner ersten Reise in den Norden beförderte er den ehemaligen Milizenführer Dostum von einem Dreisterne- zum Viersternegeneral. Bei einem Empfang zu Ehren Modschaddedis soll Dostum als eine „orientalische Geste" gesagt haben, Modschaddedi möge lange Präsident des afghanischen Staates bleiben. Das hat der Übergangspräsident für bare Münze genommen, sich bei Dostum bedankt, ihn umarmt und geküsst. Es dauerte nicht lange, bis der für zwei Monate bestimmte Übergangspräsident seine Amtsperiode eigenmächtig auf zwei Jahre verlängerte. Wurde diese Fehlentscheidung des Übergangspräsidenten von anderen Gruppierungen nicht ernst genommen, so fühlte sich Hekmatyar in seiner ablehnenden Haltung gegenüber dem Sufi-Gelehrten bestätigt. Mit Hekmatyar hatte Modschaddedi eines gemeinsam, nämlich dass sie beide politisch ambitioniert waren.

Und in dieser Hinsicht konnten beide, wenn es der Förderung ihrer politischen Karriere hilfreich erschien, ziemlich schnell die Seiten wechseln und mit dem gestrigen Feind eine gemeinsame Front bilden. Im Rahmen eines islamischen Staates würde Modschaddedi für einen Parteienpluralismus agieren, solange er selbst keine Aussicht auf eine alleinige Herrschaft hätte.

Demgegenüber hatten Pluralismus vielfältiger islamischer Parteien und erst recht Parteienpluralismus im Sinne eines demokratischen Verständnisses überhaupt keinen Platz bei Hekmatyar. In seinem politischen Kalkül waren friedvolle Schritte und gewaltsame Praktiken nur taktische Varianten in den Diensten des obersten Ziels, nämlich der Machtergreifung. Seine Doppelstrategie, prinzipielle Härte und selektive Nachgiebigkeit, stellte ein wohl kalkuliertes Ziel-Mittel-Verhältnis dar, das unverkennbar machiavellistisch konzipiert war. Modschaddedi verstand sich als Vertreter des traditionellen islamischen Volksglaubens. Seine politische Autorität wurde sowohl von der Masse als auch von den Clanchefs immer noch anerkannt. Im Gegensatz zu ihm zerstörten fundamentalistische Parteien die herkömmlichen Stammesstrukturen, um parteipolitische Loyalitätsstrukturen nach ihren Vorstellungen aufzubauen. Daran scheiterten die Kader der DVPA in Kabul, die Fundamentalisten mussten ihrerseits Niederlagen am Hindukusch hinnehmen.

Zuletzt scheiterte Modschaddedi und mit ihm die islamischen Gruppen allgemein an den Widersprüchen unterschiedlicher Interpretationen des Islam, der fragmentierten afghanischen Gesellschaft und den aus dem Widerstand entstandenen neuen Strukturen und Loyalitäten, deren Bedeutung die islamischen Gruppen des Landes immer noch bagatellisierten.

Glanzloser Abgang eines umstrittenen Präsidenten

Rabbani, der Vorsitzende der Jamiati Islami Afghanistan (Islamischer Bund Afghanistans), übernahm am 28. Juni 1992 nach längerer Ungewissheit hinsichtlich eines planmäßigen und reibungslosen Machtübergangs die Amtsgeschäfte als Präsident. Dies entsprach den Peschawar-Vereinbarungen der islamischen Parteien Afghanistans vom 24. April 1992. Damit löste Rabbani als zweiter Übergangspräsident, der für vier Monate im Amt bleiben sollte, den ersten Interimspräsidenten Modschaddedi ab. Modschaddedi, der zwei Monate das Präsidentenamt innegehabt hatte, zögerte jedoch, die Macht an Rabbani abzutreten. (11) Der sichtlich geschlagene Modschaddedi warf der Jamiati Islami vor, sich nicht an das Peschawar-Abkommen zu halten. Sie kontrolliere, so Modschaddedi, sämtliche Medien und nutze dies zu ihren Gunsten. Darüber hinaus beschuldigte Modschaddedi seinen Nachfolger Rabbani und den mächtigen Kommandanten der Jamiati Islami, Ahmad Schah Massoud, seine Autorität zu untergraben. (12) In seiner Rede, die Modschaddedi anlässlich der Machtübergabe an seinen Nachfolger Rabbani hielt, beschuldigte er den Vorsitzenden der Islamischen Allianz, Sayyaf, er habe ihm bislang nicht mal eine Kopie der Peschawar-Vereinbarungen gegeben. (13) Sayyaf sei, so klagt Modschaddedi, in den letzten zwei Monaten kein einziges Mal bereit gewesen, sich zu einem Meinungsaustausch mit ihm zu treffen. Der Chef der Islamischen Allianz habe in Zusammenarbeit mit den

Feinden der Religion und der islamischen Nation Afghanistans einen zerstörerischen Kampf zwischen Mitgliedern seiner Organisation und der Einheitspartei entfesselt. Nach zuverlässigen Informationen, so Modschaddedi, treffe Sayyaf Vorbereitungen für einen weiteren Angriff auf schiitische Brüder. (14)

Was er immer noch nicht verstehe, sei die geheimnisvolle Reise von Rabbani mit einer großen Delegation nach Saudi-Arabien, worüber er als Präsident des Landes nicht informiert worden sei. Modschaddedi selbst hatte in den zwei Monaten zuvor vergeblich alle Anstrengungen unternommen, die Vereinbarungen von Peschawar zu untergraben. Durch großzügige Konzessionen an die Adresse unterschiedlicher Interessenvertreter wollte er militärische Rückendeckung bekommen, um als Übergangspräsident vorerst für zwei Jahre bleiben zu können. (15) Für diesen Zweck verdoppelte er sogar die Gehälter der Staatsbeamten. (16)

Er scheiterte, weil er die Ambitionen anderer Parteien unterschätzte und weil er selbst keine andere Legitimation als die Peschawar-Vereinbarungen vorweisen konnte. In erster Linie hatte Hekmatyar gedroht, Modschaddedi mit Waffengewalt abzusetzen, sollte dieser nicht bis zum 28. Juni zurücktreten. (17). Zuletzt versuchte Modschaddedi vergeblich die Loyalität der Staatsbeamten durch Gehaltserhöhung zu gewinnen. (18)

Im Gegensatz zu den Vereinbarungen von Peschawar schlug Modschaddedi schließlich vor, die Amtsgeschäfte dem Rat des Heiligen Krieges (Schorai Djihadi) und dem Führungsrat (Schorai Qiadi) zu übergeben. Der erste Rat setzte sich aus 63 Kommandeuren, islamischen Gelehrten und je einem Mitglied der islamischen Parteien zusammen. Der zehnköpfige Führungsrat bestand aus Vorsitzenden (bzw. deren Vertretern) der islamischen Parteien. Beide Räte sollten nach Vorstellung von Modschaddedi zusammen den neuen Staatschef wählen. Er rechnete damit, bei diesem Wahlmodus als Sieger hervorgehen zu können. Denn er hatte in den letzten zwei Monaten seiner Amtszeit die Mitgliederzahl des Schorai Djihadi, der zunächst nur 50 Mitglieder gehabt hatte, auf 63 erhöht, darunter 8 Mitglieder der Hezbe Wahdat Islami und 5 Mitglieder der national-islamischen Bewegung. Damit hatte Modschaddedi großen Einfluss in diesem Djihadi-Rat gewonnen. Er ging sogar so weit, im Hinblick auf die Wahl des Präsidenten dem Volk die Entscheidung zu überlassen. (19) Bezüglich seiner Position zu Hekmatyar meinte Modschaddedi, er lehne die Teilnahme der Hezbe Islami an seiner Regierung ab. Er fügte hinzu, Hekmatyar habe die Menschenrechte und die Rechte der Afghanen verletzt, indem er die Stadt Kabul unter Feuer genommen habe. Aber auch außenpolitisch wollte sich Modschaddedi absichern. In einem Brief vom 18. Juni an den amerikanischen Präsidenten George Bush versicherte er, dass Afghanistan bei der Lösung internationaler Probleme eine angemessene Rolle spielen werde. Im Hinblick auf die künftigen Beziehungen Afghanistans zu den USA meinte Modschaddedi: „Wir sind nicht nur bereit, die Zusammenarbeit mit den Vereinigten Staaten zu entwickeln. Wir betrachten sie als fundamentalen Bestandteil unseres Wirtschaftsaufbaus." (20) Aber inzwischen hatte sich der Führungsrat und an dessen Spitze Rabbani als Machtorgan etabliert. Damit kamen die Hauptakteure auf die Bühne am Hindukusch.

3.2 Burhanuddin Rabbani, der Chef der Jamiati Islami, ein Theokrat mit gemäßigtem Antlitz

Ein religiöser Tadschike an der Spitze des afghanischen Staates

Die zweite Phase, wie die Machtübernahme durch den Führungsrat bezeichnet wird, bedeutete nicht nur einen Austausch von Personen, sondern vor allem eine Gewichtsverlagerung von einem Kompromisskandidaten hin zu einem Politiker mit einer gut organisierten Partei und einer starken militärischen Hausmacht im Rücken. Sie hatte auch unweigerlich entsprechende Konsequenzen für die künftige Gestaltung des Landes.

In der ersten Phase hatten sich aus der Reihe der islamischen Parteien vier politische Kräfte und ein Bündnis von nichttheokratisch ausgerichteten Kreisen herauskristallisiert, die wiederum im Zusammenspiel mit anderen gesellschaftspolitisch relevanten Gruppen die Geschicke des Landes über Jahre bestimmt hatten.

Neue Polarisierung am Hindukusch

Zunächst ist die Jamiati Islami aus den letzten Ereignissen als eine ziemlich starke militärische Kraft hervorgegangen. In politischer Hinsicht gehört sie zur streng islamischen Richtung. Der Vorsitzende der Hezbe Islami, Hekmatyar, der die erste Übergangsphase kategorisch abgelehnt hatte und an der Regierung nicht beteiligt wurde, profilierte sich noch deutlicher als politischer Falke, als man von ihm bislang angenommen hatte.

Damit manövrierte er sich in eine Sackgasse hinein. Jamiati Islami wurde automatisch als Partei der Tadschiken Afghanistans apostrophiert, nachdem Hekmatyar seine Partei zur Interessenvertreterin der Paschtunen erklärt hatte. Mit diesem Unterscheidungsmerkmal, das allerdings so alt ist wie die Formation der ersten islamischen Zellen in den sechziger Jahren in Afghanistan, verließen beide Parteien die Plattform des islamischen Fundaments. Das Zweckbündnis, das Präsident Rabbani mit dem inzwischen zur dritten Kraft herangewachsenen Milizenführer Dostum einging, goss noch zusätzliches Öl ins Feuer der alten ethnischen Feindseligkeiten. Denn man sah darin eine gemeinsame Front der nichtpaschtunischen Ethnien Afghanistans gegen die seit Jahrhunderten dominante Ethnie der Paschtunen.

Neben dieser fragilen Dreierkonstellation, Rabbani und Dostum versus Hekmatyar, lieferte nun ein anderer religiös und ethnisch bedingter Streit zwischen den Schiiten und den Wahhabiten zusätzlichen Konfliktstoff, der das politische Pokerspiel in Afghanistan noch undurchsichtiger machte. Die Islamische Einheitspartei Afghanistans (Hezbe Wahdat Islami), die sich aus einem Bündnis von acht schiitischen Gruppen zusammensetzte, wurde schon in der ersten Phase der Machtübernahme der islamischen Parteien in Kabul zunehmend aktiv. Sie war von der Beschlussfassung in Peschawar am 24. April bewusst ausgeschlossen worden. Daher erhielt sie auch keine Ministerposten im Kabinett. Sie ging jedoch von der Einschätzung aus, dass die Schiiten einen beachtlichen Prozentsatz der Bevölkerung des Landes ausmachten. Folgerichtig beanspruchte sie als deren Interessenvertreter eine entsprechende Vertretung im Kabinett.

Der erste Übergangspräsident Modschaddedi hatte der Hezbe Wahdat zumindest das Innenministerium mit der Auflage überlassen, sie solle selbst das Ministerium mit eigenen bewaffneten Männern besetzen. Dies war jedoch kein leichtes Unterfangen. Denn inzwischen hatte der Chef der Islamischen Allianz, Sayyaf, mit seinen Söldnern dieses Ministerium vereinnahmt.

Präsident Rabbani war dadurch mit einem großen Dilemma konfrontiert. Ginge es um ethnische bzw. sprachliche Abgrenzungskriterien, wäre der Politiker Rabbani zu großen Zugeständnissen an die Adresse von Hezbe Wahdat bereit gewesen. Zur Untergrabung der historischen Legitimation der paschtunischen Herrschaft, worauf Hekmatyar stets latent Bezug nahm, benötigte Rabbani die Rückendeckung der nichtpaschtunischen Volksstämme. Diesem Aspekt stand aber ein religiöses Moment entgegen. Im Gegensatz zur Mehrheit der Tadschiken bekennen sich die afghanischen Hazara in überwältigender Mehrheit zur schiitischen Glaubensrichtung. Als Ausweg aus diesem Dilemma praktizierte der gelehrte Rabbani eine Doppeltaktik der politischen und militärischen Maßnahmen. Um die Schiiten zu überzeugen, dass er sich ohne Diskriminierung als Präsident aller Ethnien des Landes betrachtete, gewährte er dem Vorsitzenden der Islamischen Bewegung (Harakate Islami), Scheich Asif Mohseni, als Sprecher des Führungsrates einige lukrative Posten im Kabinett und im Außenministerium.

Der gemäßigte Chef der Harakate Islami, die sich wie Hezbe Wahdat zur schiitischen Glaubensrichtung bekennt, konnte aber nur Teile der Schiiten vom Kampf gegen die Kabuler Regierung abhalten. Sie ist hauptsächlich in der Volksgruppe Qaselbasch (Rotkopf) und in den als Farsiwanen bekannten Gruppen in verschiedenen Teilen des Landes verankert.

Diese Volksgruppen haben mit den Hazara die Dari-Sprache sowie die schiitische Glaubensrichtung gemeinsam. Damit war es Rabbani teilweise gelungen, die Schiiten vorerst in die Entscheidungen der Regierung einzubinden. Von großer Tragweite war aber der militärische Bestandteil der Rabbani-Strategie: die Bändigung der Hazara. Das militärische Feld überließ Rabbani dem Chef der Islamischen Allianz, Sayyaf, der seit langem darauf scharf war, gegen die Schiiten allgemein und gegen die Hazara insbesondere in einen Glaubenskrieg zu ziehen. Der zum paschtunischen Subclan Kharoti zählende Sayyaf hatte sich inzwischen als ein wichtiger Verbündeter von Präsident Rabbani hervorgetan. Der in Saudi-Arabien als islamischer Intellektueller angesehene Sayyaf, dem großzügige Finanzhilfe von wahhabitischen Kreisen aus Saudi-Arabien zuteilwurde, ließ sich letzten Endes mit seinen Kämpfern auf einen mörderischen Konfrontationskurs gegen die Hezbe Wahdat ein, der beide Seiten unzählige Opfer kostete und massive Zerstörungen verursachte.

Auch bei diesen Auseinandersetzungen, die von politischen Kommentatoren als ein Stellvertreterkrieg zwischen dem schiitischen Iran und dem wahhabitischen Saudi-Arabien bezeichnet wurde, ging die Rechnung von Präsident Rabbani nicht einmal im Ansatz auf. Im Gegenteil, damit platzten die alten ethnischen und religiösen Wunden wieder auf und der Streit blieb bestehen.

Eindimensionalität als Hauptmerkmal eines bewaffneten Prozesses

Auffallend ist bei diesen schicksalsträchtigen Auseinandersetzungen der islamischen Parteien die Tatsache, dass sie sich in der Abgrenzung von ihren Wetteiferern selbstherrlich als „wahre Muslime" darstellten. Hierbei hat jedoch niemals und von keiner Seite in Afghanistan eine theoretische Diskussion über den Islam stattgefunden. Die Herauskristallisierung des „richtigen Wegs" im konstruktiven Wettstreit miteinander ist ihnen fremd. Ob sie nun tatsächlich die Voraussetzungen mitbringen, über allgemeine, wohl bekannte Scharia-Ansätze hinaus sich mit einer Gesellschafts- und Wirtschaftsordnung auseinanderzusetzen, die mit der islamischen Lehre konform ist und zugleich auch die traditionellen Eigenarten der Afghanen reflektiert, ist zu bezweifeln. Im Grunde genommen bezieht sich jeder der Mitspieler auf den Islam, ohne im Einzelnen zu präzisieren, wie seine Deutung des Islam konkret aussieht. Dazu fehlt einigen Akteuren die islamische Fachkompetenz und anderen die Kühnheit zur Abgrenzung. In der Tat zeigt sich die Eindimensionalität der ehemaligen Djihadi-Parteien dadurch, dass sie aus einem langwierigen bewaffneten Kampf zwar erfolgreich hervorgegangen sind, auf politischem, ökonomischem und kulturellem Gebiet aber keine Vorstellungen entwickelt haben, wie der Vielvölkerstaat mit so vielen sozialen, kulturellen und ökonomischen Gegensätzen zu gestalten ist. Anderthalb Jahre nach der Machtergreifung lag nicht einmal ein Programm vor, das im Ansatz eine innenpolitische Ausrichtung und eine außenpolitische Orientierung zu erkennen gegeben hätte. Hierbei macht auch Rabbani, der 53-jährige Tadschike aus Faizabad, keine Ausnahme. Ohne eine konkrete ordnungspolitische Vorstellung oder ein Konzept für den Wiederaufbau des Landes zu präsentieren, merkte er bei der Machtübernahme an, dass er seine Aufgabe in erster Linie in der Wiederherstellung von „Gesetz und Ordnung" sehe. Im Präsidentenpalast fügte er kurz und knapp hinzu: „Wir müssen das Eigentum und die Würde des Menschen schützen." Es ist ihm weder das eine noch das andere gelungen.

Die Stadt Kabul wurde inzwischen zur Ruine. Tausende unschuldiger Menschen kamen ums Leben und weitere Hunderttausende verließen die Stadt in Richtung Masar-e Scharif oder Pakistan. Schätzungen gehen davon aus, dass etwa 40 000 Menschen ums Leben gekommen sind und weitere 600 000 die Hauptstadt verlassen haben. (21)

Was der frisch gebackene Übergangspräsident Rabbani am 28. Juni versäumt hatte, versuchte er zwei Tage später vergeblich nachzuholen. Er betonte in einer Ansprache, dass der islamische Staat Afghanistan die UN-Charta, die internationale Deklaration der Menschenrechte und andere anerkannte Grundlagen und Maßstäbe respektiere, „solange sie den islamischen Grundsätzen nicht widersprechen". Diese Einschränkung wurde auch auf die Meinungs- und Redefreiheit übertragen. Diesbezüglich trug Rabbani vor: „Wir respektieren die Redefreiheit im Rahmen der Scharia." (22) Er meinte weiter, dass der Islam das Recht auf politische, ökonomische, soziale und kulturelle Selbstbestimmung anerkenne, und – jetzt kommt das Entscheidende – er lehne „Despotismus unter welchem Namen auch immer" ab.

In dieser Grundsatzrede ging Präsident Rabbani jedoch nicht darauf ein, ob islamische Theokratie die säkularen Prinzipien der Demokratie respektiert und ob die theokratische Despotie in der Auslegung des Islam Platz hat. An die Adresse unterschiedlicher Ethnien des Landes bekräftigte er, dass in einem islamischen Staat alle Nationalitäten sämtliche politischen, ökonomischen und kulturellen Rechte genießen würden. (23) „Wir werden nicht erlauben", so Rabbani, „dass versteckte Hände im Namen von Schiiten, Sunniten, Paschtunen, Hazara, Tadschiken oder Usbeken unsere Nation gegeneinander aufhetzen." (24) In der Tat kennt der Islam keine ethnische Differenzierung, alle Muslime werden als islamische Gemeinschaft (Umma) zusammengefasst. „Die besten von ihnen sind die frömmsten", so lautet der Slogan nach dem Koran. Darüber sind sich auch islamische Gruppen in Afghanistan einig, wohlgemerkt auf theoretischer Ebene. Ihre Ansichten klaffen auseinander, wenn es darum geht, wer nun dieses Prinzip der islamischen Umma in die Tat umsetzen soll: ein Paschtune, ein Tadschike, ein Usbeke oder ein Hazara. Historische Erfahrungen zeugen unmissverständlich davon, dass ein weltanschaulicher Anspruch auf Gleichberechtigung allein weder ethnische noch kulturelle oder religiöse Grenzen überwinden kann; vor allem dann nicht, wenn dieser Anspruch despotisch gehandhabt wird. Dies hat der Zusammenbruch des sowjetischen Imperiums für die kommunistische Welt bestätigt. In der islamischen Geschichte sind vergleichbare Konflikte und Krisen von den Umayyaden (661–750) über die Abbasiden (750–1058) bis zum Ottomanischen Reich (1300–1789) eindrucksvoll bekannt.

Eine Chance zur Überwindung des ethnisch bedingten Dissenses besteht jedoch allemal in der freien Entfaltung der Ethnien bzw. darin, dass am Prozess des sozioökonomischen Aufbaus jede Ethnie angemessen und freiwillig partizipiert. Auch in Afghanistan mit seiner vielfältigen Heterogenität wird ein Modus Vivendi nur dann möglich sein, wenn sich keine Ethnie auf kultureller, sprachlicher, religiöser oder politischer Ebene diskriminiert fühlt. Solange dieser Fall nicht eintritt oder überzeugende Schritte auf diesem Wege unternommen werden, wird selbsternannten partikularen Interessenvertretern, vor allem politischen Separatisten und romantischen Abenteurern, der Nährboden für das Aufleben alter Feindseligkeiten bereitet. Dass nun die islamischen Parteien dazu prädestiniert und willens sind, einen derartigen politischen Konsens zu finden, dafür müssen sie erst den Nachweis erbringen.

Hekmatyar, ein islamistischer Fundamentalist als Hauptstörfaktor

Kopfzerbrechen verursachte dem Präsidenten Rabbani nach wie vor Gulbuddin Hekmatyar. Er forderte ständig den Abzug der Usbeken-Milizen aus der Hauptstadt. In dieser Hinsicht bekam Hekmatyar vom Vorsitzenden der Hezbe Islami II, Mawlawi Junis Chalis, Rückendeckung.

Der Fundamentalist Chalis beschuldigte Präsident Rabbani, Ex-Kommunisten zu unterstützen. Nach Ansicht des erzkonservativen Chalis liege es daran, dass alles unter der Kontrolle des Verteidigungsministeriums sei, wenn in Kabul kein Friede herrsche. Dort würden alle Positionen von Kommunisten gehalten. Mit derselben Begründung entzog auch die östliche Provinz Nangerhar am 2. August 1992 der Übergangsregierung die Unterstützung. Mohammad Asef, der mächtige Kommandeur von Mawlawi Chalis in der Provinzhauptstadt Dschalalabad, ging noch schärfer gegen Rabbani vor und bezeichnete die Praktiken der Kabuler Übergangsregierung als „Verrat am Blut der afghanischen Märtyrer und einen Verstoß gegen die islamischen Lehren". (25)

Diese kritische Stimme aus den Reihen von Mawlawi Chalis, der dem paschtunischen Subclan Khogiani angehörte, kam nicht überraschend. Der greise Chalis, dessen religiöse Ansichten von der konservativen Deobandi-Schule stark geprägt waren, fühlte sich seit langem in den islamischen Kreisen der jüngeren Mitstreiter in Kabul nicht wohl. Doch war die Entscheidung, die Provinz Nangerhar dem Einfluss der Zentrale in Kabul zu entziehen, doppelschneidig. Präsident Rabbani verlor nur öffentlich, was er de facto nie besessen hatte. Demgegenüber konnte Hekmatyar diese Entscheidung zwar politisch für sich ausschlachten, verlor jedoch seinen territorialen Einfluss, z. B. in Nangerhar, an Mawlawi Chalis. Damit stand die Hezbe Islami Hekmatyars, eine der militärisch starken und politisch gut organisierten Parteien Afghanistans, fast ohne territorialen Besitz da. Gewiss, sie hatte noch vereinzelte Kräfte zwischen der Hauptstraße Kabuls und der Grenzstadt Dschalalabad, vor allem etwa 50 Kilometer östlich der Hauptstadt, in der Umgebung von Sorobi. Hier befindet sich das wichtigste Elektrizitätswerk, das die Stadt Kabul mit Strom versorgt. Inzwischen hatten die bewaffneten Kämpfer Hekmatyars im Norden des Landes, wo die vereinigten Kräfte von Dostum und Massoud operierten, ebenso an Terrain verloren. Nicht anders ging es ihnen in den Südwestprovinzen, nämlich in Herat, Farah und Nimrus. Dort hatte sich der berühmte Kommandant der Jamiati Islami, Ismail Khan, inzwischen durchgesetzt. Ismail Khan, der als Emir der Südwestprovinzen bezeichnet wurde, gelang es sogar, den strategisch wichtigen Militärflughafen von Schindand einzunehmen und die Anhänger der Hezbe Islami zu vertreiben.

Das wäre vielleicht noch zu verschmerzen gewesen, wenn die Hezbe-Leute, wie die Kämpfer von Hekmatyar im Süden genannt wurden, durch militärische Konfrontationen mit paschtunischen Stämmen im Süden (Kandahar und Helmand) nicht in Bedrängnis geraten wären. Letzten Endes hat Hekmatyar seine Einheiten zwischen dem Logartal und der Hauptstadt konzentriert und dies mit aller Kraft gegen die Kämpfer der „Harakate Enqelabe Islami" (Islamische Revolutionäre Bewegung) zu verteidigen versucht. Diese traditionell islamisch orientierte Gruppe von Mawlawi Mohammad Nabi Mohammadi betrachtet die gesamte Gardez-Provinz, und damit auch das Logartal, als ihren Einflussbereich. Der 1921 in Logar geborene Gelehrte Mohammadi duldete Hekmatyar, um dort einen gewissen Frieden zu bewahren.

Territoriale Einflussbereiche als Hauptsorge

Territorial gesehen stand zwei Monate nach der Machtergreifung der islamischen Parteien in Kabul die Jamiati Islami nicht viel besser als ihre Rivalin Hezbe Islami da. Im Osten des Landes, der als Hauptsiedlungsgebiet der Paschtunen gilt, haben die islamischen Parteien nur dann eine Chance, wenn sie gewisse ethnische Strukturen der Paschtunen vorweisen können und zudem mit den Stammesclans zusammenarbeiten. In diesen Gebieten, vor allem in den Provinzen Kunar, Nangerhar und Paktia, waren selbst die paschtunischen Parteien in der Widerstandsphase gegen die sowjetischen Invasoren unerwünscht. Ihr Nachschub von Pakistan in Richtung des Nordens Afghanistans konnte nur mit großen Hindernissen sichergestellt werden.

Aufgrund dieser Konstellation überließ gezwungenermaßen die Jamiati Islami diese Gegend den paschtunisch orientierten konkurrierenden Parteien. Im Süden, vor allem in der Provinz Kandahar, wurden die Vertreter der paschtunischen Stämme – Azekzai, Barakzai, Kakar und Popalzai – aktiv. Sie schalteten in dem von ihnen gegründeten Schora (Rat) von Kandahar islamische Parteien aus. Hier konnte die Jamiati Islami, wo sie sowieso nur marginal vertreten war, im Zusammenwirken mit den Streikkräften einen minimalen Einfluss behalten, was stets zu Reibereien führte. Die Kandaharis, die seit über zweihundert Jahren die Könige der paschtunischen Subclans in Kabul gestellt hatten, lehnen schon aus Tradition die nichtpaschtunischen Könige, Emire und Staatsoberhäupter in Kabul ab.

Der Tadschike Rabbani macht hierbei keine Ausnahme. Gegen den historischen Anspruch der Legitimation der Herrschaft der Paschtunen würde Staatspräsident Rabbani einen langwierigen Kampf führen müssen, der bestimmt härter sein würde als der Widerstandkampf gegen die sowjetischen Invasoren. Im Südwesten, wie angeführt, konnte der Kommandant Ismail

Khan andere Parteien militärisch ausschalten, mit der Konsequenz, dass dieses Gebiet vorerst unter politische Kontrolle der Jamiati Islami kam. Weil es nicht unbedingt nur als Siedlungsgebiet der Tadschiken gilt, war diese Einflussnahme stets gefährdet. Im Norden des Landes, in den Provinzen Faryab, Josjan und Balch, musste die Jamiati Islami auf ihren anderen mächtigen Bündnispartner, nämlich Dostum, Rücksicht nehmen. Sie konnte dort nur vereint mit Kräften von General Dostum und den Einheiten der Ismailiten, einer Abspaltung der Schiiten, operieren. Weiterhin konnte die Jamiati Islami im Gegensatz zu Zentralafghanistan (Hazarajat), das die Hezbe Wahdat völlig unter ihrer Kontrolle hatte, den aus der Zeit der sowjetischen Invasion bekannten Operationsbereich des Kommandanten Ahmad Schah Massoud, nämlich Pandschir und die Provinzen Takhar und Badachschan, als ihre Hochburg betrachten.

Und schließlich war die Macht des Übergangspräsidenten Rabbani nicht einmal in der Hauptstadt Kabul völlig gesichert. Die Stadt selbst, wie das ganze Land am Hindukusch, war in Einflussbereiche verschiedener bewaffneter Kräfte aufgeteilt.

Den Nordosten und den Osten hatten gemeinsame Kräfte von General Dostum und Überreste der afghanischen Streitkräfte unter ihrem Einfluss. Im Südosten saß die Hezbe Islami, und den Süden und Südwesten hatte die Hezbe Wahdat fest im Griff, wo sie sich mit der Islamischen Allianz von Sayyaf ständig blutige Kämpfe liefern musste. Die Ismailiten von Naderi kontrollierten den Stadtteil Taimani. Und schließlich mussten die Kräfte der Schorai Nezar der Jamiati Islami den Flughafen, das Regierungsviertel, die Innenstadt und die Hauptroute von Kabul nach Schamali für „ihren" Präsidenten Rabbani sicherstellen. Im Grunde genommen war der Wirkungsbereich der Kabuler Zentrale auf das Regierungsviertel beschränkt. Über die Hauptstadt hinaus operierten Stammesclans, unabhängige Kommandeure, bewaffnete Banditen, Drogenschmuggler und Straßenräuber, die den als etabliert charakterisierten islamischen Parteien keinen Respekt erwiesen. Allein auf der etwa 150 Kilometer langen Stecke zwischen Kabul und der Grenzstadt Dschalalabad wurde ein Bus etwa 50-mal angehalten und Straßengebühr kassiert.

Zur Bewältigung dieser kreuz und quer aufeinander einwirkenden Faktoren fehlte auch dem mächtigen Rabbani, wie einst seinem Vorgänger Modschaddedi, ein konkretes Konzept. Der Strom derjenigen, die aufgrund der bewaffneten Auseinandersetzungen, Plünderungen und der vorherrschenden politischen Unsicherheit in den ersten sechs Monaten der Machtübernahme der Islamisten in Kabul die Stadt bzw. das Land verließen, war bedrückend groß. Hunderttausende neuer Flüchtlinge hatten inzwischen in Pakistan Zuflucht gesucht. Nichts könnte drastischer dokumentieren, wie wenig die Bevölkerung der Fähigkeit ihrer Führung vertraute, dem von Krieg gezeichneten Land Frieden zu bringen.

Mehrdimensionale Zersplitterung der Djihadi-Parteien

Ein großes Defizit der afghanischen Islamisten

Mit der Machtübernahme im April 1992 haben die islamischen Parteien das Land am Hindukusch in eine Krise hineinmanövriert, deren Tiefe über vordergründige politische Dimensionen weit hinausreicht. Sie ist keineswegs ein Produkt zufälliger Ereignisse, die zum Unglück der Parteien eingetreten sind. Sie stellt vielmehr die politische Konsequenz einer Reihe von Maßnahmen dar, die auf machtpolitischen Dilettantismus, gesellschaftspolitische Ignoranz und Willkür der Akteure auf der politischen Bühne des Landes zurückzuführen sind.

In dieser Reihe der unterschiedlichen Aspekte hat der politische Monopolanspruch der Islamisten die entscheidende Rolle gespielt. Das Selbstverständnis der Islamisten, die im Namen des Islam gegen den Kommunismus gekämpft haben, hat die Führer der islamischen Parteien dazu verleitet, die Bedeutung der komplexen Struktur der afghanischen Gesellschaft zu unterschätzen. Der Islam als gemeinsamer Nenner, der sich in der Phase des Widerstandes als größte Mobilisierungskraft auftat, ließ sich folgerichtig als Legitimation für die Ausübung der politischen Macht heranziehen. Diese Legitimationsthese stieß aber in der Praxis auf große Hindernisse. Zunächst ging das Verständnis über den Modus der islamischen Machtausübung innerhalb der islamischen Parteien sehr stark auseinander. Während die Traditionalisten, vor allem Modschaddedi und Gailani, im Hinblick auf ihre Vorstellungen über die islamische Zukunft des Landes dem Volksglauben der Afghanen, der seinerseits eine Mischung aus Aberglauben, Tradition, vorislamischen Sitten und auch islamischen Werten darstellt, sehr nahestehen, möchten die Fundamentalisten die afghanische Gesellschaft im Sinne ihrer streng islamischen Orientierung verändern, d. h. die traditionellen Gesellschaftsstrukturen durch eine zusammengefügte Schichtung parteipolitischer Prägung ersetzen.

In seinem religiös-politischen Handeln richtete sich Hekmatyar nach der Interpretation der islamischen Lehre von Maulana Abdul Ela Moududi. Der 1903 im indischen Jabalpur geborene Gelehrte Moududi war der Gründer der Jamaate Islami Pakistan (Islamische Gesellschaft Pakistans) (Hero, Dilip, 1989, 247). Moududi trat für eine islamische Theokratie ein, in der die Souveränität allein Allah gehört (Zafaryab, 1985, 97). Die islamische Theokratie im Sinne der Herrschaft Gottes auf Erden, wie sie Moududi konzipierte, akzeptierte auch Rabbani. Der Gelehrte Rabbani teilte aber nicht die Ansichten Moududis, wenn dieser der Umma (islamischen Gemeinschaft) das Recht absprach, als Souverän ihre Repräsentanten selbst wählen zu dürfen (Zafaryab, 1985, 937). Der jetzige Emir der Jamaate Islami Pakistan, Qazi Mohammad Hussein, hatte nicht nur Hekmatyar im pakistanischen Exil ständig beraten, sein religiöser Schützling Hekmatyar bekam auch militärpolitischen Flankenschutz im Logartal. Qazi Hussein hatte sein zweites Quartier in Tsachrasiab, dem Sitz Hekmatyars, aufgeschlagen, wo er an Ort und Stelle die Aktionen des Emirs der Hezbe Islami beratend begleitete.

Trotz dieser Differenzen mussten sich aber die afghanischen Fundamentalisten auf einer anderen Ebene gemeinsam gegen den auf der Grundlage der sunnitischen religiösen Rechtsschule Hanbali im 18. Jahrhundert entstandenen Wahhabismus schlagen. Würde der Anhänger der Wahhabiten, Sayyaf, nach dem Vorbild Saudi-Arabiens den frommen Afghanen verbieten, die Grabstätten der islamischen Heiligen zu küssen oder die Friedhöfe ihrer Vorfahren zu besuchen, so würden sie auf Unverständnis bei den Massen der Bevölkerung stoßen und die Konfrontation mit den Schiiten und dem Orthodoxen Mawlawi Chalis riskieren.

Chalis zog seinerseits aus einer erzkonservativen Position heraus gegen die sunnitischen Traditionalisten und Fundamentalisten sowie die Schiiten zu Felde. Der Obskurantismus von Chalis zeigte sich u. a. darin, dass er neben vielen anderen islamischen Parteien das Wahlrecht für Frauen kategorisch ablehnte.

Bei den islamischen Gelehrten Afghanistans, die in überwältigender Mehrheit Sunniten sind, fehlt die strenge Hierarchie, welche vom ersten Rang eines Studierenden (Taleb) bis hin zum religiösen Oberhaupt reicht. Trotz der gesellschaftlichen Heterogenität im Iran hat dieser Aspekt, woraus eine gewisse religiöse Autorität der Ayatollahs abzuleiten ist, den schiitischen Islamisten dazu verholfen, die politische Macht im Iran zu übernehmen und zu behaupten. Das Fehlen dieses Moments hat bei den sunnitisch geprägten afghanischen Islamisten die Profilierung einer Führungspersönlichkeit verhindert, eines sunnitischen Ayatollahs, der über die Parteiengrenzen hinweg anerkannte religiöse Autorität besäße. Vielmehr sind in Afghanistan einige mittelmäßige Politiker an die Macht gelangt, welche sich im Laufe des langwierigen Glaubenskampfes durch gegenseitige Vorwürfe und Diffamierung selbst disqualifiziert und damit ihre Legitimation eines etwaigen Führungsanspruchs untergraben haben.

So widersetzte sich Hekmatyar nicht allein seinem ehemaligen ideologischen Ziehvater Rabbani, als er im pakistanischen Exil eine eigene Partei gründete, sondern er lieferte der Partei seines einstigen Bündnisgenossen auf dem Schlachtfeld ständig blutige Kämpfe. Exemplarisch dafür sind die Ereignisse vom Dezember 1989, als der Kommandant der Hezbe Islami, Sayed Djamal, am 24. Dezember 1989 in Taloqan, der Provinzhauptstadt von Takhar, durch Massoud-Leute hingerichtet wurde. Djamal soll 36 Kämpfer von Massoud in einem Hinterhalt getötet haben (Yousaf & Adkin, 1992, S. 129).

Die Entscheidung des Präsidenten Rabbani am 15. August 1992, die Entlassung des Ministerpräsidenten Ustad Abdul Sabur aus dem Kabinett anzuordnen und diesen engsten Vertrauten Hekmatyars abzusetzen, bewirkte den endgültigen Bruch zwischen den Erzfeinden Hezbe Islami und Jamiati Islami. Das Peinliche für Hekmatyar war jedoch der Umstand, dass dieser Schritt zunächst vor den ausländischen Diplomaten bekannt gegeben wurde. Nach

Mitteilung der Diplomaten soll bei dieser Gelegenheit Rabbani seinen Rivalen Hekmatyar als Terroristen und Geächteten bezeichnet haben, mit dem es keine Verhandlungen mehr geben könne. (26) Unmittelbar darauf reagierte die hochgerüstete Hezbe Islami mit einem Raketenhagel auf die Stadt Kabul, der mindestens 1500 Menschenleben forderte. (27)

Trotz all dieser Konflikte und Probleme blieb jedoch für die afghanischen Islamisten die Tatsache charakteristisch, dass sie mit einem stark ausgeprägten Monopolanspruch als selbsternannte Interessenvertreter der afghanischen Muslime die Macht übernahmen. Damit verwechselten sie, wie einst ihre kommunistischen Vorgänger in Afghanistan, ihre subjektiv geprägten Interessen mit den objektiven Bedürfnissen der leidgeprüften Massen der Afghanen.

Frage der Legitimation der politischen Machtausübung

Die Legitimation der politischen Machtausübung, welche die islamischen Parteien auf der Grundlage des islamischen Charakters des afghanischen Widerstandes zunächst aus den einseitigen Vereinbarungen in Peschawar abgeleitet und selbst stets infrage gestellt haben, stand von vornherein, aus der Sicht der Paschtunen, im Widerspruch zur historischen Legitimationsthese der Machtausübung am Hindukusch.

Seit der Gründung der dynastischen Monarchie am Hindukusch im Jahre 1747 – mit der Krönung von Ahmad Schah Baba am 15. Juli – hatten stets die Paschtunen (die Subclans von Sadozaicd und Mohammadzaied) die Könige gestellt. War es zwischen Prinzen zu Kämpfen um den Thron gekommen, den sie aus familiären Gründen beansprucht hatten, so war immer einer dieser auserwählten Prinzen als Sieger hervorgegangen.

Als theoretische Lösung standen theoretisch drei konkurrierende Ansätze zur Diskussion:

- demokratische Legitimation durch freie Wahlen,
- traditionelle Legitimation durch die Loja Dschirga oder
- islamisch geprägte Legitimation durch den Rat des Bindens und des Lösens.

Im politischen Gedankengut der afghanischen Islamisten hat eine demokratisch konzipierte Gesellschaftsordnung, in der es politischen Pluralismus, Meinungsfreiheit und allgemeine Wahlen gibt, keinen Platz. Wenn sich islamisch konzipierte Parteien nicht einmal gegenseitig tolerieren, werden sie erst recht säkular ausgerichtete Gruppen nicht freiwillig als politische Partner hinnehmen.

Das würde auch ihrer theoretischen Vorstellung von einer theokratischen Gesellschaftsordnung widersprechen. In der Realität der politischen Machtausübung gelten jedoch andere Maximen, die nur durch machtpolitische Überlegungen begründet werden können. Sie koalieren zwar mit anderen, nichtislamischen Kräften, wenn diese ihnen zur Machtübernahme oder zur Zementierung der zu ihren Gunsten schon bestehenden politischen Macht verhelfen, sie lassen aber aufgrund ihrer politischen Überzeugung keine demokratischen Kräfte neben sich bei den freien Wahlen zu. Da sie ihre Entstehung der bewaffneten Auseinandersetzung verdanken, ist afghanischen Islamisten eine demokratisch definierte politische Kultur fremd. Obwohl die afghanischen Demokraten aufgrund der eigenartigen Entwicklung in der Widerstandsphase gegen die Sowjets nur eine bescheidene Rolle am Rande der politischen Ereignisse gespielt hatten, wurden sie von Islamisten als Hauptfeinde angesehen.

In der Tat hat eine marginalisierte Schicht afghanischer Intellektueller, Bürokraten und Technokraten das intellektuelle Potenzial, innerhalb kürzester Zeit plausible Alternativen für Frieden und Wiederaufbau des Landes vorzulegen und in Zusammenarbeit mit anderen Kräften, die nicht in islamischen Parteien straff organisiert sind, großes politisches Gewicht zu gewinnen. Dass dies nicht geschehen kann, liegt zunächst darin begründet, dass die Islamisten das Land in ein Schlachtfeld verwandelt haben, in dem nur die Sprache der Gewalt herrscht. Zum anderen waren afghanische Demokraten als eine politische Bewegung in der Widerstandphase gegen die Sowjetunion doppelter Unterdrückung, Verfolgung und Liquidierung unterworfen. Zum einen wurden sie als Erzfeinde der Willkürherrschaft des Kabuler Regimes angesehen. Zum anderen, wenn ihnen die Flucht in den Iran und nach Pakistan gelang, konnten sie sich dort aufgrund der religiös bestimmten politischen Verhältnisse nicht frei bewegen. Sie wurden auch dort isoliert, verfolgt und zum Verlassen der Gastländer gezwungen. Auch der Westen mit seiner großzügigen Finanzhilfe und reichlichen Waffenlieferung an afghanische Islamisten, die auch stellvertretend gegen den Kommunismus kämpften, bagatellisierte den Stellenwert der potenziellen Demokraten (Samimy, 1993, 217–218). Trotz aller Opfer und auch innerer Zerstrittenheit dieser Kräfte haben sie sich in letzter Zeit zunehmend zu Wort gemeldet.

Afghanische Demokraten gehen davon aus, dass die Islamisten den Schlüssel der Macht in der Eroberung der Hauptstadt Kabul sehen. In der Tat haben sich die bewaffneten Kämpfe anderthalb Jahre lang in und um die Stadt Kabul konzentriert. Obwohl keine der islamistischen Parteien allein oder in Zusammenarbeit mit einer einzigen anderen Partei ihre Gegner militärisch in absehbarer Zeit ausschalten kann, wird aber der Bürgerkrieg erst entfacht werden, wenn in Kabul die Verhältnisse militärisch geklärt sind. Welche islamische Partei auch immer sich durchsetzen und mit welcher anderen sie koalieren wird, sie wird erst dann auf den Widerstand der zentrifugalen Kräfte in den Provinzen stoßen. Die lokal einflussreichen unabhängigen Kommandanten und Stammesführer werden die Autorität der Zentrale in Kabul niemals auf Kosten ihres lokalen Machtbereiches einfach hinnehmen.

Auf der anderen Seite haben diese lokalen Kräfte keine Vorstellung davon, wie es dann auf der nationalen Ebene weitergehen soll. Das einzige Konzept, das sich hierbei anbietet, ist die Einberufung der traditionellen Loja Dschirga, die nicht als Endstadium, sondern nur als Zwischenphase für die Abhaltung freier Wahlen infrage kommt. Der Rat der Kommandanten, eine aus zahlreichen teils unabhängigen ehemaligen Feldkommandeuren zusammengesetzte lose Bindung, versteht Afghanistan als einen Schmelztiegel ethnischer, politischer und religiöser Gruppen. Die Gefahr einer Balkanisierung des Landes, so der Rat, kann nur dann abgewendet werden, wenn neben dem islamischen Ansatz auch ein nationaler Gedanke ins politische Kalkül einbezogen wird. Ihnen wäre daher, wie den Stammesfürsten, die Einberufung einer Loja Dschirga sehr willkommen. Denn sie schlösse übergreifende Stammesinteressen, religiöse Motivationen und nationale Erfahrungen ein (Samimy, 1992, 66–70).

Hier gehen dann die Vorstellungen der Demokraten im Hinblick auf freie Wahlen mit dem traditionellen Instrumentarium der Großen Ratsversammlung konform. Das lehnen die Islamisten ab, weil sie darin keine Erfolgschance sehen.

In dieser Hinsicht müssen sich die Islamisten in der Ablehnung der freien Wahlen nicht nur gegen die Demokraten durchsetzen, sondern sich auch gegen die basisdemokratischen Vorstellungen der Lokalmatadore zur Wehr setzen. In diesem zweischneidigen Kampf haben die afghanischen Islamisten zu einem machtpolitischen Instrument gegriffen, das angeblich aus dem Beginn der politischen Herrschaft des Islam zur Zeit der vier Kalifen (632–661) datiert. Nach diesem Konzept sollte aus der Reihe der frommen Muslime des Landes ein Schora (Rat) gebildet werden, der dann Beschlüsse fassen kann und den Präsidenten des Landes wählen darf. Damit werden sowohl unerwünschte Kommandanten und eigenständige Stammesfürsten als auch „atheistische" Demokraten aus dem Entscheidungsprozess ausgeschaltet. Diesen Rat nannten sie nach dem historischen Muster „Schorai Hal wa Aqd" (Rat des Lösens und Bindens).

Rabbani legitimiert sich religiös durch den Rat des Lösens und Bindens

Ein politisches Novum in Afghanistan

Nach den Vereinbarungen von Peschawar sollte Rabbani am 28. Oktober 1992 den Vorsitz des Führungsrates und damit das Amt des Staatspräsidenten niederlegen. Der Führungsrat sollte dann den „Rat des Lösens und Bindens" einberufen, um den Präsidenten zu wählen. Trotz Widerständen konnte aber Rabbani sein Mandat bis zum 15. Dezember durch den Führungsrat verlängern lassen. Bei dieser Gelegenheit soll Ayatollah Asif Mohseni als Sprecher des Führungsrates Rabbani gefragt haben, ob er bereit sei, das Präsidentenamt nach zwei Monaten wieder abzugeben.

Diese Szene ist ähnlich der Zeremonie der islamischen Eheschließung vor sich gegangen. Daraufhin soll der Gelehrte Rabbani erklärt haben, eine Eheschließung sei doch lebenslänglich. Ihm soll Mohseni erwidert haben, dass dies eine zeitlich befristete Ehe sei, die im islamischen Jargon „Segha" (Zeitehe oder befristete Ehe) genannt werde und bei Schiiten üblich sei. Auf jeden

Fall lief bald auch dieses Datum (15. Dezember) ab und der vorgesehene Rat war immer noch nicht einberufen. Daraufhin forderten sieben von zehn Mitgliedern des Führungsrates den Vorsitzenden der Jamiati Islami dazu auf, das Präsidentenamt niederzulegen. Sie warfen ihm vor, die Einberufung des Rates absichtlich zu verschieben und durch Bestechungen dessen Zusammensetzung zu manipulieren. (28) Fünf der islamischen Parteien blieben bei diesem Vorwurf. (29) Als endlich die Delegierten des Rates am 29. Dezember 1992 in Kabul versammelt waren, blieben die Führer dieser Parteien der Versammlung fern.

Vorher hatten sich neben Rabbani zwei sehr konträre Persönlichkeiten als Präsidentschaftskandidaten hervorgetan: der siebzigjährige Mawlawi Junis Chalis, ein erzkonservativer islamischer Rechtsgelehrter, und der sechzigjährige Pier Sayed Ahmad Gailani, Oberhaupt der Qadiriya-Bruderschaft. Der ehemalige erfolgreiche Geschäftsmann Gailani trat zwar für ein Afghanistan mit islamischer Verfassung ein; ihm schwebte jedoch keine von Mullahs regierte Republik vor. Darüber hinaus stand Gailani als eine politisch schwache Figur in engsten familiären und politischen Kontakten mit dem Exkönig des Landes, Mohammed Zahir, der seit 1973 im römischen Exil lebte.

Am Tage der Eröffnung des Rates unterstrich aber der Leiter des Komitees zur Einberufung des Rates, Sayed Nurullah Emad, dass Rabbani der einzige Präsidentschaftskandidat sei. (30)

Mit großer Erbitterung kritisierte Hekmatyar die Einberufung des Rates. Die Delegierten bezeichnete er als nicht gewählt und nicht repräsentativ, ihre Loyalität sei gekauft worden. Sie sollten schnellstens verschwinden und an ihrer Stelle „wahre Vertreter“ kommen und über die künftige Führung und die Regierungsform entscheiden. (31) Dem Chef der Hezbe Islami erwiderte Emad, dass er als Vorsitzender des Komitees für die Einberufung des Rates mit Hilfe Gottes und der Unterstützung des Volkes zur vollen Zufriedenheit seine Aufgabe erfüllt habe. (32)

Am 30. Dezember 1992 um 10 Uhr Lokalzeit betrat Rabbani in Begleitung seines Verteidigungsministers Ahmad Schah Massoud und des Vorsitzenden der Islamischen Allianz, Sayyaf, den großen Sitzungssaal im Innenministerium, wo ihn unter der Regie von Emad, dem Architekten des Rates, 1335 Delegierte erwarteten. Mit einigen Zitaten aus dem heiligen islamischen Buch, dem Koran, wurde dann der umstrittene Rat eröffnet.

Als Erstes wurde ein Beschluss gefasst, in dem in sieben Punkten die Notwendigkeit der Wahl eines Zoamat (Führers) für den islamischen Staat bekräftigt und die Nichtteilnahme der Chefs der anderen islamischen Parteien als Verletzung ihrer islamischen Verpflichtung, Ablehnung der vorherigen Vereinbarungen und Missachtung der Forderungen der Umma bezeichnet wurde. (33) Am dritten Tag (02.01.1993) wurde der Übergangspräsident Rabbani von diesem Wahlgremium mit einer überwältigenden Mehrheit zum Präsidenten Afghanistans gewählt. Von 1335 Delegierten stimmten 916 für Rabbani, es gab 59 Neinstimmen und 360 Enthaltungen. Darüber hinaus billigten die Delegierten die Gründung eines Parlaments, das sich aus 20 Prozent der Mitglieder des Rates zusammensetzen sollte. Außerdem beschloss die Versammlung, dass alle Angestellten der afghanischen Regierung Muslime sein mussten. Die Medien, darunter vor allem Fernsehen und Rundfunk, sollten sich an die Prinzipien des islamischen Rechts (Scharia) halten. Nichtmuslimischen Organisationen sei die Arbeit verboten. (34) Damit alle im Saal anwesenden Brüder ihn verstehen konnten, hielt Rabbani seine Rede zunächst in Dari und unmittelbar danach in Paschtu. Mit Blick auf die bevorstehenden Entscheidungen appellierte Rabbani in unwiderstehlicher Emotionalität an die Emire anderer islamischer Parteien, den eingeschlagenen Weg zu verlassen und sich dem historischen Willen und den Beschlüssen der Nation anzuschließen.

Er unterstrich, dass Afghanistan das gemeinsame Haus aller Afghanen sei, und fügte hinzu: „Von nun an gehöre ich keiner bestimmten Partei an. Von nun an gehöre ich allen Brüdern, allen Djihadi-Formationen an. Ich gehöre weder dem Norden noch dem Süden und Osten oder irgendeiner speziellen Region an." Er wiederholte, dass er Repräsentant aller Afghanen sei, nämlich von Paschtunen, Turkmenen, Usbeken, Hazara, Belutschi, Nuristanis und allen anderen Nationalitäten. Er sei der Repräsentant aller islamischen Gläubigen Afghanistans, der Sunniten und der Schiiten. An die Adresse der afghanischen Intellektuellen im Ausland gerichtet, forderte Rabbani, sie sollten nach Afghanistan zurückkehren und am Aufbau des Landes teilnehmen. Selbstverständlich gebe es in diesem Zusammenhang eine Bedingung, so Rabbani:

„Wir werden keinen anderen Weg und keine andere Tradition als den Islam und das islamische Regime zulassen." Nachdem er die islamische Regierung als eine Regierung der Weisheit und Wirtschaftskraft bezeichnet hatte, forderte er diejenigen, die im Besitz von schweren Waffen waren, dazu auf, diese der afghanischen Armee zur Verfügung zu stellen. Es sei dann nicht länger möglich, einen Staat im Staat zu bilden.

Im Hinblick auf die Außenpolitik meinte Rabbani, dass der islamische Staat Afghanistan für Frieden und Sicherheit in der Region und in der Welt sei. Hierbei, wie bei anderen Aspekten, blieb Rabbani eine Konkretisierung und nähere Präzisierung seiner Vorstellungen schuldig. Als sich Rabbani durch den umstrittenen Rat in seinem Amt als Präsident für zwei Jahre bestätigen ließ, wurde die Kluft zwischen den rivalisierenden islamischen Parteien noch größer.

Die bewaffneten Kämpfe eskalierten. Die Hauptstadt wurde in Schutt und Asche gelegt. Der Bürgerkrieg beschränkte sich nicht auf Kämpfe zwischen Hezbe Islami und Jamiati Islami. Heftige Gefechte flammten auch wieder zwischen Kämpfern der Einheitspartei und den Söldnern der Islamischen Allianz auf, die noch als einzige Partei dem Präsidenten Rabbani beistand. Unter diesen Bürgerkriegszuständen, die zu Vergewaltigungen, Plünderungen und massenhaften Vertreibungen der unschuldigen Bevölkerung aus der Stadt Kabul führten, taktierte General Dostum sehr geschickt. Indem er zur Regierung von Rabbani auf Distanz ging, verschonte er seine Milizen vom Kampf gegen die Oppositionellen der Regierung. Vorher hatte noch General Momen, ein enger Vertrauter und militärischer Vertreter Dostums in Kabul, im Namen des Militärs versprochen, „mit anderen Kräften des Landes zusammenzuarbeiten und Befehle von Rabbani und seinem Verteidigungsminister Massoud zu befolgen. (35)

Von den neun islamischen Parteien stellten fünf die Einberufung des Rates infrage, vor allem den Modus der Wahl der Delegierten. Solange die Vorsitzenden der islamischen Parteien vor der Wiederwahl des Präsidenten im Führungsrat (Schorai Qiadi) vertreten waren, waren sie in die Entscheidungen des islamischen Staates am Hindukusch einbezogen. Mithin waren sie auch für die Entwicklung der Ereignisse mitverantwortlich. Mit der Abschaffung des Führungsrates, den der gewählte Präsident für überflüssig hielt, wurde das einzige Forum zum Meinungsaustausch der Islamisten in Kabul beseitigt. Damit wurde Rabbani noch isolierter als in seiner ersten viermonatigen Amtszeit. Hekmatyar bezeichnete die Wahl des Präsidenten als Kriegserklärung und handelte auch entsprechend. (36) Infolgedessen eskalierten die Kämpfe zwischen den Einheiten der Regierung und Hekmatyar in den darauffolgenden Tagen, Wochen und Monaten. Die Gefechte wurden immer heftiger, die Feindseligkeit unversöhnlicher und der Revanchismus auf allen Seiten erbitterter.

3.3 Zur Genesis und Konzeption der theokratischen Herrschaft der Tahrik Islami Taliban

Eine eklektizistische Bewegung als eine „fiktive Ordnungsmacht"

3.3.1 Einstieg in die Thematik

In der Literatur über Afghanistan ist es ein weit verbreitetes Muster, die „Talibano Islami Ghorzang" (Islamische Bewegung der Taliban) als eine „fundamentalistische Strömung" zu bezeichnen. In einigen Fällen wird sie mit dem Prädikat „neu" versehen (Maley, 1998, Rashid, 2000 und Marsden, 1998). Diese Charakterisierung der Taliban-Bewegung in ihrer bestechlichen Einfachheit liefert aber keineswegs adäquate Antworten auf die fundamentale, zum Teil widersprüchliche Politik der Bewegung. Ihre Strategie der „verbrannten Erde" mitsamt der „religiösen und ethnischen Säuberung", welche die Taliban-Milizen praktiziert haben, lässt sich allein mit dem „fundamentalistischen Charakter" der Bewegung nicht plausibel erklären.

Das ideologische Gedankengut der Taliban ebenso wie die im Namen des Islam eingeleiteten Aktionen der Milizen lassen darauf schließen, dass sich diese Bewegung in ihrer religiös-politischen Gesamtheit keineswegs einzig und allein auf den gemeinsamen Nenner des „islamischen Fundamentalismus" reduzieren lässt. Eine einwandfreie theoretische Einordnung der Bewegung ist daher facettenreicher und komplexer als das, was die „Fundamentalismusdebatte" impliziert.

Das eigentliche Anliegen dieses Beitrages besteht darin, zunächst die theoretischen Grundzüge dieser Bewegung in ihrer religiösen Erscheinung und ihren politisch-ethnischen Merkmalen zu bestimmen. Anschließend wird exemplarisch auf einige handlungsleitende Maximen der Bewegung eingegangen.

3.3.2 Zur inhaltlichen Bestimmung des Eklektizismus der Taliban-Bewegung

3.3.2.1 Zur Genesis einer militanten Bewegung

Die am 4. November 1994 mit der Einnahme der südafghanischen Stadt Kandahar bekannt gewordene „Islamische Bewegung der Taliban" entstand keineswegs plötzlich wie Phönix aus der Asche. Im Kern hatte sie sich in der afghanischen Provinz Urusgan als eine kleine, lose und militante Gruppe schon vorher formiert (Ata-ie, 2005, 389–390 und Andishmand, 2005, 57). Als eine militante „Ordnungsmacht" wurde sie jedoch von Pakistan aus konzipiert und als solche personell, logistisch und taktisch aktiv gesteuert. Mit der Einnahme der Provinz Herat im Jahre 1995, dem Einmarsch in Kabul im Jahre 1996 und dem Überfall auf Masar-e Scharif im Jahre 1998 gelang es dieser Bewegung in wenigen Jahren, wie eine Lawine über andere Regionen am Hindukusch herzufallen. Sie liquidierte die dortigen Mujahedin zum Teil physisch und vertrieb andere aus ihren angestammten Dörfern und Schluchten.

Nach Ansicht von Nasirullah Baber, dem damaligen Innenminister Pakistans, sollte zunächst in den Südprovinzen Afghanistans eine stark bewaffnete Gruppe als „Ordnungsmacht" für einen reibungslosen Transitverkehr zwischen Pakistan und Turkmenistan sorgen. Sollte dieses „Pilotprojekt" gelingen, dann könnte Islamabad mit Unterstützung der internationalen Ölkonzerne das Bauprojekt einer schon seit langem geplanten Ölpipeline von Turkmenistan über Afghanistan nach Pakistan realisieren. Eine Reihe von Faktoren führte dazu, dass aus dieser zunächst nur für den Süden Afghanistans und für eine begrenzte Zeit konzipierten „Ordnungsmacht" eine militärisch schlagkräftige und ideologisch gefährliche Bewegung wurde; eine Bewegung, die nicht nur die Fundamente der friedlichen Koexistenz der Völkerschaft am Hindukusch zusätzlich erschütterte, sondern die politische Stabilität selbst in den zentralasiatischen Republiken beeinträchtigte. Als die Taliban-Bewegung das von ihr eroberte Territorium in Afghanistan dem Al-Qaida-Terrornetz zur Verfügung stellte, forderte sie letzten Endes die internationale Gemeinschaft heraus, was wiederum den Niedergang der Bewegung einleitete.

Mögen die seit 1992 vorherrschenden chaotischen Verhältnisse in Afghanistan als notwendige Voraussetzung für die Formierung der Taliban-Bewegung betrachtet werden, ausreichend waren sie keineswegs. Eine Reihe regionaler Faktoren führte dazu, dass die Gefahr dieser „Ordnungsmacht" über die Grenzen des Landes hinausging. In erster Linie hat Pakistan, vor allem der Militärgeheimdienst des Landes ISI, durch militärischen Beistand und politische Rückendeckung auf der internationalen Ebene zur Stärkung dieser Bewegung erheblich beigetragen. Hinzu kommt noch, dass Islamabad die intensive Zusammenarbeit der Islamisten in Pakistan mit Taliban-Milizen in doppelter Hinsicht förderte: Zunächst konnte Pakistan die Taliban-Bewegung infiltrieren und im Sinne Pakistans beeinflussen. Zudem konnte die pakistanische Regierung unter Benazir Bhutto damit den Islamisten in Pakistan ein wirkungsvolles Ventil für politische Entfaltung in Afghanistan öffnen. Von Bedeutung war hierbei auch der Tatbestand, dass die Versuche Pakistans, seinen Protegé Gulbuddin Hekmatyar, den Emir der Islamischen Partei Afghanistans, in Kabul an die Macht zu putschen, bislang gescheitert war.

Im Einvernehmen mit Pakistan haben die erzkonservativen arabischen Staaten in der Förderung der Taliban-Bewegung die historische Chance gesehen, aus strategischen, politischen und religiösen Gründen die streng sunnitische Taliban-Bewegung gegen das schiitische Regime im Iran zu unterstützen, gleichzeitig aber auch in Zentralasien Fuß zu fassen. Denn Burhanuddin Rabbani, afghanischer Staatschef, hatte enge Kontakte mit dem Iran geknüpft.

Die internationalen Ölkonzerne, vor allem die US-amerikanische „Unocal", die argentinische „Bridas" und die saudische „Delta Oil", benötigten für ihr Vorhaben stabile Verhältnisse am Hindukusch. So mischten sie sich zugunsten der Taliban-Bewegung massiv in die inneren Angelegenheiten Afghanistans ein (Samimy, 2003, 14–30).

3.3.2.2 Zu ideologischen Bestandteilen der Taliban-Bewegung

Wird „islamischer Fundamentalismus" als eine religiös-politische Denkrichtung verstanden, die ihre eigenen Ziele machiavellistisch zu verwirklichen versucht, so ist die Taliban-Bewegung wohl als fundamentalistisch einzustufen.

Bei der Inhaltsbestimmung des als islamisch definierten Fundamentalismus muss jedoch eine wichtige Präzisierung vorgenommen werden: Im islamischen Fundamentalismus, der eine stark betonte Rückbesinnung zu den eigentlichen „Osuls" (Fundamenten) des Islams beinhaltet, sollten konsequenterweise politische und religiöse Bestandteile des Ansatzes miteinander korrespondieren. Das bedeutet, dass beide Aspekte sich eindeutig „islamisch" begründen und legitimieren lassen. Die Kluft zwischen den verbal als „islamisch" vorgetragenen Ansichten der Taliban-Bewegung und deren tatsächlichen politischen Aktionen wurde jedoch im Lauf der Zeit immer eklatanter. Eine derartige Differenzierung zwischen religiösen Momenten als „Rechtfertigung" und politischen Postulaten als „Handlungsmaximen" ist erforderlich, um den theoretisch recht komplexen Standort der Milizen plausibel bestimmen zu können.

Im Kontext der religiösen Motive und der politisch-ethnischen Beweggründe, die im „real existierenden Islam" der Taliban-Bewegung auseinanderklaffen, lässt sich die Taliban-Bewegung als eine eklektizistische Strömung einstufen, die von unterschiedlichen religiösen Rechtsschulen des Islam und diversen paschtunisch orientierten politischen Interessenkonstellationen gespeist wird. Im folgenden Abschnitt wird versucht, die religiösen und politischen Komponenten des „Eklektizismus" der Taliban-Bewegung im Einzelnen zu skizzieren.

3.3.2.3 Religiöse Dimensionen der Taliban-Bewegung

Die religiösen Vorstellungen der Führungsmannschaft der Taliban-Milizen sind heterogen. Sie sind in ihrem Islamverständnis rigide und in ihrer Kompetenz der religiösen Interpretation geistig arm. Den Taliban-Milizen ist ein auf der Basis von „Taaqul" (Ratio) durchzuführender Disput, wie ihn die Tradition des Islam seit der Zeit von Al-Farabi und Avi Sina vom 9. bis zum 13. Jahrhundert kennt, völlig fremd.

Bedingt durch die geografische Nähe, historische Entwicklung und kulturelle Bindung orientiert sich die Führung der Taliban-Milizen an der im 19. Jahrhundert auf dem indischen Subkontinent gegründeten erzkonservativen Rechtsschule des Islam, der „Deobandi-Schule", als religiösem Fundament ihrer Islamvorstellung. Als notwendige Ergänzung der religiösen Orientierung der Taliban-Milizen kommt der in Saudi-Arabien offiziell proklamierte Wahhabismus unter dem Deckmantel der „Salafia-Bewegung" hinzu.

Deobandi-Tradition als eigentliches Fundament der Taliban-Bewegung

Die Deobandi-Schule basiert auf der vom islamischen Rechtsgelehrten Emam Abu Hanifa im 8. Jahrhundert im Irak gegründeten Schule, einer der vier renommierten sunnitischen Schulen. Bedingt durch die kulturellen Gegebenheiten auf dem indischen Subkontinent hat die Deobandi-Schule eine eigene Dynamik entwickelt, die im Kampf gegen „Säkularisierung" eine sehr starke offensive Position einnimmt.

Schah Waliullah Wali aus Delhi (1703–1764), ein prominenter Islamgelehrter, war der Ansicht, dass der Islam in Indien durch die „hinduistische Lebensweise" infiltriert worden sei (Hero, 1989, 39). Um den Muslimen auf dem indischen Subkontinent das unmittelbare Islamverständnis zu ermöglichen, übersetzte er den ursprünglich in arabischer Sprache verfassten Koran in Farsi (Lapidus, 1988, 721 und Roy, 1988, 55). Er pilgerte nach Mekka, der heiligen Stadt der Muslime, und lernte dort Mohammad Ibn Abdul Wahab, den Gründer des Wahhabismus, kennen. Schah Waliullah Wali lehnte die religiöse Autorität von Mogul-Herrschern ab und begann, den politischen und sozialen Islam zu predigen. Er berief sich auf die Tradition des „Djihad" und belebte die Idee des „Khelafat", des Nachfolgers des islamischen Propheten.

Mit dem Fall des Mogul-Imperiums auf dem indischen Subkontinent, der zur Stärkung des Hinduismus führte, verwandelte sich die religiöse Bewegung von Waliullah in die islamische Militanz von Sayed Ahmad Berlevi (1786–1831). Er gründete die „Tariqai Mohammadi", eine philosophisch-islamische Bewegung, und proklamierte Djihad, Heiligen Krieg, gegen Großbritannien.

Seine Schule bildete das Fundament einer „antikolonialistischen" Strategie (Keddi, 1983, 53–57).

Die von Berlevi gegründete „Tariqai Mohammadi" führte 1867 zur Gründung des Deobandi-Colleges in der Nähe von Delhi. Als Gründer der Deobandi-Schule organisierte Maulana Mohammad Qasim Nanautawi eine unabhängige Institution als Kaderschmiede, in der die Lehre des Islam intensiv unterrichtet wurde. Die Deobandi-Schule lehnte „Bid-at" (Innovation) ab und hielt sich streng an die islamische Orthodoxie.

Die Gründung Pakistans 1947 war für die Deobandi-Ulema ein Komplott Großbritanniens. Die Tradition der Deobandi-Schule wurde jedoch notgedrungen in Pakistan fortgesetzt. In dieser Reihe hat sich beispielsweise die „Darul Ulome Haqqani", zwischen Peschawar und Islamabad in Akora Khatak gelegen, als Kaderschmiede qualifiziert.

Mit über 13 000 Schülern aus einfachen Verhältnissen, die in Akora Khatak studierten, hat sie sich zum effektivsten Trainingslager der islamischen Militanz entwickelt (Ata-ie, 2005, 386). Hierbei spielte die „Jamaati Ulema Islami Pakistan" – die Gesellschaft der islamischen Rechtsgelehrten Pakistans – unter Führung von Maulana Sami ul-Haq eine führende Rolle. Er gilt als geistiger Vater der Taliban-Milizen. Die bekanntesten Kader der Taliban-Milizen, z. B. Amir Khan Muttaqi und Khairulla Khairkwha, sind Absolventen dieser Kaderschule.

Salafia-Bewegung als notwendige Ergänzung der Religiosität der Taliban-Bewegung

Im Widerstandskampf der Afghanen gegen die sowjetische Besetzung in den achtziger Jahren sahen die erzkonservativen Araber in der Golfregion, vor allem die Saudis, ihre historische Chance, durch großzügige Finanzhilfen an die afghanischen Mujahedin ihre politischen Ziele, strategischen Absichten und religiösen Ambitionen verwirklichen zu können. Traditionell bestanden in Afghanistan Aversionen gegen Wahhabismus.

„Wahhabiten" sind Anhänger einer puritanischen Bewegung des Islam. Mohammad Ibn Abdul Wahab, der Begründer der Bewegung, beabsichtigte, den Islam auf seine ursprüngliche Form zurückzuführen und damit alle „Neuerungen" im Islam auszumerzen. Um 1740 konnte Abdul Wahab auf der Arabischen Halbinsel den Stammesscheich Ibn Saud für seine Lehre gewinnen. Der Lehre der Wahhabiten liegt die strengste Form der hanbalitischen Rechtsschule, einer der vier Rechtsschulen des sunnitischen Islam, zugrunde. In seiner Interpretation der Islamlehre hat sich Abdul Wahab selbst nach einer in der islamischen Welt schon bekannten Bewegung, der „Salafia-Bewegung", gerichtet, welche die Rückkehr zur ursprünglichen Reinheit des Islam verlangte. Dabei galt ihm Ibn Taimiyya (Abu al-Abbas Taqi ad Din Ahmad) als Vorbild. Der in Harran in der Nähe von Damaskus geborene Ibn Taimiyya (1263–1328) stammte aus einer religiösen Familie (Tibi, 1998, 168). Für Ibn Taimiyya galten einzig und allein die Lehren des Salaf, des alten Guten. Das umfasst den Koran als Offenbarung Gottes, die Sunna als Sprüche und Taten des islamischen Propheten und die Lehre der „Kholafai Rasheidin", der rechtsgeleiteten vier Kalifen bzw. der Wegbegleiter des Propheten. Alles andere sind für Salafion, die Anhänger der Salafia-Bewegung, „Bidaa" (Neuerungen), was gleichbedeutend ist mit Unglauben und Häresie (Tibi, 1998, 168–169).

Die bekannteste Schrift von Ibn Abdul Wahab, nämlich „Al Tawhied" (der Glaube an einen Gott) ist weit verbreitet und wird unter den Ulema der Deobandi-Schule, auch in den Madrasas in afghanischen Flüchtlingslagern, mit Respekt als religiöses Standardwerk benutzt. Mullah Rabbani, der Ministerpräsident des „Islamischen Emirats" in Kabul, war ein Apologet der Salafia-Bewegung.

Die Politik der „schleichenden Invasion" der Arabischen Halbinsel zeigt am deutlichsten Früchte in den pakistanischen Madrasas, wo in einer religiöspolitischen Koalition die Deobandi-Ulema die personelle Infrastruktur und die Wahhabiten die finanzielle Basis bilden. Wahhabiten arbeiten vor allem mit einer gewissen Fraktion innerhalb der Deobandi-Schule, die als „Hadition" bezeichnet wird. Hadition sind Apologeten der Hadith, der Sprüche und Taten des islamischen Propheten. In ihrer religiösen Betrachtungsweise stehen sie den Wahhabiten ganz nah.

Im Unterschied zur „Elite" der Taliban-Milizen, welche die „Darul Ulome Haqqani" besucht haben, sind die Milizen der Taliban-Bewegung in der

Mehrheit ein Produkt dieser im Geiste des Wahhabismus indoktrinierten religiösen Schulen.

3.3.3 Zu den politischen Wurzeln der Taliban-Bewegung

Die Legitimation der Herrschaft als ein politisches Postulat spielt für die Taliban-Bewegung eine entscheidende Rolle. Als eine politische Bewegung, die ihre Milizen hauptsächlich aus den Siedlungsgebieten der Paschtunen im Süden und Osten des Landes rekrutiert, beanspruchen die Taliban-Milizen im afghanischen Vielvölkerstaat die politische Alleinherrschaft für Paschtunen. Trotzdem darf die Taliban-Bewegung nicht unbedingt als Interessenvertreterin der Paschtunen verstanden werden, obwohl es sicherlich gewisse Kreise unter den Paschtunen gibt, die in der monoethnischen Lösung des afghanischen Konfliktes ihre eigene machtpolitische Position realisiert sehen.

Ethnische Zugehörigkeit der Führungsmannschaft der Bewegung

Die südafghanische Provinz Kandahar gilt als Hochburg der Milizen. Die Gruppe um den Chef der „Islamischen Bewegung der Taliban", Mullah Mohammad Omar, stammt ausschließlich aus den in der südlichen Region des Landes beheimateten paschtunischen Subclans. Unter den 27 führenden Mitgliedern der Taliban-Bewegung gibt es mit zwei Ausnahmen nur Paschtunen (Samimy, 2003, 276). Die Ausnahmen sind Sayed Ghiasuddin als Sayed und Mawlawi Jalilullah als Khwajah. Sie sind, wie ihre Namen verraten, Afghanen arabischer Herkunft.

Von den 25 weiteren Hauptfiguren der Taliban-Milizen sind 13 Angehörige des Ghilzai-Clans und 8 zählen zum Durani-Clan. Vier andere Kader gehören zu kleineren Subclans. Mullah Omar, zusammen mit weiteren vier Mitgliedern, gehört zum Hotakkie-Stamm, einem Subclan der Ghilzai. Im Einzelnen sind Kakar, Nurzai, Popalzai, Alkozai und Zadran, also Angehörige verschiedener Subclans, jeweils mit zwei Mitgliedern und Kochi sowie Ishaqzai jeweils mit einem Mitglied in der Führungsstruktur der Milizen vertreten (Samimy, 2003, 276).

Die Führungsstruktur der Milizen insgesamt beharrt auf der „historischen" Legitimation eines aus dem Volksstamm der Paschtunen stammenden Führers. Sie lehnten deshalb geschlossen Burhanuddin Rabbani als Präsident des „Islamischen Staates" ab. In der Kontinuität der Tradition, dass Paschtunen seit 1747 die Könige in Kabul bestellten, fühlten sich die Taliban-Milizen dazu berufen, den tadschikischen Usurpator, in ihren Augen ein Machtsymbol der nichtpaschtunischen Volksstämme in Kabul, gewaltsam zu stürzen.

„Fußsoldaten" der Taliban als „indoktrinierte" Schüler der Madrasa

Von ihren pakistanischen und arabischen Mitstreitern abgesehen, die sich ihnen im Namen des „Djihad" angeschlossen hatten, wurden die Taliban-Milizen hauptsächlich aus den paschtunischen Siedlungsgebieten im Süden und zum Teil aus dem Osten Afghanistans rekrutiert. Die Mehrheit waren perspektivlose Kinder paschtunischer Flüchtlinge in Pakistan, die unter extremen Bedingungen im Exil in pakistanischen Flüchtlingslagern vor sich hin vegetierten. Sie wurden mit körperlichen Züchtigungen und geistiger Peinigung von erzkonservativen Mullahs herangezogen. Ihnen wurde ständig eingeredet, falls sie im Schlachtfeld ums Leben kämen, genössen sie „himmlischen Segen" und würden zum „Shahid" (Märtyrer). Überlebten sie, während sie andere vermeintliche Nichtmuslime – als Synonym für Nichtpaschtunen – töteten, gelängen sie als „Ghasi" (der am heiligen Kampf partizipiert hat) zu Ruhm und Ehre.

Organisierte Helfer der Taliban-Milizen

Eine Reihe politischer Organisationen, einzelne Personen und Gruppen, die für die Vorherrschaft der Paschtunen kämpfen, unterstützten die Taliban-Milizen auf verschiedenen Ebenen. Das facettenreiche Spektrum dieser Strömung zieht sich von Anhängern der explizit paschtunischen Ethnokratie über Kommunisten paschtunischer Abstammung bis hin zu paschtunisch orientierten islamischen Fundamentalisten. Auf organisatorischer Ebene zählten dazu verschiedene Splittergruppen der unter dem Namen „Afghan-Mellat" agierenden Zellen und Kreise, Überreste von Chalqis – einer Fraktion der ehemaligen DVPA – und zum großen Teil der ehemaligen Mitglieder der „Hezbe Islami I" von Gulbuddin Hekmatyar sowie der „Hezbe Islami II" von Mawlawi Junis Chalis. Hinzu kommen die „Harakate Enqelabe Islami Afghanistan" (Islamische Revolutionäre Bewegung Afghanistans) von Mawlawi

Mohammadi und Teile der Anhängerschaft von Sayed Ahmad Gailanis „Mahas Melli wa Islami" (Nationale Islamische Front).

Das beste Beispiel für Apologeten der monoethnischen Herrschaft liefert General Rahmatullah Safi, Generalvertreter der Taliban-Milizen in Europa. Er organisierte ständig Sitzungen und Seminare mit Beteiligung der offiziellen Vertretung der Taliban in verschiedenen Großstädten Europas, darunter in Frankfurt und Hamburg, um die Taliban-Milizen in Europa salonfähig zu machen. Seiner Ansicht nach sollten Tadschiken nach Tadschikistan, Usbeken nach Usbekistan und Hazara entweder in den Iran oder in die Mongolei gehen (Andishmand, 2005, 276). General Safi, der einst die Verantwortung für die „Militärkommission" der „Mahase Melli" (Nationale Front) unter Leitung von Sayed Ahmad Gailani hatte, bringt damit den Kernsatz eines Buches zum Ausdruck, das als politisches Manifest der Taliban-Bewegung gilt.

Unter dem Pseudonym Samsor Afghan ist diese wichtige Schrift, die als eine gemeinsame Arbeit einiger Autoren betrachtet werden muss, 1998 in Peschawar erschienen. Sie trägt den Titel „Dwahama Saqawi" – Zweite Saqawi. Mit dem Hinweis darauf, dass 1929 schon einmal Habibullah Kalakani, ein Tadschike, den paschtunischen Thron in Kabul streitig gemacht habe, hätten seit 1992 zum zweiten Mal Tadschiken, nämlich Burhanuddin Rabbani und Ahmad Schah Massoud, die historische Legitimation der paschtunischen Vorherrschaft infrage gestellt. In diesem politischen Manifest der Taliban-Milizen wird neben dem Plädoyer für eine monoethnische Herrschaft die konkrete Empfehlung ausgesprochen, Paschtunen in den nichtpaschtunischen Siedlungsgebieten anzusiedeln, um die paschtunische Ethnokratie überall in Afghanistan zu zementieren (Afghan,1998,169).

3.3.4 Handlungsmaximen der Taliban-Milizen

Trotz taktisch unterschiedlicher Varianten ist die Strategie der Taliban-Milizen in ihren Grundleitsätzen zielorientiert und in ihren Bestandteilen komplementär. Das schließt nicht aus, dass sie im Einzelnen voller Widersprüche und in ihrer Erscheinungsform ambivalent strukturiert ist. Im Folgenden wird exemplarisch auf einige Aspekte der Handlungsmaximen der Bewegung eingegangen.

3.3.4.1 „Präventive Hinrichtung“ als Bestandteil des Denksystems der Taliban

Die militärisch-politischen Leitsätze der Taliban-Milizen geben eine Priorität für „präventive Hinrichtung“ zu erkennen. Danach sollten potenzielle Gegner ohne Gerichtsverfahren kaltblütig hingerichtet werden. Die Strategie der verbrannten Erde der Milizen, die auf ethnische, kulturelle und religiöse Säuberung der nichtpaschtunischen Volksstämme zielte, basierte auf dieser Maxime.

Der Kampf der Taliban-Milizen lässt sich in seinen praktischen Auswirkungen dahin interpretieren, dass jeder Oppositionelle eine potenzielle Gefahr darstelle. Deswegen müsse er physisch vernichtet werden. Die Konsequenzen finden sich in einer Fülle konkreter Vorkommnisse wieder, am deutlichsten sind sie für die Einnahme der nordafghanischen Provinz Balch dokumentiert.

Am 8. August 1998 marschierten etwa 20 000 Mann schwer bewaffneter Taliban-Milizen in Masar-e Scharif ein, der Hauptstadt der afghanischen Nordprovinz Balch. Nach Augenzeugenberichten wurden ahnungslose Passanten, arme Besitzer von Bauchläden und selbst Maultiere und Schafe vom Kugelhagel der Milizen durchsiebt. Körperteile zerstückelter Menschen – so die authentischen Berichte – wurden herrenlosen Hunden zum Fraß vorgeworfen. Drei Tage und Nächte lang durfte die Bevölkerung sich nicht um die zerschossenen Körper ihrer Bekannten und Verwandten kümmern. Die Todesschwadronen der Taliban-Milizen erschossen jeden, den sie als Hazara identifizierten. Sie gingen in die Moscheen, holten die schiitischen Mullahs, um sie in der Öffentlichkeit niederzuschießen. Sie durchsuchten Häuser, zerrten junge und alte Männer heraus, trampelten sie nieder, schlachteten sie wie Vieh. Die Berichte der Menschenrechtsorganisationen belegen unabhängig voneinander diese Brutalitäten.

Die Menschenrechtsaktivisten der humanitären Organisation „Cooperation Center for Afghanistan“ mit Sitz in Peschawar dokumentierte im September des Jahres 1998 einige Fälle. Mohammad Junus, ein 22-jähriger Hazara aus Said Abad, dem Hazara-Viertel in Masar-e Scharif, schilderte der Organisation seine traumatische Begegnung mit den Taliban-Milizen, die seine 12- und 19-jährigen Brüder ermordet hatten. Zwölf Milizionäre seien gegen Mittag in sein Haus eingedrungen und hätten seine Mutter nach der Stammesangehörigkeit gefragt. Die Mutter habe gesagt, dass sie Hazara und vor kurzem aus Kabul nach Masar-e Scharif geflüchtet seien. Daraufhin hätten die Mörder seine zwei jüngeren Brüder herausgezerrt und auf der Straße erschossen. Er habe überlebt, weil er bei einem paschtunischen Freund Unterschlupf gefunden habe. (1)

Einem Bericht von „Human Rights Watch" zufolge waren die Ereignisse von Masar-e Scharif eines der schlimmsten Massaker an der Zivilbevölkerung in dem 20-jährigen Krieg in Afghanistan. Von den Hausdurchsuchungen seien die Hazara, so der Bericht, aufgrund ihrer religiösen Zugehörigkeit zur Schia besonders betroffen gewesen. Nach einem Bericht von „Amnesty International" haben die Taliban-Milizen in den ersten drei Tagen nach ihrer militärischen Übernahme von Masar-e Scharif „gezielt und systematisch Tausende von Zivilisten der Hazara-Volksgruppe getötet". (2) In einigen Häusern hätten sie auch junge Mädchen als Kaniz (Dienerinnen) mitgenommen und gesagt, sie würden mit Taliban-Milizionären verheiratet werden. (3)

Als Chefexekutor wird einhellig Mullah Abdul Manan Niasi identifiziert (Samimy, 2003, 176). Mullah Niasi, der später zum Gouverneur der neu eroberten Provinz Balch befördert wurde, vertrat offen die Politik der „ethnischen und religiösen Säuberung", indem er neben der systematischen Hinrichtung von Hazara rhetorische Khotbas (religiöse Ansprachen) hielt: Er erklärte die Hazara, die sich im Gegensatz zu den Taliban zum schiitischen Islam bekennen, zu Ungläubigen. Er stellte fest: „Hazara sind keine Moslems. Sie können deshalb getötet werden." (4)

Mit dieser Überzeugung stand Niasi keineswegs allein. Er bekam „religiöse Rückendeckung" von seinem Chef Mullah Omar aus Kandahar. In Übereinstimmung mit seinen pakistanischen Gesinnungsbrüdern gab Mullah Omar eine Fatwa (religiöses Gutachten) heraus, in der er das Blutvergießen in Masar-e Scharif nachträglich zu legitimieren versuchte. Zwischen den Schiiten und Rafisies – denjenigen, welche die Kalifen des Islam beschimpfen – gebe es keinen Unterschied. Deswegen sei der Kampf gegen sie eine religiöse Pflicht. Und ihre Frauen als Kaniz (Dienerinnen) zu behandeln, sei religiös nicht bedenklich. (5)

Der Chef der Taliban-Milizen kommt allerdings logischerweise in Erklärungsnot, wenn es um die Vertreibung und Ermordung der Tadschiken als Anhänger der „hanafitischen Rechtsschule“ in der Parwan-Provinz nördlich von Kabul geht. Hierbei bedient er sich ebenso des Slogans „Djihad“, ohne im Einzelnen begründen zu können, gegen wen er sich richtet. Die alljährliche Proklamierung des Djihad gegen den Präsidenten des „Islamischen Staates Afghanistan“ Rabbani stieß deswegen zuletzt im Jahre 2000 selbst unter vielen religiösen Paschtunen auf Ablehnung.

Im Kontext der Einnahme von Balch durch die Taliban-Milizen sind folgende Aspekte von Bedeutung:

1) **Konsequenzen für zentralasiatische Republiken**
   Das Vordringen der Taliban-Milizen an die Grenze der mittelasiatischen Republiken machte zusätzlich die Gefahr der Ausweitung des islamischen Fundamentalismus für die ganze Region evident. Deswegen wurden an der Südflanke des ehemaligen Imperiums der Sowjetunion die Sicherheitskräfte in Alarmbereitschaft versetzt.

2) **Konfrontation mit dem Iran**
   Die Ermordung elf iranischer Diplomaten und eines iranischen Journalisten in der konsularischen Vertretung Irans in Masar-e Scharif provozierte zudem eine Konfrontation mit der Islamischen Republik Iran im Westen des Landes.

3) **Rachegier als Prinzip**
   Das Massaker in Masar-e Scharif stellte auch einen Racheakt der Milizen dafür dar, dass sie 1996, nach dem ersten gescheiterten Überfall auf Masar-e Scharif, aus der Stadt verjagt, zerrieben und vertrieben worden waren (Samimy, 2003, 140–145).

4) **Stellvertretender Krieg der Wahhabiten am Hindukusch**
   Dass die Hazara als Schiiten verdammt werden, ist ein Ausdruck des Einflusses des Wahhabismus. Denn saudische Wahhabiten, im Gegensatz zu allen vier sunnitischen Rechtsschulen, betrachten Schiiten als Ungläubige. Auch politisch sahen die Wahhabiten mit der Einnahme von Masar-e Scharif die Chance, den Einfluss ihrer Rivalen, der Ayatollahs im Iran, zurückzudrängen.

5) **Übertragung der religiösen Feindseligkeiten aus Pakistan**
Die Tötung der Schiiten in Masar-e Scharif reflektiert die heftigen Auseinandersetzungen zwischen Sunniten und Schiiten auf pakistanischem Boden.

6) **Massaker als Widerspruch zum toleranten Islam**
Es ist evident, dass dieses Massaker im diametralen Widerspruch zum moderaten Volksislam, der islamischen Mystik und dem traditionellen Islam in Afghanistan steht.

7) **Machiavellistische Politik der Milizen**
Die Strategie der verbrannten Erde der Taliban-Milizen entsprach ihrem Grundsatz, durch „ethnische Säuberung" eine paschtunisch konzipierte Ethnokratie unter dem Deckmantel der islamischen Theokratie zu verwirklichen.

3.3.4.2 Kultureller Vandalismus: Zerstörung des historischen Erbes

Über ihre islamische Interpretation hinaus waren die Taliban gegenüber den historischen Schätzen des Landes kulturell feindselig eingestellt. Ihr geistiger Blickwinkel war engstirnig und beschränkt auf eine archaische Lebensanschauung, die selbst das einfache urbane Leben als potenzielle Gefahr ansah. Das lässt sich am Beispiel der Zerstörung der Buddha-Figuren verdeutlichen.

Der 53 Meter hohe Buddha, der als die größte Statue der Welt galt und in der Literatur der Dari-Sprache nach seiner äußeren Bemalung als „Sorkh-Bot" (Rote Statue) bezeichnet wurde, sollte den männlichen Buddha symbolisieren. Die kleinere, 35 Meter hohe, Statue, die als „Kheng-Bot" (Blaue Statue) bekannt war, wurde als weibliche Begleiterin des großen Buddha geschildert. In der Tradition der umliegenden Dörfer sind sie jedoch als „Selsal" (Terrakotta) und „Schahmam" (Mutterkönigin) bekannt. Am Montag, dem 26. Februar 2001, ordnete der Chef der Taliban-Milizen die Zerstörung aller Statuen an, darunter die der Buddhas in Bamyan. (6) Er begründete die Zerstörung der Statuen damit, dass sie „unislamisch" seien.

Am 10. März bestätigten die Milizen offiziell, dass sie am 3. März 2001 die zwei Buddha-Figuren in Bamyan vollständig zerstört hatten. Darüber hinaus ließ Qudratullah Jamal, der Kulturminister der Milizen, unter Aufsicht von

Agha Jan Mohtasem, dem Sonderbeauftragten von Mullah Omar, insgesamt 2850 Statuen im Museum von Kabul zerstören (Andishmand, 2005, 274).

Die internationale Öffentlichkeit stand fassungslos vor diesem Akt der Barbarei. Die buddhistische Welt, von Japan über China bis zu den südasiatischen Staaten, war entsetzt. Said Muzaffar Iqbal, der Präsident des „Zentrums für Islam und Wissenschaft" in Edmonton, Kanada, stellte in Reaktion auf die Ankündigung der Zerstörung der Buddha-Statuen fest: „Es gibt keine derartigen Bestimmungen im Islam, die eine solche Aktion rechtfertigen." (7) Viele islamische Staaten und islamische Gelehrte haben an die Taliban appelliert, dieses kulturhistorische Erbe der Menschheit zu bewahren. In dieser Reihe gewinnt die Position von Shaikh Wassel einen besonderen Stellenwert. Der renommierte Mufti aus al-Azhar in Kairo hält derartige Statuen für historische Prägungen, die dem Islamglauben nicht schaden. (8) Mit der Verstümmelung des kulturellen Welterbes haben die Taliban-Milizen einen Anschlag auf die historische Identität des Vielvölkerstaates am Hindukusch verübt.

3.3.4.3 Geschlechterapartheid der Milizen

Unmittelbar nach der Machtübernahme in Kabul, in der Nacht des 27. Septembers 1996, proklamierte Mullah Omar, der Emir der Taliban-Milizen, Afghanistan als einen „vollständig islamischen Staat". (9) Der erste Anschlag auf die Rechte der Frauen, die ohnehin schon in großem Umfang eingeschränkt waren, wurde am frühen Morgen durch Radio Kabul, umbenannt in Radio Scharia, verkündet: „Alle Schwestern, die bei der Regierung tätig sind, werden hiermit aufgefordert, bis zur nächsten Anweisung zu Hause zu bleiben. Außerdem müssen Frauen die Burka, den Schleier, tragen" (Samimy, 2003, 122).

Es muss daran erinnert werden, dass zu dieser Zeit 70 Prozent der Lehrkräfte in Kabul Frauen waren und jeder zweite Platz an der Kabuler Universität von Frauen belegt wurde. (10) Ishaq Nezami, der Intendant von Radio Scharia, meinte im Hinblick auf die Frauen, die im Staatsdienst beschäftigt waren, schlicht und einfach, die Kommunisten hätten sie geholt, um ihre sexuellen Bedürfnisse zu befriedigen. (11) Diese Äußerungen der Taliban-Milizen zum

Stellenwert der Frauen stellen keine Ansichten einzelner rückständiger und tief religiöser Kader der Milizen dar. Im Gegenteil, sie repräsentieren in aller Deutlichkeit die Vorstellung von Geschlechterapartheid der Milizen insgesamt.

Mariam, eine 38-jährige afghanische Frau, schilderte die Situation der Frauen in einem Interview mit der japanischen Zeitschrift „Kyoto News" wie folgt: „Unter den Taliban-Milizen leiden die Frauen mehr als unter den ehemaligen Mujahedin. Sie werden verbal und physisch missbraucht; dazu gehören Vergewaltigung, Beschimpfungen und Zwangsheirat. Sie dürfen ohne männliche Begleitung das Haus nicht verlassen, selbst nicht für eine ärztliche Untersuchung." (12)

Sayed Shams Uddin Majruh, einer der renommiertesten Gelehrten Afghanistans, hat sich in einem Aufsatz mit dem Titel „Radikale Politik der Taliban im Namen der Scharia" mit den Ansichten der Taliban-Milizen kritisch auseinandergesetzt. Im Hinblick auf die Boqra meint der anerkannte Moslem Majruh, Frauen brauchten ihre Gesichter und Hände nicht zu verstecken. Sie dürften ohne Mahram (männliche Begleitung) das Haus verlassen. Diese Boqra kannte man zur Zeit des islamischen Propheten nicht. Die Frauen des islamischen Propheten und die seiner engsten Weggefährten hätten ihre Gesichter nicht versteckt. (13) Nach dem Ableben des islamischen Propheten seien viele Muslime zu Aischa, der jüngsten Ehefrau des Propheten, gekommen, um sie in diversen Fragen zu konsultieren. Aischa habe sie empfangen, ohne ihr Gesicht zu verdecken. (14)

Die Geschlechterapartheid der Taliban-Milizen, die weder mit der vorherrschenden Tradition der Afghanen noch mit der historischen Überlieferung des Islam zu Frauen korrespondiert, ist gekennzeichnet durch ein ungeheuerliches Spannungsfeld zwischen Geschlechterapartheid und Sexualgier einer im Denkmuster des Mittelalters gefangenen Gruppe.

3.3.5 Taliban legitimieren sich religiös durch „Schorai Ulema Keram"

Eine schlechte Kopie des „Schorai Hal wa Aqd"

Hervorgegangen aus einem repressiven und islamisch geprägten Milieu und rekrutiert aus den perspektivlosen afghanischen Flüchtlingslagern in Pakistan konnte auch diese von Islamabad als Ordnungsmacht konzipierte Bewegung ihre Militäroperationen bzw. ihre politische Machtausübung nur „islamisch“ begründen.

Am 4. April 1996 kamen etwa 1200 Mullahs, viele von ihnen aus Pakistan und vor allem aus dem Umfeld von „Darul Ulome Haqqani“, in der Hochburg der Taliban-Milizen in Kandahar zusammen. Die Initiative bzw. die Idee zur Einberufung dieses Schora ging auf den pakistanischen Fundamentalisten Maulana Sami ul-Haq zurück. Diese „Schorai Ulema Keram“ (Rat der verehrten islamischen Gelehrten) ernannte den Chef der Milizen, Mullah Mohammad Omar, zum „Amir al-Muminin“ (Emir der Gläubigen) (Rashid, 2000, 412). Daraufhin marschierten sie in Richtung Hauptstadt, um den Präsidenten des „Islamischen Staates“, Rabbani, zu stürzen. Nach der Einnahme von Kabul riefen sie, nach dem Vorbild ihrer arabischen Mentoren, das „Islamische Emirat Afghanistan“ aus. Damit wurde die Zersplitterung des Landes am Hindukusch vervollständigt.

An der Spitze des „Islamischen Emirats“ kämpfte Mullah Omar als Emir der Gläubigen gegen Rabbani als Präsidenten des „Islamischen Staates Afghanistan“. Um seine Marschroute gegen die „Islamische Vereinigte Front zur Rettung Afghanistans“ wiederum „islamisch“ zu begründen, ließ Omar die seit zwei Jahrzehnten für die Errichtung einer islamischen Theokratie kämpfenden Parteien schlicht als „unislamisch“ deklarieren. Das war in jeder Hinsicht erforderlich, denn Omar als Muslim durfte gegen Rabbani als anerkannten Islamgelehrten nicht den Djihad erklären. Diesbezüglich gibt es in der islamischen Lehre klare Anweisungen, die selbst der Ignorant Omar nicht ignorieren konnte. Im heiligen Buch der Muslime, im Koran, steht explizit: „Kein Gläubiger darf einen anderen Gläubigen töten.“ (15)

Seit ihrer Entstehung deklarierten die Taliban-Milizen deswegen jedes Jahr vor ihrer Sommeroffensive den Heiligen Krieg gegen die „Vereinigte Front“. Mullah Omar konnte nicht im Namen der Paschtunen seine Soldateska gegen Angehörige anderer Volksstämme marschieren lassen, denn der Islam verlangt die Aufhebung der Stämme in einer einheitlichen Umma (islamischen Gemeinschaft). Deswegen instrumentalisierte Omar den politischen Islam, um „Ungläubige“ zu liquidieren. Die Taliban-Milizen missbrauchten dic Vorschrift des Koran „Oh Gläubige, gehorcht Gott und dem Propheten und denjenigen unter euch, welche die Autorität haben" (16) in Verfolgung ihres politischen Monopolanspruchs. Die Tatsache, dass die Taliban-Milizen darauf bestanden, dass Mullah Omar als Emir der Gläubigen nur Gott Rechenschaft schuldig sei und keine irdische Legitimation benötige, führte dazu, dass die Vereinten Nationen in ihren Vermittlungsbemühungen, eine Koalitionsregierung auf breiter Basis zu bilden, zu keinem positiven Ergebnis kamen.

Damit standen sich Mullah Omar, „legitimiert" durch „Schorai Ulema Keram", und Burhanuddin Rabbani, „legitimiert" durch „Schorai Hal wa Aqd", unversöhnlich gegenüber. Letzen Endes scheiterte damit auch der islamische Ansatz real existierender Prägung in der Lösung des Konfliktes am Hindukusch.

3.3.6 Taliban-Territorium als „Trainingscamp" für internationalen Terrorismus

Mit der Entstehung der Taliban-Milizen im Jahr 1994 entwickelte sich die südafghanische Stadt Kandahar, die Hochburg der Taliban-Milizen, de facto zur Hauptstadt des „Islamischen Emirats", wie die Milizen Afghanistan nannten. Die Region wurde damit zur Begegnungsstätte der Militanz der „Islamistischen Internationale".

Die Etablierung der Macht der Taliban-Milizen in Kandahar und deren internationale Beziehungen, vor allem mit Osama bin Laden und militanten Islamisten in Pakistan, führten zu einer Renaissance der religiösen Schulen in Kandahar. Dort entstanden Hunderte von Schulen, die von arabischen fundamentalistischen Kreisen aus der Golfregion finanziert wurden. Damit trug Saudi-Arabien erheblich dazu bei, dass das erprobte Konzept der religiösen Schulen in Pakistan im Sinne der Saudis in Afghanistan fortgesetzt und fortentwickelt wurde.

Osama bin Laden ließ sich als engster Glaubensbruder der Taliban-Milizen mit seinem politischen Beraterstab in der Umgebung des Flughafens der Stadt Kandahar nieder. Sein Operationsfeld erstreckte sich jedoch über das ganze Land. Überall baute er seine eigenen Bunker und Ausbildungsstätten. Vor allem von Kandahar aus konnte er ungestört weltweit operieren, bis er verdächtigt wurde, für Bombenanschläge auf die amerikanischen Botschaften in Tansania und Kenia im Jahr 1998 verantwortlich zu sein.

Als Anhänger der islamischen Orthodoxie befand sich Osama bin Laden bei den Taliban-Milizen unter Gleichgesinnten. Er fand dort Schutz und konnte sich politisch am besten entfalten. Darüber hinaus konnte er das Privileg eines „Dauergastes" genießen. Die Privattruppe des mehrfachen Millionärs Bin Laden, die von seinem Anhänger Mohammad Sadiq Howaida auf 5000 ideologisch fanatisierte Djihad-Kämpfer beziffert wurde (Holms, 2001, 28), nahm selbst bei der Justiz und den Sicherheitsorganen – Polizei und Geheimdienst – der Taliban-Milizen wichtige Aufgaben wahr.

Bei der Zusammenarbeit mit der „Islamistischen Internationale" bekam die Taliban-Führung unmittelbare Rückendeckung aus dem militanten Kreis in Pakistan. Fast alle islamistischen Organisationen hatten sowohl in Kabul als auch in Kandahar ihre eigenen Büros, Infrastruktur und Personal. Das Spektrum der islamistischen Militanz Pakistans, die mit der Taliban-Führung in Kandahar eng zusammenarbeitete, reichte von Maulana Schah Ahmad Norani – Jamaate Ulemai Pakistan (Gesellschaft der islamischen Gelehrten Pakistans) – über Maulana Fazlur Rahman – Jamaate Ulemai Islami (Gesellschaft der islamischen Gelehrten) – bis hin zu Maulana Azam Tariq – Sepah Sahaba Pakistan (Truppe der Begleiter des islamischen Propheten). Andere Organisationen hatten aufgrund der internationalen Kritik an Pakistan ihren Sitz ganz oder teilweise von Pakistan nach Afghanistan verlagert. Darunter sind zu nennen: Maulana Massoud Azhar – Jaisch Mohammad (Truppe von Mohammad) – und Maulana Fazlul Khalil – Harakatul Mujahedin (Bewegung der Mujahedin).

Fazit: Zum Scheitern der Taliban als „Ordnungsmacht"

Die enge Zusammenarbeit der Taliban-Milizen auf dem afghanischen Territorium mit dem Terrornetz von al-Qaida hat ohne Zweifel dazu geführt, dass das Al-Qaida-Terrornetz weltweit wirksamer zuschlagen konnte. Als der Terror der Taliban-Milizen und ihrer Glaubensgenossen von al-Qaida mit den Terroranschlägen in New York und Washington am 11.09.2001 zum Horror der Weltgemeinschaft wurde, erklärte Washington die Bekämpfung des internationalen Terrorismus zum obersten Ziel. US-Präsident George Bush bezeichnete am 20. September 2001 vor dem US-Kongress Osama bin Laden als Hauptdrahtzieher des internationalen Terrorismus. Er fügte hinzu: „Die Führung al-Qaidas hat großen Einfluss in Afghanistan und unterstützt das Taliban-Regime." (17) Erst als zum wiederholten Male der Chef der Taliban-Milizen, Mullah Mohammad Omar, die Forderung der USA abschlug, Osama bin Laden auszuliefern, war das Schicksal des Terrorregimes in Afghanistan besiegelt.

Am 7. Oktober 2001, nur 26 Tage nach den Anschlägen in den USA, kam es zu den ersten US-Militärschlägen gegen die militärische Infrastruktur der Taliban-Milizen und damit auch gegen die Ausbildungslager und Verstecke von al-Qaida in Afghanistan. Die Taliban-Milizen und mit ihnen ihre Kampfgenossen, die Anhänger des Al-Qaida-Terrornetzes, wurden aus den großen Städten des Landes rasch vertrieben.

Am 11. November 2001 rückten die Einheiten der „Islamischen Vereinigten Front zur Rettung Afghanistans", bekannt als „Nordallianz", in die Hauptstadt des Landes ein. Die internationale Gemeinschaft ergänzte den militärischen Sieg durch eine politische Lösung: Nach acht Tagen Marathonsitzungen auf dem Petersberg in der Nähe von Bonn unterzeichneten afghanische Delegierte am 5. Dezember 2001 den als Bonner Vereinbarungen bekannt gewordenen Friedensvertrag für Afghanistan. Mit der Einleitung des Friedensprozesses in Afghanistan kam ein militärisch-politischer Klärungsprozess in Gang, in dem sich alle Streithähne am Hindukusch, bis auf die Überreste der Taliban-Milizen und Teile der „Hezbe Islami Hekmatyar", auf die Spielregeln des neuen Afghanistans einließen.

Die brutalen militärischen Operationen der Taliban-Milizen, ihr borniertes politisches Agieren und ihr ignorantes sozial-kulturelles Auftreten waren seit der Entstehung der Bewegung widersprüchlich. Was die Milizen im Namen des Islam praktizierten, widerspricht in einigen Punkten unmissverständlich den Bestimmungen des überlieferten Islam. Wo vermeintlich im Geiste der „Paschtunwali", des Moralkodex der Paschtunen, gehandelt wurde, ist kaum eine Übereinstimmung mit seinen Prinzipien zu erkennen. Die Handlungsleitsätze der Milizen sind daher willkürlich, manipuliert und spiegeln die Ignoranz einer obskuren Bande wider, die mit Brachialgewalt das Land am Hindukusch ins Mittelalter zurückzuversetzen trachtete.

Bei der Taliban-Bewegung handelt es sich um eine Strömung, die militärisch aggressiv, religiös militant, politisch chauvinistisch, sozial ignorant und kulturell rückständig ist. Ideologisch ist sie ein eklektizistisches Sammelbecken und stellt nach wie vor das Haupthindernis für die Stabilisierung der politischen Verhältnisse am Hindukusch dar.

IV. Kapitel:

Defizitäre demokratische Legitimation der Herrschaft

„Anokratie der neu etablierten Oligarchie" im Namen der Demokratie, 2001–2016

4.1 Entstehung eines neuen Konstrukts als Nebenprodukt der Terroranschläge in den USA

Die Unversehrbarkeit der USA als ein anachronistisches Postulat

4.2 Der „demokratisch wiedergewählte" Präsident Karzai in Bedrängnis

Zentralisiertes Präsidialsystem und neoliberales Wirtschaftskonzept

4.3 Der fragliche „friedliche Machtwechsel" am Hindukusch

Zur Problematik der Bildung der „Einheitsregierung"

IV. Kapitel: Defizitäre demokratische Legitimation der Herrschaft

„Anokratie der neu etablierten Oligarchie" im Namen der Demokratie, 2001–2016

Die Terroranschläge des 11. September 2001 in New York und Washington haben die politische Landschaft der internationalen Gemeinschaft in vielfacher Hinsicht geändert. Die Bekämpfung des internationalen Terrorismus, der mit den Anschlägen auf das World Trade Center in New York und auf das Pentagon in Washington neue, bislang ungeahnte Dimensionen erreichte, wurde zum obersten Ziel der US-Administration. Die intensive Zusammenarbeit der Taliban-Milizen auf ihrem Territorium am Hindukusch mit dem Terrornetz von al-Qaida, die ohne Zweifel zu einer operativ wirksamen Durchführung von terroristischen Aktivitäten im Weltmaßstab beitrug, bewirkte letzten Endes, dass die militärische Infrastruktur der Milizen und die Verstecke der al-Qaida am Hindukusch zur Zielscheibe der militärischen Bekämpfung des internationalen Terrorismus wurden. Die Militärschläge der internationalen Koalition zur Bekämpfung des Terrorismus unter dem Oberkommando der USA in Afghanistan stellten in ihren politischen Wirkungen eine historische Wende in der leidvollen Geschichte des Landes dar. Mit der Vertreibung der Einheiten der Taliban aus den großen Städten und dem Einrücken bis dato in Opposition stehender Kräfte wurden die erforderlichen Voraussetzungen für eine neue Gestaltung des Vielvölkerstaates Afghanistan geschaffen.

Trotz vielfältiger Skepsis einer beachtlichen Reihe von Militärstrategen und Afghanistan-Experten, die im Fall eines aktiven US-Militäreinsatzes in Afghanistan Horrorszenen eines zweiten Vietnam befürchteten, war das Pentagon der Bush-Administration – im Gegensatz zu Clinton-Administration – nicht davon abzuhalten, mit Militärschlägen konsequent gegen die al-Qaida und die Taliban-Milizen vorzugehen. Die Skeptiker gingen davon aus, dass jegliche ausländische Militärintervention in Afghanistan zum Scheitern verurteilt sei. Hinzu kam das Argument, dass dadurch in erster Linie die Zivilbevölkerung leiden werde. Letzten Endes waren die US-Militärschläge am Hindukusch auch innerhalb der politisch dominierenden Kräfte Afghanistans umstritten. Diese Argumente waren keineswegs abwegig.

Das Hauptziel dieses Teils besteht darin, die eingeleitete historische Wende in Afghanistan im Einzelnen zu skizzieren. Hierbei werden die Vereinbarungen über Afghanistan auf dem Petersberg im November 2001 als Kernstück behandelt. Im Zusammenhang damit wird auf die flankierenden Maßnahmen der Weltgemeinschaft eingegangen, die zur Schaffung stabiler Verhältnisse in Afghanistan ergriffen wurden. Dass dabei der eingeschlagene Weg steinig war, wurde erst nach einem Jahrzehnt evident.

Inhaltlich wird das Dilemma analysiert, das zwei widersprüchliche Aspekte impliziert: die Aussicht auf Befreiung vom Joch des internationalen Terrorismus einerseits und die latente Furcht vor einer starken Dependenz vom US-Imperium beim Aufbau von Staat und Zivilgesellschaft andererseits.

4.1 Entstehung eines neuen Konstrukts als Nebenprodukt der Terroranschläge in den USA

Die Unversehrbarkeit der USA als ein anachronistisches Postulat

(Dieser Abschnitt wurde 2003 geschrieben und ist erschienen in Samimy, 2003, 233–262)

Nach der offiziellen Version der US-Administration entführten am 11. September 19 Terroristen vier US-Passagierflugzeuge. Zwei Flugzeuge rasten in die „Twin Towers" des World Trade Centers in New York, das dritte in das Pentagon in Washington und das vierte stürzte in Pennsylvania ab. Dabei starben mehr als dreitausend Menschen aus über achtzig Nationen. Am Abend hielt US-Präsident George W. Bush im Oval Office des Weißen Hauses eine emotionale Rede an die Nation und sagte wörtlich: „Terroristische Attacken können die Fundamente eines großen Gebäudes erschüttern. Sie können jedoch das amerikanische Fundament nicht erschüttern." (1)

Die Terroranschläge in ihren unvorstellbaren Dimensionen an Zerstörung galten als unmittelbarer Stich ins Herz des US-Imperiums. Jeder Amerikaner fühlte sich durch die Anschläge persönlich angegriffen, betroffen und beleidigt. Prof. Ronald Steel von der University of Southern California brachte es später auf den Punkt: „Das war das Ende: das Ende der Unverwundbarkeit der USA." (2)

In der Geschichte der USA hatte es davor einen Angriff auf die USA zuletzt in Pearl Harbor gegeben, dem US-Flottenstützpunkt auf der Hawaii-Insel Oahu, der am 7. Dezember 1941 von den Japanern angegriffen worden war. Die Zerstörung eines Großteils der Pazifikflotte der USA in Pearl Harbor, die den Beginn des japanisch-amerikanischen Krieges signalisiert, hatte Tausende Kilometer vom US-Machtzentrum in Washington und ohne die Fernsehinszenierung von schrecklichen Bildern wie denen vom Ground Zero stattgefunden. Im Gegensatz dazu wurden die USA am 11. September 2001 in den Zentren ihrer ökonomischen, politischen und militärischen Strukturen hart getroffen.

Das war mehr als eine militärische Herausforderung für eine Supermacht, die die ideologische Feindschaft und militärische Rivalität mit der sowjetischen Supermacht im Zeitalter des Kalten Krieges erfolgreich überstanden hatte. Als alleinige Supermacht sind die USA seit dem Zusammenbruch des sowjetischen Imperiums dabei, ihr eigenes Imperium im Kontext der Globalisierung durch eine Reihe ökonomischer, politischer, kultureller und militärischer Momente auszuweiten bzw. das Erreichte zu stabilisieren.

Die überdurchschnittliche Wachstumsrate der US-Wirtschaft und die Schaffung von Millionen Jobs in den neunziger Jahren unter der Clinton-Regierung bestätigten die USA in ihren imperialen Bestrebungen, die „Weltordnung" in ihrem Sinne und sogar im Alleingang zu gestalten. Schon 1986 hat der amerikanische Schriftsteller und Publizist Michael Doyle „Imperium" im Gegensatz zur „kolonialen Besetzung" als ein „Verhältnis" definiert, wodurch, „formell oder informell, ein Staat die effektive politische Souveränität einer anderen politischen Gesellschaft kontrolliert". Diese „Kontrolle" kann, fügt Doyle hinzu, „durch Macht, politische Kollaboration, durch ökonomische, soziale oder kulturelle Dependenz vollzogen werden". (3)

Mit den Terroranschlägen wurde Washington jedoch vor Augen geführt, dass die USA in ihren imperialen Ansprüchen weltweit, sogar in ihren eigenen ökonomischen und militärischen Zentren, angreifbar sind. Die Terroranschläge in New York und Washington wurden vom amerikanischen Establishment als Fortsetzung der Anschläge auf das US-Kriegsschiff USS Cole im Jemen im Oktober 2000 und auf zwei US-Botschaften in Afrika 1998 verstanden. In dieser Hinsicht stellten die Terrorakte einen Anschlag auf das US-Imperium insgesamt dar, den Washington keineswegs hinnehmen konnte. Sie waren militärische Herausforderung und zwingender Anlass, die aktuelle Gefahr des Terrorismus zu bannen, latente Widerstände der potenziellen Gegner zu brechen und potenzielle Hemmnisse des US-Imperiums zu überwinden. Trotz der prinzipiellen Härte der Falken im US-Establishment gab es einen gewissen Raum für eine flexible Haltung der Tauben. Die aktuelle Frage des Gegenschlags wurde in der US-Administration ganz pragmatisch angegangen. Innerhalb der US-Administration wurde darüber diskutiert, mit der Rückendeckung einer internationalen Koalition gegen den Terrorismus mit allen zur Verfügung stehenden Mitteln so rasch wie möglich zurückzuschlagen. Auf dem Wege zur Bildung einer internationalen Koalition musste US-Außenminister Colin Powell als eloquenter Vertreter der Tauben politische Bedenken der Verbündeten und grundsätzliche Widerstände anderer Kulturkreise überwinden.

4.1.1 Positionierung der weltweit unterschiedlichen Kulturkreise

Trotz der verbal einheitlichen Solidarität der Weltgemeinschaft mit den USA waren die Reaktionen auf die US-Militärschläge in Afghanistan unterschiedlicher Prägung. Bei der Formulierung einer gemeinsamen Strategie mit den USA im Kampf gegen den Terrorismus spielten die je eigenen politische Ambitionen und geopolitische Überlegungen potenzieller Bündnispartner eine entscheidende Rolle. Diese Momente werden hier im Detail beschrieben.

Westliche Staaten: selbstverständliche Solidarität trotz kritischer Stimmen

Es war bekannt, dass das Al-Qaida-Terrornetz die USA schon immer als Hauptfeind deklariert und deswegen als Hauptziel seiner operativen Anschläge bezeichnet hatte. Die aus dem gewaltigen Ausmaß der Zerstörung resultierende Schockwirkung war jedoch keineswegs auf ein Land beschränkt. Im Kontext des „Zusammenpralls der Kulturen“ war in erster Linie der christlich geprägte Westen von den vermeintlich „islamistisch" motivierten Anschlägen hart getroffen.

Die Solidarität des Westens mit den USA im Rahmen der „Koalition gegen den internationalen Terrorismus" allgemein und die „uneingeschränkte Solidarität" des deutschen Bundeskanzlers Gerhard Schröder im Besonderen stellten daher keineswegs einzig und allein eine politische Geste der mit den USA verbündeten Staaten dar. Sie brachten auch die potenzielle Gefahr zum Ausdruck, die von der „Islamistischen Internationale" neuen Typs letzten Endes auch gegen die europäischen Metropolen auszugehen drohte. US-Präsident George W. Bush war sich auch zweifelsohne grundsätzlich der Solidarität des Westens sicher. Im Unterschied zu den Amerikanern haben die Europäer jedoch schon immer darauf hingewiesen, dass Terrorismus als ein Produkt komplizierter gesellschaftlicher, sozialer und ökonomischer Verhältnisse nicht allein militärisch überwunden werden kann. Kopfzerbrechen bereitete der US-Administration jedoch die Position anderer Mächte und Kulturkreise. Vor allem wollte Präsident Bush sichergehen, dass es im Fall von harten Militärschlägen gegen Verstecke der al-Qaida am Hindukusch keine unüberwindbaren Widerstände der Staaten gäbe, die in Zentralasien ihre eigenen geostrategischen Interessen verfolgten. Das Spektrum dieser Gruppe von Staaten erstreckte sich von der arabischen Welt über Anrainerstaaten Afghanistans bis hin zu Indien, China und Russland.

Die arabische Welt: skeptische Zustimmung

Die eigentliche Devise der US-Administration, dass sich die Staaten positionieren müssten, ob sie im Kampf gegen den Terror unmissverständlich die USA unterstützten oder im Hinblick auf eine eventuelle harte militärische Reaktion der US-Administration auf Distanz gingen, galt auch für den arabisch-islamischen Kulturkreis. Die Botschaft war klar und die Reaktion noch deutlicher: Selbst viele Autokraten der arabischen und der islamischen Staaten plädierten für ein hartes Vorgehen. Sie warnten aber gleichzeitig davor, Terrorismus mit Islam gleichzusetzen. Darüber hinaus äußerten sie ihre Bedenken, dass ein langfristiges militärisches Engagement der USA in der Region vor dem Hintergrund des ungelösten Palästinaproblems die latente antiamerikanische Haltung in der Region zuspitzen könnte. Allerdings befanden sich konservative Emire aus der Golfregion in einem Dilemma: Es ist kein Geheimnis, dass einige Extremisten aus der Golfregion an der Seite von Osama bin Laden in Afghanistan aktiv waren. Andere haben die al-Qaida mit großzügigen Spenden bedacht, um Terrorakte im eigenen Lande zu verhindern. So bestand die Gefahr, dass nach einer Zerschlagung des Terrornetzes am Hindukusch die Extremisten zurückkehren und eventuell im eigenen Land aktiv werden könnten.

Russland, Indien und China: kurzfristige Sachzwänge versus strategische Interessen

Da zur Bekämpfung der Taliban-Milizen militärische Kapazitäten der USA auf afghanisches Territorium verlagert werden mussten, befanden Russland, China und Indien sich in einem Dilemma: Sie waren für den Militäreinsatz der USA gegen den Terrorismus, weil sie sich davon auch die Legitimation ihres eigenen Kampfes gegen die vermeintlichen „Separatisten" versprachen. Sie waren sich aber gleichzeitig bewusst, dass ein langfristiges militärisches Engagement der USA in Afghanistan zu einer Ausweitung der Machtsphäre des US-Imperiums und damit zu einem unvermeidlichen Konflikt mit ihren eigenen Interessen führen könnte. Anhand ihrer Bereitschaft, mit der internationalen Koalition gegen den Terrorismus zusammenzuarbeiten, kann darauf geschlossen werden, dass sie letzten Endes kurzfristig motivierten Sachzwängen gegenüber langfristigen strategischen Momenten Priorität einräumten.

Anrainerstaaten Afghanistans: ambivalente Positionen

Die mittelasiatischen Republiken, in denen nach wie vor autokratische Strukturen vorherrschen, waren in doppelter Hinsicht von etwaigen massiven US-Militäreinsätzen gegen die Infrastruktur der Taliban-Milizen und ihrer Verbündeten in Afghanistan betroffen; Sie sahen zum einen nach dem militärischen Rückzug der Sowjetunion die Chance, durch ein befriedetes Afghanistan einen kostengünstigen Zugang zum Westen für ihre Rohstoffe zu finden und damit die aus der Epoche des sowjetischen Imperiums resultierenden abhängigen Strukturen überwinden zu können. Zum anderen sahen die Autokraten die Möglichkeit, mit internationaler Rückendeckung die Gefahr des Übergreifens des Terrorismus aus Afghanistan zu bannen und damit den islamistischen Terrorismus auf ihrem eigenen Territorium effektiv bekämpfen zu können.

Die Position des Iran war komplizierter, nicht zuletzt aufgrund der politischen Machtkämpfe im Lande selbst. Eine eventuelle Beseitigung der sunnitischen Taliban-Milizen, die dem schiitischen Nachbarland Iran feindlich gesinnt waren, korrespondierte durchaus mit den politisch-strategischen Interessen Teherans.

Die damit einhergehende Militärpräsenz der USA, des Hauptfeindes der islamischen Revolution, am Hindukusch sprach aber gegen die Interessen der Islamischen Republik Iran. Daraus ging eine unmittelbare Gefahr für den Iran hervor. Nicht zuletzt vor dem Hintergrund der Tatsache, dass die USA den Iran als Teil der „Achse des Bösen“ eingestuft hatten, gewann letzten Endes ein pragmatischer Konsens in Teheran die Oberhand, der auf eine widerwillige Tolerierung des Militärengagements der USA im Nachbarland Afghanistan hinauslief.

Pakistan war nicht mehr in der Lage, den aus der Zauberflasche herausgelassenen Geist der Taliban-Milizen zu bändigen. Die Terroranschläge in den USA stellten Islamabad daher vor eine fundamentale Entscheidung und brachten Pakistans Militärmachthaber Pervez Musharraf, der seine Rückendeckung für die Taliban-Milizen einst mit deren paschtunischer Herkunft begründet hatte, in doppelter Hinsicht unter politischen Druck: Die internationale Gemeinschaft beharrte darauf, dass sich Islamabad eindeutig zur Bekämpfung des internationalen Terrorismus bekennen sollte. Das enorme Potenzial der islamischen Kräfte drohte, nicht zuletzt im Kontext des Kaschmirkonfliktes mit Indien, zu einer Zerreißprobe für das Land zu werden. So blieb die Position Pakistans im Kampf gegen den internationalen Terrorismus insgesamt widersprüchlich und unsicher. Es bot sich aber gleichzeitig auch für Islamabad eine historische Chance, seine Afghanistanpolitik zu revidieren und mit der Unterstützung der Weltgemeinschaft die islamistischen Kräfte in Schach zu halten. Unter massivem Druck der USA entschied sich Islamabad letzten Endes dafür, im Kampf gegen den Terrorismus, d. h. auch gegen die Taliban-Milizen, mit der internationalen Gemeinschaft zusammenzuarbeiten.

4.1.2 Politische Lösung als zwingende Ergänzung der Militärschläge

Der US-Präsident bezeichnete am 20. September vor dem US-Kongress das Al-Qaida-Netzwerk als Terrororganisation und Osama bin Laden als den Hauptdrahtzieher. Er fügte im Hinblick auf die Organisation von al-Qaida in Afghanistan wörtlich hinzu: „Die Führung al-Qaidas hat großen Einfluss in Afghanistan und unterstützt das Taliban-Regime." (4)

Als der Terror der al-Qaida in den USA zum Albtraum von Washington und damit zur Horrorvorstellung des Westens wurde, rückte das vom „Terror" heimgesuchte Land der Afghanen wieder in den Blickwinkel der Weltöffentlichkeit. Afghanistan hatte schon in den achtziger Jahren im Kampf gegen die sowjetischen Invasionstruppen stets für Schlagzeilen gesorgt. Als Bush nicht nur den vermeintlichen Drahtzieher des „internationalen Terrorismus", sondern auch diejenigen zur Verantwortung zu ziehen drohte, die den Terroristen Unterschlupf gewährten, war das Schicksal der Taliban besiegelt. Die Amerikaner schlugen jedoch nicht hastig und unüberlegt zu. Sie benötigten 26 Tage, bis am 7. Oktober die ersten Militärflugzeuge der USA gegen die militärische Infrastruktur von al-Qaida und der Taliban eingesetzt wurden. Die USA brauchten diese Zeit, um zunächst eine internationale Koalition gegen den Terrorismus zu schmieden. Zudem mussten in dieser Zeitspanne Teile der US-Kriegsflotte von Ostasien in den Indischen Ozean, südlich von Pakistan, verlegt werden.

Die US-Administration versuchte zunächst vergeblich, mit Hilfe des pakistanischen Machthabers General Pervez Musharraf den Chef der Taliban-Milizen dazu zu bewegen, Osama bin Laden auszuliefern. Der aus etwa tausend Männern bestehende „Rat der islamischen Rechtsgelehrten" in Kabul lehnte am 20. September eine Auslieferung von bin Laden ab, forderte diesen aber auf, Afghanistan freiwillig zu verlassen. Der Chef der Milizen, Mullah Omar, verlangte von den USA eindeutige Beweise für eine Verwicklung bin Ladens in die Anschläge vom 11. September.

Bei den ersten US-Schlägen gegen die militärische Infrastruktur der Taliban-Milizen und des Al-Qaida-Netzwerkes in Afghanistan waren nach Angaben von US-Verteidigungsminister Donald Rumsfeld 40 see- und landgestützte Militärflugzeuge beteiligt, darunter B-2-Tarnkappenbomber und Landstreckenbomber vom Typ B-1 und B-52. (5) Zwei B-2-Tarnkappenbomber flogen vom US-Luftstützpunkt Whiteman im US-Bundesstaat Missouri. Nachdem sie ihre Bomben, die von Satelliten geleitet wurden, abgeworfen hatten, landeten sie auf dem britischen Stützpunkt Diego Garcia im Indischen Ozean. B-1- und B-52-Langstreckenbomber, die mit einer Tankfüllung 9800 Kilometer bzw. 14 000 Kilometer weit fliegen und über 30 Tonnen Waffen befördern können, starteten zu Angriffen von Diego Garcia. 25 Angriffsflugzeuge stiegen von den atomgetriebenen Flugzeugträgern USS Carl Vinson im Persischen Golf und USS Enterprise im Arabischen Meer auf. Darüber hinaus wurden 50 Tomahawk-Marschflugkörper von vier Schiffen und zwei U-Booten aus abgeschossen. In der Region befanden sich der Kreuzer USS Philippine Sea, die Zerstörer USS O'Brien, USS John Paul Jones und USS McFaul sowie die U-Boote USS Providence und die britische HMS Trafalgar. (6)

Die massiven Luftangriffe der USA in verschiedenen Teilen Afghanistans führten dazu, dass sich die Taliban-Milizen aus den wichtigsten Städten des Landes zurückziehen mussten. Die Anhänger von al-Qaida leisteten jedoch überall heftigen Widerstand. Die Hauptstadt des Landes fiel erst am 13. November kampflos. Nach dem Fall der strategisch wichtigen nordafghanischen Stadt Masar-e Scharif am 9. November wurde die Einnahme der Hauptstadt Kabul in enger militärischer Abstimmung mit den Amerikanern zum Hauptziel der „Nordallianz". Mit dem Fall der Städte Herat im Westen am 12. November und Dschalalabad im Osten zwei Tage darauf mussten sich die Taliban-Milizen zu ihrem Hauptquartier in der Stadt Kandahar im Süden zurückziehen. Damit erwiesen sich die Milizen in der Tat als eine vom Volk isolierte bewaffnete Bande, die von den Afghanen gehasst, gefürchtet und bekämpft wurde.

Die Einnahme der einstmals majestätischen, nun in Ruinen liegenden afghanischen Hauptstadt Kabul durch die Einheiten der Nordallianz stellte zweifellos einen großen militärischen Sieg dar, den die „Nordallianz" ohne die massive Bombardierung der Amerikaner nicht so undramatisch und ohne Widerstand hätte erringen können. Am 11. November, zwei Tage vor dem Fall der Hauptstadt, hatte der damalige Hauptkommandant der Einheiten der „Nordallianz", General Qasim Fahim, zugesichert, dass seine Einheiten auf dem Vormarsch nach Kabul vor den Toren der Stadt Halt machen würden. Der überraschende Einmarsch in Kabul wurde später damit begründet, dass die Taliban-Milizen mit der Flucht aus der Stadt ein Vakuum hinterlassen hätten. Um die Stadt vor etwaigen Plünderungen zu schützen, hatten sie trotz anders lautender Versprechungen in die Stadt einmarschieren müssen. Damit stellte die „Nordallianz" die internationale Koalition gegen den Terrorismus vor vollendete Tatsachen.

Bei der Einnahme der Hauptstadt handelte es sich nicht allein um eine militärische, sondern um eine umfassende Wende in dem seit über zwei Jahrzehnten andauernden blutigen Bürgerkrieg am Hindukusch. Denn die bitteren Erfahrungen der vergangenen Jahrzehnte hatten eines ganz deutlich gemacht: Militärische Erfolge, egal welcher Konfliktpartei, sind auf Sand gebaut, wenn sie nicht durch eine politische Lösung flankiert werden, die eine angemessene Beteiligung der politischen Vertreter aller Volksstämme und damit ein Mitwirken der afghanischen Völkerschaften an der Zentralverwaltung garantiert.

Zudem war in der internationalen Gemeinschaft die Erkenntnis gereift, dass für die Bildung stabiler politischer Verhältnisse zusätzliche Sicherheitsmaßnahmen und ökonomische Unterstützung erforderlich sind. Nach einer Formel für eine angemessene politische Lösung wurde in den UN-Gesprächen auf dem Petersberg gesucht. Die Sicherheitsmaßnahmen erschöpften sich in der Konstellation der internationalen Sicherheitstruppen (International Security Assistance Force, kurz ISAF). Über den wirtschaftlichen Wiederaufbau des Landes wurde im Januar 2002 in Tokio verhandelt. Im Folgenden wird zunächst auf die Einzelheiten der UN-Gespräche für Afghanistan auf dem Petersberg eingegangen.

4.1.3 Die UN-Gespräche über Afghanistan auf dem Petersberg

Sanfter Druck und Überzeugungsarbeit als Patentrezept

Mit dem Beginn der Bombardierung in Afghanistan am 7. Oktober 2001 intensivierten die Vereinten Nationen ihre Bemühungen, die konträren Positionen der diversen politischen Gruppen Afghanistans für eine politische Lösung des Konfliktes zu sondieren. Daneben fanden intensive Gespräche mit den Vertretern der „Gruppe 6+2" statt. Unter der Regie der Vereinten Nationen hatten im Rahmen dieser Gruppe Vertreter von sechs Anrainerstaaten Afghanistans mit den Vertretern der USA und Russlands ein Forum, auf dem sie über eine politische Lösung des afghanischen Konfliktes sprechen konnten. Im Unterschied zu den vergangenen zehn Jahren waren sich diesmal über die afghanischen Gruppen hinaus auch die regionalen und internationalen Mächte trotz ihrer unterschiedlichen Motivationen darin einig, für den Konflikt am Hindukusch gemeinsam eine angemessene politische Lösung zu finden.

Nach einer Sitzung der Gruppe 6+2 am Sitz der Vereinten Nationen in New York (am 11.11.2001) einigten sich ihre Mitglieder auf eine Acht-Punkte-Deklaration. Sie verurteilten den „Export des Terrorismus" durch al-Qaida und die Taliban-Milizen und versprachen dem afghanischen Volk ihre Unterstützung dabei, sich vom Taliban-Regime zu befreien. (7) Indem sie in ihrer gemeinsamen Erklärung die Souveränität, politische Unabhängigkeit und territoriale Integrität Afghanistans bestätigten, plädierten sie für die Bildung einer Regierung auf breiter Basis, d. h. multiethnisch, politisch ausgeglichen, frei gewählt und im Frieden mit den Nachbarstaaten. Diese afghanische Regierung solle in der Lage sein, die Bedürfnisse des afghanischen Volkes zu befriedigen, die Menschenrechte zu garantieren, die regionale Stabilität zu schützen und Afghanistans internationale Verpflichtungen, inklusive Drogenbekämpfung, zu erfüllen.

Mit der Rückendeckung der Gruppe 6+2 berichtete der Sonderbeauftragte des UN-Generalsekretärs, Lakhdar Brahimi, am 13. November im UN-Sicherheitsrat über seine Sondierungsgespräche in der Region. Brahimi, der von 1991 bis 1993 algerischer Außenminister gewesen war, (8) hob besonders die Positionen Pakistans und des Iran hervor, die aufgrund von Geografie, Geschichte, religiösen und sprachlichen Gemeinsamkeiten mit Afghanistan ein besonderes Interesse an dem Nachbarstaat hätten. (9)

Der Sonderbeauftragte Afghanistans wies darauf hin, dass sich die Präsidenten Pakistans und Irans, Pervez Musharraf und Mohammad Chatami, explizit für die Bildung einer stabilen und repräsentativen Regierung aller Afghanen ausgesprochen hätten. Sie seien der Meinung gewesen, so der 76-jährige UN-Diplomat aus Algerien, dass die internationale Gemeinschaft den Afghanen helfen solle, damit sie eine Lösung in eigener Entscheidung fänden. In seinen Sondierungsgesprächen wurde Brahimi von seinem Stellvertreter Vendrell unterstützt. Der 61-jährige Rechtsprofessor aus Katalonien (10) genoss als UN-Sonderbeauftragter für Afghanistan den Ruf, gut zuzuhören, die Ergebnisse der Sondergespräche auf den Punkt zu bringen und schließlich sanft und angemessen reagieren zu können. Mit dem Hinweis auf seine umfassenden Gespräche mit allen Parteien, Gruppen, interessierten Kreisen und Staaten legte der krisenerprobte Brahimi einen Fünf-Punkte-Plan als Diskussionsgrundlage für eine politische Lösung am Hindukusch vor. Dieser enthielt folgende Punkte:

- ein Treffen der wichtigsten Vertreter Afghanistans,
- die Schaffung eines Interimsrates unter Vorsitz einer landesweit respektierten Persönlichkeit,
- den Aufbau einer Übergangsverwaltung für eine Zeit von bis zu zwei Jahren,
- die Einberufung einer Großen Ratsversammlung (Loja Dschirga) zur Bestätigung des Programms der Übergangsverwaltung sowie die Ausarbeitung einer Verfassung und
- das Ende der Übergangsphase durch Annahme einer neuen Verfassung und Einsetzung einer neuen Regierung. (11)

Der Petersberg als Schauplatz internationaler Politik ersten Ranges

Der Fünf-Punkte-Plan des Sonderbeauftragen des UN-Generalsekretärs für Afghanistan fand große Resonanz im Sicherheitsrat und stieß auf die Zustimmung aller Mitglieder. Als Konferenzort für das Treffen der Vertreter aus Afghanistan standen Genf, Wien und Bonn zur Diskussion. In einer Stellungnahme des deutschen Auswärtigen Amtes vom 23. November ist zu lesen: „Wir werden den Teilnehmern eine Atmosphäre bieten, bei der sie sich um nichts kümmern müssen – nur noch erfolgreich verhandeln." (12) Die Übernahme der Kosten durch das Auswärtige Amt und die hohe Sicherheit, die auf dem Petersberg geboten wurde, waren entscheidende Gründe für die Vereinten Nationen, sich für das Fünfsternehotel auf dem Petersberg als Tagungsort zu entscheiden. (13) Die Übernahme der Kosten und die hohe Sicherheit, die Deutschland anbot, mögen für die Entscheidung der Vereinten Nationen wichtige Argumente gewesen sein, für die Afghanen waren jedoch die traditionell guten Beziehungen zwischen Deutschland und Afghanistan das ausschlaggebende Moment, für Bonn als Tagungsort zu plädieren. Bonn war schon einmal 1998 Schauplatz einer wichtigen Sitzung für die Vorbereitung der Loja Dschirga gewesen.

Auf Einladung der Vereinten Nationen kamen am 27. November 2001 Vertreter von vier politischen Gruppen Afghanistans auf den Petersberg, um die Weichen für die Zukunft des afghanischen Vielvölkerstaates zu stellen. Der erste Zirkel, der als **Rom-Gruppe** bekannt ist, kam aus dem Umfeld des ehemaligen afghanischen Königs Mohammed Zahir. Weil Zahir seit 1973, als er von seinem Schwager Mohammed Daoud gestürzt worden war, in der italienischen Hauptstadt Rom residiert hatte, wurde seine politische Bewegung als Rom-Gruppe bezeichnet. Der Exkönig schickte insgesamt 19 Personen, darunter 11 als offizielle Delegierte, auf den Petersberg. Mit Abdul Sattar Sirat, dem ehemaligen Dekan der juristischen Fakultät der Kabuler Universität, führte ein Tadschike aus dem Norden Afghanistans die Rom-Delegation an. Begleitet wurde er jedoch von vier Paschtunen, darunter Azizullah Wasefi aus der südafghanischen Stadt Kandahar. Der ehemalige Landwirtschaftsminister Wasefi hatte schon bei der Ernennung von Daoud zum Staatspräsidenten durch die Loja Dschirga 1977 in der politischen Szene des Landes eine wichtige Rolle gespielt. Neben dem Sohn des Königs, Mostafa Zahir, waren zwei engagierte Frauen, Rona Mansuri und Sima Wali, aktive Mitglieder der Delegation aus Rom.

Die Rom-Gruppe kann als eine bürgerlich-liberale Bewegung bezeichnet werden, die sehr enge Beziehungen zu den USA pflegte. Sie hat schon immer für die Einberufung der Loja Dschirga plädiert. Obwohl die Gruppe die Rückkehr der Monarchie in der Öffentlichkeit nicht explizit erwähnte, hat sie diese allemal in Betracht gezogen. In den Diskussionen mit der Gruppe wurde vor allem auf die demokratische Dekade in den sechziger Jahren hingewiesen, als König Zahir das Land regiert hatte. Verschwiegen wurde jedoch, dass Afghanistan unter demselben König als „Tolwak“ (Allmächtiger) und „Zellellah“ (Schatten Gottes) jahrzehntelang autokratisch regiert worden war.

Die Anhänger der Rom-Gruppe konnten jedoch, bis auf einige Ausnahmen, durch und durch als Demokraten eingestuft werden, die mit oder ohne den Ex-Monarchen beim Aufbau eins demokratischen Afghanistans mitwirken würden.

Die zweite Gruppe kam aus Peschawar, der pakistanischen Grenzstadt zu Afghanistan, mit sieben Personen, darunter waren drei als offizielle Vertreter abgesandt. Neben Sayed Ahmad Gailani, der als Sayed und als Geistlicher ein Nachfahre des islamischen Propheten war, waren Anwar ul-Haq Ahadi, ein Paschtune, und Hafizullah Asif Mohseni, ein Tadschike, Mitglieder der Peschawar-Delegation. Die Peschawar-Gruppe, die auch als „pro Zahir" apostrophiert wird, steht sehr stark unter dem Einfluss Pakistans und hat deswegen eine Reihe politischer Berührungspunkte mit den Taliban-Milizen.

Die dritte Gruppe, die als **Zypern-Bewegung** bezeichnet wird, umfasste zehn Personen, darunter drei als ihre offiziellen Repräsentanten. Dem Delegationschef Homayoun Jarir, einem Tadschiken, standen mit Mohammad Jalil Shams ein weiterer Tadschike und mit Azizullah Ludin ein Paschtune zur Seite. Jarir, der Schwiegersohn von Hekmatyar, dem Chef der Islamischen Partei Afghanistans, wird als aktives Mitglied einer fundamentalistischen Partei eingestuft. Shams und Ludin sind zwei Intellektuelle aus der afghanischen Provinz Herat, die ihr Studium in Bochum und Köln mit einer Promotion abgeschlossen haben. Während Ludin einst Mitglied der „Islamischen Revolutionären Partei" von Mawlawi Mohammadi war, genießt Shams den Ruf eines erfahrenen Diplomaten, der Dari, Arabisch, Deutsch und Englisch fließend spricht und schon seit den achtziger Jahren auf der politischen Bühne des Landes eine gewisse Rolle spielt. Bei der Zypern-Gruppe handelt es sich um politisch engagierte Afghanen, die regelmäßig beratende Sitzungen in Zypern abhielten. Die führenden Kräfte dieser Bewegung hatten ihren Sitz jedoch im Iran. Sie wurden deswegen auch als proiranisch eingestuft.

Die wichtigste Gruppe, die unmittelbar aus Afghanistan kam, war die **Islamische Vereinigte Front** mit 26 Personen, darunter 11 als Delegierten. Als Sammelbecken verschiedener Parteien musste die „Vereinigte Front" auf die ethnische Zusammensetzung der Delegation und die angemessene Vertretung der beteiligten Parteien peinlich genau achten. Neben zwei Paschtunen,

Haji Abdul Qadir und Aref Nurzai, waren in der gemischten Delegation Tadschiken, Usbeken, Hazara, Qaselbaschs und Sayeds angemessen vertreten. Die Verhandlungsführung hatte Junus Qanuni inne, ein tadschikischer Intellektueller aus dem „Schorai Nezar", dem militärischen Arm der „Jamiati Islami Afghanistan". In Anspielung auf den Kampf gegen die al-Qaida sagte Junus Qanuni zu Beginn der Sitzung, dass sich seine Leute als Helden des Krieges einen Namen gemacht hätten. Sie wollten nun auch als „Helden des Friedens" zurückkehren.

Bei der Erfüllung seiner Mission wurde Brahimi von einem Team gut informierter Berater, zum Teil mit eigenen partikularen Interessen, begleitet. Darunter waren zwei Amerikaner afghanischer Abstammung, Aschraf Fatema Ziai als Sondermitarbeiter von Brahimi und der im Hintergrund agierende Zalmai Khalilzad, der später zum Sonderbeauftragten des US-Präsidenten für Afghanistan ernannt wurde. Khalilzad galt als Architekt des US-Plans für Afghanistan. Er hatte schon in den neunziger Jahren im Zusammenwirken mit US-Ölfirmen und als Sicherheitsberater der US-Administration bei der Erarbeitung der US-Strategie gegenüber Afghanistan eine wichtige Rolle gespielt.

Die UN-Konferenz über Afghanistan auf dem Petersberg war in jeder Hinsicht ein internationales Politikum ersten Ranges. Mehr als tausend Journalisten berichteten unter strengsten Sicherheitsvorkehrungen aus Königswinter, der Ortschaft unterhalb des Petersberges, ausführlich über die Sitzungen der Afghanen. Der Verfasser hat die Sitzung vor Ort und in enger Beziehung zu Delegierten begleitet. Bundespräsident Johannes Rau appellierte vor dem Beginn des Treffens auf dem Petersberg an die Teilnehmer der Konferenz, durch Kompromissbereitschaft zu dessen Erfolg beizutragen. In Afghanistan müssten „jetzt die Voraussetzungen für eine umfassende und dauerhafte politische Lösung geschaffen werden". (14)

Der UN-Sonderbeauftragte für Afghanistan, Lakhdar Brahimi, trug bei der Eröffnung der Afghanistan-Konferenz am 27. November eine Botschaft von UN-Generalsekretär Kofi Annan vor. Annan bezeichnete die UN-Gespräche als „eine historische Gelegenheit für den Beginn eines Prozesses, endlich Frieden und nationale Versöhnung in Afghanistan zu schaffen". (15) Bundesaußenminister Joschka Fischer sprach bei der Eröffnung der Sitzung von einer großen Chance zum Frieden und Wiederaufbau. Er fügte hinzu, dass es eine Chance gebe für eine Zukunft, „wo Terrorismus und Gewalt keinen Platz mehr haben". (16) Als Fischer die Bereitschaft der Staatengemeinschaft zu einer großen Anstrengung betonte, stellte er zwei Bedingungen: „Einigung auf verbindliche Regeln für einen friedlichen politischen Neuanfang und auf eine breite, ausgewogene Übergangsregierung sowie Achtung und Schutz der Menschenrechte." Dazu gehört, so Fischer, „an vorderster Stelle, den Frauen ihre Rechte und ihre Würde zurückzugeben". (17)

Fischer forderte die Teilnehmer der Konferenz zu einem historischen Kompromiss auf. Mit Erfolg: Nach achttägigen Marathonsitzungen wurden am 5. Dezember 2001 die „Bonner Vereinbarungen" auf dem Petersberg unterzeichnet.

Zum zähen inhaltlichen Verlauf der Gespräche

Bei der Eröffnungssitzung erklärten, wie erwartet, Sprecher aller beteiligten Gruppen ihre Bereitschaft, einen politischen Konsens zu finden. Im Unterschied zu den anderen drei Gruppen, die in Kabul nicht an der Macht beteiligt waren, betonten die Vertreter der „Vereinigten Front" unmissverständlich, dass sie die Macht teilen und im Rahmen einer politischen Vereinbarung mit anderen politischen Gruppen gemeinsam einen Friedensprozess am Hindukusch einleiten möchten. Die Delegation der „Vereinigten Front", die anscheinend nicht mit dem Auftrag nach Bonn gereist war, über alle Einzelheiten der künftigen Struktur des Landes zu verhandeln, geriet in doppelter Hinsicht unter Druck: Die in Afghanistan relevanten Kräfte der „Vereinigten Front", darunter Staatspräsident Rabbani, waren nicht zu umfangreichen Kompromissen bereit. Die internationale Gemeinschaft wollte jedoch für ein neues Afghanistan neue politische Strukturen schaffen, die auf Basis von Selbstbestimmung ein friedliches Zusammenleben der Völker am Hindukusch garantieren sollten.

In den ersten drei Tagen konnte die Delegation der „Vereinigten Front" die Diskussion um eine eventuelle Rückkehr zur Monarchie insofern erfolgreich bestehen, als sie dem ehemaligen König Zahir Schah in der Übergangsphase eine rein repräsentative Rolle zubilligte. Als Preis dafür musste Rabbani durch sanften Druck zum Verzicht auf den Posten des Staatspräsidenten bewegt werden. In dieser Phase der Diskussion, die etwa zwei Tage dauerte, bekam die „Vereinigte Front" von der Zypern-Gruppe Rückendeckung. Im Hintergrund betrachteten auch die Amerikaner die Rückkehr zur Monarchie als anachronistisch. Die Amerikaner waren zur Bekämpfung des Terrorismus auf afghanischem Boden sehr stark auf die Zusammenarbeit der „Vereinigten Front" angewiesen. Nachdem die Diskussion über den Exkönig als Übergangspersönlichkeit vom Tisch war, wurde über die Besetzung des Postens eines Übergangspräsidenten wieder heftig und kontrovers diskutiert. In einer politischen Stimmung, in der die Paschtunen eine Person, die nicht Paschtune war, keineswegs als Chef der Interimsverwaltung akzeptieren wollten, einigten sich dann die Vertreter aller Delegationen auf einen Kompromisskandidaten: Hamed Karzai, einen extrovertierten Paschtunen aus der ehemaligen Hochburg der Taliban-Milizen in Kandahar. In dieser Zeit kämpfte Karzai noch in der südafghanischen Provinz Urusgan gegen die Taliban. Seine Zugehörigkeit zur Rom-Gruppe war bekannt. Karzai, der in Indien Politologie studiert hatte und mit seinen Brüdern in den USA als Unternehmer tätig war, hatte weder eine politische Partei noch verfügte er über eine militärische Hausmacht. In dieser Eigenschaft galt der 46-Jährige, der fließend Dari, Paschtu, Urdu und Englisch sprach, als ein idealer Politiker für die „Vereinigte Front".

Danach ging es in der Diskussion darum, nach dem Muster des Fünf-Punkte-Plans des UN-Vermittlers Brahimi die zeitlichen Dimensionen und die personelle Besetzung der Interimsverwaltung zu bestimmen. Die Diskussion erwies sich als schwierig. Die Teilnehmer waren sich darüber im Klaren, dass keiner von ihnen die historische Verantwortung für ein Scheitern der Verhandlungen übernehmen könnte. Hinzu kam, dass es keine vernünftige Alternative zum UN-Plan gab. Daher waren die Teilnehmer zum Erfolg verdammt. Letzten Endes wurde in einem Dokument mit dem Titel „Übereinkunft über vorläufige Regelungen in Afghanistan bis zur Wiederherstellung dauerhafter staatlicher Institutionen" ein tragbarer Konsens für alle Beteiligten gefunden.

Bestandteile des „historischen Dokuments“

Das 14 Seiten umfassende Dokument der Bonner Vereinbarungen besteht aus einem Hauptteil und drei Anlagen. Die Anlagen beschäftigen sich mit den Einzelheiten der internationalen Sicherheitstruppe bzw. mit der Rolle der Vereinten Nationen während des Interimszeitraums. (18) In der Einleitung des Dokuments wird das Recht des afghanischen Volkes anerkannt, „seine politische Zukunft im Einklang mit den Grundsätzen des Islam, der Demokratie, des Pluralismus und der sozialen Gerechtigkeit in Freiheit selbst zu bestimmen“. In dem Dokument wird vereinbart, dass mit dem offiziellen Übergang der Macht am 22. Dezember 2001 eine Interimsverwaltung errichtet wird. Diese Verwaltung besteht aus einer Interimsregierung, einer unabhängigen Sonderkommission für die Einberufung der außerordentlichen Loja Dschirga und einem Obersten Gerichtshof.

Nach Einsetzung der Interimsverwaltung wird, dem Dokument zufolge, eine außerordentliche Loja Dschirga einberufen. Diese wird von Mohammed Zahir, dem früheren König des Landes, eröffnet. Die außerordentliche Loja Dschirga beschließt eine Übergangsverwaltung, einschließlich einer Übergangsregierung auf breiter Basis. Sie führt Afghanistan, bis eine „in vollem Umfang repräsentative Regierung in freien und fairen Wahlen gewählt werden kann“. (19) Diese Wahlen sollen spätestens zwei Jahre nach dem Tag des Zusammentretens der außerordentlichen Loja Dschirga stattfinden. Mit der Einsetzung der Übergangsverwaltung erlischt die Interimsverwaltung. Nach der Einsetzung der Übergangsverwaltung wird eine verfassungsgebende Loja Dschirga einberufen. Für die Erarbeitung der Verfassung wird innerhalb von zwei Monaten mit Hilfe der Vereinten Nationen eine Verfassungskommission eingesetzt.

Im Hinblick auf einen rechtlichen Rahmen wird vereinbart, dass bis zur Verabschiedung der oben genannten neuen Verfassung die Verfassung von 1964 gültig ist. Es wird aber hinzugefügt, „soweit die Verfassung von 1964 nicht dem Dokument der Petersberger Vereinbarungen entgegensteht“. (20) Die zweite Ausnahme zielt auf die Bestimmungen ab, die sich auf die Monarchie sowie auf die vollziehenden und gesetzgebenden Organe beziehen.

Die Aufgaben der Interimsregierung werden im Einzelnen extra formuliert. Danach besteht sie aus einem Vorsitzenden, fünf stellvertretenden Vorsitzenden und weiteren 24 Mitgliedern. Mit Ausnahme des Vorsitzenden kann jedes Mitglied einem Ministerium der Interimsregierung vorstehen. Dem Dokument entsprechend erfolgt die Auswahl der Mitglieder der Interimsregierung „auf der Grundlage fachlicher Kompetenz und persönlicher Integrität sowie unter gebührender Berücksichtigung der ethnischen, geografischen und religiösen Zusammensetzung Afghanistans sowie der Bedeutung der Beteiligung von Frauen aus Listen, die von den Teilnehmern an den Gesprächen vorgelegt wurden". (21) Weiter wird in dem Dokument die Einsetzung einer unabhängigen Menschenrechtskommission zur Überwachung und Untersuchung der Menschenrechtslage vereinbart. Um unabhängig von der Interimsverwaltung arbeiten zu können, werden die personelle Zusammensetzung und die Arbeitsweise der unabhängigen Sonderkommission zur Einberufung der außerordentlichen Loja Dschirga extra in Teil IV angeführt. In Teil V wird ausdrücklich darauf eingegangen, dass „alle Mujahedin, afghanischen Streitkräfte und bewaffneten Gruppierungen im Land der Befehlsgewalt der Interimsverwaltung unterstellt werden". (22)

Einsetzung der Interimsverwaltung

Eine strenge Einhaltung der Kriterien für die Auswahl der Mitglieder der Interimsverwaltung in der Praxis erwies sich schon auf dem Petersberg als sehr schwierig. Daher wurden diese Kriterien sehr pragmatisch angewandt. Vor allem wurde sehr genau darauf geachtet, dass sich die Angehörigen aller Volksstämme, politischen Parteien und geografischen Regionen vertreten fühlten. Dass es dennoch im Hinblick darauf Beschwerden gab, dass dieser oder jener Volkstamm unterpräsentiert sei, stellt ein logisches Produkt des ethnisch geprägten Konflikts dar. Wie Insider vermutet hatten und sich im Nachhinein auch bestätigte, machten nicht die inhaltlichen Bestimmungen des Kompromisses, sondern vielmehr die personelle Zusammensetzung der Interimsregierung den schwierigsten Teil der Verhandlungen aus.

Dass letzten Endes mit Hamed Karzai, einem aufgeklärten Paschtunen, als Chef der Interimsregierung ein Kompromiss erzielt wurde, wurde zu Recht in weiten Kreisen als eine Erleichterung empfunden. Mit Karzai konnte zunächst eine Reihe von Paschtunen dahingehend zufriedengestellt werden, dass ein Angehöriger ihrer Ethnie in der neuen Administration die Führungsrolle übernehmen würde. Vertreter der anderen Volksstämme sahen es ebenso als sichergestellt, dass sie nun mit der Besetzung von Schlüsselministerien an der künftigen Gestaltung des Landes effektiv mitwirken konnten. Anwar ul-Haq Ahadi, Mitglied der Peschawar-Gruppe und Chef der „Afghan Mellat“ (Afghanische Nation), verweigerte seine Unterschrift unter die Bonner Vereinbarungen mit der Begründung, dass Paschtunen auf dem Petersberg unterrepräsentiert gewesen seien. Später begründete er seine Verweigerung damit, dass die im Dokument festgelegten Kriterien, darunter die fachliche Kompetenz bei der Besetzung des Kabinetts, nicht eingehalten wurden. (23) Dies demonstrierte auf eklatante Weise die auf die Akteure der künftigen Gestaltung des Landes zukommenden ethnisch geprägten Schwierigkeiten. Ahadi wurde später Direktor der afghanischen Zentralbank.

Die Übergangsregierung wird durch die Loja Dschirga legitimiert

Gemäß den Bonner Vereinbarungen wurde am 22. Dezember 2001 in der afghanischen Hauptstadt Kabul eine erste Interimsverwaltung eingesetzt. Sie bestand aus einer Interimsregierung, einem Obersten Gerichtshof und einer unabhängigen Sonderkommision für die Einberufung einer außerordentlichen Loja Dschirga. Dass die Arbeit der Interimsverwaltung im Einzelnen mit großen Hemmnissen und unüberwindbaren Widerständen verbunden war, wird in einem späteren Abschnitt analysiert. Vorrangig war, dass die Regierung in Kabul, welchen Namen sie auch trug, dringend eine Legitimation innerhalb des Landes benötigte. Und diese Legitimation war eben im Rahmen der außerordentlichen Loja Dschirga vorgesehen.

Die Bildung der Interimsverwaltung wurde etwa 7000 Kilometer vom Hindukusch entfernt und unter Mitwirkung einiger von den Vereinten Nationen auserwählter Gruppen hinter verschlossenen Türen vollzogen. Sie benötigte auf jeden Fall eine auf die Situation des Landes zugeschnittene endogene Legitimation. Die Architekten des Afghanistan-Abkommens auf dem Petersberg waren sich darüber im Klaren und sahen deswegen die traditionelle Loja Dschirga als ein geeignetes Instrumentarium für diesen Zweck vor.

In Teil IV des Dokuments wurde die Errichtung einer unabhängigen Sonderkommission innerhalb eines Monats nach der Einsetzung der Interimsverwaltung vorgesehen. Sie sollte aus 21 Mitgliedern bestehen, von denen „einige über Fachkenntnisse in Verfassungs- oder Gewohnheitsrecht verfügen sollen". (24) Darüber hinaus wurde bekräftigt, dass die Vereinten Nationen bei der „Errichtung und Arbeit der Kommission" Unterstützung leisten würden. Von substanzieller politischer Bedeutung ist, dass die Sonderkommission als „höchste Autorität für die Bestimmung der Verfahrensweise der außerordentlichen Loja Dschirga" bezeichnet wird. Die Zahl der Personen, die an dieser Dschirga teilnehmen würden, oblag ebenfalls der Kompetenz der Sonderkommission.

Im Januar 2002 wurde nach den Bestimmungen des Dokuments unter Leitung von Mohammad Ismail Qasemyar, einem afghanischen Juristen, eine 21-köpfige Sonderkommission eingerichtet. Qasemyar, der in den sechziger Jahren an der Kabuler Universität Rechtswissenschaften studiert und viele Jahre im afghanischen Justizministerium einschlägige Erfahrungen gesammelt hatte, entwickelte mit seiner kompetenten Mannschaft vor Ort Kriterien für die Einberufung der Loja Dschirga.

Demnach sollten 70 Prozent der Delegierten gewählt und 30 Prozent ohne Wahl bestimmt werden. Um sicherzustellen, dass die Loja Dschirga wenigstens annähernd die komplizierte Bevölkerungszusammensetzung des Vielvölkerstaates repräsentierte, wurde das Auswahlverfahren hauptsächlich nach dem Kriterium der Bevölkerungsdichte geregelt. Danach waren für die dünnbesiedelte Südwestprovinz Nimrus 9 und für die dichtbesiedelte Provinz Kabul 116 Delegierte vorgesehen. Nach den Kriterien der Sonderkommission waren insgesamt 1450 Delegierte vorgesehen, davon sollten 1051 gewählt werden. Der Rest sollte sich aus Vertretern von politischen, religiösen, kulturellen und sonstigen Institutionen zusammensetzen. Waren für Journalisten, Künstler und Schriftsteller jeweils fünf Delegierte vorgesehen, so durften die religiösen Minderheiten von Hindus und Sikhs jeweils zwei Delegierte schicken. Für die Blinden waren fünf Sitze vorgesehen. Es wurde streng darauf geachtet, dass die Frauen des Landes mit etwa 160 Delegierten an der Loja Dschirga beteiligt waren.

Die Loja Dschirga fand in Kabul auf dem Gelände des Polytechnikums zwischen den Stadtteilen Baghe Bala und Afshar statt. Dafür wurde von der Deutschen Gesellschaft für Technische Zusammenarbeit ein 2400 Quadratmeter großes Zelt errichtet. Als Gesamtbudget für diese Veranstaltung wurden vom UN-Entwicklungsprogramm UNDP rund sieben Millionen US-Dollar bereitgestellt. Davon betrug der Anteil der Bundesrepublik Deutschland allein 3,5 Millionen US-Dollar. (25) Im Vorfeld der Loja Dschirga gab es massive Störungen und Einschüchterungsversuche. Die einflussreichen und bewaffneten Kräfte im Land wollten den Einzug von Andersdenkenden, vor allem von demokratisch gesinnten Afghanen, in die Loja Dschirga verhindern. Trotzdem machten letzten Endes etwa 25 Prozent der Delegierten die Kräfte aus, die ohne parteipolitische Zugehörigkeit als liberaldemokratisch eingestuft werden können.

Rund 1700 Delegierte, also mehr als von der Kommission ursprünglich vorgesehen, diskutierten neun Tage lang – vom 11. bis zum 19. Juni – zum Teil kontrovers, turbulent und widersprüchlich über die Zukunft des Landes.

Trotz aller Hemmnisse und Widerstände wurde Hamed Karzai von der überwältigenden Mehrheit der Delegierten zum Präsidenten des „provisorischen islamischen Staates" gewählt. Von 1411 Delegierten, die gültige Stimmen abgaben, sprachen sich in der Sitzung vom 13. Juni 1052 für Karzai, 188 für Frau Masuda Jalal und 171 für Mir Mahfuz Neda-e aus. Im Vorfeld der Öffnung der Loja Dschirga hatte der Sonderbeauftragte des US-Präsidenten für Afghanistan, Khalilzad, im Einvernehmen mit der „grauen Eminenz" in Kabul dafür gesorgt, dass der ehemalige König Zahir sowie der ehemalige Staatschef Burhanuddin Rabbani auf eine Kandidatur für die Wahl zum Staatsoberhaupt verzichteten.

Dass Djalal als eine für Demokratie und Frauenrechte engagierte Frau in einem sehr islamisch geprägten Milieu und in einer von Männern dominierten afghanischen Gesellschaft für den Posten des Staatsoberhauptes kandidierte, hatte mehr als eine symbolische Bedeutung. Es war eine Herausforderung an die religiös-konservativen Kräfte, die sich keineswegs eine Frau an der Spitze des Landes vorstellen konnten. Der dritte Kandidat, Neda-e, stammte aus einer bürgerlich-liberalen Familie, die mit einem Kreis Andersdenkender schon in den fünfziger Jahren enge Beziehungen gepflegt hatte. Für Neda-e war die Kandidatur eine Probe aufs Exempel, ob demokratische Kräfte tatsächlich gleichberechtigt behandelt würden. Die Kandidatur von Frau Djalal und Neda-e war eine Kraftprobe, ein politischer Akt im Geiste des „neuen Afghanistans".

Mit dem Tadschiken Mohammad Qasim Fahim, dem Paschtunen Haji Abdul Qadir, dem Hazara Abdul Karim Khalili und dem Usbeken Shahrani bekam der Präsident vier Stellvertreter aus vier dominierenden Ethnien des Landes. Die Amtseinführung der neuen Übergangsregierung fand am 19. Juni 2002 statt. Die provisorische Regierung sollte insgesamt etwa 18 Monate regieren in enger Zusammenarbeit mit einem Parlament, das erst noch gewählt werden musste. Eine Kommission, die schon am 2. November eingesetzt wurde (26), sollte eine Grundverfassung erarbeiten und damit die Weichen für die Einberufung der „eigentlichen Loja Dschirga" stellen. Die neunköpfige Verfassungskommission arbeitete unter Vorsitz von Shahrani, einem der stellvertretenden Präsidenten.

Parlament und Übergangsregierung sollten also nur vorübergehend amtieren. Erst die danach zu etablierende eigentliche Loja Dschirga sollte gemäß den Bonner Vereinbarungen endgültig die Zukunft Afghanistans bestimmen.

4.1.4 Flankierende Maßnahmen zur Stabilisierung der neuen Strukturen

Mit den massiven Militärschlägen in Afghanistan, die rasch zur Vertreibung der Taliban-Milizen und der Anhänger Osama bin Ladens aus den großen Städten des Landes führten, wurde der Weg für eine politische Lösung frei. Um die Bonner Vereinbarungen zu implementieren, die zur Entstehung neuer politischer Konstellationen im Lande führen sollten, waren zusätzlich ökonomische und sicherheitspolitische Maßnahmen von existenzieller Bedeutung, worauf im Folgenden eingegangen wird.

Ökonomischer Beitrag: Geberstaatenkonferenz

Die internationale Gemeinschaft war sich von vornherein darüber im Klaren, dass das Land am Hindukusch nicht in der Lage sein würde, den Wiederaufbau der vollständig zerstörten Infrastruktur ohne kräftige und dauerhafte internationale Unterstützung zu leisten. Die Demobilisierung der Mujahedin und die Bewältigung der Last von Millionen afghanischer Flüchtlinge aus dem Iran und Pakistan wurden als Herkulesarbeit eingestuft, die in jeder Hinsicht, finanziell und konzeptionell, über die Kräfte der Interimsverwaltung hinausging.

Schon 1996 hatte sich die „Afghanistan Support Group" (ASG) als ein informelles Forum der wichtigsten Geberländer konstituiert. Ihr gehörten 15 Industriestaaten sowie die Europäische Kommission an. Die wichtigsten Geberländer und Vertreter internationaler Organisationen und Nichtregierungsorganisationen sowie der Nachbarländer Afghanistans trafen im Anschluss an die Petersberg-Konferenz am 5. und 6. Dezember 2001 in Berlin zusammen. Die Vertreter der ASG bekräftigten ihre Entschlossenheit, „den Prozess der politischen Stabilisierung Afghanistans umfassend zu unterstützen". (27)

Auf der Tagesordnung standen sowohl praktische Fragen der humanitären Hilfe als auch die Problematik der langfristigen Aufbauhilfen. Die Teilnehmer waren der Ansicht, dass nach dem erfolgreichen Abschluss der UN-Konferenz auf dem Petersberg nun für die afghanische Bevölkerung „konkrete Perspektiven für eine friedliche Zukunft sichtbar werden müssen." (28)

Über die ASG hinaus gab es nach dem 11. September auch eine Reihe von Sondertreffen anderer Organisationen, die sich mit unterschiedlichen Schwerpunkten für die Unterstützung neuer Strukturen am Hindukusch einsetzten. Das Spektrum dieser Organisationen erstreckte sich vom „Afghanistan Flüchtlingsforum" unter Vorsitz der UNHCR über eine von den USA und Japan ins Leben gerufene „Aufbauhilfe für Afghanistan" bis hin zu der Wiederaufbaukonferenz, die von der Weltbank, vom UNDP und von der Asiatischen Entwicklungsbank vom 27. bis 29. November in Islamabad organisiert wurde. Diese Sitzungen dienten in erster Linie dazu, finanzielle Unterstützung für eine geordnete Evakuierung der etwa vier Millionen afghanischen Flüchtlinge zu koordinieren und den Finanzbedarf des Wiederaufbaus zu ermitteln. Letzten Endes sollte sichergestellt werden, dass der erforderliche finanzielle Beitrag auch tatsachlich geleistet würde. Galten die Sitzungen verschiedener Organisationen zum Wiederaufbau Afghanistans als eine Expertenanhörung hinsichtlich der Ermittlung des Finanzbedarfs, so musste nun konkret ein zweiter Schritt unternommen werden.

Damit befasste sich die „Internationale Konferenz zum Wiederaufbau Afghanistans", die vom 20. bis 22. Januar in Tokio stattfand. Vertreter von etwa 60 Staaten und 22 Hilfsorganisationen nahmen daran teil. Im Vorfeld der Konferenz gab es unterschiedliche Schätzungen über den für den Wiederaufbau erforderlichen Finanzbedarf. Die afghanische Seite plädierte für die Notwendigkeit eines „Marshallplans" für Afghanistan. Die Interimsverwaltung Afghanistans schätzte die notwendige Finanzhilfe auf etwa 45 Milliarden US-Dollar. (29) Der Chef der Interimsregierung Karzai meinte, so viel sei nötig für die Wiederherstellung Afghanistans als „normal funktionierender Staat". Das UN-Entwicklungsprogramm sprach schon im November 2001 von etwa 6,5 Milliarden Dollar für die ersten fünf Jahre. Der große Unterschied in den Schätzungen der afghanischen Interimsverwaltung und der Vereinten Nationen ist in dem differierenden Zeithorizont beider Seiten begründet. Während die Afghanen einen langfristigen Plan ins Auge fassten, ging das UN-Entwicklungsprogramm bei seiner Einschätzung von einem mittelfristigen Zeitraum aus. Bei der zweitägigen internationalen Konferenz zum Wiederaufbau Afghanistans gingen Weltbank, Asiatische Entwicklungsbank und UN-Entwicklungsprogramm gemeinsam davon aus, dass über die nächsten zehn Jahre rund 15 Milliarden US-Dollar nötig seien, um den Wiederaufbau des Landes zu ermöglichen und die soziale, wirtschaftliche und gesellschaftliche Entwicklung zu unterstützen. (31)

Beschlossen wurde letzten Endes, Afghanistan in den kommenden fünf Jahren eine Wiederaufbauhilfe von insgesamt 4,5 Milliarden US-Dollar zu gewähren. Für die ersten 12 bis 15 Monate wurden dem Chef der Interimsadministration, Karzai, der an der Konferenz teilgenommen hatte, 1,8 Milliarden US-Dollar versprochen. Der Beitrag der USA für das Jahr 2002 betrug 296 Millionen US-Dollar. (32) Die Bundesministerin für Wirtschaftliche Zusammenarbeit und Entwicklung, Heidemarie Wieczorek-Zeul, ging in ihrer Rede zunächst darauf ein, dass die Bundesrepublik Deutschland bislang schon 50 Millionen Euro Soforthilfe geleistet habe. (33) Deutschland werde Afghanistan beim Aufbau, so die Ministerin, 2002 mit einem Beitrag von etwa 80 Millionen Euro helfen. Wieczorek-Zeul versprach, langfristig (2002 bis

2005) Afghanistan bis zu 320 Millionen Euro Entwicklungshilfe zu gewähren. (34) Afghanistan wurde damit zum „Schwerpunktland der deutschen Entwicklungszusammenarbeit" erklärt. Schwerpunkte der deutsch-afghanischen Zusammenarbeit waren Bildung, Frauen, Gesundheit, Rechtsstaatlichkeit, Aufbau demokratischer Strukturen und Sicherheit. Deutschland war in den sechziger und siebziger Jahren drittgrößter bilateraler Geber von Entwicklungshilfe hinter der Sowjetunion und den USA. Seit Aufnahme der Entwicklungszusammenarbeit bis Ende 1979 hatte Deutschland etwa 360 Millionen Euro an Mitteln bereitgestellt. (35)

Sicherheitspolitischer Beitrag: internationale Sicherheitskräfte

International Security Assistance Force, ISAF

Die Architekten der Bonner Vereinbarungen waren sich einig, dass zur Herstellung stabiler Verhältnisse internationale Sicherheitstruppen nach Afghanistan geschickt werden sollten. Die unter dem Kommando der Amerikaner eingesetzten Militärkräfte waren in erster Linie als Kampfgruppen gegen die Taliban-Milizen und ihre Verbündeten aus der Reihe der al-Qaida eingesetzt. Für den Schutz der Bevölkerung in den Städten wurde die Entsendung internationaler Sicherheitstruppen (ISAF) geplant. In der Anlage I der Bonner Vereinbarungen wurde explizit darauf hingewiesen, dass für „Sicherheit, Recht und Ordnung" die Afghanen selbst verantwortlich seien. Es wurde jedoch anerkannt, „dass es einige Zeit dauern kann, bis neue afghanische Sicherheits- und bewaffnete Streitkräfte vollständig aufgebaut und einsatzfähig sind". (36) Die Teilnehmer an den UN-Gesprächen ersuchten, so der Text, „den Sicherheitsrat der Vereinten Nationen, die baldige Entsendung einer Truppe im Rahmen eines Mandates der Vereinten Nationen in Erwägung zu ziehen".

Der UN-Sicherheitsrat beschloss am 20. Dezember, also zwei Tage vor der Einsetzung der Interimsverwaltung in Kabul, die Entsendung der ISAF. (37) Ihr Einsatz war zunächst auf Unterstützung in der Aufrechterhaltung der Sicherheit in Kabul und Umgebung beschränkt. Darüber hinaus wurde in der Resolution des UN-Sicherheitsrats der Abzug aller afghanischen militärischen Einheiten aus Kabul gefordert. Das Mandat wurde vorerst bis Ende

2002 begrenzt. Die ISAF war autorisiert, „alle erforderlichen Maßnahmen, einschließlich militärischer Gewalt, zu ergreifen" (38), um den Auftrag gemäß der Resolution durchzusetzen.

An der ISAF waren zunächst unter dem Kommando von Großbritannien Soldaten aus 18 Ländern, darunter auch Deutschland, beteiligt. Die Türkei ist der einzige islamische Staat, der sich an der ISAF beteiligt. General John McColl aus Großbritannien übernahm das Oberkommando. Rund 4600 Soldaten aus 22 Ländern sorgten für die Sicherheit in Kabul. Deutschland stellte mit 1200 Soldaten das zweitgrößte Kontingent nach Großbritannien mit etwa 1800 Soldaten. Am 20. Juni 2002 übernahm die Türkei als „Lead Nation" das Kommando der ISAF. Bei diesem Führungswechsel mussten zunächst einige Hürden genommen wurden. Die Türkei musste ihre Truppenstärke von 267 auf 1000 Mann erhöhen. Für den Einsatz in Kabul wurden ihr 228 Millionen US-Dollar zur Verfügung gestellt.

Im März 2002 stand für Deutschland fest, die Führungsrolle der ISAF nicht zu übernehmen. Dies wurde vor allem mit dem Mangel an Transportkapazitäten der Bundeswehr und dem bereits laufenden Einsatz in Mazedonien, der viele Kräfte band, aber auch mit der zu erwartenden zusätzlichen finanziellen Belastung begründet. Die afghanische Interimsregierung hatte sich mehrfach für die Übernahme der ISAF-Führung durch Deutschland ausgesprochen. Afghanistan habe zu Deutschland, so der Tenor, ein besonders freundschaftliches Verhältnis. Die deutschen Soldaten seien in Kabul sehr beliebt.

Nach einem Treffen mit seinem holländischen Amtskollegen Jaap de Hoop Scheffer wies Bundesaußenminister Joschka Fischer darauf hin, dass ein gemeinsames deutsch-niederländisches Korps die Führung der ISAF übernehmen könne. Fischer fügte hinzu, dass sich der Bundestag im Dezember 2002 damit beschäftigen werde. Inhaltlich begründete Fischer die Absicht seiner Regierung damit, dass in Afghanistan der „Stabilisierungsprozess weitergehen" müsse. (39) Verteidigungsminister Peter Struck rechnete damit, dass im Falle der Übernahme der ISAF-Führung die Zahl der deutschen Soldaten um etwa 1000 erhöht werden müsste. Schätzungen gingen davon aus, dass das Bundeswehrkontingent möglicherweise auf rund 2400 verdoppelt werden müsste. (40) Das Kommando der Türkei lief im Dezember 2002 ab. Das deutsch-niederländische Korps konnte aus logistischen Gründen erst Mitte Februar 2003 die Führung der ISAF übernehmen. Um kein Vakuum entstehen zu lassen, wurde das Mandat der Türkei bis Anfang März verlängert. Die Hoffnungen, die auf die deutsche Führung der ISAF gesetzt wurden, waren in Afghanistan groß. Doch die Gefahren würden nicht minder groß sein. Der UN-Sicherheitsrat verlängerte das Mandat der ISAF am 27. November 2002 für ein Jahr.

4.1.5 Der steinige Weg zum Frieden am Hindukusch

Die Eingeweihten der politischen Szene Afghanistans machen sich keine Illusionen darüber, dass der auf dem Petersberg eingeschlagene Weg des Friedens steinig sein wird. Trotz des gut fundierten Konzepts der Vereinten Nationen wird sich der Friedensweg nicht reibungslos vollziehen. Dafür sind die politischen Vorstellungen der Afghanen, die strategischen Ambitionen der Anrainerstaaten und nicht zuletzt die Bestrebung der USA, in der Region dauerhaft Fuß zu fassen, zu konträr. Der eingeschlagene Weg ist daher mit kalkulierbaren Risiken und auch unberechenbaren Konsequenzen verbunden.

„Kollateralschaden": Zivilisten als Opfer

Mit dem Beginn der Militärschläge am 7. Oktober 2001 breiteten sich weltweit tiefe Sorgen über die möglichen Folgen vor allem für die Zivilbevölkerung aus. Es dauerte nicht lange, bis die ersten Berichte über zivile Verluste durch glaubwürdige Augenzeugen bestätigt wurden.

Die Schätzungen darüber, wie viele Zivilisten seit Beginn der Militärschläge bis 2003 ums Leben gekommen sind, variieren zwischen 1000 und 4000. Diese Differenz ist vor allem darin begründet, dass eine Unterscheidung zwischen Verlusten durch die Bombardierung und denen, die durch Kämpfe rivalisierender Kräfte verursacht wurden, kaum gemacht werden kann. Auf jeden Fall ist die Zahl derjenigen, die durch die US-Bombardierung ihr Leben gelassen haben, noch größer als zunächst befürchtet. Sie dürfte die Grenze von Tausenden überschreiten. Folgende Beispiele belegen exemplarisch die schon bekannten Fälle.

Eine Woche nach dem Beginn der Militärschläge räumte die US-Administration am 13. Oktober 2001 eine „irrtümliche" Bombardierung in der Hauptstadt Kabul ein. Nur drei Tage später wurden Lager des Internationalen Komitees vom Roten Kreuz mit Nahrungs- und Hilfsgütern von US-Bomben getroffen. Am 23. Oktober 2001 bestätigten die Vereinten Nationen den Beschuss eines Militärkrankenhauses in der westafghanischen Stadt Herat. Am 1. Juli wurde eine Hochzeitsgesellschaft im Dorf Kakarak in der afghanischen Südprovinz Urusgan bombardiert. Nach Angaben von Augenzeugen hatten sich etwa 500 Menschen zu der Hochzeit versammelt. (41) Afghanischen Angaben zufolge kamen bei der Bombardierung 40 Menschen ums Leben, darunter auch das Brautpaar. „Es war wie in einem Schlachthof. Überall war Blut", sagte eine Frau, die diese Tragödie als Augenzeugin miterlebt hatte. „Der Blutfleck im Hof wurde immer größer, überall lagen Körper herum. Ich sah eine Frau ohne Kopf", sagte ein zweiter Augenzeuge. (42)

Als Reaktion auf die „irrtümliche" Bombardierung sagte US-Verteidigungsminister Donald Rumsfeld, „die USA bedauern den Tod eines jeden Unschuldigen". (43) US-Vizestabschef Peter Pace wies erste Berichte zurück, wonach die Hochzeitsgesellschaft von einer fehlgeleiteten Bombe getroffen wurde. Nach Darstellung des Pentagons „landete die Bombe, die von einem B-52-Flugzeug abgeworfen wurde, in einer abgelegenen Gegend auf einem Hügel". (44) US-Präsident Bush sprach jedoch dem afghanischen Volk wegen des „irrtümlichen amerikanischen Angriffs" auf die Hochzeit sein Beileid aus. Der Sprecher des Weißen Hauses, Ari Fleischer, teilte mit, der Präsident sei von den Berichten über unschuldige Opfer betroffen gewesen. Nach Berichten aus der Region hatten die Teilnehmer der Hochzeitsgesellschaft, wie bei solchen Anlässen in Afghanistan üblich, Schüsse in die Luft abgefeuert. (45) Dies sei möglicherweise von den Amerikanern missverstanden worden. Karzai leitete eine Untersuchung des Bombenangriffs ein. (46) Er forderte außerdem eine schnelle Unterstützung für die Familien der Opfer. Nach einem Bericht der amerikanischen Menschenrechtsorganisation „Global Exchange" sind seit Beginn der Bombardierungen im Oktober 2001 bis Anfang Juni 2002 etwa 800 Menschen durch Bombardierungen ums Leben gekommen. (47) Nach dem Bericht von Global Exchange ist dies vor allem auf Fehlentscheidungen der Amerikaner aufgrund falscher Informationen zurückzuführen. Die Übergangsregierung gibt die Verluste mit 500 an. Sie unterstreicht stets, dass die Amerikaner die Verluste unter der Zivilbevölkerung reduzieren sollen, wenn sie diese auf ihrer Seite haben möchten. Trotz aller Verluste, die durch authentische Berichte bestätigt und von Menschenrechtsorganisationen verurteilt wurden, bezeichnete der US-General Tommy Franks die US-Militärschläge als „das präziseste militärische Unterfangen, das jemals von den USA unternommen worden ist". (48) Da die Bombardierungen immer mehr unschuldige Opfer fordern, wachsen Verbitterung und antiamerikanische Gefühle in Afghanistan.

Der Fluch von Dasht-i-Leili: Massaker an Gefangenen

Von der westafghanischen Kulturstadt Herat führt eine von alters her stark frequentierte Straße durch die Steppen und die hüglige Landschaft im Norden Afghanistans nach Masar-e Scharif. An dieser Südflanke der „Seidenstraße" in Zentralasien lautet die Devise für die Reisenden: Dasht-i-Leili möglichst meiden. Die Dasht-i-Leili, die Wüste von Leili, erstreckt sich über ein Gebiet von Tausenden von Quadratkilometern. Sie wird aufgrund ihrer geografischen Lage zwischen den drei nordafghanischen Städten Scheberghan, Andchoi und Maimana oft als „verfluchtes Dreieck" bezeichnet.

Wer es trotzdem wagt, die Dasht-i-Leili zu durchqueren, muss damit rechnen, sein Abenteuer mit dem Leben zu bezahlen. Nach mündlichen Überlieferungen hatte die im Orient weit verbreitete Liebesgeschichte „Leili und Majnun", vergleichbar etwa mit Romeo und Julia im Okzident, in der Dasht-i-Leili ihren dramatischen Hohepunkt: Majnun, der Besessene, habe seine Geliebte Leili in dieser Wüste für immer verloren. Seitdem gilt Dasht-i-Leili für die Einheimischen als „verfluchte Wüste" mit magischen Kräften.

Diese in Verruf geratene Wüste liefert seit 1997 Schlagzeilen über abscheuliche Mordtaten und grausame Massaker, die trotz der brutalen Ereignisse am Hindukusch unbegreiflich erscheinen. Als die Taliban-Milizen 1997 drei Tage nach ihrem siegreichen Einmarsch in den Norden eine vernichtende Niederlage erfuhren, gerieten sie zu Tausenden in Gefangenschaft. Zum Teil wurden die Gefangenen in geschlossenen Containern von Masar-e Scharif nach Scheberghan transportiert. Später wurden in Dasht-i-Leili Massengräber mit Leichen von etwa 1750 Taliban-Milizionären entdeckt. Als die Taliban-Milizen die Stadt Masar-e Scharif 1998 wieder einnahmen, töteten sie Tausende von Kämpfern und Zivilisten und nahmen weitere Tausende gefangen. Sie massakrierten diese Gefangenen später regelrecht und verscharrten sie in der Wüste von Leili.

Nach dem Fall von Masar-e Scharif am 9. November 2001 flüchteten einige zum Kampf entschlossene Taliban-Milizionäre mit ihren Verbündeten von der al-Qaida in die südöstlich gelegene Stadt Kunduz und leisteten heftigen Widerstand gegen die Kräfte der „Vereinigten Front“. Mit dem Fall der Hauptstadt Kabul am 13. November 2001 ergaben sich etwa 5000 Taliban-Milizionäre und „Araber“ in Kunduz. Etwa 500 bis 800 von ihnen wurden als Gefangene nach Qala-i-Jangi in die Festung an der Peripherie der Stadt Masar-e Scharif gebracht. (49) Sie wurden in dieser ehemaligen Garnison eingesperrt. Den Berichten zufolge kam es während einer Untersuchung zu einem Handgemenge zwischen den Gefangenen und einem CIA-Agenten. Daraufhin hätten die Gefangenen, die gut ausgebildet und zum letzten Kampf entschlossen waren, das dortige Waffendepot eingenommen und angefangen zu schießen. Die Revolte dauerte vom 25. bis zum 27. November 2001. Letzten Endes wurde sie mit Unterstützung der USA aus der Luft niedergeschlagen. Die Bilanz ist in jeder Hinsicht niederschmetternd: Von etwa 500 Gefangenen blieben nur 86 am Leben. Neben einem CIA-Agenten starben 80 bewaffnete Kräfte der Nordallianz. (50) Über das Schicksal der anderen Gefangenen, die nach Scheberghan gebracht wurden, ist bis heute nichts bekannt.

Amnesty International warnte im Februar 2002, dass Gefangene vielfach in überbelegten Zellen untergebracht seien und unzureichend ernährt würden. (51) Im April 2002 forderte Amnesty International die afghanische Interimsverwaltung abermals auf, die Gefangenen entsprechend den internationalen Standards zu behandeln. Sie dürften weder misshandelt noch sonstigen Schikanen ausgesetzt werden. (52) Im Laufe des Jahres 2002 wurde wiederholt darüber berichtet, dass die Leichen von etwa 1000 Gefangenen aus der Reihe der Taliban-Milizen und der Anhänger von al-Qaida in Dasht-i-Leili entdeckt worden seien. Erst im Oktober 2002 reiste die UN-Sonderbeauftragte Asma Jahangir nach Masar-e Scharif, um zu untersuchen, inwieweit die Berichte über Massaker zutreffen. (53)

Es besteht kein Zweifel daran, dass in der Dasht-i-Leili, und nicht nur dort, im Laufe der letzten Jahre Tausende von gefangenen Kämpfern und auch Zivilisten hingerichtet und begraben worden sind. Ob dies alles jemals juristisch aufgearbeitet werden wird, ist vorerst fraglich. Es ist aber erforderlich, dass die internationale Gemeinschaft mit Nachdruck auf die Respektierung der Menschenrechte hinweist und deren Missachtung kategorisch für unannehmbar erklärt. Die Fundamente des neuen Afghanistans sind schon jetzt mit Blut befleckt. Es ist viel Blut geflossen. Die Akteure der politischen Szene am Hindukusch müssen endlich begreifen, dass man Blut niemals mit Blut abwaschen darf. Selbstjustiz, unter welchem Vorwand auch immer, muss kategorisch untersagt und mit Sanktionen versehen werden.

Das US-Militärengagement als „Zankapfel"

Das aktive militärische Vorgehen der USA in Afghanistan hat zunächst eine neue politische Polarisierung hervorgebracht. Das Meinungsspektrum erstreckt sich von den Befürwortern eines noch intensiveren US-Engagements über politische Skeptiker bis hin zur Ablehnungsfront.

Die Befürworter rekrutieren sich hauptsächlich aus einer Reihe von Politikern und Technokraten afghanischer Abstammung, die jahrzehntelang im Ausland mit der Frage des Afghanistan-Konfliktes beschäftigt waren. In der Liquidierung der Taliban-Milizen sehen diese zurückgekehrten Söhne des Landes die historische Chance, mit der unmittelbaren Rückendeckung der internationalen Gemeinschaft eine Zivilgesellschaft am Hindukusch aufzubauen. Sie genießen das Vertrauen der USA und haben deshalb einige Schlüsselministerien besetzt. Aschraf Ghani, der mächtige Finanzminister, kommt als Leitfigur dieser Akteure zur Geltung. Darüber hinaus spielen die Befürworter eines intensiven US-Engagements im „Beraterstab" des Präsidenten eine entscheidende Rolle. Sie arbeiten mit Zalmai Khalilzad intensiv und einvernehmlich zusammen. Khalilzad, ein US-Bürger afghanischer Abstammung, genießt als Sonderbeauftragter des US-Präsidenten George Bush und als Architekt des US-Konzepts für Afghanistan das volle Vertrauen der US-Administration. Im Gegensatz zu der aus den USA zurückgekehrten afghanischen Prominenz fühlt sich eine andere afghanische Gruppe, die ihr langjähriges Exilleben in anderen westlichen Staaten verbracht hat, nun mangels einer vergleichbaren Rückendeckung seitens ihrer jeweiligen Gaststaaten im Nachteil. Der Kompetenzstreit zwischen Amin Farhang, dem aus der Bundesrepublik Deutschland zurückgekehrten Wiederaufbauminister, und Aschraf Ghani ist ein typisches Beispiel dafür. Der Streit wird fast immer zugunsten des aus den USA zurückgekehrten Finanzministers Ghani entschieden.

Die Befürworter des US-Engagements verstehen sich durchaus als Demokraten. Mögen einige von ihnen mit gewissen politischen Gruppierungen sympathisieren, das Fehlen des Engagements für die Bildung eigener politischer Parteien ist charakteristisch für alle Technokraten, die nun das Schicksal des Landes in die Hand genommen haben. Sie sind säkular orientiert und wollen den Aufbau der afghanischen Zivilgesellschaft forcieren.

Im Gegensatz zur Gruppe der Befürworter sind die Skeptiker gegenüber dem US-Engagement politisch engagierte Afghanen verschiedener Couleur. Es gibt zunächst politische Zirkel innerhalb der „Nordallianz", die ihre bitteren Erfahrungen mit dem „harten Kern der islamisch orientierten Kräfte" gemacht haben. Sie haben immer noch großen Einfluss auf die Entscheidungen ihrer Organisationen. Sie distanzieren sich zunehmend von den Kräften, die nach wie vor für die Errichtung eines „theokratischen Systems" plädieren.

Junus Qanuni, der Erziehungsminister, und Abdullah, der Außenminister, sind zwei herausragende Akteure, die selbst Burhanuddin Rabbani, den Chef ihrer politischen Partei, dazu gezwungen haben, während der Petersberg-Gespräche den Posten des Staatschefs zu räumen und damit den Weg für eine demokratisch strukturierte Gesellschaft zu ebnen. Darüber hinaus gibt es innerhalb der national-islamischen Bewegung von Rashid Dostum und in der „Einheitspartei" Kräfte, für die die Notwendigkeit der Bildung einer demokratischen Gesellschaft unabdingbar ist. Über diese Kräfte hinaus, die im Rahmen der „Nordallianz" operieren, gibt es demokratische Elemente, die sich entweder als einzelne Personen profiliert haben oder aus den oppositionellen Widerstandszellen hervorgegangen sind. Sie haben vor allem an der Peripherie der politischen Entwicklung manövriert. Im Gegensatz zu den Demokraten innerhalb der Nordallianz weisen die peripheren Demokraten keine politische Organisation oder militärischen Strukturen auf. Sie sind über den ersten Schritt, nämlich über das Verständnis der Notwendigkeit der

Gründung demokratischer Strukturen, noch nicht hinausgekommen. Die Skeptiker sehen die demokratische Gestaltung des Landes unter der Dominanz des US-Imperiums mit gewissen Hemmnissen konfrontiert, die eventuell zu politischen Rückschlägen führen können.

Die Vertreibung der Taliban-Bewegung aus den großen Städten des Landes hat zur Neupositionierung der fundamentalistischen Kräfte Afghanistans geführt. Alle islamistischen Kräfte, die den eingeleiteten Friedensprozess mit der Errichtung eines demokratischen und damit eines säkularen Staates identifizieren, gehen von einer „Verschwörung" der USA gegen Afghanistan aus. Sie lehnen daher die Präsenz der USA und damit des Westens grundsätzlich ab. Zu dieser Ablehnungsfront zählen zunächst Teile der zerschlagenen Taliban-Bewegung, die die Übergangsregierung von Karzai in Kabul nach wie vor bewaffnet bekämpfen. Hinzu kommen fundamentalistische Kräfte aus anderen islamischen Parteien, die sich zur Etablierung einer theokratischen Wirtschafts- und Gesellschaftsordnung bekennen. Sie betrachten die Verfechter des demokratischen Ansatzes als Feinde des Islam. In dieser Reihe profiliert sich zunehmend Gulbuddin Hekmatyar, der Chef der Islamischen Partei Afghanistans. Innerhalb der anderen islamisch orientierten Parteien, von der „Islamischen Gesellschaft" über die „Islamische Allianz" bis hin zu schiitisch orientierten Organisationen, gibt es ein weites Spektrum, das Andersdenkende als Feinde des Islam betrachtet. Afghanische Fundamentalisten bekommen in ihrer antiamerikanischen Haltung zum Teil Rückendeckung von engstirnigen Ethnokraten, die sich beim Aufbau einer Zivilgesellschaft mit der Gleichberechtigung aller Ethnien des Landes als Verlierer sehen. Die Festigung demokratischer Strukturen wird von der Ablehnungsfront als größte Gefährdung ihrer eigenen Interessen betrachtet. Zurzeit stellt die Ablehnungsfront in ihrer islamisch-fundamentalistischen und ethnisch-chauvinistischen Zusammensetzung die größte Gefahr für die Errichtung stabiler Verhältnisse in Afghanistan dar.

Ad-hoc-Maßnahmen als Ersatz für ein adäquates Aufbaukonzept

Das Petersberger Abkommen über Afghanistan ist vergleichbar mit einem Sprung ins kalte Wasser, wobei der internationalen Gemeinschaft weder dessen Temperatur noch dessen Tiefe bekannt war. Die zufriedenstellende politische Lösung eines vielfältig geprägten Konflikts setzt eine realistische Einschätzung der komplizierten Verhältnisse voraus.

Die Strategie der Vereinten Nationen setzte sich aus drei Bestandteilen zusammen, deren Spektrum von intensiver militärischer Operation über die Implementierung einer adäquaten politischen Lösung bis hin zu ökonomischer Unterstützung der Interimsverwaltung reichte. In der Praxis wurde jedoch bald klar, dass sich die unterschiedlichen Elemente dieser Strategie nicht als ein Ensemble koordinierter Bestandteile zusammenfügen. Daher erwies sich schließlich die Gesamtstrategie als eine Maßnahme, deren Bestandteile voneinander isoliert und zum Teil sogar gegenläufig gerichtet waren, sodass letzten Endes der Friedensprozess beeinträchtigt wurde. Auf Einzelheiten dieser Hemmnisse wird im Folgenden eingegangen.

Zähmung der zentrifugalen Kräfte als Haupthindernis

Die Interimsverwaltung in Afghanistan war weder in ihrer personellen Zusammensetzung noch in ihrem konzeptionellen Potenzial und noch weniger von einer adäquaten technischen Ausrüstung her dazu prädestiniert, die ihr aufgetragene Herkulesarbeit des Wiederaufbaus des Landes unter den vorhandenen Voraussetzungen zu erfüllen. Im Verlauf des bitteren Krieges wurde nicht allein die ökonomische Infrastruktur des Landes zerstört, der Krieg hat auch die sozialen Verhältnisse stark beeinträchtigt und familiäre Beziehungen zerrüttet. Hinzu kommt, dass die vorherrschende Kalaschnikow-Kultur ethnische Feindseligkeiten und religiöse Animositäten verschärft hat. Die aus dem Krieg als regionale Fürsten hervorgegangenen Kräfte haben in ihrer Beziehung zur Interimsverwaltung eine Doppelstrategie entwickelt, die darauf hinausläuft, ihre halbherzige Loyalität zur Interimsverwaltung in Kabul für die Stärkung ihrer eigenen Macht zu instrumentalisieren. Wenn es ihrem Interesse diente, handelten sie eigenmächtig über den Kopf der Interimsverwaltung hinweg. In der Geschichte des dynastischen Staates gab es immer zentrifugale Kräfte mit derartig doppelbödiger Vorgehensweise. In den historisch seltenen stabilen Zeitabschnitten am Hindukusch war es der Zentralregierung gelungen, durch finanzielle Zuwendungen die Loyalität der zentrifugalen Kräfte zu erkaufen. Wurden die Finanzmittel spärlich oder versuchte die Zentralverwaltung auf Kosten der Regionalfürsten ihre eigene Macht auszubauen, kam es zur Revolte.

In der aktuellen Phase hat man zunächst verpasst, durch derartige Anreize die regionalen Kräfte systematisch an die Interimsverwaltung heranzuführen. Indem die USA die militärische Zusammenarbeit dieser Kräfte bislang mit etwa 70 Millionen US-Dollar honoriert haben, haben sie die Position der Interimsverwaltung geschwächt. (54)

War der mächtige Usbeken-General Dostum zu Beginn der US-Bombardierung im Oktober 2001 nicht in der Lage, seine Kommandeure angemessen zu bezahlen, so ist er nun dank der großzügigen Finanzspritzen der USA wieder reich geworden. Diese widersprüchliche Politik der USA lässt sich noch präziser am Beispiel von Badscha Khan Zadran im Osten demonstrieren. Der Paschtune Zadran bekommt selbst die Löhne seiner Milizen zum großen Teil von den USA bezahlt, er kämpft aber u. a. in der ostafghanischen Provinz Chost gegen Hakim Taniwal. Taniwal, der in Münster Politologie studierte und zuletzt im australischen Exil lebte, unterstützt als Demokrat die Interimsverwaltung in Kabul.

Erst nach einem Jahr wurde den Akteuren der afghanischen Szene klar, dass sie eine nationale Armee aufbauen müssen, um die Zusammenarbeit der regionalen Fürsten mit „Enduring Freedom" überflüssig zu machen. Gleichzeitig sollte versucht werden, ihre Bewegungsfreiheit durch Einbindung ihrer Kräfte in die nationale Armee einzuschränken. Dieser Schritt wurde auf Initiative des deutschen Auswärtigen Amts auf der zweiten Afghanistan-Konferenz auf dem Petersberg am 2. Dezember 2002 unternommen, genau ein Jahr nach der ersten Konferenz. Neben dem Sonderbeauftragten der Vereinten Nationen und Javier Solana, dem EU-Sicherheitsbeauftragten, nahmen an der Konferenz die Außenminister von 32 Staaten teil, darunter der Anrainerstaaten Afghanistans.

Der Abschlusserklärung der Konferenz zufolge soll sich die Nationalarmee aus bis zu 70 000 Soldaten und Offizieren zusammensetzen. Sie sollen der Befehlsgewalt der zivilen Autorität unterstellt werden. Dieser Prozess der Bildung einer Armee mit freiwilliger Rekrutierung und angemessener Ausbildung soll mehrere Jahre dauern. Parallel zum Aufbau der Nationalarmee sollen Entwaffnung, Demobilisierung und Reintegrationsprogramme für die Milizionäre starten. Unter Aufsicht der Vereinten Nationen erklärten 40 Nationen ihre Bereitschaft, Afghanistan dabei zu helfen. Bezüglich der Stärke der künftigen Nationalarmee Afghanistans wurde offensichtlich auf die Bedenken der Anrainerstaaten Afghanistans, vor allem auf Pakistan und Iran, Rücksicht genommen. Ursprünglich war die Stärke der afghanischen Armee auf mehr als 100 000 Mann geplant gewesen. Im Hinblick auf die zivile Autorität der Nationalarmee ist der Streit zwischen Karzai und seinem Verteidigungsminister Marschall Fahim schon jetzt vorprogrammiert. Das Dekret zur Bildung der Nationalarmee unterschrieb Karzai noch auf dem Petersberg.

Zudem wurde eine Konferenz der Anrainerstaaten für den 22. Dezember 2002 geplant. Die beteiligten Staaten sollten sich zur Achtung der Prinzipien der nationalen Souveränität, territorialen Integrität, guter Nachbarschaft und Nichteinmischung in die inneren Angelegenheiten anderer Staaten verpflichten. Diese diplomatische Verpflichtung wäre hilfreich für das friedliche Zusammenleben der Völker in der Region, wenn sie nicht für die afghanische Seite einen Haken hätte: Die Verpflichtung zu territorialer Integrität bedeutet nämlich für Kabul die Anerkennung der umstrittenen Durand-Grenze zwischen Afghanistan und Pakistan. Im Jahre 1893 wurde zwischen der damaligen britischen Kolonialmacht und dem afghanischen Emir Abdur Rahman Khan, einem Vasallen Großbritanniens, der Durand-Vertrag zur Regelung der Grenzen unterzeichnet. Damit wurden Teile des damaligen Afghanistans dem britischen Imperium einverleibt und dem paschtunischen Volksstamm wurde eine Staatsgrenze aufgezwungen. Seit der Gründung Pakistans im Jahre 1947 hat sich keine afghanische Regierung auf eine offizielle Anerkennung dieser historisch belasteten Grenzlinie eingelassen. Im Gegenteil, diese oktroyierte Grenze hat immer Konfliktstoff geliefert und beide Staaten an den Rand des Krieges geführt.

Das Fehlen einer grundbedürfnisorientierten Entwicklungsstrategie

Der Wiederaufbau des zerstörten Landes am Hindukusch stellt eine historische Herausforderung dar, die nur durch eine gemeinsame Anstrengung aller Kräfte des Landes bewältigt werden kann. Das Land musste allein in den ersten sechs Monaten des Jahres 2002 die Rückkehr von 1,6 Millionen Flüchtlingen aus Pakistan und dem Iran bewältigen.

Eine effektive Demobilisierung von einer Million Afghanen, die aktiv am bewaffneten Kampf teilgenommen haben, setzt ein regional ausgewogenes und abgestimmtes Konzept voraus. Im Zusammenhang damit benötigt das Land vor allem eine grundbedürfnisorientierte Entwicklungsstrategie, die auf die spezifische Situation der Bevölkerung zugeschnitten sein muss. Diese Strategie impliziert die Gewährleistung der Mindestausstattung einer Familie mit ausreichend Nahrungsmitteln, menschenwürdiger Wohnung und angemessener Kleidung. Auch die Verfügbarkeit von elementaren öffentlichen Dienstleistungen wie Trinkwasser, sanitären Anlagen, Transportmitteln sowie Gesundheits-, Bildungs- und kulturellen Einrichtungen muss sichergestellt werden (Samimy, 1993, S. 168). Zur Realisierung dieser Strategie, die zur Entstehung neuer Strukturen führen soll, braucht das Land in erster Linie stabile Verhältnisse. Gerade in diesem Punkt sieht sich die praktische Umsetzung der Bonner Vereinbarungen vor große Widerstände und strukturelle Hemmnisse gestellt.

Traditionelle Widerstände und strukturelle Hemmnisse

Die Afghanistan-Vereinbarung über die künftigen Strukturen des Landes hat minimale, aber notwendige Voraussetzungen für einen friedlichen Übergang zu einem neuen Afghanistan geschaffen. Sie garantiert die friedliche Koexistenz aller Volksstämme in einem neuen, demokratisch legitimierten und modernen Staat. Die aus dem Charakter des dynastischen Staates resultierenden ethnischen Konflikte können auch nur durch den Aufbau eines modernen Staates auf Basis von Gleichberechtigung und angemessener Partizipation aller Ethnien friedlich gelöst werden. Aufgrund der traditionell vorherrschenden Werte und der durch den lang andauernden Krieg entstandenen Strukturen politischer Loyalitäten ist die künftige Gestaltung des Landes im Sinne eines modernen Staats ein risikoreiches Anliegen, das ohne unmittelbare Rückendeckung der internationalen Gemeinschaft kaum zu bewältigen ist.

Im Rahmen der Bonner Vereinbarungen ist die Bildung einer Kommission zur Erarbeitung einer Verfassung vorgesehen. Sie soll auf der Basis des afghanischen Grundgesetzes 1964, allerdings ohne den Abschnitt über die Monarchie, eine demokratische Verfassung erarbeiten. Diese Verfassung ist dann einer Loja Dschirga vorzulegen, die extra einzuberufen ist. Nach Verabschiedung der Verfassung durch dieses Gremium soll das Schicksal des Landes in die Hände der durch freie Wahlen ermittelten Vertreter des Volkes gelegt werden.

Am 3. November 2002 nahm die Verfassungskommission erstmals ihre Arbeit in Kabul auf. Die aus neun Mitgliedern bestehende Kommission wurde aus einer Liste von 25 afghanischen Juristen und Verfassungsexperten gewählt, die ihrerseits auf einer 80-köpfigen Expertenliste basierte. In der Verfassungskommission unter Leitung von Nematullah Shahrani, dem stellvertretenden Präsidenten, arbeiten zwei Frauen mit juristischer Ausbildung und praktischer Erfahrung. Die männlichen Mitglieder der Kommission sind Absolventen unterschiedlicher international anerkannter Universitäten. Von ihnen haben zwei an der Al-Azhar-Universität in Kairo, zwei in den USA, einer in Frankreich und einer im Iran studiert.

In der Verfassungskommission besteht keineswegs Einigkeit darüber, dass die künftige Verfassung eine klare Trennung zwischen Religion und Staat vollziehen und damit säkular orientiert sein sollte. Aus den Diskussionen, die im Vorfeld der zweiten Afghanistan-Konferenz über die künftige Verfassung Afghanistans von einigen Mitgliedern der Kommission geführt wurden, ging eindeutig hervor, dass selbst eine Verankerung der Klausel der Gleichberechtigung der Frauen auf Widerstand stoßen würde.

Nach den Bonner Vereinbarungen sollte die künftige Verfassung des Landes aber eine Gleichberechtigung der Ethnien und der Geschlechter beinhalten. Die Differenzen sind keinesfalls ein Produkt der zufälligen Zusammensetzung der Mitglieder der Kommission. Im Gegenteil, sie sind eindeutiger Ausdruck der Wiedererstarkung der konservativen und religiösen Kräfte, die für die Errichtung eines theokratischen Staates, im besten Fall mit menschlichem Antlitz, plädieren. Die Hauptgefahr besteht eben darin, dass der eingeleitete Friedensprozess und damit der Prozess der Demokratisierung und des Aufbaus der Zivilgesellschaft ins Stocken gerät. Die demokratischen Kräfte und Institutionen, die als potenzielle Träger des demokratischen Prozesses infrage kommen, sind zersplittert. Ihnen fehlen parteipolitische Organisationen. Selbst in der freien Medienlandschaft besitzen sie keine eigenständigen Organe zur Verbreitung ihrer demokratischen Ideen. Hier ist die internationale Gemeinschaft aufgefordert, beim Aufbau der demokratischen Strukturen aktiv mitzuwirken.

Die konservativen traditionellen Widerstände und die strukturellen Hemmnisse verdeutlichen, dass der Weg zum Aufbau einer Zivilgesellschaft in Afghanistan steinig bleiben dürfte. Dennoch herrscht allgemein die Hoffnung, dass die Völker am Hindukusch einen Modus Vivendi finden werden.

Die Defizite des Systems, die letzten Endes die Konstruktion eines „demokratischen Wirtschafts- und Gesellschaftssystems" in Afghanistan scheitern ließen, werden in den nächsten Kapiteln ausführlich kritisch beleuchtet.

4.2 Der „demokratisch wiedergewählte" Präsident Karzai in Bedrängnis

Zentralisiertes Präsidialsystem und neoliberales Wirtschaftskonzept, 2010–2014

(Dieser Abschnitt des vierten Kapitels wurde 2015 geschrieben und erschienen in Samimy, 2016, 302–329)

4.2.1 Mehrdimensionale Hintergründe einer chronischen Krise

Seit etwa vier Jahrzenten befindet sich Afghanistan bei unterschiedlichen ordnungspolitischen Rahmenbedingungen und wechselnden Zuständen sozialer Fragmentierung in einer permanenten politischen Krise. Das Spektrum potenzieller Ursachen dieser Krise erstreckt sich, was die internen Faktoren angeht, von den laufenden politisch ökonomischen Konflikten über tradierte Stammesrivalitäten bis hin zu parteipolitischen und religiösen Loyalitäten. Hinzu kommen als externe Faktoren die politischen Motivationen und geostrategischen Ziele der regionalen Rivalen, oftmals genährt von religiösen Animositäten. Und last, but not least spielen die strategischen Ziele und – seit den Terroranschlägen vom 11. September 2001 – das sicherheitspolitische

Kalkül der internationalen Gemeinschaft eine ebenso wichtige Rolle für die Völker am Hindukusch.

Der bewaffnete Widerstand der Afghanen hat mit Hilfe der religiös-politischen Solidarität regionaler Mächte sowie der großzügigen Finanzhilfe und politischen Rückendeckung des Westens in den achtziger Jahren des 20. Jahrhunderts die Sowjetunion gezwungen, ihre Invasionstruppen aus Afghanistan abzuziehen. Aus dem bewaffneten Kampf gegen den „real existierenden Sozialismus“ der DVPA gingen die Mujahedin im Schatten des Kalten Krieges 1992 als stärkste Gruppe – und vorerst als Sieger – hervor. Mit den Mujahedin wurde der „importierte Fundamentalismus verschiedener Prägung“ am Hindukusch zur vorherrschenden Kraft. Als Produkt eines bewaffneten Konflikts und in Ermangelung der Fähigkeit, ein adäquates Konzept für den ökonomischen Wiederaufbau und die soziale Versöhnung zu formulieren und zu implementieren, trieben die Mujahedin das Land immer tiefer in chaotische Verhältnisse hinein. Dieser Prozess der Fragmentierung im Inneren wurde notwendigerweise von der Schließung neuer Bündnisse mit den jeweiligen regionalen Mächten flankiert. Unter anderem führte diese vielfältige Zersplitterung zur Entstehung der Taliban-Milizen (1994) als einer von außen aufoktroyierten „Ordnungsmacht“. Solange die Strategie der verbrannten Erde der Taliban-Milizen innenpolitisch orientiert war, wurde sie international ignoriert bzw. toleriert.

Afghanistan geriet damit für den Westen in Vergessenheit. Dafür aber spielten umso mehr die Regionalmächte bei der Bestimmung des Schicksals Afghanistans eine ausschlaggebende Rolle. Als Ergebnis dieser miteinander verflochtenen Interessen wurde das Territorium der Taliban zur „Brutstätte“ des internationalen Terrorismus. Die enge Glaubensbindung und die strategische Zusammenarbeit der Taliban-Milizen mit dem Al-Qaida-Terrornetz erreichte ungeahnte Dimensionen. Ahmad Schah Massoud, der Kommandeur der „Nationalen Einheitsfront“, wies auf seiner Europareise zu Beginn des Jahres 2001 in Paris auf die Gefahr des Al-Qaida-Terrornetzes für die internationale Gemeinschaft explizit hin. Diese Warnung wurde bagatellisiert und die daraus resultierenden Gefahren wurden von Sicherheitsexperten als zu gering eingestuft. Erst durch die Terroranschläge vom 11. September 2001 auf das World Trade Center in New York und auf das Pentagon in Washington wurde die Bekämpfung des „internationalen Terrorismus" zum obersten Ziel der US-Administration.

Am 20. September 2001 bezeichnete US-Präsident George W. Bush vor dem Kongress Osama bin Laden, den Chef des Al-Qaida-Terrornetzes, als Hauptdrahtzieher. Der Präsident fügte wörtlich hinzu: „Die Führung der al-Qaida hat großen Einfluss in Afghanistan und unterstützt das Taliban-Regime." (1) Die US-Administration versuchte zunächst vergeblich, mit Hilfe von Pakistans Militärmachthaber General Pervez Musharraf den Chef der Taliban-Milizen dazu zu bewegen, Osama bin Laden auszuliefern. Zunächst stand für die Amerikaner kein Regimewechsel auf dem Plan. Erst die strikte Ablehnung der US-Forderung nach Auslieferung der Drahtzieher der Terroranschläge machte das Regime der Taliban-Milizen zum Angriffsziel der US-Militärschläge.

Die massiven Luftangriffe der USA auf die strategischen Ziele der Taliban und auf die Trainingslager von al-Qaida am Hindukusch führten rasch dazu, dass sich die Taliban-Milizen und Al-Qaida-Anhänger eilig aus den großen Städten Afghanistans zurückziehen mussten. Die Hauptstadt Kabul fiel am 13. November kampflos. Damit erwiesen sich die Taliban-Milizen und die mit ihnen verbündeten Al-Qaida-Anhänger als eine vom afghanischen Volk isolierte bewaffnete Bande, die von Afghanen gehasst und bekämpft wurde. Letzten Endes wurde damit nach zwei Jahrzehnten der Weg für eine politische Lösung frei.

4.2.2 Das Fehlen eines adäquaten Aufbaukonzeptes zur Förderung des demokratischen Friedensprozesses

Der „demokratische Friedensprozess", der auf den Bonner Vereinbarungen vom Dezember 2001 beruht, entstand also als ein Nebenprodukt des Kampfes der internationalen Gemeinschaft gegen den Terrorismus. Trotz aller Hemmnisse und Widersprüche wurden durch die Verabschiedung einer demokratisch konzipierten Verfassung im Januar 2004 die Weichen für eine hoffnungsvolle Zukunft des Landes gestellt. In Ermangelung eines der Situation einer „post-conflict society" adäquaten Aufbaukonzeptes erwies sich jedoch die „historische Chance" auf eine umfassende friedliche sozioökonomische Entwicklung am Hindukusch als Illusion.

Mit Hamed Karzai nahm zum ersten Mal in der Geschichte des Landes ein demokratisch gewählter Präsident in Kabul die Geschicke des Landes in die Hand. Karzais Herrschaft wurde von vier völlig unterschiedlichen Gruppen politisch, sozial und konzeptionell flankiert: Politisch wurde das Karzai-Regime von den ehemaligen Mujahedin-Führern getragen, die an den Bonner Vereinbarungen maßgeblich beteiligt gewesen waren. Als Produkt der langwierigen bewaffneten Auseinandersetzung hatte diese Gruppe kein tragbares Aufbaukonzept: Sie operierte mit einem allgemein vage gehaltenen Kalkül der „islamischen Wirtschafts- und Gesellschaftsordnung". Sie besaß jedoch nicht die Fähigkeit, diese Ordnung im Einzelnen auf die Situation in Afghanistan zugeschnitten zu definieren.

Diese Lücke sollte ein anderes Spektrum afghanischer Experten schließen, die im Laufe der letzten drei Jahrzehnte in internationalen Finanzinstitutionen bis hin zum Internationalen Währungsfonds und der Weltbank Expertise gewonnen hatten und das Vertrauen des Westens genossen. Als dritte Gruppe traten somit die afghanischen Kaufleute auf, die sich in der modernen Geschäftswelt des Auslands behauptet hatten und nun in Afghanistan Chancen auf lukrative Geschäfte sahen. Schließlich meldete sich auch die traditionelle Schicht der Einflussreichen, die aufgrund der politischen Entwicklung in den letzten zwei Dekaden an Macht und Einfluss verloren hatte, zu Wort: die Khans, Maleks (Dorfbürgermeister), Mirows (Wasseraufseher), der ländliche Adel und die traditionellen Geistlichen als Repräsentanten des Volksislam. Sie waren zum großen Teil aus ihren Dörfern vertrieben worden und kehrten nun aus der Emigration zurück. Es gelang ihnen rasch, ihren traditionellen sozialen Stellenwert wiederzuerlangen.

Damit etablierte sich eine neue gesellschaftspolitische Schicht, zusammengesetzt aus Führern der ehemaligen Mujahedin, Vertretern des Finanzkapitals, afghanischen Geschäftsleuten und der traditionellen Elite. Diese Allianz etablierte sich inzwischen als eine „neue Oligarchie", die wiederum unter der politischen Führung eines kleinen Kreises um Karzai im Präsidialamt die politisch-ökonomische Entwicklung des Landes zu steuern versuchte. Das ordnungspolitische Konzept dieser neuen Oligarchie spiegelt sich in der Verfassung des Landes wider: politisch in einem „umfassend zentralisierten Präsidialsystem“ und wirtschaftlich in der Implementierung einer „neoliberalen Wirtschaftspolitik“.

4.2.2.1 Das umfassende Präsidialsystem als Zankapfel

Der Artikel 64 der Verfassung des Landes zählt 22 relevante Fälle auf, die dem Kompetenzbereich des Präsidenten unterliegen. Damit trifft der Präsident als „Superman“ fast alle wichtigen Entscheidungen, von gesellschaftspolitischen bis hin zu ökonomischen, quasi im Alleingang. Trotz der in der Verfassung des Landes verankerten Gewaltenteilung hat Karzai in der Praxis die Legislative und Judikative im Sinne seiner Entscheidungen im Großen und Ganzen de facto außer Kraft gesetzt bzw. zum Ausbau seiner eigenen Machtbasis instrumentalisiert. Darüber hinaus hat Karzai selbst sein eigenes Kabinett zum ausführenden Organ seines Präsidialamtes degradiert. Unter der Leitung von Karim Khorram, einem fundamentalistischen Anhänger der „Hezbe Islami Afghanistan“, wurde das Präsidialamt zum alleinigen Entscheidungszentrum des Landes. Der von Karzai bevorzugte operative Top-down-Ansatz hat den wirtschaftspolitischen Gestaltungsraum in den Provinzen sehr stark eingeengt. Die Verhinderung einer Partizipation von unten förderte die Wiederherstellung bzw. Neuformierung eines Klientelsystems. Alle wichtigen Posten in der Provinz und den Bezirken werden von der Zentrale in Kabul, und zwar durch das Präsidialamt, nach Loyalitätskriterien – und nicht nach Qualifikation – besetzt. Die fremdbestimmten Beamten in den Provinzen, von den Gouverneuren bis hin zu Amtsträgern in den Bezirken, fühlen sich dem Volk gegenüber nicht zur Rechenschaft verpflichtet. Damit wird der Korruption Tür und Tor geöffnet. Im Falle eines Skandals werden diese Amtsträger lediglich versetzt.

Allerdings kann nicht übersehen werden, dass die politische Klasse zur Frage der politischen Ordnung divergierende Meinungen vertritt. Die Karzai-Gruppe und mit ihr ein großes Spektrum von Paschtunen verschiedener Couleur verteidigt das vorhandene Präsidialsystem mit aller Entschiedenheit. Sie lehnt jede abweichende Meinung ab und sieht im Gedankengut von Andersdenkenden einen Verrat an der nationalen Einheit des Landes. Innerhalb der politischen Klasse jedoch plädiert vor allem eine Reihe nichtpaschtunischer Vertreter für ein parlamentarisches System, in dem ein vom Parlament gewählter Ministerpräsident die Exekutive repräsentiert. Dem Präsidenten fielen dabei lediglich formale und repräsentative Aufgaben zu. Ein Ableger dieser Version akzeptiert das Präsidialsystem, jedoch mit lockeren föderalen Strukturen, in denen die Provinzen ihre Gouverneure und Bürgermeister selbst demokratisch wählen dürfen. Diesbezüglich ist das letzte Wort noch nicht gesprochen worden.

4.2.2.2 Unangefochtene „neoliberale" Wirtschaftsdoktorin

Abgesehen von kleinen Abweichungen in Nuancen gibt es bei der Implementierung der neoliberalen Wirtschaftsdoktorin keine nennenswerten Meinungsunterschiede innerhalb der neuen Oligarchie. Mit der Etablierung des „demokratischen Friedensprozesses" haben die Experten afghanischer Abstammung im Einvernehmen mit den Geberstaaten und den internationalen Finanzinstitutionen die Politik der liberalen Markwirtschaft als ein „Erfolgskonzept" in vollen Zügen implementiert. Nach Artikel 10 der Verfassung des Landes wird die liberale Marktwirtschaft ins Zentrum aller privater Wirtschafts- und Investitionstätigkeiten gestellt.

Dem Staat wird nur die Pflicht auferlegt, für Förderung und Sicherheit der privaten Initiativen in der Wirtschaft und Gesellschaft zu sorgen. Die liberale Marktwirtschaftspolitik findet ihr institutionelles Echo in der „Nationalen Entwicklungsstrategie für Afghanistan". Sie weist dem Staat die Aufgabe zu, den privaten Wirtschaftssektor zum Motor der Wirtschaftsentwicklung und entscheidenden Bestandteil des langfristigen Entwicklungsprozesses zu machen. Demnach ist der Staat verpflichtet, die Staatsbetriebe so rasch wie möglich in privaten Besitz zu überführen und zu fördern. (2)

Die Architekten dieser Strategie machen die Privatwirtschaft in einer freien Marktwirtschaft ohne Festsetzung der Prioritäten der „nationalen Wirtschaftsentwicklung" zum Hauptmotor der Entwicklung. Ihnen ist die kritische Auseinandersetzung mit der Implementierung neoliberaler Wirtschaftspolitik in der Peripherie und mit deren negativen Folgewirkungen gänzlich fremd. Sie ignorieren völlig die Notwendigkeit einer grundbedürfnisorientierten Entwicklungsstrategie und einer darin eingebundenen Politik der Importsubstitution und Exportförderung. Es deutet auch vieles darauf hin, dass ihnen Konzepte zur Förderung der heimischen Verarbeitungsindustrie fremd sind.

4.2.3 Die internationale Gemeinschaft: zum Primat des Militäreinsatzes

Nach zwölf Jahren ist der demokratische Friedensprozess am Hindukusch in eine Sackgasse geraten. Die Hauptursachen dieser Entwicklung sind sowohl interner als auch externer Natur. Zunächst erwies sich das Wirtschafts- und Gesellschaftssystem, das auf dem Konzept des umfassenden, zentralistisch operierenden Präsidialsystems basierte und ökonomisch durch die Grundidee der neoliberalen Wirtschaftsordnung flankiert wurde, als inadäquat. Hinzu kam die in vielfältiger Hinsicht defizitäre Strategie der internationalen Gemeinschaft. Die in Afghanistan engagierten Staaten waren zuallererst intensiv mit der Bekämpfung des Terrorismus beschäftigt, und dies hauptsächlich mit militärischen Mitteln. Die wichtigsten Faktoren des zivilen Aufbaus, von der Nationenbildung über den Aufbau einer Zivilgesellschaft bis hin zur Förderung der Demokratie, spielten eine nachgeordnete Rolle. Die Aufbaustrategie der Weltgemeinschaft ließ sich auf das Prinzip von „Lead Nations" reduzieren, indem fünf große Geberstaaten den Aufbau in jeweils einem Bereich übernahmen; die USA: Aufbau der afghanischen Armee; Großbritannien: Bekämpfung von Drogenanbau und Schmuggel; Japan: Entwaffnung; Italien: Justizreform; und last, but not least die Bundesrepublik Deutschland: Schul- und Erziehungssystem.

Dieses Konzept erwies sich in der Praxis aus verschiedenen Gründen als unzureichend bzw. als ineffizient. Das Lead-Nation-Prinzip konnte, wie sich inzwischen herausgestellt hat, das Fehlen einer gesellschaftspolitisch umfassenden Aufbaustrategie nicht kompensieren. Erschwerend kam hinzu, dass es zur Koordinierung verschiedener Bereiche zwischen den Hauptgeberstaaten keinen funktionsfähigen Mechanismus und keine vernünftige Kommunikation gab. Und zuletzt entstanden damit parallele Strukturen in den Geberstaaten und im afghanischen Staatsapparat. Damit gingen große Teile der sowieso knapp bemessenen Ressourcen für den Aufbau des Landes verloren. Schließlich wurden von jedem Dollar der für Afghanistan vorgesehene Finanzhilfe 40 Cents, d. h. 40 Prozent, im jeweiligen Geberland selbst unter der Sparte „Hilfe für Afghanistan" ausgegeben. (3)

Als die USA von 2003 bis 2007 stark im Irak involviert wurden, geriet Afghanistan weitgehend in den Hintergrund. Erst mit der Präsidentschaft von Barack Obama 2009 kehrte die strategische Bedeutung Afghanistans und damit der Stellenwert der Bekämpfung des internationalen Terrorismus an der afghanisch-pakistanischen Grenze wieder stark ins Bewusstsein der in Afghanistan involvierten Staaten zurück. Spätestens dann erwies sich die Strategie des reinen Militärengagements als ein Abenteuer – als ein Sprung ins afghanische Wasserbecken, von dem man weder den Kältegrad noch die Tiefe kannte.

Als sich die Frage des Abzugs der internationalen Truppen aus Afghanistan stellte, benötigte man nicht nur einen Strategiewechsel, erforderlich war auch ein Paradigmenwechsel. Denn spätestens 2010 stellte sich der „comprehensive approach" der Amerikaner, also die Verknüpfung der militärischen und zivilen Aspekte, als zu spät und unzureichend dar. Es war dann konsequent, daraus die Schlussfolgerung zu ziehen und Afghanistan aus der Vormundschaft der internationalen Gemeinschaft zu entlassen. Das wurde im Dezember 2011 auf der Bonner Konferenz, bekannt als „Bonn-II-Konferenz", vollzogen. In Bonn wurden hauptsächlich politische Aspekte der Entwicklung des künftigen Afghanistans hervorgehoben. Militärische Gesichtspunkte, die zur Beschlussfassung über den Abzug der internationalen Truppen aus Afghanistan bis Ende 2014 führten, wurden erst im Mai 2012 auf der NATO-Gipfelkonferenz in Chicago explizit ins Spiel gebracht.

4.2.4 Folgewirkungen der fehlgeleiteten Entwicklung im Schatten des Abzugs der internationalen Truppen aus Afghanistan

4.2.4.1 Zur Genesis der Beschlussfassung über den Abzug der Truppen

Ungeeignete Strategie zur Bekämpfung des Terrorismus

Auf dem NATO-Gipfel im November 2010 in Lissabon vereinbarten die Staats- und Regierungschefs eine neue Strategie für die NATO. Im Rahmen dieser Strategie, die im Schatten der vorherrschenden Finanzkrise u. a. eine Umstrukturierung bzw. eine bessere Koordinierung der NATO-Streitkräfte implizierte, kamen die Chefs der 48 beteiligten Staaten über den Zeitplan des

Abzugs aus Afghanistan überein. (4) Daneben wurden nach intensiver Beratung mit Hamed Karzai Übereinkünfte über eine „langfristige militärische Zusammenarbeit" erzielt. In der „Lissaboner Erklärung" über Afghanistan wurden die Prinzipien der „Sicherheit und Stabilität in Afghanistan" unterstrichen und es wurde darauf hingewiesen, dass diese Ziele mit der Sicherheit der NATO-Staaten eng verbunden seien.

Demnach dürfe Afghanistan nie wieder zum Zufluchtsort bzw. zum Stützpunkt von Terroristen werden. Mit Bezug auf die Lissaboner Erklärung nahm auf dem NATO-Gipfel in Chicago (im Mai 2012) der Abzugsplan konkrete Gestalt an. Nach der Chicago-Erklärung soll der „unumkehrbare Prozess" der Übertragung der Verantwortung von der ISAF auf die afghanischen Sicherheitskräfte bis Ende 2014 abgeschlossen werden. (5) Anders Fogh Rasmussen, Generalsekretär der NATO, unterstrich, dass die NATO bis 2024 Afghanistan weiterhin militärischen Beistand leisten werde. Den erforderlichen Finanzbedarf für die afghanischen Sicherheitskräfte, deren Truppenstärke bis Ende 2014 auf etwa 360 000 erhöht werden sollte, bezifferte er mit 4 Milliarden US-Dollar im Jahr. Der Anteil Afghanistans an dieser Finanzsumme wird, wie Karzai später ausdrücklich bestätigte, von 500 Millionen US-Dollar im Jahr 2015 sukzessive steigen, und im Jahr 2024 werden die Afghanen – zumindest auf dem Papier – die volle Summe für die Sicherheit ihres Landes aufbringen müssen. (6)

Hiermit wurde das Konzept der „Afghanisierung" des Konfliktes vollständig formuliert. Diesem Konzept nach sollen die finanziellen Kriegskosten auf ein Minimum reduziert werden; die afghanischen Sicherheitskräfte sollen im eigenen Ermessen operieren und die Verantwortung für die „kollateralen Schäden" selbst übernehmen. Die USA werden im Rahmen eines „Sicherheitspaktes", der noch mit Kabul zu schließen sein wird, mit etwa 10 000 Soldaten im Lande stationiert bleiben. Diese Kräfte sollen die afghanischen Sicherheitskräfte beraten und weiterhin für Ausbildung und Ausrüstung sorgen. Im Falle der Übernahme der Verantwortung seitens der afghanischen Sicherheitskräfte werden die Kosten in der Tat auf ein Minimum reduziert. Nach Berechnungen von Aschraf Ghani, dem Chef des Prozesses der „Übertragung der Verantwortung", kostet ein US-Amerikaner im Jahr in Afghanistan eine Million US-Dollar. Dagegen kostet ein afghanischer Soldat

16 000 US-Dollar im Jahr. (7) Nach Angaben von Stephen Biddle, Dozent der Sozialwissenschaften an der George Washington University, haben die USA im Jahr 2011 etwa 120 Milliarden US-Dollar für den Anti-Terrorismus-Krieg in Afghanistan ausgegeben. (8) Das operative Budget für die Sicherheitskräfte Afghanistans für das Fiskaljahr 2013 beläuft sich auf 6,5 Milliarden US-Dollar, das ist mehr als das Zweifache der gesamten Einnahmen des Staates Afghanistan in diesem Jahr. Nach der Entscheidung des NATO-Gipfels in Chicago wird der Beitrag Afghanistans zur Verteidigung des Landes von 12,5 Prozent im Jahre 2015 auf 100 Prozent im Jahre 2024 steigen. Das ist finanzpolitischer Unsinn und entwicklungspolitischer Selbstmord, denn diese Steigerung des Militärbudgets kann nur auf Kosten sozialpolitischer Sektoren (z. B. Gesundheit und Erziehung) kompensiert werden. Die Alternative wäre, dass sich die USA und damit die NATO verpflichteten, jährlich zwischen 2 und 4 Milliarden US-Dollar zum Budget der afghanischen nationalen Sicherheitskräfte beizutragen. Diese Entwicklung würde Afghanistan in vollständige Abhängigkeit von den Finanzmitteln der USA bringen.

Über die finanziellen Aspekte hinaus ist diese Militärstrategie, die auf einen für afghanische Verhältnisse mächtigen Militärapparat baut, für die Bekämpfung des Terrorismus (Selbstmordattentate und ferngeleitete Bombenanschläge) am Hindukusch kaum geeignet. Der Terrorismus in Afghanistan stellt im Wesentlichen einen sozialen Konflikt dar, der allein militärisch nicht zu lösen ist.

Darüber hinaus ist die afghanische Nationalarmee schlecht ausgebildet, mangelhaft ausgerüstet und chronisch unterbezahlt. Hinzu kommt der historische Aspekt, dass in der Geschichte des Landes die afghanische Armee kaum militärische Invasionen verhindern konnte. Im Gegenteil, ziemlich oft ist die Armee unter dem Befehl von Teilen der politischen Machtelite selbst zum Verbündeten der Invasoren geworden. Erst die organisierten Volksaufstände haben dann die Invasoren vertrieben.

Für eine erfolgreiche Bekämpfung des Terrorismus benötigt man, wie die Erfahrungen anderer Länder nahelegen, zuallererst eine gut ausgebildete, angemessen ausgerüstete und adäquat bezahlte Polizei sowie einen gegen den Terrorismus gerichteten, gut funktionierenden Geheimdienst. Allerdings muss betont werden, dass dies lediglich notwendige Voraussetzungen sind, ausreichend sind sie keineswegs. Dafür muss der Staat durch die Bekämpfung der sozialen Misere das Vertrauen der Bevölkerung gewinnen und dadurch dem Terrorismus den sozialen Boden entziehen.

Die RAND Corporation, ein renommierter amerikanischer Thinktank, hat etwa 90 bewaffnete aufständische Bewegungen seit 1945 untersucht. Als Ergebnis dieser Studie haben sich als Erfolgsbedingungen einer Antiterrorstrategie drei Aspekte herauskristallisiert:

1) die Fähigkeit und das Potenzial der nationalen Sicherheitskräfte, insbesondere der Polizei,
2) „Good Governance", vor allem auf lokaler Ebene, und
3) Unterbindung der ausländischen Rückendeckung der Aufständischen. (9)

Diese Bedingungen lassen nicht unbedingt den Erfolg einer Antiterrorstrategie in Afghanistan erwarten.

4.2.4.2 Düstere Perspektive der Wirtschaftsentwicklung

Die „Nationale Entwicklungsstrategie für Afghanistan", die auf der Grundlage neoliberaler Wirtschaftspolitik 2008 entwickelt worden war, hat die Entwicklung der Wirtschaft und Gesellschaft des Landes in die Sackgasse geführt. Diese Entwicklungsstrategie machte das Land in vielfältiger Hinsicht, vor allem ökonomisch, stark vom Ausland abhängig, politisch noch anfälliger und ließ sozialpolitisch die Kluft zwischen der „neuen Oligarchie" und der zunehmend pauperisierten Masse wachsen. Diese Fehlentwicklung lässt nicht im Ansatz eine autonome Entwicklung hin zu einer Deckung der Grundbedürfnisse erkennen.

Das Bruttoinlandsprodukt (BIP) nach Kaufkraft ist in Afghanistan von 25,9 Milliarden US-Dollar im Jahre 2009 auf 29,9 Milliarden im Jahre 2011 und auf 34,3 Milliarden im Jahr 2012 gestiegen. Damit beträgt das Pro-Kopf-Einkommen 2012 etwa 1100 US-Dollar. (10) Gemäß diesem Indikator nimmt Afghanistan nach einer Dekade der massiven Unterstützung der internationalen Gemeinschaft weltweit den Rang 216, einen der letzten Plätze, ein. Das Einkommen ist sehr ungleich verteilt: 10 Prozent der Bevölkerung erzielen mehr als 30 Prozent der Einkommen. Am anderen Ende leben etwa 38 Prozent der Bevölkerung des Landes unterhalb der Armutsgrenze. Der Gini-Koeffizient der Einkommensverteilung verweist Afghanistan auf Rang 120 unter 126 Staaten.

Afghanistan hat von 2002 bis 2011 etwa 60 Milliarden US-Dollar an Aufbauhilfe bekommen. Im Jahr 2012 haben die Geberstaaten auf der Tokio-Konferenz versprochen, dem Land bis 2016 weitere 16 Milliarden zur Verfügung zu stellen. Nach einer Studie des „Peace Dividend Trust" sind 40 Cents einer jeden Dollar-Hilfe im Geberstaat selbst ausgegeben worden. (11) Der Rest wird nicht nach einem bestimmten Entwicklungskonzept ausgegeben, das dem Aufbau des Landes zugutekäme. Die Ausgaben werden vielmehr nach Ermessen der jeweiligen Geberstaaten und vor allem ad hoc für verschiedene Projekte ohne Koordination verteilt.

Nach einer Untersuchung von Heather Barr, einer Mitarbeiterin von Human Rights Watch, wird in Afghanistan weithin erwartet, dass nach dem Abzug der internationalen Kräfte die Wirtschaft des Landes zusammenbrechen werde. (12) Mit dem Abzug der internationalen Streitkräfte werden das Interesse und parallel dazu das Engagement der internationalen Gemeinschaft in Afghanistan spürbar nachlassen. Nach Schätzung der Weltbank wird das BIP Afghanistans nach dem Abzug um 2 bis 3 Prozent sinken. (13) Zunehmende Kapitalflucht stellt einen zusätzlichen Faktor dar, der die Zahlungsbilanz belastet und die Perspektive für die Wirtschaftsentwicklung beeinträchtigt. Die Höhe der Kapitalflucht wird von Experten allein im Jahr 2011 auf 4,6 Milliarden Dollar geschätzt. (14)

Über die trübe Perspektive der Wirtschaftsdaten hinaus verschlechtern sich auch andere Sozialindikatoren. Nach dem Human-Development-Index des UN-Entwicklungsprogramms, der Gesundheit, Bildung und Einkommen misst, nimmt Afghanistan im Jahre 2011 unter 192 Staaten den Rang 172 ein. Mit dem Index von 0,398 liegt Afghanistan unter dem Durchschnitt der Entwicklungsländer (0,456) und der südasiatischen Staaten (0,548). Zum Vergleich: In der Tabelle liegt Turkmenistan auf Rang 102, Usbekistan auf Rang 115, Pakistan auf Rang 145 und der Iran auf Rang 88. (15)

Mit einem Anteil von mehr als 90 Prozent an der globalen Drogenproduktion ist Afghanistan nach wie vor der größte Drogenproduzent der Welt. Nach

Angaben der UN-Drogenbehörde (United Nation Office on Drugs and Crime) hat sich die Drogenanbaufläche in Afghanistan von 123 000 Hektar im Jahr 2010 auf 131 000 Hektar im Jahre 2011 erhöht, die Drogenproduktion stieg innerhalb dieses Jahres von 3600 auf 5800 Tonnen. (16) Mit 2,6 Milliarden US-Dollar beträgt der Drogenanteil am Bruttosozialprodukt des Landes im Jahr 2011 etwa 16 Prozent. 80 Prozent des Drogenanbaus liegen in den Händen von Großgrundbesitzern und einflussreichen Personen. Drogenanbau und -schmuggel werden von der Drogenmafia durchgeführt, wobei neben den Taliban-Milizen graue Eminenzen von der Dorfebene bis zu Abgeordneten im Parlament beteiligt sind.

Hinsichtlich Korruption hat sich laut Transparency International die Situation nicht verbessert. Im Korruptionsindex der Organisation rangiert Afghanistan mit Myanmar schon seit Jahren (nach Somalia) auf dem vorletzten Platz. Laut Integrity Watch Afghanistan stellt Korruption nach Sicherheit und Arbeitslosigkeit die drittgrößte Sorge der Afghanen dar. Korruption ist in allen Bereichen – bis auf die höchste Justizebene – gang und gäbe, ihr monetäres Volumen hat sich in den letzten Jahren auf 1,5 Milliarden US-Dollar pro Jahr mehr als verdoppelt. (17) Die damit einhergehende Deformation staatlicher Strukturen begründet den Tatbestand, dass Afghanistan in der Reihe der „gescheiterten Staaten" an vorderster Stelle steht.

4.2.4.3 Zum gewandelten Charakter aufständischer Kräfte als Hauptstörfaktor

Die effektive Bekämpfung des internationalen Terrorismus in Afghanistan stellt nach wie vor die größte Herausforderung für die internationalen Streitkräfte am Hindukusch dar. Nach dem geplanten Abzug müssen sich die afghanischen Sicherheitskräfte, mit oder ohne internationale Rückendeckung, dieser Herkulesaufgabe stellen, denn der Terrorismus stellt neben Drogen und Korruption den Hauptstörfaktor für den demokratischen Friedensprozess dar.

Die in Afghanistan seit 2006 intensivierten und mit neuen Taktiken durchgeführten Terrorakte lassen sich keineswegs allein den Taliban-Milizen zuschreiben. Unter dem Einfluss von Drogenhandel und durch den Missbrauch politischer Macht sind gesellschaftliche Strukturen entstanden, die verhindern, dass der Terrorismus gebannt wird. Auf organisatorischer Ebene erstreckt sich das Spektrum des Terrornetzes in Afghanistan auf folgende Gruppen:

- den Rest der Anhänger des Al-Qaida-Terrornetzes,
- die Terrorgruppe von Qari Taher Jeldasch,
- die Terrorbande von Jalaluddin Haqqani,
- den „Militärflügel" der Hezbe Islami Afghanistan und last, but not least
- die Tahrik Islami Taliban, die Taliban-Milizen.

Einige Anhänger des Al-Qaida-Terrornetzes operieren nach wie vor im afghanischen Kunartal im Osten des Landes. Sie operieren eng mit der Haqqani-Gruppe und der Gruppe von Taher Jeldasch, einer usbekischen Terrorbande, die für die Islamisierung Turkestans kämpft. Nach dem Tod von Osama bin Laden und motiviert vom Aufflammen der politischen Krise in der arabischen Welt kämpft al-Qaida viel aktiver an anderen Brandherden des Nahen Ostens und Nordafrikas. Ihre ideologische Bindung an die Taliban-Milizen und ihre Trainingslager vor allem im pakistanischen Nord- und Südwasiristan bleiben aber bestehen. Dort erhalten sie Rückendeckung von der „Tahrik Taliban Pakistan" und der Gruppe um Haqqani. Diese Gruppe operiert unter Leitung von Sarajuddin Haqqani, dem Sohn des Begründers der Gruppe Jalaluddin Haqqani, von Pakistan aus und in engem Kontakt mit ISI, dem pakistanischen Militärgeheimdienst, und zielt vor allem auf die indischen Einrichtungen in Afghanistan.

Bei der Hezbe Islami Afghanistan unter Führung von Gulbuddin Hekmatyar handelt sich um eine fundamentalistische Partei, die mit größtmöglicher Unterstützung des ISI als stärkste Militärkraft aus dem Widerstandskampf gegen die sowjetische Invasion hervorging. Sie konnte sich jedoch gegen Ahmad Schah Massoud, den legendären Kommandeur der Jamiati Islami, in Kabul nicht durchsetzen. Hekmatyar ist ein paschtunischer Machiavellist. Wie die Taliban beansprucht er das Machtmonopol in Kabul. Hekmatyar verfolgt eine Doppelstrategie: Sein Militärflügel kämpft mit terroristischen Anschlägen, während trotz einiger verbaler Differenzen der politische Flügel der Partei aktiv am politischen Leben in Kabul teilnimmt. Abdul Hadi Arghandiwal,

Vorsitzender der Hezbe Islami, bekleidet seit Jahren im Karzai-Kabinett den Posten des Wirtschaftsministers. Der ehemalige Stellvertreter Qutbuddin Helal hat sogar für die Präsidentschaftswahlen im Jahr 2014 kandidiert. Außerdem sitzen einige Anhänger von Hekmatyar im afghanischen Parlament.

Diese bewaffneten Kräfte stiften zwar durch Terrorakte Unruhe, für den weit verbreiteten Terrorismus im Lande zeichnen jedoch hauptsächlich die Taliban-Milizen verantwortlich.

Das Phänomen, dass eine zunächst unbekannte, kleine, politisch obskure und religiös radikale Gruppe in Gestalt der Taliban-Milizen quasi aus dem Nichts entstand und sich rasch zu einer militärisch mächtigen, politisch machiavellistischen und ideologisch fanatischen Gruppe entwickelte, besitzt weitreichende und fundamentale Relevanz. Dass eine irrelevante religiöse Gruppe in einem geopolitisch sehr sensiblen, strategisch brisanten und wirtschaftlich stark frequentierten Knotenpunkt in Zentralasien zur „Ordnungsmacht" gekürt wird, ist keineswegs das Produkt einer Reihe unglücklicher Zufälle. Im Gegenteil ist es das konkrete Ergebnis strategischer Intentionen und einer Reihe günstiger politischer, religiöser und ethnischer Faktoren. Monoethnisch denkende Persönlichkeiten aus verschiedenen paschtunischen Kreisen, geostrategische Interessen Pakistans, religiöse Ambitionen arabischer Golfstaaten und strategische Überlegungen der USA sind verantwortlich für das halb durchdachte Konzept, Taliban-Milizen als Ordnungsfaktor in Kabul zu etablieren. Spätestens mit den Terroranschlägen in New York und Washington haben sich diese Absichten als Ursprung eines globalen Fiaskos erwiesen.

Nach der Vertreibung der Taliban-Milizen aus den Großstädten Afghanistans hat sich die Führung der Milizen nach Quetta zurückgezogen, der afghanisch-pakistanischen Grenzstadt in der pakistanischen Provinz Belutschistan. Nach und nach hat sich mit den Änderungen der Kampftaktik der gesellschaftspolitische Charakter der Bewegung in vielfältiger Hinsicht geändert. Zuallererst änderte sich der Charakter der Taliban-Milizen von einer als „Ordnungsmacht" konzipierten Kraft zum Störfaktor des „demokratischen Friedensprozesses" in Afghanistan. Die Stationierung der Führungsmannschaft der Taliban in Quetta und die von dort aus initiierten Terrorakte in Afghanistan haben allerdings die gesellschaftliche Akzeptanz der Milizen bei den Paschtunen in Afghanistan stark beeinträchtigt. Der relative Verlust der ethnischen Rückendeckung ist auf folgende Ursachen zurückzuführen:

1) Die Amtsübernahme von Hamed Karzai führte dazu, dass einige monoethnisch denkende und den Taliban nahestehende Akteure in seiner Präsidentschaft die historische Kontinuität der Herrschaft der Paschtunen erblickten. Sie sahen daher nicht mehr die Notwendigkeit, die berüchtigten Taliban zu unterstützen.

2) Die Ermordung gemäßigter Mullahs und einiger andersdenkender Persönlichkeiten der Paschtunen durch die Taliban führte zur Konfrontation der Taliban-Milizen mit dem traditionellen Islam. Hinzu kam, dass dadurch die paschtunische Sozialhierarchie, in der Mullas Befehlsempfänger des Khans sind, infrage gestellt wurde. Im Ergebnis distanzierten sich viele Paschtunen von den Taliban.

3) Die Zerstörung von Schulen und gesundheitlichen Einrichtungen in den Siedlungen der Paschtunen im Süden und Osten Afghanistans gab den berechtigten Anlass, die Taliban als eine destruktive Kraft anzusehen, die der gesellschaftlichen Entwicklung im Wege stand.

4) Die so offensichtliche Stationierung der Führungsmannschaft der Milizen in Quetta und die von dort aus geplante Durchführung der Terroranschläge in Afghanistan räumten den letzten Zweifel daran aus, dass die Taliban-Milizen von Pakistan rekrutiert, trainiert und damit im Sinne Pakistans instrumentalisiert werden. Somit wurde die Rückendeckung für die Taliban als Landesverrat eingestuft.

In der pakistanischen Stadt Quetta bildete sich bald ein Führungsrat, in dem aus der Reihe der ehemals 25 Mitglieder des „Taliban-Schora" in Kandahar noch 12 Mitglieder zusammenkamen. Aufgrund der Gefahr durch amerikanische Drohnenangriffe wurde der Führungsrat der Milizen 2010 aus Pishing, einer kleinen Stadt in der Nähe von Quetta, nach Karatschi, der pakistanischen Megahafenstadt, evakuiert. Geschirmt und geschützt durch den ISI kann der Kontakt mit diesem Quasiführungsrat nur über den ISI zustande kommen.

Unter der Aufsicht des Führungsrats sind vier Kommissionen für Politik, Militär, Propaganda und Finanzwesen zuständig. Dem Führungsrat sind vier weitere Räte unterstellt, die nach dem jeweiligen Standort in Pakistan benannt werden. Sie sind für Terroraktionen in bestimmten Provinzen verantwortlich. Diese regionalen Räte verfügen insgesamt über etwa 100 gut ausgebildete, fanatisierte Hauptkommandeure. Die Schattengouverneure der Taliban für die afghanischen Provinzen stammen aus diesem Kreis. Diesem Kreis sind wiederum 1000 Frontkommandeure untergeordnet. Die Taliban agieren strategisch zentral, taktisch dezentral und operativ fragmentiert. Ihre taktischer Vorteil besteht hauptsächlich darin, dass der afghanische Staat korrupt ist und das Vertrauen der Bevölkerung nicht gewinnen kann.

4.2.4.4 Zum verfehlten Ansatz einer politischen Lösung der Kabuler Regierung

Politische Konflikte sind insbesondere in Afghanistan komplex und mehrschichtig strukturiert, zumal sie aus historischer Entwicklung resultieren und von externen Einflussfaktoren geprägt sind. Unter diesen Voraussetzungen kann ein politischer Lösungsansatz nur dann Früchte tragen, wenn er langfristig angelegt, gerecht konzipiert und von einer breiten Schicht getragen wird.

Spielten in der Vergangenheit beim klassischen „Great Game" zwei Hauptspieler die ausschlaggebenden Rollen, so streben heute vor allem regionale Kräfte danach, bei Ausgang des Konfliktes das meiste für sich herauszuholen. Damit erinnert die Situation Afghanistans an das berühmte und gefährliche Buzkaschi-Spiel. Umso dringlicher ist es für die politische Führung in Kabul, auf Basis der nationalen Interessen die ausländischen Rivalitäten in friedliche und allgemein annehmbare Bahnen zu lenken.

Der politische Lösungsansatz von Karzai ist allerdings in vielfacher Weise innenpolitisch inkonsequent und außenpolitisch defizitär. Er reduziert sich auf die Bildung eines „Nationalen Friedensrates". Im krassen Unterschied zu seiner früheren Position hat Karzai spätestens 2007 die Taliban-Milizen als „Söhne des Landes" bezeichnet. Dass damit „ausländische Feinde" plötzlich zu „fehlgeleiteten Söhnen" umetikettiert wurden, dokumentiert ein radikales Umdenken der Karzai-Gruppe. Deren Absichten bestanden zunächst darin, eine gewisse politische Isolation im Inneren, in die sie geraten war, durch Gewinnung von Teilen der Taliban-Milizen zu kompensieren. Gleichzeitig signalisierte Karzai an die Adresse Pakistans, dass er bereit sei, gewisse Zugeständnisse im Sinne Islamabads zu machen. In der Kontinuität dieser Politik versprach Karzai im Vorfeld der Präsidentschaftswahlen im Jahr 2009, dass er im Fall seiner Wahl eine „Friedens-Dschirga" einberufen werde, um die Modalitäten für politische Gespräche mit den Taliban zu sanktionieren. Nach seinem umstrittenen Sieg wurde durch die Einberufung einer Loja Dschirga die Bildung eines „Hohen Friedensrates" gebilligt. Diese Loja Dschirga stand im krassen Gegensatz zu der in der Verfassung des Landes verankerten Institution der Loja Dschirga. Die personelle Zusammensetzung der Dschirga war willkürlich und wurde eigenmächtig und im Alleingang von der Karzai-Gruppe bestimmt.

An die Spitze des Friedensrates wurde Burhanuddin Rabbani gesetzt, der Vorsitzende der „Jamiati Islami Afghanistan". Der Rat wurde beauftragt, im Namen der Regierung politische Gespräche mit den Taliban-Milizen aufzunehmen. Die Aufnahme der politischen Gespräche mit den Aufständischen wurde auf dem NATO-Gipfel im November 2010 gebilligt.

In den Reihen des aus 68 Personen bestehenden Rates sitzen etwa 58 sehr konservative, traditionell und fundamentalistisch orientierte Mitglieder. In der personellen Zusammensetzung dieses so relevanten Entscheidungsorgans sucht man vergeblich Vertreter der Zivilgesellschaft, demokratisch gesinnte Kreise oder Frauen. Der Rahmen der politischen Gespräche war nicht klar umrissen. Der Rat besaß keinen Konsens darüber, mit wem und auf welcher Ebene Gespräche zu führen seien. Dass er über die Köpfe des demokratisch gewählten Parlaments hinweg operierte, zeigt an, dass Karzai von Anbeginn keinen Wert darauf gelegt hat, die politischen Gespräche transparent zu führen.

Es hat sich zunehmend der Verdacht erhärtet, dass sich der Rat zulasten demokratischer Rechte auf politische Geschäfte mit dunklen Gestalten einlasse. Da es bei politischen Gesprächen mit den Taliban um die Zukunft des Landes gehe, müsste man eine breite Schicht der Bevölkerung mit einem klar umrissenen Konzept einbinden. Der Friedensrat hat sich jedoch mit einem Budget von 200 Millionen US-Dollar verselbstständigt und ist durch „Arbeitsbeschaffung“ zum Instrument der Loyalitätsbindung mit Blick auf diejenigen geworden, die einst zur Karzai-Gruppe in Opposition gegangen waren.

Der Präsident hat die Pflicht, die in der Verfassung des Landes verankerten demokratischen Rechte und das Prinzip der Gleichberechtigung und Gleichstellung von Mann und Frau zu wahren. Die Handlungsmaximen der Taliban-Milizen verletzen in vielfältiger Weise die Verfassungswerte.

1) Zunächst sind die Taliban-Milizen monoethnisch orientiert, sie wollen nicht nur angeblich die Vorherrschaft der Paschtunen sicherstellen, sondern sehen die Angehörigen der anderen Ethnien als Fremdkörper, die man aus dem Lande vertreiben sollte.

2) Die Taliban-Milizen betrachten die in der Verfassung des Landes verankerte Demokratie als eine nichtislamische Gesellschafts- und Wirtschaftsordnung, die in aller Entschiedenheit zu bekämpfen ist. Die Taliban-Führung ist der Überzeugung, dass die afghanische Bevölkerung als islamische Umma (Gemeinschaft) nicht dazu in der Lage sei, ihr Schicksal selbst zu bestimmen, daher müssten „Ulema Keram“ (geehrte Geistliche), also die Mullahs, die sich mit islamischen Grundsätzen auskennen, für sie alle Entscheidungen treffen.

3) Um die Theokratie (Herrschaft Gottes auf den Erden) gemäß ihrer eigenen Auslegung durchzusetzen, töten die Taliban-Milizen unschuldige Menschen durch Selbstmordattentate, machen sogar vor Mord an Schulkindern keinen Halt. Sie töten selbst traditionell eingestellte Mullahs und Geistliche, um ihre Auslegung des Koran zu realisieren.

4) Die Taliban-Milizen verbannen Frauen nicht nur in ihre vier Wände und enthalten ihnen damit das Recht auf Lernen und Arbeit vor. Sie schneiden Frauen die Nasen ab und lassen sie steinigen, allein wegen des Verdachts auf unehelichen Geschlechtsverkehr. Die Milizen verstoßen damit klar gegen die islamische Vorschrift, die beim Nachweis des unehelichen Geschlechtsverkehrs vorsieht, dass vier Personen den Geschlechtsakt mit Ort- und Zeitangaben übereinstimmend bezeugen sollen. Erst dann kann ein Richter, nicht jedoch ein hergelaufener Mullah ein Urteil fällen. Die Praxis der Taliban-Milizen im Fall des Verdachts des Geschlechtsverkehrs

besteht jedoch darin, dass die verdächtigte Frau zunächst ausgepeitscht und anschließend gesteinigt wird.

5) Die Taliban-Milizen verbieten Musik, verbrennen angeblich unislamische Bücher und halten modernes Erziehungswesen für unislamisch. Deswegen zerstören sie Schul- und Kultureinrichtungen.

6) Die Taliban-Milizen sind nicht bereit, die Verfassung des Landes anzuerkennen, sich von Gewalttaten zu distanzieren und die Terrorakte des Al-Qaida-Netzes zu verurteilen.

Die angeführten Fälle sprechen dafür, dass man in Afghanistan mit einer Terrorbande konfrontiert ist, die alle zivilisatorischen Werte, die als Menschenrechte universellen Charakter haben, über Bord wirft. Zur Achtung der Menschenrechte verpflichtete sich die internationale Gemeinschaft auf allen drei Konferenzen, die im Zusammenhang mit der Entlassung Afghanistans aus der Vormundschaft der internationalen Gemeinschaft in Bonn, Tokio und Chicago abgehalten wurden. Ban Ki-moon, der Generalsekretär der Vereinten Nationen, bezeichnete in seiner Rede zur Eröffnung der zweiten Bonner Konferenz im November 2010 die Achtung der Menschenrechte, vor allem die der Frauen in Afghanistan, als eine unverzichtbare Bedingung für die Unterstützung der Weltgemeinschaft. (18) Im Schlussdokument der Bonner Konferenz wird bestätigt, dass die Weltgemeinschaft es nicht zulassen werde, dass Afghanistan wieder Stützpunkt der Terroristen werde. Gleichzeitig wird im Dokument auf die Notwendigkeit einer friedlichen Lösung unter der Führung der afghanischen Regierung großer Wert gelegt. Danach soll sich der Friedensprozess an der Verurteilung von Gewaltanwendung und der Respektierung der Verfassung des Landes, darunter der Menschen- und insbesondere der Frauenrechte, orientieren. (19)

Mit der Bestätigung der Beschlüsse der Bonner Konferenz unterstrich der NATO-Gipfel, auf dem über den geplanten Abzug der Streitkräfte aus Afghanistan endgültig entschieden wurde, einmal mehr die Errichtung einer demokratischen Gesellschafts- und Wirtschaftsordnung in Afghanistan, basierend auf folgenden Prinzipien:

- Good Governance,

- Bekämpfung der Korruption und
- Wahrung der Bürgerrechte, vor allem der Menschenrechte, der Gleichberechtigung von Mann und Frau und der aktiven Partizipation beider Geschlechter an der Gesellschaft. (20)

Joe Biden, der US-Vizepräsident, betonte zuletzt auf seiner Asienreise in Indien im Zusammenhang mit den politischen Gesprächen folgende Aspekte als Vorbedingungen: die Distanzierung von al Qaida, die Beendigung von Gewaltanwendung und die Wahrung der Verfassung Afghanistans. (21)

Über die Verpflichtungen hinaus, die die internationale Gemeinschaft unmittelbar im Hinblick auf die Wahrung der Menschenrechte in Afghanistan einging, ist es ebenso die Pflicht der am Hindukusch engagierten Staaten, entsprechend der Deklaration der UN-Menschenrechte allgemein und der Resolution 1325 des UN-Sicherheitsrates die Bürger des Landes und speziell die Frauen an der politischen Konfliktlösung aktiv zu beteiligen.

Im Februar 2002 formulierte Peter Struck, Verteidigungsminister der Bundesrepublik, einen viel zitierten Satz, der den Grundgedanken des Westens im Hinblick auf die Bekämpfung des internationalen Terrorismus reflektiert: „Die Sicherheit der Bundesrepublik Deutschland wird heute auch am Hindukusch verteidigt." (22) Wenn die Wahrung der nationalen Sicherheit des Westens durch die Errichtung einer demokratischen Wirtschafts- und Gesellschaftsordnung in Afghanistan möglich ist, muss in den politischen Gesprächen mit den Taliban-Milizen auf mehr Demokratie gedrängt werden. Demokratie ist keine Luxusware, die sich eine „traditionelle Gesellschaft" wie Afghanistan quasi nicht leisten kann, wie in manchen pseudowissenschaftlichen Analysen zum Ausdruck kommt. Demokratie ist Kernelement der universellen Menschenrechte und daher ein globales Postulat.

Dass die Bevölkerung in Afghanistan für Demokratie nicht reif sei, ist eine diskriminierende Unterstellung. Sie differenziert nicht zwischen den um politische Macht kämpfenden Milizen und den ihrer Staatspflicht bewussten Bürgern. Sie haben stets trotz akuter Gefahren rege an den Wahlen teilgenommen. Laut einer Umfrage der Konrad-Adenauer-Stiftung halten 53 Prozent der Befragten die demokratische Ordnung im Land für positiv, 47 Prozent beschweren sich über die Defizite der Ordnung und vor allem über die

Untaten der Politiker und Einflussreichen. Demnach kann die Bevölkerung durchaus zwischen der Demokratie als Ordnung und der politischen Klasse unterscheiden. (23)

Der Lösungsansatz, politische Konzessionen an die Adresse der Taliban-Milizen zu machen, würde sicherlich auf Kosten der demokratischen Werte gehen. Er ist auch undemokratisch, denn in einer pluralistischen Gesellschaft kann eine Gruppe nur demokratisch legitimierte Macht beanspruchen. Die Schaffung eines derartigen Exempels wäre auch sicherheitspolitisch gefährlich, denn jede bewaffnete Gruppe sähe sich dazu ermutigt, ihre undemokratischen und unberechtigten Ziele durch Gewalt durchzusetzen.

Das Konzept, die Taliban-Milizen als „Ordnungsmacht" dem afghanischen Volk aufzuoktroyieren, hat sich spätestens nach den Terroranschlägen in New York und Washington als historisches Desaster erwiesen. Und die Politik von Islamabad, afghanische Taliban als Unruhestifter in Afghanistan zu instrumentalisieren, hat zur Entstehung der „Tahrik Taliban Pakistan" geführt, auf deren Konto die Ermordung von etwa 50 000 Unschuldigen in Pakistan geht. (24)

Das halb durchdachte Konzept der politischen Gespräche der Karzai-Gruppe endete spätestens 2011 mit der Ermordung von Burhanuddin Rabbani, des Chefs des „Hohen Friedensrates".

4.2.4.5 Zum Dilettantismus des demokratisch gewählten Präsidenten

Als erster demokratisch gewählter Präsident der Geschichte des Landes hat Hamed Karzai rasch den Vertrauensbonus bei der eigenen Bevölkerung verspielt, mit seinen politisch widersprüchlichen Aktionen die Nachbarstaaten irritiert und zudem mit seiner inkonsequenten Politik die internationale Gemeinschaft enttäuscht. Damit hat Karzai in Ermangelung eines für den wirtschaftspolitischen Aufbau des Landes adäquaten Konzeptes den demokratischen Friedensprozess in die Sackgasse geführt und die Chance auf Wiederaufbau des Landes verspielt.

Die sozialpolitischen Handlungen des Präsidenten waren von Anfang an dilettantisch und basierten auf einer Reihe widersprüchlicher Maximen: Karzai dachte ethnokratisch, fühlte sich aristokratisch und neigte zu einem traditionell autokratischen Herrschaftsmodell, gestützt durch die Religion. In der Öffentlichkeit gab er sich populistisch, handelte pragmatisch und äußerte sich demokratisch.

Im Jahr 2004 erhielt Afghanistan eine trotz aller Defizite demokratisch konzipierte Verfassung, die durchaus für die Entwicklung der Wirtschaft und Gesellschaft und für die Entfaltung der demokratischen Freiheiten einschließlich der Gleichberechtigung von Mann und Frau einen adäquaten Rahmen bietet. Die Karzai-Gruppe unterminierte jedoch die in der Verfassung verankerte Gewaltenteilung und beeinträchtigte dadurch die demokratischen Spielregeln. Um seine Machtbasis zu erweitern, rückte Karzai zunehmend von demokratischen Kräften ab, stärkte den Stellenwert der traditionellen Erzkonservativen und erweiterte den Spielraum der fundamentalistisch orientierten religiösen Kräfte.

Um seine Macht zu stabilisieren, instrumentalisierte Karzai folgende Organe:

- „Schorai Ulema" (Rat der konservativen religiösen Geistlichen),
- „Schorai Solh" (Friedensrat) und
- „Loja Dschirga Sonnati" (traditioneller Stammesrat).

Darüber hinaus unternahm Karzai folgende machtpolitischen Schritte:

- Beschwichtigung der Fundamentalisten durch Gewährung lukrativer Posten,
- Förderung eines Klientelsystems neuen Typs, um sich die zentrifugalen Kräfte gefügig zu machen,
- Distanzierung von der demokratisch gesinnten, kritischen Intelligenz und schließlich
- Bagatellisierung des Stellenwertes der Zivilgesellschaft und der Entwicklung einer unabhängigen Medienlandschaft.

Das wichtigste Ereignis, das nun bevorsteht, sind die Präsidentschaftswahlen im April 2014. Nach der Verfassung des Landes darf Karzai nicht zum dritten Mal für die Präsidentschaft kandidieren. Aus den Reihen der elf Kandidaten, die von der unabhängigen Wahlkommission zugelassen wurden, können vier Personen als Hauptspieler bezeichnet werden: Aschraf Ghani (ehemaliger Wirtschaftsminister und Finanzfachmann), Abdullah Abdullah (ehemaliger Außenminister), Abdul Rab Rasul Sayyaf (eine der führenden fundamentalistischen Figuren der Mujahedin) und Qayom Karzai (der ältere Bruder von Hamed Karzai, dem Präsidenten).

Die Herausforderungen in Wirtschaft und Gesellschaft für den nächsten demokratisch gewählten Präsidenten sind gigantisch, denn es sind u. a. die erwartete Stagnation der Wirtschaft und die damit verbundene zunehmende Arbeitslosigkeit sowie die chronischen Handelsbilanzdefizite zu überwinden. Der Drogenanbau und die weit verbreitete Korruption sind zu bekämpfen und ein realistischer Friedens- und Versöhnungsprozess ist einzuleiten. Hinzu kommt, dass diese internen Maßnahmen in eine umfassende regionale Kooperation eingebettet sein sollen und, last but not least das Vertrauen der internationalen Gemeinschaft wiedergewonnen werden muss. Es sind Herkulesaufgaben, für die die Hauptkandidaten nicht einmal im Ansatz ein adäquates Programm vorgelegt haben. Die Bedeutung dieser Wahlen besteht dennoch darin, dass – sollten sie einigermaßen transparent und fair abgewickelt werden – seit Beginn des 20. Jahrhunderts zum ersten Mal ein politischer Machtwechsel friedlich über die Bühne geht. Es muss daran erinnert werden, dass von 1919 bis 2001 von den zwölf Politikern an der Spitze des Staates sieben ermordet (25), drei aus dem Land vertrieben (26) und zwei zum Rücktritt gezwungen (27) worden sind. Daher wäre es eine historische Errungenschaft und ein Sieg für die Demokratie, wenn die politische Macht friedlich auf den nächsten demokratisch gewählten Präsidenten übertragen würde.

4.3 Der fragliche „friedliche Machtwechsel" am Hindukusch

Zur Problematik der Bildung der „Einheitsregierung", 2014–2016

Dieser Abschnitt ist zum ersten Mal erschienen in Samimy, 2016, 329–367

4.3.1 Einleitung: Zur fragwürdigen Erklärung der Ergebnisse der Präsidentschaftswahlen

„In dieser besonderen Phase benötigt Afghanistan eine legitime und effektive Regierung; eine Regierung, die sich verpflichtet, die umfassenden Reformen zur Stärkung des Potenzials des Volkes zu implementieren." (1)

Mohammad Yusuf Nuristani, Vorsitzender der „Unabhängigen Wahlkommission Afghanistans", erklärte am 21. September 2014 auf einer Pressekonferenz den Kandidaten Mohammad Aschraf Ghani zum Präsidenten des Landes. Gleichzeitig ernannte er den Gegenkandidaten Abdullah Abdullah zum „Hauptgeschäftsführer", also praktisch zum Ministerpräsidenten. (2) Nuristani vermied es, die von den Präsidentschaftskandidaten erzielten Stimmen absolut oder in Prozentwerten bekanntzugeben.

Die Ursachen des fragwürdigen Umstandes, dass die Präsidentschaftswahlen über knapp fünf Monate in die Länge gezogen worden waren, führte der Vorsitzende der Wahlkommission auf vier relevante Faktoren zurück:

1) die prekäre Sicherheitslage,

2) die instabile politische Situation,

3) den Mangel an einer Liste der Wahlberechtigten und

4) den Mangel an elektronischen Ausweisen.

Obwohl die Revision der abgegebenen Stimmen umfassend und zuverlässig gewesen sei, sei es der Kommission nicht gelungen, alle Schwierigkeiten adäquat zu überwinden, so der Vorsitzende der Wahlkommission. (3) Dramatisch auffallend war jedoch, dass Nuristani die Wahl von Ghani zum Präsidenten und die Wahl von Abdullah zum Chef der Regierung erst dann bekanntgab, nachdem zwei Stunden zuvor im Präsidentenpalast in Anwesenheit wichtiger Djihadi-Führer, politisch Einflussreicher und einiger Diplomaten, darunter Jan Kubisch, Sonderabgesandter des UN-Generalsekretärs, und James B. Cunningham, US-amerikanischer Botschafter in Kabul, Ghani und Abdullah ein Dokument über die Bildung einer „Einheitsregierung" unterzeichnet hatten. Da es in den vergangenen Monaten heftige Vorwürfe über Wahlmanipulation gegeben hatte, konnten die ermittelten Ergebnisse nicht rechtzeitig bekanntgegeben werden. Denn es wäre ohne eine Übereinkunft zwischen den beiden Hauptkontrahenten, die unter starkem politischem Druck von John Kerry, dem US-Außenminister, standen, zu einer Stichwahl gekommen, die heftige Reaktionen und vermutlich sogar bewaffnete Konflikte ausgelöst hätte.

Die Hintergründe dieser prekären Situation und die daraus resultierenden Komplikationen für die Zukunft des Landes werden nun im Einzelnen analysiert.

4.3.2 Zur Notwendigkeit der Bildung einer Einheitsregierung

Das politisch-ökonomische Konstrukt Afghanistan ist das Ergebnis der im Jahre 2001 auf dem Petersberg getroffenen Vereinbarungen zwischen den vier relevanten afghanischen Gruppen und einem gewissen Kreis im Ausland residierender afghanischer Technokraten. Unter unmittelbaren Einflüssen der internationalen Gemeinschaft, insbesondere der Vereinten Nationen und der USA, wurde im Januar 2004 in einer verfassungsgebenden Versammlung der Grundstein für eine Wirtschafts- und Gesellschaftsordnung in Afghanistan gelegt, mit einer Teilung der Staatsgewalt in Legislative, Judikative und Exekutive. Die Verfassung ist allerdings mit einem unüberwindlichen Makel versehen, der mehr als einen Schönheitsfehler darstellt. Darin wird nämlich explizit festgestellt, dass kein Gesetz gegen die Scharia, die islamische Gesetzgebung, verabschiedet werden darf.

Im Rahmen der in der Verfassung verbrieften freien Markwirtschaft entwickelte sich in dem vom Krieg schwer gezeichneten Land eine Oligarchie, zusammengesetzt aus den ehemaligen Warlords und den aus dem ausländischen Exil zurückgekehrten „Technokraten" Afghanistans. Den aus dem Krieg hervorgegangenen Warlords fehlte jedoch die Fähigkeit zur Erarbeitung eines adäquaten Konzeptes zum Wiederaufbau des Landes. Hinzu kam ein externes Moment: Da die Kriegsparteien in den letzten Jahren allein ihre jeweiligen partikularen Interessen verfolgt hatten, verlor die internationale Gemeinschaft das Vertrauen in die Warlords. Diese Lücke sollten nun in der neuen Phase die renommierten Technokraten des Landes füllen, die an bekannten Universitäten studiert sowie Erfahrungen in internationalen Institutionen gesammelt hatten und daher das Vertrauen des Westens genossen.

Die Bildung der Einheitsregierung als einer politischen Allianz von zwei aus den Präsidentschaftswahlen hervorgegangenen großen Fraktionen der neuen Oligarchie war keineswegs ein Zufallsprodukt. Im Gegenteil, diese Übereinkunft zwischen zwei politisch und konzeptionell völlig verschiedenen Lagern war eine bewusste und in Ermangelung einer vernünftigen Alternative notwendige politische Entscheidung.

4.3.2.1 Ökonomische Interessenstruktur der neuen Oligarchie

Die von den USA angestrebte Etablierung einer freien Markwirtschaft im Verbund mit den ehemaligen Warlords und den importierten Technokraten schuf strukturelle Probleme und ließ Profiteure entstehen, die sich an den für den Wiederaufbau bestimmten Finanzen bereicherten. Dazu zählen zum einen die technokratische Elite, die durch die Besetzung hoher Ämter und in der Formulierung bzw. Übersetzung der neoliberalen Konzepte zum Wiederaufbau des Landes die entscheidende Rolle spielte, und zum anderen die ehemaligen Warlords, die ihrerseits aufgrund ihres politisch und territorial klar umrissenen Monopolanspruchs als Garant für die Implementierung des liberalen Konzeptes des Wiederaufbaus galten; Konzepte, die jedoch der afghanischen „post-conflict society“ adäquate Voraussetzungen nicht mitbrachten.

Die ökonomisch-politische Interdependenz dieser Allianz, die vom Westen für erforderlich gehalten wurde, führte zur Entstehung einer sozialen Schicht, die letzten Endes im gesamten Wirtschaftsbereich eine Monopolstellung innehatte. Die Tätigkeit der neuen Oligarchie erstreckte sich vom Monopol an Import- bzw. Exportgeschäften und von Bankgeschäften über Subunternehmen bis hin zu privaten Sicherheitsfirmen – Tätigkeiten, die mit politischer Einflussnahme bei illegalen Siedlungsbauten auf Staatsgelände und beim Anbau bzw. Schmuggel von Drogen einhergingen.

Von all diesen lukrativen Geschäften haben gewisse Familienclans am meisten profitiert. Hierzu zählen vor allem exemplarisch folgende Clans: die Karzai-Familie, die Marschall-Fahim-Familie (Qasim Fahim, der erste Stellvertreter des Präsidenten Karzai), die Modschaddedi-Familie (religiöser Geistlicher), der Sayyaf-Clan (einer der führenden Chefs der Warlords), der Haji-Qadir-Clan im Osten des Landes, der Schierzai-Clan (mächtiger Vertreter des Nurzai-Clans in Kandahar) und – in direkter Zusammenarbeit mit dem Azizi-Clan (Großhändler in Kabul) – Zalmai Khalilzad, US-Bürger afghanischer Abstammung und ehemaliger US-Botschafter in Afghanistan.

Trotz aller Differenzen innerhalb der politischen Elite des Landes hatte der Karzai-Clan die politische Führung inne, was den historischen Anspruch des Durani-Stammes, zu dem der Karzai-Clan zählt, bestätigt. Seit 1774 herrschte in Afghanistan die paschtunische Durani-Dynastie, zu der auch die Popalzai, der Subclan von Hamed Karzai, zählt. In der Kontinuität dieser Erbmonarchie wollte Karzai weiterregieren. Ihm stand jedoch die Verfassung des Landes im Wege, die ihm untersagte, zum dritten Mal für den Posten der Präsidentschaft zu kandidieren.

Um die Kontinuität der Herrschaft des Durani-Clans dennoch zu gewährleisten, beschloss der Rat der Karzai-Familie schon 2013, dass Qayom Karzai, der ältere Bruder von Hamed Karzai, in die politische Arena steigen solle. Hamed Karzai wusste jedoch, dass die Kandidatur seines Bruders auf den Widerstand anderer politischer Kräfte stoßen würde. Schon deswegen distanzierte sich Hamed Karzai rasch von seinem Bruder und versuchte, sich selbst für eine dritte Runde der Präsidentschaft zu qualifizieren.

Auf seine Initiative verlangte 2014 eine Stammesversammlung in Kandahar, dem Stammland von Karzai, dass Hamed Karzai von einer traditionellen Loja Dschirga zum Präsidenten gewählt werden solle. Diese traditionelle Loja Dschirga, von der sich der Karzai-Clan viel erhoffte, stand jedoch im Widerspruch zu der in der Verfassung verankerten Loja Dschirga. Nachdem der Aufruf des Karzai-Clans zur Einberufung der traditionellen Dschirga auf kein großes Echo gestoßen war, wurde der Plan aufgegeben. Im Vertrauen auf die paschtunische Tradition stützte sich Karzai auf Stammesloyalität, nicht jedoch auf eine politische Partei. Daher unternahm er trotz anfänglicher Versuche keine konsequenten Schritte zur Gründung einer politischen Partei. Hinzu kam, dass der Karzai-Clan über keine nennenswerte eigene bewaffnete Kraft verfügte. Da die afghanische Armee nun multiethnisch strukturiert war und Hamed Karzai keinen großen Einfluss in der Armee hatte, konnte ein Militärputsch zugunsten von Karzai nicht in Betracht gezogen werden. Aufgrund seines wankelmütigen Charakters hatte Hamed Karzai auch das Vertrauen der USA verloren. Demnach stand er in der politischen Arena ohne nennenswerte Rückendeckung da – ohne Partei, ohne eigene Militärmacht und zuletzt ohne Unterstützung seitens der USA.

Als Karzai keine Chance zur Fortsetzung der Herrschaft seines Popalzai-Clans sah und auf der anderen Seite mächtige politische Kräfte sich inzwischen formiert hatten, gab er grünes Licht zur Präsidentschaftswahl. Er spielte aber im Verlauf der Wahlen eine niederträchtige Rolle in der Absicht, die Wahlen, die zum ersten Mal in der Geschichte des Landes einen friedlichen Übergang der Macht ermöglichen sollten, zu manipulieren. Für die Oligarchie des Landes ging es nur darum, diesen Übergang innerhalb der Interessensphäre dieser Schicht zu vollziehen. Dieses Interesse sorgte auch dafür, dass aus den 26 Kandidaten verschiedener Sparten der Gesellschaft letzten Endes die zwei Hauptgruppen hervorgingen, die als Teil der Oligarchie an der Aufrechterhaltung des vorhandenen Systems stark interessiert waren. An der Spitze dieser Gruppe standen Aschraf Ghani und Abdullah Abdullah, zwei diverse Charaktere politisch unterschiedlicher Herkunft.

4.3.2.2 Strategische Sachzwänge des Westens

Zu den vitalen Interessen der Oligarchie an der Bildung einer Einheitsregierung kommt der internationale Aspekt, nämlich das Interesse der USA, durch einen halbwegs demokratisch geprägten Konsens zwischen den verschiedenen Fraktionen der neuen Oligarchie das Land vor einem erneuten Sturz in chaotische Verhältnisse zu schützen.

Nach der Vertreibung der Taliban im November 2001 wurde durch die Bonner Vereinbarungen in Afghanistan eine demokratisch konzipierte liberale

Wirtschafts- und Gesellschaftsordnung etabliert. In Ermangelung eines für das Land adäquaten Rezeptes für den ökonomischen Wiederaufbau und aufgrund des Tatbestands, dass die Taliban weiterhin von Islamabad instrumentalisiert wurden, konnte das zerrissene Land jedoch nicht zur Ruhe kommen. Als sich 2011 herauskristallisierte, dass sich die internationalen Kräfte aus dem Lande zurückzuziehen würden, wurde dieser Schritt auf drei Konferenzen international vorbereitet.

Zunächst wurde im Dezember 2011 in Bonn eine Sitzung abgehalten, die als zweite Bonner Konferenz bezeichnet wurde. Daran nahmen Delegierten aus 85 Staaten und von 15 NGOs teil. Der Hauptzweck dieser zweiten Bonner Konferenz war, politische Rahmenbedingungen für die Entlassung des Landes aus der Obhut der internationalen Gemeinschaft zu schaffen. Die hauptsächlichen Themen dieser Konferenz fasste Ban Ki-moon, der Generalsekretär der Vereinten Nationen, folgendermaßen zusammen:

1) Implementierung der Gesetze,
2) Verbesserung der Menschenrechtslage, darunter der Gleichberechtigung von Mann und Frau,
3) Kampf gegen den Drogenanbau und den Drogenschmuggel sowie
4) Forcierung der ökonomisch-sozialen Entwicklung. (4)

Danach wurde im Mai 2012 auf der NATO-Gipfelkonferenz in Chicago über militärischen Beistand der NATO für Afghanistan beraten. Es wurde beschlossen, dass die Truppen der 49 Staaten, darunter die der 28 NATO-Mitgliedstaaten, bis Ende 2015 aus Afghanistan abgezogen werden. Eine geringe Zahl von Kräften sollte jedoch zur militärischen Beratung stationiert bleiben. Um die afghanische Armee technisch in die Lage zu versetzen, die Ordnung im Lande zu gewährleisten und als solche funktionstüchtig handeln zu können, wurde beschlossen, dass die internationale Gemeinschaft, hauptsächlich die USA, dem Land ab 2015 etwa 5 Milliarden US-Dollar zur Verfügung stellt. Diese Summe reduziert sich um etwa 500 Millionen pro Jahr, wobei die fehlende Summe zunehmend die afghanische Regierung beizusteuern hat. (5)

Anschließend kamen im Juli 2012 Delegierte aus 70 Staaten in Tokio zusammen, um den ökonomischen Rahmen für den Wiederaufbau Afghanistans nach dem Abzug der internationalen Streitkräfte abzustecken. Die Teilnehmer beschlossen, etwa 16 Milliarden US-Dollar für zivile Zwecke dem Land zur Verfügung zu stellen. Diese Summe, die in erster Linie von den USA, Großbritannien, Deutschland und Japan einzubringen war, sollte der afghanischen Regierung bis Ende 2015 gewährt werden. (6) Die USA verstanden sich als Garantiemacht für die Durchsetzung der abgeschlossenen Vereinbarungen.

Die internationale Gemeinschaft, darunter vor allem die USA, Deutschland und Japan, gaben im Laufe des letzten Jahrzehnts etwa 900 Milliarden US-Dollar für Afghanistan aus, darunter etwa 10 Prozent für den wirtschlichen Wiederaufbau des Landes. Obwohl Afghanistan zu einem Fass ohne Boden geworden war, hatten die USA keine andere Wahl, als zu vermeiden, dass das Land wieder in chaotische Verhältnisse hineingeriet. So wurde die Militärintervention aus Sorge um die Zukunft des Landes zum dauerhaften Engagement der USA.

Nachdem die Stichwahlen zwischen Ghani und Abdullah in eine Sackgasse geraten waren, griff US-Außenminister John Kerry ein und forderte beide Kandidaten zur Bildung einer Einheitsregierung auf. Die Ernennung von Ghani zum Präsidenten und von Abdullah zum faktischen Ministerpräsidenten basiert auf einer politischen Vereinbarung zwischen zwei Kontrahenten. Diese Vereinbarung steht aufgrund der massiven Wahlmanipulationen im Widerspruch zur Verfassung und zum Wahlgesetz. Sie reflektiert ein pragmatisches Kalkül, das aus politischer Notwendigkeit resultiert, wie im Folgenden beschrieben wird.

4.3.3 Zum Modus der Präsidentschaftswahlen afghanischer Prägung

Im Zusammenhang mit den Präsidentschaftswahlen bildeten sich in Ermangelung einer klar umrissenen Parteienlandschaft gewisse politische Konstellationen, die mehr auf persönlichen Sympathien als auf gemeinsamen politischen Richtlinien gründeten. Zuletzt haben 26 in der politischen Szene des Landes bekannte Politiker als Einzelpersonen für die Präsidentschaftswahlen kandidiert. Aus dieser Reihe haben 15 Personen die Bestimmungen des Wahlgesetzes nicht erfüllt und wurden von der Wahl ausgeschlossen. Von den elf Kandidaten, die nun antreten sollten, traten drei zugunsten anderer Kandidaten zurück.

Trotz der demokratischen Verfassung des Landes ist Afghanistan eine Gesellschaft, in der die Stammeszugehörigkeit eine überragende identitätsstiftende Rolle spielt. Die oben angeführten Kandidaten sind allesamt Paschtunen aus dem Süden und dem Osten des Landes. Darin wird wieder die historische Kontinuität paschtunischer Dominanz sichtbar, die sichergestellt hat, das verschiedene Subclans der Paschtunen seit 1707 das politische Schicksal des Landes als „staatstragendes Volk" bestimmten. Personen aus den anderen Ethnien sind an der Spitze des Staates nicht vorstellbar. Selbst im demokratisch konstituierten Afghanistan sind paschtunische Politiker überzeugt vom Anspruch auf die Vorherrschaft der Paschtunen im Staat. Haben zu Beginn der demokratischen Phase ab 2001 afghanische Politiker nichtpaschtunischer Abstammung noch mit Elan für die Präsidentschaftswahlen kandidiert, so ist dieses Momentum inzwischen vollständig verloren gegangen.

Bei den ersten demokratischen Präsidentschaftswahlen im Jahr 2004 war die Hälfte der Kandidaten nichtpaschtunischer Abstammung. Darunter konnten drei Kandidaten, Junus Qanuni (ein Tadschike), Mohammad Mohaqqiq (ein Hazara) und Rashid Dostum (ein Usbeke), 16,3 %, 11,7 % und 10 % der abgegebenen Stimmen gewinnen. Auch bei den zweiten demokratischen Präsidentschaftswahlen im Jahr 2009 gab es unter den 32 Kandidaten eine Reihe bekannter nichtpaschtunischer Politiker, darunter Abdul Latif Pedram (ein Tadschike), Ramazan Bashar Dost (ein Hazara) und Mahbubullah Kuschani (ein Tadschike). Andere bekannte Politiker, etwa Mohaqqiq, Qanuni oder Dostum, mischten in der zweiten Reihe mit, indem sie für bestimmte Kandidaten Partei ergriffen.

Dass nun in der dritten Präsidentschaftswahl kein Kandidat zu sehen ist, der einem nichtpaschtunischen Volksstamm angehört, ist das Resultat eines Lernprozesses. Die nichtpaschtunischen Politiker haben gelernt, sich nun auf die Posten der Vizepräsidentschaft zu konzentrieren und aus dieser Position ihre Ziele anzustreben. Dies hat sich bei der Besetzung hoher Staatsposten durchaus als lukrativ erwiesen. So ist ein politisches Konstrukt entstanden, in dem von den ersten bis zu den dritten Präsidentschaftswahlen die Vizepräsidentschaftskandidaten allesamt aus der Reihe der nichtpaschtunischen Volksstämme gekommen sind. Dies kann als eine gewisse Machtteilung im Rahmen einer demokratischen Ordnung betrachtet werden, jedoch mit dominanter Prägung durch die afghanische Elite.

Zur Präsidentschaftswahl 2014 zugelassene Kandidaten

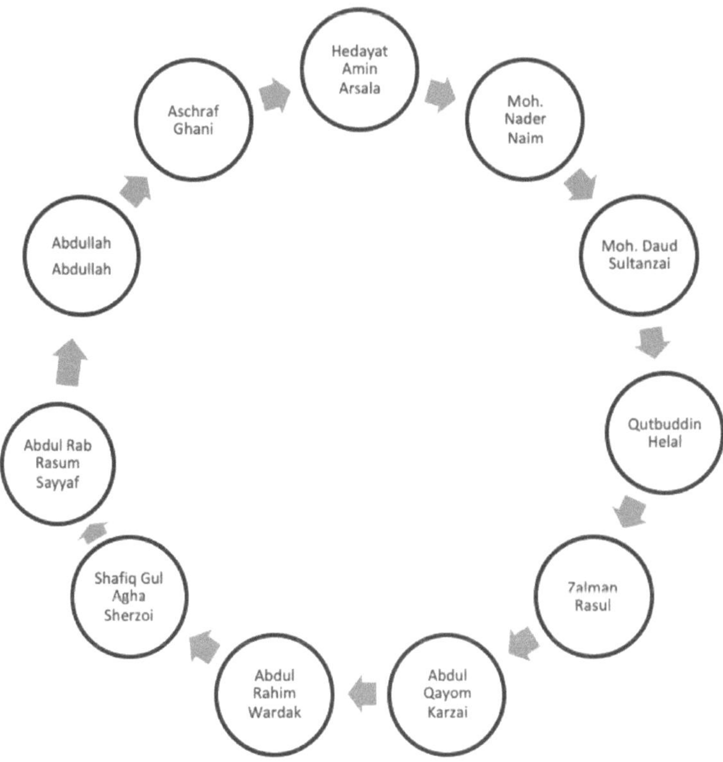

Nach langen organisatorischen Vorbereitungen wurden am 5. Mai 2014 die dritten Präsidentschaftswahlen unter höchsten Sicherheitsmaßnahmen durchgeführt. Denn die Taliban hatten mit Anschlägen gedroht. Aufgrund des Tatbestandes, dass es beim ersten Wahlgang keinem der Kandidaten gelungen war, die Mehrheit der Stimmen zu gewinnen, mussten die zwei Kandidaten, denen die meisten Stimmen zugefallen waren, bei Stichwahlen gegeneinander antreten. Nach dem afghanischen Wahlgesetz ist ein Stimmenanteil von 50 % plus einer Stimme als Mehrheit definiert. In der ersten Runde hatten Abdullah Abdullah 45 % und Aschraf Ghani 31,56 % der Stimmen bekommen. (7)

Nach dem ersten Wahlgang lehnten die abgeschlagenen Kandidaten das Wahlergebnis ab und warfen der „unabhängigen Wahlkommission" massive Wahlfälschung und Manipulationen vor. Trotz der Vorwürfe an die Adresse der Wahlkommission ließ Nuristani, der Chef der Wahlkommission, unbeirrt den zweiten Wahlgang durchführen.

Unter den abgeschlagenen Kandidaten proklamierten drei, nämlich Sayyaf, Rasul und Sherzoi, ihre Unterstützung für Abdullah Abdullah. Mit den 19,98 % der Stimmen dieser drei Kandidaten und den 45 % eigener Stimmen im Rücken fühlte sich Abdullah Abdullah schon vor dem zweiten Wahlgang als gewählter Präsident. Daher wurde prognostiziert, dass Abdullah Abdullah mit mindestens 55 % der Stimmen die Wahlen gewinnen werde. Abdullah hatte jedoch die Rechnung ohne den Wirt gemacht. Sicherlich hatten auch im zweiten Wahlgang die Wähler als Souverän selbst zu bestimmen, wem sie ihre Stimme geben würden; dies gilt jedoch nur bedingt in der afghanischen Stammesgesellschaft mit ihren Klientelbeziehungen.

Nachdem die unabhängige Wahlkommission die ersten Ergebnisse des zweiten Wahlgangs bekanntgegeben hatte, wurde Aschraf Ghani mit einem Stimmenanteil von 56,44 % zum Sieger erklärt.

Während des zweiten Wahlgangs und im Anschluss kam es zu Protesten seitens Abdullahs, der sich sicher war, dass er nur aufgrund massiver Manipulationen geschlagen worden war. Aufgrund der berechtigten Verdachtsmomente, die von Audiodokumenten untermauert waren, wurde Zia Amarkhail, der Vorsitzende des Sekretariats der Wahlkommission, zum Rücktritt gezwungen. Es gab in der Tat große Ungereimtheiten. So überwog z. B. in einigen Bezirken im Osten des Landes, wo Ghani vorn gelegen hatte, die Zahl der abgegebenen Stimmen die Zahl der Einwohner der Bezirke. An anderen Orten lagen die abgegebenen Stimmen bei Frauen über 80 Prozent, wobei im ersten Wahlgang in diesen abgelegenen Dörfern die Stimmabgabe der Frauen unter 10 Prozent gelegen hatte.

Die Situation geriet bald in eine Sackgasse, denn die erneute Auszählung der Stimmen konnte die Verhältnisse nicht bereinigen. Die stark polarisierten Fronten drohten zu eskalieren und zu gewaltsamen Auseinandersetzungen zu führen. In einer Gesellschaft, in der die Hemmschwelle zur Gewalt sehr niedrig liegt, ist die Gefahr einer gewalttätigen Auseinandersetzung sehr groß. In dieser Lage reiste Außenminister John Kerry dreimal nach Kabul und forderte beide Kandidaten zu einem Kompromiss auf, demzufolge Aschraf Ghani als Präsident und Abdullah Abdullah als Quasiministerpräsident sich die Macht teilen sollten.

4.3.4 Postenteilung in einer politischen „Aktiengesellschaft“

In dem Abkommen zwischen Ghani und Abdullah wurden die Einzelheiten darüber festgelegt, wie mit der Verteilung offizieller Befugnisse und umstrittener Machtsphären der an der Regierung beteiligten Parteien umzugehen sei. Die Vereinbarung umfasste fünf Seiten und über Abdullah und Ghani hinaus wurde sie von James B. Cunningham, dem US-Botschafter in Kabul, und Jan Kubisch, dem Spezialabgesandten des UN-Generalsekretärs, unterzeichnet. (8)

Am Anfang dieser Vereinbarung wird – in unbeabsichtigter Ironie – darauf hingewiesen, dass Afghanistan in dieser Phase eine „starke und legitime Regierung“ benötige, um umfassende Reformpläne implementieren zu können. Wie sich später gezeigt hat, war die Einheitsregierung weder legitim noch in der Lage, Reformvorhaben in die Tat umzusetzen. Im ersten Teil verpflichtet sich Aschraf Ghani als Präsident des Landes dazu, innerhalb von zwei Jahren die in der Verfassung vorgesehene Loja Dschirga einzuberufen, um über die Errichtung des Postens des Ministerpräsidenten zu beraten. Dafür wird nach einem Präsidialakt eine Kommission zur Erarbeitung einer neuen Verfassung zur Vorlage bei der Loja Dschirga gebildet.

Die Frage, ob Afghanistan ein Präsidialsystem oder ein System mit einem Ministerpräsidenten, legitimiert durch das Parlament, haben sollte, ist seit 2004, als die Verfassung des Landes verabschiedet wurde, schon immer ein Zankapfel zwischen den politischen Parteien gewesen. Mit diesem Thema wurde unmittelbar auch die politische Struktur des Landes insgesamt unter der Fragestellung diskutiert, ob das Land zentralistisch oder föderalistisch regiert werden sollte. Während sich Aschraf Ghani und sein Vorgänger Hamed Karzai für ein zentralistisches Präsidialsystem aussprachen, plädierten Abdullah und seine Mannschaft für ein lockeres Föderalsystem mit einem Ministerpräsidenten als bestimmender politischer Figur, wobei der Präsident nur mit formalen Befugnissen ausgestattet sein sollte.

Die Gegensätze beider Fraktionen gehen über diese verfassungsrechtliche Thematik hinaus. Parteien und Zirkel, die sich als Interessenvertreter der Paschtunen definieren, betrachten jegliche Lockerung der zentralistischen Strukturen des Landes als einen Schlag gegen den Anspruch der Paschtunen, das Schicksal des Landes insgesamt von Kabul aus bestimmen zu können. Dabei interpretieren sie eine nichtzentralistische Staatsstruktur als Beeinträchtigung der territorialen Integrität des Landes. Da die Paschtunen seit der Gründung der Durani-Dynastie 1747 als Könige, Emire und jetzt als Präsidenten das Schicksal des Landes im Alleingang bestimmt haben, erachten sie jede Abweichung von dieser Tradition als Verletzung ihres historischen Vorrechts. Umgekehrt treten die politischen Parteien und Gruppen, die sich als Interessenvertreter der Tadschiken, Hazara, Usbeken und anderer Minderheiten verstehen, zunächst für ein lockeres Föderalsystem ein, in dem einzelne Provinzen im Rahmen der Gesetze bestimmte Befugnisse bekommen und in unmittelbarem Kontakt mit der jeweiligen Bevölkerung ihre regionalen Angelegenheiten selbst verwalten. Hierbei wird das Monopol des Zentralstaates auf Außenpolitik, auf die Grenzsicherung, auf Bodenschätze und auf ähnliche Staatsbefugnisse nicht angetastet. Dieser Konflikt wird die Einheitsregierung über die Loja Dschirga hinaus begleiten.

Über die Verteilung der Macht zwischen dem Präsidenten Ghani und seinem Hauptgeschäftsführer Abdullah wurde Folgendes vereinbart:

Der Präsident leitet das Kabinett, das sich zusammensetzt aus

- dem Präsidenten, Ghani,
- den Stellvertretern des Präsidenten, Abdul Raschid Dostum und Mohammed Sarwar Danesh (erster und zweiter Stellvertreter),
- dem Ministerpräsidenten, Abdullah, und
- den Stellvertretern des Ministerpräsidenten, Ahmad Khan und Haji Mohammad Mohaqqiq (erster und zweiter Stellvertreter).

Sitzungen des Kabinetts werden nach dem Wunsch des Präsidenten einberufen, um u. a. über Strategie, Politik, Haushalt, Verwendung einzelner Ressourcen und Gesetzvorlagen zu beraten. Der Ministerpräsident hat die Aufsicht über die Sitzungen des Ministerrates und die Durchführung der Administration. Der Ministerrat setzt sich zusammen aus:

- dem Ministerpräsidenten,
- den Stellvertretern des Ministerpräsidenten und
- dem Minister des Staates.

Weiter wurde vereinbart, dass Ministerposten und weitere hohe Posten je zur Hälfte durch den Präsidenten und den Ministerpräsidenten vergeben werden.

Die Teilung der Ministerposten zwischen dem Präsidenten und dem Ministerpräsidenten

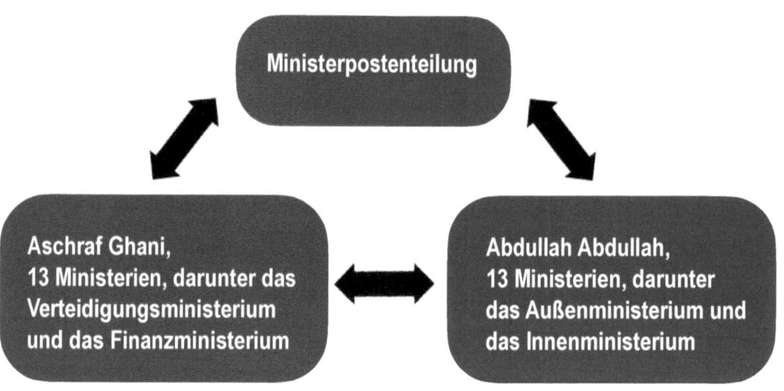

4.3.5 Politisch-soziale Identitäten der Hauptakteure

Die nationale Einheitsregierung ist eine Koalition aus zwei heterogenen Fraktionen der neuen Oligarchie, die aus einem demokratisch konzipierten Wettbewerb, jedoch durch manipulierte Wahlen, als Sieger hervorgegangen sind. Trotz der unverhüllten Sympathie von Hamed Karzai für Aschraf Ghani hat der Karzai-Clan auf politischer Ebene die Wahlen verloren. Somit wurde die politische Macht vom Durani-Clan auf den Gilzai-Clan übertragen, zu dem sowohl Ghani (Ahmadzai) als auch Abdullah Abdullah (Hotaki) gehören.

Die zwei Fraktionsführer Ghani und Abdullah sind unterschiedliche Persönlichkeiten, ihr politischer Werdegang hat sie unterschiedlich geprägt und sie haben unterschiedliche politische Identitäten. Aschraf Ghani kann exemplarisch als Vertreter der aus dem Ausland zurückgekehrten afghanischen Technokraten betrachtet werden, die mit einem bestimmten Konzept des ökonomischen Liberalismus und dem Wunsch nach einem stark zentralistischen Präsidialsystem die Geschicke des Landes in die Hand genommen haben. Im Unterschied zu seinen Mitstreitern ist aber Aschraf Ghani ein „smarter Technokrat". Auf politischer Ebene ist er pragmatisch, vom Verhalten her eigentlich introvertiert und selbstgerecht, seine intellektuellen Analysen sind oft halb durchdacht und stehen im Dienste seiner politisch-ethnischen Ansichten.

Ghani wurde 1949 in der afghanischen Provinz Logar geboren. Sein Vater war ein hoher Staatsbeamter. Für seine Loyalität gegenüber der autoritären Königsfamilie hatte sein Vater ein großes Haus in Kabul als Geschenk bekommen. Nach seinem Abitur an der Habibia-Schule in Kabul ging Aschraf Ghani 1977 nach Beirut, um an der dortigen US-amerikanischen Universität zu studieren. Danach setzte er sein Studium an renommierten amerikanischen Universitäten fort und schloss mit dem Doktortitel in Ethnologie ab. Nach Lehr- und Forschungsarbeiten ging er für kurze Zeit zur Weltbank. In der Widerstandsphase der Afghanen gegen die Rote Armee wurde Aschraf Ghani mit Nadschibullah, dem letzten Präsidenten der „Demokratischen Volkspartei Afghanistans", auf der politischen Bühne gesichtet. Ab 2001 trug Ghani als Berater von Lakhdar Brahimi, dem UN-Beauftragten für Afghanistan, dazu bei, dass die erste Bonner Konferenz im Dezember 2001 trotz aller Widersprüche zum Erfolg wurde. Danach trug er u. a. als Wirtschaftsminister zur Formulierung und Implementierung neoliberaler Wirtschaftspolitik in der neuen Ordnung Afghanistans erheblich bei.

Als ehemaliger Mitarbeiter der Weltbank war er voller Hochmut, sodass niemand ihm widersprechen durfte. Selbst am Kabinettstisch von Hamed Karzai enttäuschte er seine mitstreitenden Minister mit einem vulgären Verhalten, das bis zur Beschimpfung ging. Er war bekannt dafür, dass er selbst seine Mitarbeiter grob behandelte und „Get out!" schrie, wenn ihm etwas nicht passte. Erst ab 2008, als die zweiten Präsidentschaftswahlen bevorstanden, versuchte er vergeblich, mit anderen politischen Kräften einen Konsens zu suchen. Diese Revision seines Verhaltens kam zu spät, sein politisch-soziales Image war bereits stark beeinträchtigt. Bei den Präsidentschaftswahlen 2009 wurde Ghani mit 7 Prozent der gewonnenen Stimmen empfindlich geschlagen. Ab 2010, als der Abzug der internationalen Kräfte aus Afghanistan zur Diskussion stand und die Verantwortung von internationalen Kräften auf die afghanischen Sicherheitskräfte übertragen werden sollte, wurde er als Chef der Übergangsbehörde in der Lage versetzt, seine Position auszubauen. Diese Behörde wurde von den USA mit dem Ziel gegründet, die

Übertragung der Sicherheitsangelegenheiten von den internationalen Militärs auf afghanische Kräfte durchzuführen. In Wahrnehmung seiner offiziellen Aufgaben bereiste er ganz Afghanistan und knüpfte Kontakte mit Einflussreichen des Landes. Er erläuterte seine Ansichten über die Zukunft des Landes. Vor allem unter der jungen Generation, die viel von Aschraf Ghani als einem Technokraten hielt, konnte er über die Paschtunen hinaus bestimmte intellektuelle nichtpaschtunische Kreise für sich gewinnen. Hier halfen ihm seine intellektuellen Fähigkeiten dabei, ein durch und durch fortschrittliches Programm zu erarbeiten, in dem er seine Ansichten über einzelne Bereiche der Wirtschaft und Politik im Einzelnen darlegte. Das war ein politisches Novum, denn anderen ambitionierten Politikern, mit Ausnahme von Abdullah Abdullah, fehlte die Fähigkeit zu einer analytischen Auseinandersetzung. Sie konnten daher über allgemeine Floskeln hinaus – wie Kampf gegen Drogen und Korruption oder Ausbildung und Gesundheit für alle – keine überzeugenden Programme anbieten.

Mit der Wahl seiner Stellvertreter – Sarwar Danesh, ein Hazara, und Dostum, ein Usbeke – spannte er zwei wichtige Spieler auf der ethnischen Bühne für sich ein. Dabei ging Ghani insofern machiavellistisch vor, als er bei der Entscheidung für Dostum seine früheren Bedenken gegen den ehemaligen Warlord über Bord warf.

Zur Persönlichkeit von Dostum:

Bei den Präsidentschaftswahlen 2009 war Ghani noch so weit gegangen, Dostum als „Mörder“ zu bezeichnen. Am Vorabend der Wahlen 2014 zeigte jedoch Dostum als einziger Warlord politische Größe und bat in einem Informationsblatt das afghanische Volk um Verzeihung. (9) Er wurde 1952 in der afghanischen Nordprovinz Jusjan geboren und stammt aus einfachen Verhältnissen. Zur Zeit der Herrschaft der „Demokratischen Volkspartei Afghanistans“ profilierte er sich rasch als mächtiger Milizenführer der Usbeken. In dieser Eigenschaft wurde er als „Troubleshooter“ überall in Afghanistan gegen die Mujahedin eingesetzt. Dostum ist ein politischer Überlebenskünstler.

Als der Thron von Nadschibullah in den 1990er Jahren wackelte, wurde erst 1992 durch seinen Seitenwechsel zu Ahmad Schah Massoud, dem legendären

Kommandeur der „Schura-e Nazar", des bewaffneten Arms der „Jamiati Islami", ein Regimewechsel in Kabul möglich. In militärischen Operationen zeichnete Dostum sich durch hartes Vorgehen aus. Er ist durch und durch Soldat und fühlt sich an der Front wohler als in seinem Büro im Präsidialpalast in Kabul. Er hat gute Beziehungen zur Türkei, die ihm in kritischen Zeiten Unterstützung gewährt.

Zur Persönlichkeit von Sarwar Danesh:

Im Gegensatz zu Dostum ist Mohammad Sarwar Danesh, der zweite Stellvertreter von Aschraf Ghani, ein Intellektueller, der Islamwissenschaft studiert hat. Er wurde 1961 in der Provinz Daikundi geboren und ist Autor einer Reihe von Büchern und Pamphleten. Unter der Regierung von Hamed Karzai hatte er verschiedene Posten inne, u. a. an der Universität, im Justizministerium und als Gouverneur in Daikundi. Er ist ein gemäßigter Moslem und bekannt als gründlich abwägender Politiker.

Die Entscheidung von Aschraf Ghani, zwei Politiker aus den Reihen der Usbeken und Hazara zu gewinnen, erwies sich als durchdacht und lohnend. Er bekam einen großen Teil der Hazara-Stimmen und beinahe die gesamten Stimmen der Usbeken, was ihm zum Sieg verhalf. Ghani konnte z. B. durch Dostum in den beiden Nordprovinzen von Josjan und Faryab 65 bzw. 70 Prozent der Stimmen gewinnen. Beide Provinzen sind hauptsächlich von Usbeken besiedelt. (10)

Zur Persönlichkeit von Abdullah Abdullah:

Abdullah stammt von einem paschtunischen Vater, Angehöriger des Subclans der Tochi, und einer tadschikischen Mutter ab. Er wurde 1960 in Kabul geboren und schloss sich als junger Augenarzt den Pandschir-Mujahedin an, die später unter dem Kommando von Ahmad Schah Massoud bekannt wurden. Er pflegte schon damals als Massouds außenpolitischer Sprecher internationale Kontakte und übernahm später in der Karzai-Regierung das Amt des Außenministers. Abdullah ist ein gemäßigter Moslem und spielte als eine der Hauptfiguren der Mujahedin bei der Formierung der demokratischen Ordnung in Afghanistan eine wichtige Rolle. Später geriet er in politische Differenzen mit Karzai und während einer diplomatischen Mission im Ausland erfuhr er durch die Presse von seiner Entlassung – ein peinlicher Moment für einen Diplomaten.

Als sich Abdullah Abdullah bei den zweiten Präsidentschaftswahlen 2009 gegen Karzai als einzige Alternative aufstellte, weitete sich der politische Graben zwischen beiden aus. Auch 2009 gerieten die Wahlen in eine Sackgasse, sie wurden durch direkte Vermittlung von Hillary Clinton als Außenministerin der USA zugunsten von Karzai entschieden. Als Mitglied von „Jamiati Islami", einer von Tadschiken dominierten Partei, genoss Abdullah eine gewisse Popularität bei den afghanischen Tadschiken. Daher bestimmte er mit Mohaqqiq und Ahmad Khan zwei Stellvertreter aus Kreisen der Hazara und Paschtunen, um sich auf eine breitere Stammesbasis stützen zu können.

Zur Persönlichkeit von Mohaqqiq:

Der 1951 in der Provinz Balch geborene Mohaqqiq ging aus dem Kampf gegen die Taliban als bedeutender militärischer Führer hervor. Er trug im Bündnis mit Dostum und Ata Mohammad Noor, dem profiliertesten Kommandanten von „Jamiati Islami", zur Zerschlagung der Taliban im Norden erheblich bei. Als sehr aktiver und anerkannter Politiker kandidierte er selbst für das Präsidialamt. Er ist ein Politiker auf den Spuren von Abdul Ali Mazari, dem tapferen Vorsitzenden der Hezbe Wahdat (Einheitspartei), einer Partei der Hazara, der auf der Mission zu politischen Gesprächen mit den Taliban 1997 von Taliban-Kommandeuren bestialisch hingerichtet wurde. Mohaqqiq versteht sich als ein Soldat von Mazari in den Diensten der Hazara. Er entwickelte sich zu einem renommierten Hazara-Politiker, der im politischen Pokerspiel am Hindukusch aktiv mitmischte.

Zur Persönlichkeit von Khan Mohammad:

Khan Mohammad, der erste Stellvertreter von Abdullah, ist Mitglied einer Abspaltung der „Hezbe Islami Afghanistan" unter Führung von Gulbuddin Hekmatyar. Er ist jedoch ein Politiker ohne brillantes Profil und scheut eigentlich die Öffentlichkeit. Seine Nominierung war vor allem an die religiösen Kräfte des Landes adressiert und zugleich ein Zugeständnis an den mächtigen Hekmatyar. Somit hat Abdullah mit seinen wahltaktischen Schritten quasi jeder Sparte der zersplitterten afghanischen Gesellschaft ein Gefühl der Teilhabe an der Macht nahegelegt.

Daneben gewann Abdullah aus der Reihe der afghanischen Intellektuellen einige Persönlichkeiten, mit deren Hilfe es ihm gelang, ein ausführliches Wahlprogramm zu erarbeiten, das inhaltlich den Vergleich mit dem Programm von Aschraf Ghani nicht zu scheuen braucht.

4.3.6 Perspektiven: nationale Einheitsregierung als ein politisches Fehlkonstrukt

Die Einheitsregierung ist mit einer Reihe schwieriger Konfliktfelder konfrontiert. Das Spektrum dieser Schwierigkeiten erstreckt sich von der politischen Heterogenität der an der Regierung beteiligten Parteien über die Sicherheitsaspekte bis hin zur schwachen Ressourcenausstattung und einem defizitären Konzept für eine angemessene sozioökonomische Entwicklung des Landes. Im Folgenden wird detaillierter auf diese Aspekte eingegangen.

Gegenseitige Blockade

Aufgrund der unterschiedlichen Orientierung von Ghani und Abdullah konnte die Einheitsregierung auch nach einem Jahr noch nicht ihr Kabinett vollzählig vorstellen. Die Bildung eines Fachkabinetts, die während des Wahlkampfes ständig proklamiert worden war, scheiterte in der Praxis daran, dass beide ihr ethnisches Klientel und ihre politischen Mitläufer auf Ministerposten heben wollten. Ausschlaggebend war aber auch, dass zwar Abdullah und Ghani ein gewisses Programm für die Zukunft des Landes entwickelt hatten, jedoch keiner der Minister vor dem Parlament mit dem jeweiligen Programm seiner Gruppe auftrat.

Keiner der zuständigen Minister, z. B. für Wirtschaft, Finanzen, Frauen oder Jugend, hat annähernd im Einzelnen das vorgetragen, was in dem Programm von „Wandel und Kontinuität" von Aschraf Ghani oder im Programm von „Reformen und Konvergenz" von Abdullah Abdullah enthalten war. Anscheinend kannten sie die Programme ihrer jeweiligen Chefs im

Detail nicht oder waren unfähig, das jeweilige Programm, aus welchem Grund auch immer, zu vertreten.

Die unterschiedlichen Positionen kam auch zum Vorschein, als das Kabinett darüber debattierte, wie die neue Regierung gegen den Terrorismus vorgehen solle. Dass Aschraf Ghani die Taliban als „politische Opposition" apostrophierte, wurde von Abdullah als ein Schlag gegen alle politische Vernunft interpretiert. Genau diese Beschwichtigungspolitik von Aschraf Ghani an die Adresse der Taliban führte dazu, dass die Taliban im August 2015 vorübergehend die Stadt Kunduz im Norden des Landes einnahmen. Damit wurde Ghani vor vollendete Tatsachen gestellt und brüskiert. Erst durch das Eingreifen der USA wurde die Stadt wieder befreit.

Die außenpolitisch unterschiedliche Orientierung von Ghani und Abdullah ist ein Kapitel für sich. Pakistan und Saudi-Arabien unterstützten Aschraf Ghani als ihren Favoriten, während der Iran traditionell auf der Seite von Abdullah stand. Nachdem die Saudis im März 2015 mit Luftangriffen gegen die Huthi im Jemen begonnen hatten, erklärte Ghani prompt seine Unterstützung für Riad und sagte, er werde die „Haramain, Mekka und Medina", als zwei heilige Städte des Islam schützen. (11)

Es stellt sich zunächst die Frage, warum Saudi-Arabien als die nach Israel und der Türkei drittstärkste Militärmacht in der Region den militärischen Beistand von Aschraf Ghani benötigen sollte. Zum anderen war dieser Aktionismus hastig, unüberlegt und prekär. Die heiligen Stätten des Islam in Saudi-Arabien waren zu keiner Zeit einer militärischen Bedrohung ausgesetzt. Im Gegenteil, es war Saudi-Arabien, welches das Nachbarland Jemen angegriffen hatte. Mit seinem politisch unsensiblen und diplomatisch inadäquaten Angebot wurde der Iran brüskiert. Erst als Abdullah Abdullah eingriff und die Position von Aschraf Ghani ablehnte, konnte sich auf diplomatischer Bühne die Situation beruhigen. (12)

Aufgrund seines Mangels an politischen und diplomatischen Erfahrungen ließ Aschraf Ghani – wie schon sein Vorgänger Hamed Karzai – das Büro des Präsidialamtes zum Tummelplatz paschtunischer Chauvinisten werden. Damit ging er zu den Mitarbeitern auf Distanz, die anderen Ethnien angehörten und aufgrund ihrer politischen Überzeugung im Wahlkampf Aschraf Ghani unterstützt hatten. Er sieht die Entwicklung durch die Brille eines engstirnigen Beratergremiums, das dogmatisch und ethnizistisch denkt.

Legitimationsdefizit des Systems

Trotz einiger Mängel sieht die Grundverfassung Afghanistans ein demokratisches System vor, in dem allgemeine, geheime und freie Wahlen entscheiden, wem das Präsidentenamt zukommt. Auch die Gewaltenteilung von Legislative, Judikative und Administrative ist unumstößlich in ihr verankert. Mit Aschraf Ghani als Präsident an der Spitze der Einheitsregierung wurde jedoch der demokratischen Ordnung des Landes ein illegales Konstrukt aufoktroyiert.

Denn die Einheitsregierung ging nicht aus Wahlen hervor, sondern ist das Produkt eines durch die USA vermittelten Abkommens. Aschraf Ghani versprach, dass er bald neue Parlamentswahlen mit einer neuen Wahlkommission und einem neuen Wahlgesetz in die Wege leiten werde. Aufgrund der Meinungsunterschiede zwischen beiden Parteien zieht sich der Entwurf eines neuen Wahlgesetzes jedoch in die Länge. Die Mitglieder der Wahlkommission sind der Ansicht, dass sie für sechs Jahre bestimmt worden seien, daher möchten sie noch drei Jahre lang im Amt bleiben. Abdullah Abdullah möchte zudem nicht, dass Wahlen unter den Fittichen der jetzigen Wahlkommission stattfinden.

Zunächst waren Parlamentswahlen fällig. Da es für eine solche Situation keine gesetzlichen Vorschriften gab, wurde das Mandat der Parlamentsabgeordneten willkürlich um ein Jahr verlängert. Nach Meinung der Juristen ist daher das Parlament des Landes illegal.

Auch die Judikative ist nicht funktionsfähig. Laut den Paragraphen 116 und 117 der Verfassung des Landes bestimmt der Präsident die neunköpfige Kommission, darunter auch den Vorstand des Höchsten Gerichts des Landes, als Judikative für zehn Jahre. Das muss von der Legislative bestätigt werden. Das Schicksal dieses Gremiums hängt nun in der Luft, weil sich die Kontrahenten an der Spitze der Administrative nicht einigen können. Damit besitzen alle drei Staatsgewalten, nämlich Administrative, Legislative und Judikative, keinen legalen Status.

Bewaffneter Widerstand als Haupthindernis

Bewaffnete Gruppen führen tagtäglich terroristische Aktionen durch, entführen Zivilisten, blockieren Straßen und erpressen Geschäftsleute. Damit wird die Bevölkerung verunsichert und Investoren verlieren das Vertrauen in die Fähigkeit der Regierenden, für Sicherheit und Ruhe sorgen zu können. Bei den Terroristen handelt es sich hauptsächlich um zwei Fraktionen der Taliban: die Kandahari-Fraktion und die Haqqani-Fraktion. Auch die „Chorasan-Einheit" des sogenannten „Islamischen Staates" und die Gruppe von „Hezbe Islami" unter Führung von Gulbuddin Hekmatyar sind aktiv.

Ein kurzer historischer Exkurs: Taliban-Milizen

1994 entstanden die Taliban-Milizen in Kandahar als eine Gruppe von etwa 50 ehemaligen Mujahedin mit dem Ziel, Sicherheit und Ordnung im Süden des Landes herzustellen. Aufgrund der damaligen politischen Konstellation innerhalb des Landes und der Konflikte zwischen den Nachbarstaaten wurden die Taliban mit finanzieller Unterstützung und politischer Rückendeckung von Saudi-Arabien und den USA sowie vom ISI, dem pakistanischen Militärgeheimdienst, als eine „Ordnungskraft" großgezogen. Im Einverständnis mit einer Gruppe afghanischer Persönlichkeiten, u. a. Zalmai Khalilzad, einem Mitglied der Neokonservativen in den USA, der Karzai-Familie und Aschraf Ghani, verwandelte der ISI die politisch naive, religiös fundamentalistische und militärisch fanatische Gruppe der Taliban in eine mächtige militärische Kraft, die bald wie ein Sturm im ganzen Land alles hinwegfegte, was ihr im Wege stand. Auf pakistanischem Boden wurden scharenweise Schüler der pakistanischen Madrasas, religiöser Schulen, mobilisiert, trainiert, bewaffnet und in Begleitung pakistanischer Milizen nach Afghanistan an die Front geschickt. Als sich Osama bin Laden auf dem Territorium der Taliban in Afghanistan niederließ, kämpften neben den 10 000 pakistanischen Milizen etwa 5000 Djihadisten des Al-Qaida-Terrornetzwerks gegen Anti-Taliban-Kräfte in Afghanistan.

Osama bin Laden machte Mullah Omar, dem Chef der Taliban, Anfang 2000 in Tschawnie, der Residenz von Mullah Omar in Kandahar, ein Angebot: Wenn es dem Al-Qaida-Netzwerk erlaubt sei, in Afghanistan seine Milizen zu trainieren und Kampferfahrungen zu gewinnen, werde er, Osama bin Laden, dafür sorgen, dass Ahmad Schah Massoud als Rückgrat des Anti-Taliban-Widerstandes bald getötet werde. In der Tat wurde Ahmad Schah Massoud am 9. September 2001 durch zwei als Journalisten getarnte Beauftragte von Osama bin Laden ermordet. Zwei Tage später, am 11. September 2001, wurden durch terroristische Angriffe in New York und Washington zum ersten Mal die USA auf eigenem Territorium attackiert. Dass die Führung der Taliban über die Vorbereitungen auf afghanischem Boden Bescheid wussten, was die Taliban-Führung bislang negiert, wurde erst durch Aiman Al-Zawaheri, den Chef des Al-Qaida-Netzwerkes, nach dem Tod von Osama bin Laden bekannt. Unter Bezugnahme auf Audiodokumente bestätigte Al-Zawaheri, dass sich Osama bin Laden bei den Taliban, die über die Vorbereitungen der Terrorakte in den USA Bescheid wussten, bedankt habe. (13)

Als Konsequenz der Terrorakte forderte Washington die Taliban auf, Osama bin Laden auszuliefern. Damit stand vorerst noch kein Regimewechsel auf dem US-Plan. Die politische Position von Mullah Omar lautete jedoch etwa folgendermaßen: Die Hälfte Afghanistans sei durch interne Kämpfe zerstört worden. Er werde die Zerstörung der anderen Hälfte des Landes hinnehmen, jedoch Osama bin Laden nicht ausliefern. Erst die Weigerung der Taliban, Osama bin Laden auszuliefern, führte am 7. Oktober 2001 zu massiven Luftschlägen der USA gegen die Trainingslager von Osama bin Laden und die Waffenlager der Taliban. Am 10. November 2001 marschierten die Einheiten der Anti-Taliban-Kräfte in die Hauptstadt des Landes ein. An dem Tag waren die Friseure der Stadt überlaufen von Kunden, die sich mit dem Rasieren ihrer Bärte ein anderes Outfit verpassten.

Die Zerschlagung der Taliban ging gegen den Willen der pakistanischen Führung vonstatten. Wie General Pervez Musharraf in seinen Memoiren betont, konnte er die Gefahr der Zerstörung seines Landes, womit Washington gedroht hatte, nicht in Kauf nehmen. Pakistan änderte seine Taktik. Es ließ die Taliban umorganisieren von einer „Ordnungsmacht" zu einem „Störfaktor", um zu verhindern, dass stabile Verhältnisse am Hindukusch entstehen. (14)

Aufgrund der labilen Situation in Afghanistan, insbesondere aber durch das effektive Training und die umfassende logistische Hilfe seitens Pakistans ging diese Rechnung des ISI teilweise auf. Afghanistan kam hauptsächlich wegen terroristischer Attacken der Taliban nicht zur Ruhe. Der ISI leitet die Terrorakte der Milizen in Afghanistan im Namen des Rates der Taliban, der in der pakistanischen Grenzstadt Quetta residiert.

Im Juli 2015 wurde aus Kabul und Islamabad bekannt, dass Mullah Omar, Chef der Taliban, schon im Juli 2013 in einem Krankenhaus in der pakistanischen Hafenstadt Karatschi gestorben war. Mit dem Tod von Mullah Omar starb der Mythos der Taliban-Bewegung. Als ein kleiner Dorfmullah hatte Mullah Omar kein Studium der Islamwissenschaft absolviert, war daher nicht eigenständig zu Fetwa (religiösen Dekreten) berechtigt gewesen. Er war persönlich schüchtern und introvertiert, politisch unerfahren und pressescheu gewesen. Sein Tod führte zur Spaltung der Taliban. In einer turbulenten Sitzung der Führungsclique der Taliban in Quetta übernahm Mullah Akhtar Mohammad Mansur die Führung der Bewegung. Das führte zu Protesten seitens der mächtigen Kommandeure der Taliban. Mullah Jakub, Sohn von Mullah Omar, protestierte und Mullah Niazi, ein Weggefährte von Mullah Omar, kritisierte öffentlich Mullah Mansur. (15)

Angesichts der Unzufriedenheit der Kommandeure erklärte sich Mullah Rasul, ein mächtiger Kommandeur der Taliban im Südwesten Afghanistans, selbst zum Chef der Taliban. Er begründete dies damit, dass Mullah Mansur ein Chef von Pakistans Gnaden sei und im Sinne Islamabads handle. (16) Mohammad Rasul ist in Drogengeschäfte in der Provinz Nimrus, im Westen des Landes, verwickelt. Mullah Mansur ist mehr ein Geschäftsmann als ein religiöser Führer. Er ist einer der größten Drogendealer und hat viele Geschäftsbeziehungen nach Dubai, wo er im Namen seiner Verwandten Geschäfte macht. Offenbar ist die Konfrontation von Mullah Mansur und Mullah Rasul in erster Linie ein Kampf um lukrative Drogengeschäfte in der Region.

Um die Situation besser in den Griff zu bekommen, machte Pakistan Sarajuddin Haqqani, den Chef der Haqqani-Terrorgruppe, zum Stellvertreter von Mullah Mansur. Später wurde Mullah Jakub eingebunden, indem er Befehlshaber der Taliban in 15 Provinzen des Landes wurde. (16a) Am 23. Mai 2016 bestätigten die Taliban, dass ihr Chef Mullah Mansur durch einen US-Drohnenangriff getötet wurde. (16b) Daraufhin wurde Mullah Habibullah Akhond, ein erzkonservativer Mullah aus Kandahar, in Quetta zum Chef der Taliban bestimmt. (16c) Die neue Konstellation führte zur Zersplitterung der Taliban und rief gewaltsame Auseinandersetzungen zwischen verschiedenen Fraktionen hervor. Zugleich intensivierte sich jedoch die Konkurrenz in der Durchführung terroristischer Aktionen, denn jede Gruppe wollte ihren Führungsanspruch in der Praxis bestätigt wissen.

Die Bemühungen der afghanischen Einheitsregierung, über Islamabad mit den Taliban ins Gespräch zu kommen, waren schon im Ansatz gescheitert. Pakistan hatte trotz aller offiziellen Beteuerungen kein Interesse daran, dass Afghanistan zur Ruhe kam. Dies ist nicht nur der Problematik der Durand-Linie geschuldet, einer Grenzziehung, die 1893 zwischen dem afghanischen Emir und dem britischen Indien vereinbart worden ist. Die mächtige Armeestruktur mit ihren Banken und Produktionsfirmen in Pakistan verdankt ihre Existenz und Stärke neben Grenzstreitigkeiten mit Indien den Unruhen im Nachbarstaat Afghanistan. Islamabad möchte eine Regierung von Pakistans Gnaden in Kabul. Daher könnten die Taliban als Druckmittel für die Verwirklichung der Ziele Pakistans instrumentalisiert werden.

Die Taliban stellen als politische Voraussetzung für die Aufnahme von Gesprächen mit dem Kabuler Regime Forderungen, die Kabul keineswegs erfüllen kann. Neben allgemeinen Forderungen, nämlich nach Durchsetzung der Scharia, der islamischen Gesetzgebung, fordern die Taliban Folgendes:

- Beendigung der militärischen Besatzung Afghanistans,
- Streichung der Namen der Taliban-Milizen von der schwarzen Liste der USA und
- Freilassung der Taliban-Gefangenen. (17)

Die afghanische Regierung kann diese Forderungen der Taliban vor allem mit Blick auf die pakistanische Strategie nicht erfüllen.

Neben den Taliban droht der „Islamischen Staat, Zweig Chorasan" mit Terrorakten. Seine Anhänger sind vor allem im Osten Afghanistans aktiv. Sie liefern sich mit Sicherheitskräften des Landes heftige Gefechte, schikanieren die Zivilbevölkerung und gehen, wie im Irak und in Syrien, gegen alle Andersdenkenden mit gnadenloser Brutalität vor. Die Schwäche der Anhänger der „Chorasan-Provinz" liegt jedoch darin, dass sie in Afghanistan als Fremdkörper angesehen werden. Obwohl den Taliban der Ruf vorauseilt, sie handelten im Sinne Pakistans, sind sie zum großen Teil afghanischer Abstammung. Die IS-Anhänger sind zu keinerlei Kompromissen bereit. Sie verurteilen selbst die Taliban für deren „lasche Position".

Die dritte Gruppe, die mit terroristischen Aktionen als Störfaktor der Einheitsregierung Schwierigkeiten macht, ist die islamische Partei von Gulbuddin Hekmatyar. Zur Zeit des afghanischen Widerstandes gegen die Rote Armee galt Hekmatyar als Favorit des pakistanischen Militärgeheimdienstes. Er erhielt etwa 75 Prozent der Waffenlieferungen und sein Anteil an finanziellen Unterstützungen war nicht geringer. Er war selbst in vielen Kreisen im Westen als Gast willkommen. Hekmatyar ist ein machtbesessener Politiker, der schon immer einen Monopolanspruch auf die Macht gehegt hat. Um dies zu erreichen, war er bereit, selbst mit dem Teufel zu paktieren. Seine fundamentalistischen Überzeugungen haben ihn nicht davon abgehalten, 1979 zunächst mit Hafizullah Amin zu paktieren. Durch die Invasion der Roten Armee in Afghanistan im Dezember 1979 scheiterte sein Vorhaben jedoch. Im Jahr 1991 ging er mit Schah Nawas Tanai, dem Viersternegeneral und Verteidigungsminister des Regimes von Nadschibullah, einen Pakt ein, um gegen Nadschibullah zu putschen. Mit dem Fehlschlag des Plans scheiterte Hekmatyar zum zweiten Mal damit, sich an die Spitze des afghanischen Staates zu putschen. Nach dem Einmarsch der Kräfte der Schura-e Nezar von Ahmad Schah Massoud in Kabul 1992 zog er im Namen der Paschtunen ins Feld, um die Tadschiken aus der Hauptstadt zu vertreiben. Auf Anweisung Pakistans hin wechselten seine Feldkommandeure scharenweise zu den Taliban. Nach dem Einmarsch der USA blieb er, wiederum auf Anweisung von Islamabad, in der Opposition. Hekmatyar nahm den bewaffneten Kampf gegen die Kabuler Regierung wieder auf. Eine Reihe terroristischer Aktionen gegen NGOs und zivile Angestellte tragen seine Handschrift.

Hekmatyar ist ein politisch-religiöser Machiavellist, der Zweck heiligt ihm alle Mittel. Als solcher agiert er zweigleisig, indem er neben seinen terroristischen auch politische Aktivitäten betreibt. Qutbuddin Helal, sein Stellvertreter, war 2014 sogar Präsidentschaftskandidat, scheiterte jedoch kläglich. An die Adresse der Einheitsregierung gerichtet fordert Hekmatyar in Übereinstimmung mit den Taliban, dass in der islamischen Gesellschaft Afghanistans die Scharia im vollen Umfang implementiert werden solle. Das bedeutet nach seiner Interpretation, dass Frauen ohne männliche Begleitung ihr Haus nicht verlassen und erst recht nicht neben ihren männlichen Kollegen in Büros arbeiten dürften.

Die Einheitsregierung kann diese Forderung nicht erfüllen, schon allein wegen der Beschlüsse der zweiten Bonner Konferenz, in denen der afghanischen Regierung die Gleichberechtigung von Mann und Frau als Verpflichtung auferlegt wurde. Im März 2016 schickte Hekmatyar eine Delegation nach Kabul mit folgenden Forderungen:

- Streichung seines Namens von der schwarzen Liste der USA, wo auf ihn ein Kopfgeld von etwa fünf Millionen Dollar ausgesetzt war,
- Beteiligung an den Sicherheitsorganen und zuletzt
- Beteiligung an Zivilposten der Einheitsregierung. (18)

Den Namen Hekmatyars kann die afghanische Regierung von der schwarzen Liste der USA nicht streichen. Im besten Fall kann die Kabuler Regierung Washington darum bitten. Die Beteiligung Hekmatyars an den Sicherheitsorganen wäre eine höchst riskante Angelegenheit. Hekmatyar wird als Agent Pakistans betrachtet. Seine Beteiligung würde direkte Einsicht des ISI in afghanische Sicherheitsangelegenheiten bedeuten.

Fundamentalistische Organisationen auf dem Vormarsch

Über die militanten Gruppen hinaus, die das Kabuler Regime aus religiös-politischer Überzeugung bewaffnet bekämpfen, gewinnt zunehmend eine Reihe islamistischer Gruppen an Einfluss, die den Marsch durch die gesellschaftlichen Strukturen bis hin zu hohen Ämtern im Staat angetreten sind. Die religiös-politischen Ansichten dieser Organisationen sind vergleichbar mit den Ansichten derer, die den afghanischen Staat bewaffnet bekämpfen. Sie möchten in Afghanistan einen puren islamischen Staat errichten, in dem die Scharia in ihrem vollen Umfang und ihrer ganzen Härte zur Geltung kommt. Sie unterscheiden sich jedoch in der Wahl der Instrumente zur Erreichung dieses Zieles. Die unbewaffneten Gruppen sind dabei, sich zu organisieren, um sich in der Gesellschaft und in den wichtigen kulturellen und sozialpolitischen Einrichtungen zu etablieren. Sie versuchen Kräfte, vor allem die Jugendlichen, zu gewinnen bzw. zu mobilisieren. Nach Ansicht dieser unbewaffneten Gruppen können sie damit gesellschaftlichen Einfluss gewinnen. Dann sei es eine Frage der Zeit, wann sie zum bestimmenden Faktor in der Gesellschaft und in der Umgestaltung des Staates würden. In ihrem Auftreten sind diese unbewaffneten Fundamentalisten von Zurückhaltung in der Vergangenheit nun zu einer taktischen Variante der politischen Offensive übergegangen. Sie partizipieren aktiv und offensiv an politischen Debatten und scheuen sich nicht, Tabuthemen anzusprechen. Exemplarisch kann hier auf die Diskussion hingewiesen werden, die am Vorabend des Neujahrstages 2016 zwischen ihnen und anderen gesellschaftspolitischen Kräften entbrannt war. Zum afghanischen Neujahr am 21. März wird im Norden des Landes tagelang „Milai Gut Sorch" – das Fest der Rosen – gefeiert und am ersten Tag wird am Schrein von Hazrat Ali, dem vierten Kalifen des Islam, die Flagge gehisst. Das ist ein großartiges Volksfest, das von Vertretern aller religiösen Richtungen – Schiiten und Sunniten – über ethnische Grenzen hinaus gefeiert wird. Nun tauchten einige Vertreter dieser unbewaffneten Fundamentalisten in Fernsehtalkshows auf und wollten den Afghanen weismachen, dieses Fest sei „unislamisch" und damit „haram" (verboten). In Anlehnung an die wahhabitische Schule, die im totalitären Saudi-Arabien als offizielle Islamauslegung gilt, versuchen sie, mit Ayat und Hadith – Koranversen und Sprüchen des Propheten Mohammed – nachzuweisen, dass dies ein Fest der Ungläubigen und deshalb zu verbieten sei. Die Sprecher dieser Gruppen sind eloquent, gut ausgebildet und in den heiligen Schriften bewandert. Das beeindruckt die Gläubigen. Als Vertreter dieser dogmatischen Auslegung des Islam haben sich mindestens vier Gruppen hervorgetan: (19)

1) die Hizb ut-Tahrir, Partei der Freiheit,
2) die Jamiati Eslah wa Enkeschafe Ejetemai Afghanistan, Gesellschaft zur Verbesserung und Entwicklung der Gesellschaft Afghanistans,
3) die junge Generation der Hezbe Islami und letztlich
4) die Salafia-Bewegung.

Die „Hizb ut-Tahrir" versteht sich als eine politisch-religiöse internationale Organisation, die für die Einheit der islamischen Welt und die Rückkehr des islamischen Kalifats eintritt. Gegründet 1953 von Tajuddin Nabahani, einem islamischen Rechtsgelehrten palästinensischer Abstammung, hat diese gut organisierte Partei überall in der islamischen Welt, aber auch im Westen ihre Vertreter. Sie verfolgt einen dreistufigen Plan für die Erringung der Macht, der die Gewinnung von Kadern, die Durchdringung und Beeinflussung der Gesellschaft und Staatsstruktur und letztlich die Übernahme der Macht durch Staatsbeamte mit Unterstützung der Armee vorsieht. In Afghanistan ist die Hizb ut-Tahrir an verschiedenen Universitäten über Kabul hinaus, z. B. in den Provinzen Badachschan, Tachar, Kapisa und Herat, vertreten. Da sie im Untergrund operiert, sind die Drahtzieher dieser Strömung unbekannt und die Zahl ihrer Anhänger in den genannten Provinzen, vermutlich jeweils über hundert Personen, kann nur geschätzt werden.

„Jamiati Eslah" ist nach dem Vorbild der ägyptischen Moslembrüder (Al-Ichwan al-Muslimun) entstanden. In Afghanistan steht diese Organisation aber mehr unter dem Einfluss von Jamiati Islami Pakistan, der Islamischen Gesellschaft Pakistans. 1990 wurde in Pakistan das Islamische Kulturzentrum Afghanistans (Markaz Farhangi Islami Afghanistan) gegründet. Dort kommen junge Afghanen aus den in Pakistan ansässigen islamischen Parteien zusammen und werden von international renommierten Islamgelehrten unterrichtet, z. B. von Kemal Helbawy, einem Mitglied der Moslembrüder, und Professor Anis Ahmad von Jamiati Islami Pakistan. Ihr Motto lautet: Verbessere das Individuum, verbessere die Familie und verbessere die Gesellschaft. Mit Verbesserung – Eslah – ist Islamisierung gemeint. Diese schnell wachsende Gruppe verfügt inzwischen in den 20 Provinzen des Landes über mehr als tausend Mitglieder.

„Nuhsate Jawanen Musalman", die Stiftung der jungen Moslems, die Jugendorganisation dieser Gruppe, ist in verschiedenen gesellschaftlichen Bereichen aktiv. Ihre Mitglieder sind nach dem Vorbild der ägyptischen Moslembrüder in humanitären Stiftungen engagiert. Diese Praxis hat sich anscheinend, wie 2012 die Wahl von Mohammed Mursi als Vertreter der Moslembruderschaft zum Präsidenten Ägyptens gezeigt hat, als erfolgreich erwiesen.

Die Finanzen dieser unbewaffneten Gruppen sind intransparent. Nach offizieller Darstellung finanzieren sie sich durch ihre Mitgliederbeiträge. Es ist jedoch kein Geheimnis, dass sie aus fundamentalistischen Kreisen in den arabischen Golfstaaten und auch aus Ägypten Finanzzuwendungen erhalten.

Die Jugendorganisation der Hezbe Islami von Hekmatyar ist seit 2012 in Afghanistan sehr aktiv. Sie ist auf verschiedenen Ebenen gut organisiert. Die Zahl der aktiven Mitglieder dieser Organisation wird auf etwa 1500 geschätzt. In der Zielsetzung unterscheidet sich die Hezbe-Jugend nicht von der Eslah, jedoch ist sie in der Praxis aggressiver und kompromissloser. (20)

Als letzte Organisation, die zunehmend an Einfluss gewinnt, ist die Salafia-Bewegung zu nennen, eine Bewegung, die für eine Rückkehr zu den ursprünglichen Prinzipien des Islam wirbt. Der saudische Wahhabismus und die religiöse Glaubensgrundlage des sogenannten „Islamischen Staates" sind Ausprägungen dieser Glaubensrichtung. Die Salafisten sind in Afghanistan auf verschiedenen Ebenen vertreten: einmal durch „Abdullahs Islamisches Zentrum" in Kabul, ein großangelegtes Projekt, im Zuge dessen mit einem Budget von etwa 80 Millionen Dollar ein islamisches Areal für Tausende Studenten mit dazugehörigen Einrichtungen geschaffen wird. (21) Hinzu kommen einzelne Personen und Gruppen, die im Zuge des Widerstandes gegen die Rote Armee von den Saudis unterstützt wurden und sich inzwischen zum Wahhabismus bekennen. Darüber hinaus gibt es lose Gruppen und Persönlichkeiten, die von politischem Opportunismus und/oder finanziellen Anreizen motiviert werden, im Sinne der saudischen Fundamentalisten zu handeln. Die Salafia-Richtung ist in Afghanistan vor allem deswegen verpönt, weil ihre Auslegung des Islam mit dem afghanischen „Volksislam", einer Sammlung von islamischen Vorschriften und nichtislamischen Sitten, im Widerspruch steht. Kritisch gesehen wird auch, dass Salafisten die Schiiten als „Ungläubige" betrachten, was von vielen afghanischen Sunniten als Beeinträchtigung der muslimischen Einheit der afghanischen Gesellschaft erachtet wird.

Polarisierung der relevanten Parteien als „politische Opposition"

Nach der Bildung der Einheitsregierung wurden gewisse Teile der Oligarchie davon überrascht, dass sie als vermeintlich wichtige Träger des Systems von der neuen Aufteilung der politischen Macht ausgeschlossen wurden. Diese

Gruppe versuchte, schnell eine organisatorische Antwort auf diese Frage zu finden.

Dabei bildeten sich drei verschiedene Richtungen heraus:

1) die Karzai-Gruppe,

2) die Gruppe um die ehemaligen Führer der Djihadi-Parteien und

3) das säkular orientierte Spektrum der technokratischen Schicht unter Führung von Abdul Haq Ahadi.

Hamed Karzai versuchte zunächst alles, um selbst an der Macht bleiben zu können. Als seine Aussichten auf Weiterführung seiner Präsidentschaft gegen null tendierten, versuchte er mit Zalmai Rasul, dem ehemaligen Außenmister des Landes, den Thron in Kabul zu besetzen. Er wollte mit Rasul einen Mann von seinen Gnaden an der Macht. Rasuls Kandidatur war jedoch aufgrund seiner Unfähigkeit und in Ermangelung eines Programms von Anfang an zum Scheitern verurteilt. Aufgrund der Feindseligkeit mit Abdullah Abdullah blieb Karzai letzten Endes nichts anderes übrig, als Aschraf Ghani zu unterstützen. Ohne seine Hinweise an die „Unabhängige Wahlkommission" wären die Wahlen höchstwahrscheinlich zugunsten von Abdullah Abdullah ausgegangen.

Mit der Wahl von Aschraf Ghani hat Karzai nun einen smarten Technokraten als Gegenspieler, der dazu das Vertrauen der USA genießt. Karzai hörte aber keineswegs auf, weiter seine Interessen zu verfolgen. Zuerst versuchte er vergeblich, die ehemaligen Warlords als Verbündete zu gewinnen. Die Warlords hatten jedoch ihre eigenen Pläne, und zwar ohne Karzai. Letzten Endes setzte Karzai auf die traditionellen Clan-Beziehungen und auf das Klientelsystem, das er aufgebaut hatte. Daraus bildete sich eine kleine Gruppe, die unter seiner Führung das Gebaren der Einheitsregierung auf Schritt und Tritt kritisiert. Dies findet jedoch kein Echo, weil er selbst auf eine negative Bilanz zurückblickt und das Vertrauen der Afghanen verspielt hat.

Da keiner der ehemaligen Führer der Mujahedin im Kabinett von Aschraf Ghani einen Ministerposten erhielt, war die Enttäuschung unter den Mujahedin-Führern groß. Zum einen fühlten sie sich als Djihadi-Gruppe durch die Niederlage in den Präsidentschaftswahlen verraten. Zum anderen hatten sie nun ihre Privilegien und hohen Posten verloren. Nach umfassenden Beratungen kamen die relevanten Parteien bzw. Personen dieser Gruppe am 18. Dezember 2015 zusammen und bildeten eine Dachorganisation unter dem Namen „Rat zur Aufrechterhaltung und Stabilisierung Afghanistans". (22)

Unter den wichtigen Mitgliedern dieses Rates sind u. a. folgende Personen:

- Abdul Rab Rasul Sayyaf, ein mächtiger Mujahed und Parteiführer,
- Mohammad Junus Qanuni, ehemaliger Vorsitzender des Abgeordnetenhauses und einer der Architekten der Afghanistan-Konferenz 2001 in Bonn,
- Abdul Hadi Arghandiwal, Chef der Islamischen Partei, einer Abspaltung von der Partei Hekmatyars,
- Besmellah Mohammadi, ehemaliger Verteidigungsminister,
- Abdul Rauf Ebrahime, Vorsitzender des Abgeordnetenhauses, und
- Mohammad Ismail Khan, der mächtige Widerstandskämpfer und Mujahedin aus Herat und ehemalige Minister für Energie und Wasser.

Als Sprecher dieser Dachorganisation sagte Sayyaf, dass sie nicht für den Sturz des Systems eintrete, jedoch notwendige Reformen fordere. Es war wichtig, dass Sayyaf diesen Punkt unterstrich. Denn lange kursierten Gerüchte über einen Putsch gegen die Einheitsregierung. Sicherlich wäre ein von dieser Gruppe initiierter Putsch angesichts der heterogenen Zusammensetzung der afghanischen Sicherheitskräfte ohne Chance geblieben. Trotzdem hätte sie der Regierung eine Menge Ärger bereiten können. Relevant ist auf jeden Fall, dass an dieser Organisation Leute beteiligt sind, die gleichzeitig zweitrangige Vertreter in der Einheitsregierung haben, so z. B. Arghandiwal, dessen Verbündeter als Stellvertreter von Abdullah fungiert.

Die dritte Reaktion kam von Anwar ul-Haq Ahadi, Chef der „Afghan Mellat" (Afghanische Nation), einer Partei, die seit ihrer Gründung in den sechziger Jahren des letzten Jahrhunderts im Verdacht steht, „chauvinistisch" geprägt zu sein, d. h. für die Vorherrschaft der Paschtunen zu kämpfen und nichtpaschtunische Ethnien als zweitrangig und inferior anzusehen. Diese Partei ist im Grunde säkular orientiert und versucht Religion im Sinne ihrer Strategie zu instrumentalisieren. (23) Als Sprecher der Organisation sagte Ahadi: „Sollte die Einheitsregierung keine Reformen durchführen, dann wird das Volk das Regime stürzen." Mit dem Volk meinte der ehemalige Wirtschaftsminister Ahadi sich selbst und seine Organisation, die trotz großer Ansprüche im Wahlkampf kläglich gescheitert ist.

Ökonomische Schwierigkeiten der Einheitsregierung

Afghanistan ist ökonomisch labil und mit enormen Problemen konfrontiert. Nach internationalem Standard leben 40 Prozent der Bevölkerung unter der Armutsgrenze, 30 Prozent der Bevölkerung und mehr als 40 Prozent der Jugendlichen sind arbeitslos. Das jährliche Handelsbilanzdefizit in Höhe von 1,5 Milliarden Dollar ist das Ergebnis zunehmender Importe und sinkender Exporte. Seit dem Wahljahr 2014 hat die Kapitalflucht aus dem Land stark zugenommen. Unter Berücksichtigung ihrer sozialen und sicherheitspolitischen Verpflichtungen muss die Einheitsregierung in ihrer fünfjährigen Legislaturperiode bis 2019 für eine Reihe schier unüberwindlicher Schwierigkeiten passende Lösungen finden, wozu sie jedoch kaum in der Lage ist.

Die Weltbank beziffert das BIP Afghanistans für 2014 auf 20,8 Millarden US-Dollar. (24) Unter Berücksichtigung des etwa dreiprozentigen Wachstums wird das BIP für 2015 auf 21,21 Milliarden US-Dollar geschätzt. Angesichts der wachsenden Unsicherheit der Investoren und zunehmender Kapitalflucht kann davon ausgegangen werden, dass das BIP des Landes bis 2019, dem Ende der Legislaturperiode der Einheitsregierung, entweder auf einem Niveau von 21,21 Milliarden US-Dollar stagniert oder im besten Fall infolge eines etwa dreiprozentigen Wachstums auf 24,03 Milliarden US-Dollar ansteigt. Bei den enormen Herausforderungen kann selbst das optimistischere Wachstumsszenario das Land nicht aus der Krise retten. Denn für die Schaffung angemessener neuer Jobs, in erster Linie für die Jugendlichen, braucht die Regierung eine Wachstumsrate von mindestens fünf Prozent.

Vor diesem Hintergrund können die wirtschaftlichen Schwierigkeiten am besten anhand der eventuellen Budgetentwicklung des Landes veranschaulicht werden. Der Staatshaushalt im Jahre 2015, also zu Beginn der Legislative der Einheitsregierung, belief sich auf etwa 7,8 Milliarden US-Dollar. (25) Mit einem Wachstum von drei Prozent im Jahr wird sich der Haushalt 2019, am Ende der Legislaturperiode, auf 9 Milliarden US-Dollar belaufen.

Sollte der Anteil der Sicherheitskosten am gesamten Budget proportional steigen, so wird er bei dem dreiprozentigen Wachstum des BIP von 36,68 Prozent im Jahre 2015 auf 37,70 im Jahre 2019 steigen. Bei einer Nullwachstumsrate wird dieser Anteil im Jahre 2019 auf 42,61 Prozent ansteigen, was eine enorme Belastung für die Wirtschaft des Landes darstellen würde.

Die demokratisch konzipierte Ordnung des Landes nahm in der Realität eine Entwicklung an, in der statt Parteiendemokratie die Herrschaft der einzelnen Warlords zementiert wurde, die als Vertreter ethnischer Partikularinteressen agieren. Es ist eine Schicht entstanden, die sich unter ethnischen Vorzeichen als neue Oligarchie etabliert hat. Sie ist verantwortlich für die labile Ordnung, die kaum in der Lage ist, mit den enormen sozioökonomischen Herausforderungen umzugehen. Gemessen an einer Reihe von international anerkannten Maßstäben nimmt Afghanistan beim Umfang der Korruption über Demokratiedefizite bis hin zur strukturellen Gewalt gegen Frauen die letzten Plätze in der Rangliste der Staaten ein. Damit kann das Land am Hindukusch als ein „Failed State" eingestuft werden, in dessen Rahmen die Überwindung der Staatskrise kaum möglich scheint. Daher wäre es schon eine große Errungenschaft, wenn die Einheitsregierung die Entscheidung über die vereinbarte nächste Loja Dschirga 2017 überleben und sich zur nächsten Präsidentschaftswahl 2019 hinüberretten würde. In Ermangelung einer vernünftigen Alternative wäre der Eintritt jeder anderen Möglichkeit eine Katastrophe. Das Land kann sich von den Fesseln der umfassenden Abhängigkeit vom Westen und der strategischen Willkür der Nachbarstaaten ohne einen Paradigmenwechsel nicht befreien; dazu ist die neue Oligarchie aus den angeführten Gründen weder willens noch fähig. In absehbarer Zukunft bleibt das Land im Teufelskreis der Armut und der strukturellen Krise gefangen.

V. Kapitel:

Historischer Rückblick: imperiale Beziehungen der USA zu Afghanistan
Zum ergebnislosen Versuch einer Imperialmacht, in Afghanistan Fuß zu fassen, 1919–2021

5.1 Politische Zurückhaltung der USA nach Aufnahme der diplomatischen Beziehungen
Großbritannien auf verlorenem Posten am Hindukusch, 1921–1950

5.2 Die Vereinigten Staaten von Amerika: ein Neuling am Hindukusch
Zur Inkonsequenz der US-Strategie in Afghanistan, 1950–1980

5.3 Instrumentalisierung des „politischen Islam" am Hindukusch in den achtziger Jahren
Zur Manipulation des afghanischen Widerstandes

5.4 Neue Version des „Great Game" in Mittelasien: Wenn regionale Mächte mitmischen
Afghanistan als Korridor zu Gas- und Ölreserven des Kaspischen Meeres

5.5 Der Ansatz von „full-spectrum dominance" der USA
Afghanistan als Hauptkriegsarena der Bekämpfung des Terrorismus

5.6 Afghanistan als eine Peripherie der Vereinigten Staaten
Wenn humanitäre und finanzielle Kosten zum Abzug führen

V. Kapitel: Historischer Rückblick: imperiale Beziehungen der USA zu Afghanistan

Zum ergebnislosen Versuch einer Imperialmacht, in Afghanistan Fuß zu fassen, 1919–2021

Aus dem Zweiten Weltkrieg gingen die Vereinigten Staaten von Amerika als stärkster Staat hervor. In ihren imperialen Ansprüchen drängten sie die europäischen Kolonialmächte, vor allem Großbritannien, in den Hintergrund. In seinen Beziehungen zu Afghanistan verhielt sich Washington jedoch zunächst mit Rücksicht auf die kolonialen Interessen Großbritanniens zurückhaltend.

Die imperialen Bestrebungen der USA im Hinblick auf Afghanistan lassen sich in sechs Phasen einordnen:

5.1 Politische Zurückhaltung der USA nach Aufnahme der diplomatischen Beziehungen

Großbritannien auf verlorenem Posten am Hindukusch, 1921–1950

Erste offizielle Beziehungen zwischen Afghanistan und den USA wurden im Jahr 1921 aufgenommen. Davor gab es nur spärliche Kontakte privater Natur zwischen beiden Staaten. In diesem Jahr wurde „The Treaty of Rawalpendi" zwischen Afghanistan und Britisch-Indien, das Dokument der politischen Unabhängigkeit Afghanistans, unterzeichnet. Noch im selben Jahr besuchte eine afghanische Mission Washington, um diplomatische Beziehungen mit den Vereinigten Staaten aufzunehmen. Bei ihrer Rückkehr nach Kabul brachten die Gesandten einen Grußbrief von US-Präsident Warren G. Harding mit. Doch blieb die US-Politik im Hinblick auf Afghanistan auch nach der Aufnahme diplomatischer Beziehungen zurückhaltend. Afghanistan und der indische Subkontinent galten den USA als Teil der Machtsphäre des befreundeten Großbritanniens. Dadurch wurden die Außenbeziehungen Afghanistans keineswegs zementiert, im Gegenteil erfuhren sie aufgrund politischer Turbulenzen im Inneren des Landes und in der Region bald dramatische Änderungen.

Intensivierung der Beziehungen Afghanistans zur Sowjetunion

Nach Erlangung außenpolitischer Autonomie richtete Afghanistan seine diplomatischen Interessen auf die neue Sowjetunion und auf Deutschland. Die Thronbesteigung von Amanullah Kahn, dem König von Afghanistan, im Jahr 1919 markierte eine neue Ära diplomatischer Beziehungen zur Sowjetunion: Amanullah und Lenin teilten die Abneigung gegen das britische Kolonialreich.

Amanullah hatte schon 1919 seine Hochschätzung für die sowjetische Führung in einem Brief an den Kreml zum Ausdruck gebracht. General Wali Khan, der Gesandte Afghanistans, wurde in Moskau freundlich empfangen und erhielt das Versprechen, Afghanistan zu helfen (Maprayil, 1982, 45). Am 4. September 1919 empfing Amanullah eine sowjetische Delegation unter Leitung von Bravin. Im September 1920 wurde ein Abkommen zwischen Kabul und Moskau in Kabul verfasst. Es wurde am 28. Februar 1921 in Moskau und am 13. August 1921 in Kabul ratifiziert. 1926 folgte die Unterzeichnung eines Abkommens zu „Nichtaggression und Neutralität" zwischen Afghanistan und der Sowjetunion (Maprayil, 1982, 69).

Afghanistans Interesse am nationalsozialistischen Regime

Die Revolte von 1929 zwang Amanullah Khan zur Flucht. Nach etwa neun Monaten chaotischer Herrschaft von Habibullah Kalakani, einem Tadschiken aus Kohdaman (nördlich von Kabul), eroberte Nader Khan, ein Mohammadzai (Subclan der Durani), ehemaliger Offizier des Königs Amanullah und paschtunischer Chauvinist, mit Unterstützung Großbritanniens den Palast in Kabul. In der Verfassung von 1931 wurde ausdrücklich festgehalten, dass die afghanische Nation Nadir Schah als „tauglichen und würdigen König" anerkennt. Grundlage des staatlichen Rechtssystems wurde die „Hanefi-Religion". Ein Rat von „Jamiati Ulema", Religionsspezialisten, und Scharia-Gerichte sollten sicherstellen, dass alle Gesetze mit dem islamischen Recht übereinstimmten. Damit wurden alle Reformen des Königs Amanullah annulliert.

Außenpolitisch wurden die Beziehungen zu Großbritannien, die durch die Unabhängigkeitserklärung Afghanistans stark gelitten hatten, wieder verbessert. Nach und nach entwickelte Nader Khan jedoch Interesse am Nationalsozialismus in Deutschland. Die afghanischen Beziehungen zum Dritten Reich wurden verstärkt, wobei Abdul Majid Zabuli, Minister für nationale Wirtschaftsangelegenheiten, eine führende Rolle spielte (Janathan, 2018, 530). 1936 schickte Afghanistan ein Team zu den Olympischen Spielen in Berlin, auch König Zahir Schah, der Nachfolger Nadir Schahs, Haschim Khan, der Ministerpräsident, und Wirtschaftsminister Zabuli besuchten Deutschland. Der Troika wurde eine persönliche Audienz beim Reichskanzler Hitler und seinem inneren Kreis gewährt.

Das Ergebnis dieses Besuchs waren eine deutsche Anleihe in Höhe von 15 Millionen Reichsmark und eine Reihe von Handels-, Bildungs- und politischen Abkommen (Janathan, 2018, 531). Zabuli setzte sich für den weiteren Ausbau der Beziehungen zum Dritten Reich ein und wurde darin unterstützt von Daoud Khan und Naim Khan, den beiden Vettern des Königs, die in einer späteren Phase das Schicksal des Landes bestimmen sollten. Im Frühjahr 1941 stattete Zabuli einen „halb privaten Besuch" in Berlin ab, wo er Adolf Hitler seinen Plan vortrug, König Zahir Schah abzusetzen und Britisch-Indien den Krieg zu erklären. Im Gegenzug bat er um deutsche Flugzeuge, Panzer und Flugabwehrgeschütze, um die afghanische Grenze bis zum Indus zu erweitern und Karatschi, die wichtige Hafenstadt im Süden Pakistans, zu besetzen. Er wünschte sich zudem deutsche Fürsprache gegenüber der Sowjetunion, Afghanistans Nordgrenzen zu respektieren. Zu diesem Zeitpunkt befanden sich die beiden Mächte noch nicht im Krieg (Lee, 2018, 533).

Die Vereinigten Staaten als Zaungast

Die außenpolitische Distanzierung von Großbritannien und die Orientierung auf die Sowjetunion und das Dritte Reich wurden in Großbritannien als Warnsignal verstanden, während die USA, weil sie das afghanische Feld dem britischen Imperium überlassen hatte, untätig als Zaungast der Entwicklung zusahen. Erst nach dem Rückzug Großbritanniens aus dem indischen Subkontinent füllten die USA zielstrebig die von der ehemaligen Kolonialmacht hinterlassene Lücke in der Region mit einer eigenen Strategie aus.

5.2 Die Vereinigten Staaten von Amerika: ein Neuling am Hindukusch

Zur Inkonsequenz der US-Strategie in Afghanistan

Obwohl die USA aus dem Ersten Weltkrieg als bedeutendste Großmacht hervorgegangen waren, adoptierte das Land auf Beschluss des Kongresses eine isolationistische Politik. Auch gegenüber Afghanistan zeichnete sich die Außenpolitik der USA durch Zurückhaltung aus, denn Afghanistan wurde der Einflusszone des befreundeten Großbritanniens zugerechnet und geografisch tangierte Afghanistan keineswegs machtpolitische Interessen der USA. Darüber hinaus standen innenpolitische Probleme im Vordergrund, vor allem die Bekämpfung der „Großen Krise“, die mit enormer Arbeitslosigkeit einherging.

Außenpolitische Entwicklungen in der Region, z. B. das Fußfassen der Sowjetunion in Afghanistan und die Hinwendung der afghanischen Elite zum Dritten Reich, konnten in Washington aber nicht unbemerkt bleiben. Es war evident, dass Großbritannien nicht in der Lage war, beide Mächte, die Sowjetunion und das Ditte Reich, auf Distanz zu halten. Die Schwächung des britischen Kolonialregimes im Gefolge des Zweiten Weltkriegs, die Unabhängigkeit des indischen Subkontinents und der sich intensivierende Kalte Krieg veranlassten Washington, das entstehende politische Vakuum zu füllen und sich in Südasien zu engagieren. In diesem Rahmen gewannen die Beziehungen Afghanistans zu den USA an Bedeutung. Allerdings frustrierten die USA die diplomatischen Bemühungen Kabuls, für den Aufbau des Landes amerikanische Unterstützung zu bekommen. Das bereitete den Boden für die Annäherung Afghanistans an die Sowjetunion.

Mohammed Naim, der Cousin von König Zahir Schah, wurde 1948 Geschäftsträger in Washington, D. C. Der erste offizielle afghanische Botschafter in den Vereinigten Staaten war Habibullah Khan Tarzi, der bis 1953 diente. Die US-Gesandtschaft in Kabul wurde am 6. Mai 1948 zur US-Botschaft in Kabul erhoben. 1953 stattete der damalige US-Vizepräsident Richard Nixon Kabul einen offiziellen diplomatischen Besuch ab.

1958 war Premierminister Daoud Khan der erste Afghane, der vor dem Kongress der Vereinigten Staaten in Washington sprach. Während seines Aufenthalts in der US-Hauptstadt traf sich Daoud mit Präsident Eisenhower, unterzeichnete ein wichtiges Kulturaustauschabkommen und bekräftigte die persönlichen Beziehungen zum damaligen Vizepräsidenten Richard Nixon, die während dessen Reise nach Kabul im Jahr 1953 geknüpft worden waren. Der Premierminister reiste auch durch die Vereinigten Staaten. besuchte u. a. die New Yorker Börse, das Empire State Building und die Wasserkraftwerke der Tennessee Valley Authority. (2) Auch König Zahir Schah reiste in die USA und traf 1961 Präsident John F. Kennedy zwei Monate vor dessen Ermordung.

Damals lehnten die Vereinigten Staaten den Antrag Afghanistans auf Verteidigungszusammenarbeit ab, erweiterten jedoch ein Wirtschaftshilfeprogramm, das sich auf die Entwicklung der physischen Infrastruktur Afghanistans – Straßen, Dämme und Kraftwerke – konzentrierte. Später verlagerte sich die amerikanische Hilfe von Infrastrukturprojekten auf technische Hilfsprogramme, um den Aufbau einer modernen Wirtschaft zu fördern. Die Kontakte zwischen den Vereinigten Staaten und Afghanistan nahmen in den 1950er Jahren zu, insbesondere während der kubanischen Revolution zwischen 1953 und 1959. Während die Sowjetunion Kuba unterstützte, konzentrierten sich die Vereinigten Staaten aus strategischen Gründen auf Afghanistan. Es ging darum, der Ausbreitung des Kommunismus und der sowjetischen Einflusszone in Südasien, insbesondere am Persischen Golf, Einhalt zu gebieten. Die gewachsene Bedeutung Afghanistans in diesem Kontext wird anhand des Staatsbesuchs deutlich, den Präsident Eisenhower Afghanistan im Dezember 1959 abstattete. Bis 1979 versorgte die US-Auslandshilfe Afghanistan mit mehr als 500 Millionen Dollar an Darlehen, Zuschüssen und Produkten mit dem Ziel, Transportinfrastruktur zu entwickeln, die landwirtschaftliche Produktion zu steigern, das Bildungssystem zu erweitern, die Industrie anzukurbeln und die öffentliche Verwaltung zu verbessern.

Zwei Interventionen exemplifizieren die Vorgehensweise der US-Administration in Afghanistan: das „Helmand-Arghandab-Bewässerungsprojekt" und die Vermittlung im Grenzkonflikt zwischen Afghanistan und Pakistan.

Das Helmand-Arghandab-Bewässerungsprojekt

Es war ein lang gehegter Wunschtraum afghanischer Regierungen, das große Wasserreservoir der beiden Flüsse, Helmand und Arghandab, zum Aufbau landwirtschaftlicher Kulturen in der großen Oase von Kandahar im Süden nutzbar zu machen und die spärlich bevölkerte Oase durch Umsiedlung landloser Bauern zu einer blühenden Region zu entwickeln. Der Helmand ist mit 1125 km der längste Fluss Afghanistans, seine Quelle liegt westlich von Kabul im Koh-e Baba. (3) Er hat mehrere Nebenflüsse, darunter Arghandab und Tarnak, und bewässert mehr als 160 000 Quadratkilometer. Der Arghandab-Fluss mit einer Länge von etwa 400 km entspringt in der Provinz Ghazni westlich der Stadt Ghazni, fließt nach Südwesten in das Gebiet nördlich der Stadt Kandahar und mündet 30 km unterhalb von Gerischk in den Helmand.

Für die Realisierung des Helmand-Arghandab-Bewässerungsprojekts waren ein erheblicher Kapitalaufwand, umfangreiche technische Expertise und fachliche Qualifikationen auf geologischem und landwirtschaftlichem Gebiet erforderlich. Die afghanische Regierung schätzte die gesamten Kosten auf etwa 100 Millionen US-Dollar (Caudill, 1975, 22). Afghanistan hatte sich bereits 1949/50 mit eigenen Mitteln und wenig Fachexpertise an die Umsetzung der Projektidee gemacht. Nach Konsultationen mit unterschiedlichen US-Organen bekam Kabul von der amerikanischen Export-Import-Bank bis 1952 Darlehen in Höhe von 39,5 Millionen US-Dollar. Später wurden weitere Darlehen gewährt, bis Ende der siebziger Jahre etwa 100 Millionen Dollar (Caudill, 1975, 22). Im Zusammenhang mit dem Helmand-Aghandab-Bewässerungsprojekt wurden mit Mitteln des „US Aid Program“ 1962 der „Kandahar International Airport“ für 14,6 Millionen Dollar und die Hauptstraße Kandahar–Kabul, etwa 380 km, zu Kosten von 53 Millionen Dollar gebaut. Hinzu kam der Bau der Straße von Kandahar nach Spin Boldak, der Stadt an der pakistanischen Grenze, mit einer Entfernung von etwa 100 km, ebenfalls unterstützt von den USA mit 2 Millionen Dollar.

Zwischen 1950 und 1973 wurden etwa 6000 Familien in Helmand angesiedelt. Die Siedler setzten sich hauptsächlich aus dem Durani-Subclan zusammen: Isakzai, Nurzai, Barakzai, Alikozai und Achekzai (Shirzai, 1975, 17). Nach 1973 wurden zusätzlich etwa 4000 Familien in Helmand angesiedelt. Die ersten

Siedler bekamen pro Familie je nach Bodenqualität etwa 4 bis 6 Hektar Land, später wurde die Fläche auf 2 Hektar reduziert (Shirzai, 1975, 20).

Die Siedler gehörten folgenden Berufen an:

Farmer	Nomaden	Handwerker	Besitzer kleinerer Geschäfte	Nicht klassifizierte Berufe
37 %	31 %	15 %	10 %	7 %

Hauptprodukte des Projekts waren Getreide (Weizen) und Baumwolle für den Verkauf sowie Früchte-, Melonen- und Gemüseanbau, vorwiegend für eigenen Bedarf und den lokalen Bazar. Zwei Staudämme, der Dahla- und der Kajaki-Damm, dienten als Reservoire und erweiterten die Anbaufläche. Nach der Erhöhung der Dammwände um zwölf Meter konnte der Stausee fast eine Milliarde Kubikmeter Frischwasser aufnehmen und drei Turbinen zur Erzeugung von 22 Megawatt Strom betreiben. Der Kajaki-Staudamm ist einer der beiden großen Staudämme für Wasserkraft in der Provinz Helmand im Süden Afghanistans. Er hat eine doppelte Funktion, nämlich Strom zu liefern und etwa 650 000 Acre (1800 km2) eines ansonsten trockenen Landes zu bewässern. Das Wasser, das aus dem Damm abfließt, durchquert etwa 500 km flussabwärts gelegene Bewässerungskanäle.

Neben der Gewinnung neuen Landes für die Landwirtschaft und der Ansiedlung von Bauern waren ein zuverlässiges Bewässerungssystem für die Regulierung der Wassermassen und die Verhinderung jährlicher Überflutungen Anliegen von zentraler Bedeutung. Die Realisierung des Projektes bzw. die Fortsetzung der Vorhaben war jedoch von vornherein mit großen, zum Teil vermeidbaren Mängeln behaftet. So wurden auf eine Kosten-Nutzen-Analyse und eine gründliche Evaluierung angeblich aus Kostengründen verzichtet. Dieses Versäumnis führte dazu, dass unvorhergesehene Kosten auftauchten, die durch zusätzliche, von der Bodenbeschaffenheit des Gebietes erzwungene Dränagesysteme verursacht wurden. Hinzu kamen Schwierigkeiten, die mit den vorherigen Berufen bzw. Lebensgewohnheiten der Neusiedler zu tun hatten. Nur etwa 31 % der Siedler waren mit Landwirtschaft und traditionellen Anbaumethoden vertraut. Alle anderen Siedler benötigten ständige Beratung und Begleitung durch Fachleute. In ausreichendem Maße konnte dieser Service nicht geleistet werden. Die Farmer benötigten besseres bzw. widerstandsfähiges Saatgut, ebenso preiswerte Düngemittel und passende landwirtschaftliche Geräte. Die Angebote waren jedoch sehr knapp, zum Teil ungeeignet und defizitär. All diese Probleme führten dazu, dass schon in den ersten Jahren etwa 20 % der Siedler das Gebiet wieder verließen und zu ihrer alten Lebensweise zurückkehrten.

Die US-Strategie im Hinblick auf den Grenzkonflikt zwischen Afghanistan und Pakistan

Als nach dem Zweiten Weltkrieg die Unabhängigkeit Indiens von Großbritannien und die Schaffung eines neuen Staates (Pakistan) auf der Tagesordnung standen, ordnete Großbritannien ein Referendum in der Nordwest-Grenzprovinz an. Die Bevölkerung sollte entscheiden, ob sie Indien oder Pakistan beitreten wollte. Khan Abdul Ghafar Khan, der Führer der politischen Organisation „Khodaie Khetmatkaran" (Diener Gottes), forderte eine dritte Option, die vollständige Unabhängigkeit der Nordwest-Provinz. Afghanistan brachte eine vierte Option auf, das Recht der Stämme, sich unter die Souveränität Afghanistans zu stellen (Lee, S. 551). Großbritannien blieb jedoch bei seiner Version, die nur das Votum für Indien oder Pakistan kannte. Etwas mehr als 55 Prozent der Stimmen erklärten sich für einen Beitritt zu Pakistan, ein Ergebnis, das von Khan Abd al-Ghafar und Kabul abgelehnt wurde. Als den Vereinten Nationen der Antrag auf internationale Anerkennung West- und Ostpakistans vorgelegt wurde, stimmte Afghanistan dagegen. Einige Monate später allerdings gewährte die Regierung in Kabul Pakistan Anerkennung. Mündlich versprach Afghanistan pakistanischen Beamten, dass die beiden Länder verhandeln würden. Diese Gespräche fanden nie statt.

Für Daoud wurde „Selbstbestimmung für Paschtunistan" ein ideologischer Grundpfeiler, auf der seine Vision von afghanischer nationaler Identität ruhte. Er ging sogar so weit, die nationale Sicherheit Afghanistans in Gefahr zu bringen, wenn er der „Paschtunistan-Bewegung" finanzielle und militärische Unterstützung zukommen ließ. Viele Politiker Pakistans mit propaschtunischer Orientierung standen auf der Gehaltsliste der Kabuler Regierung. In der „Shahr Nau", der Nobelresidenz in Kabul, waren viele dieser Politiker als Dauergäste der Regierung mit allem Komfort untergebracht. Ausgestattet mit afghanischen diplomatischen Pässen genossen sie im Ausland diplomatische Immunität. Die Daoud-Fraktion scheint sich über die langfristigen diplomatischen Komplikationen, politischen Konsequenzen, ökonomischen Auswirkungen und nicht zuletzt militärischen Risiken dieser perversen Strategie nicht im Klaren gewesen zu sein. Daoud war zu ignorant, um zu begreifen, dass Pakistan niemals zulassen würde, etwa ein Drittel von Westpakistan zu verlieren.

In dieser heiklen Phase der politischen Auseinandersetzung war die Entscheidung Washingtons, zur Eindämmung des Einflusses der Sowjetunion ein Militärbündnis in Südasien zu schmieden, ein harter Schlag gegen Kabul. Denn Daoud wollte seine Politik der Balance zwischen Ost und West nicht aufgeben, um für einen Block Partei zu ergreifen. Im Jahr 1954 trat Pakistan zunächst dem „SEATO-" und anschließend dem „CENTO-Pakt" bei. Das CENTO-Abkommen, schon von Großbritannien initiiert, führte den Irak, den Iran, Pakistan und die Türkei im Rahmen eines Verteidigungspaktes zusammen. Dadurch war garantiert, dass die Vertragsparteien die „Unverletzlichkeit", „Integrität" und „souveräne oder politische Unabhängigkeit" der Mitgliedstaaten verteidigen würden. Im Rahmen dieses Vertrages wurde Pakistan von den USA und Großbritannien mit Waffen, auch Militärflugzeugen und Boden-Luft-Raketen, ausgerüstet.

Kabul blieb nur der Weg nach Moskau als Bittsteller. Die Sowjetunion stieg mit vollem Engagement, jedoch im Unterschied zu den USA mit einem vielschichtigen Plan in die Liaison mit Afghanistan ein (die sowjetische Afghanistan-Strategie wurde im 2. Kapitel unter II. ausführlich dargestellt). Quasi als Kollateralschaden hatte die US-Strategie offensichtlich Kabul veranlasst, seine außenpolitische Balance zugunsten eines Vorrangs für die Beziehungen zur Sowjetunion aufzugeben. Viel später erst – in den achtziger Jahren – entdeckten die USA den „afghanischen Widerstand" am Hindukusch als effektives Bollwerk gegen die Sowjetunion. Zu diesem Zeitpunkt waren die

Tragödien, die das Land seit Ende der siebziger Jahre überzogen, bereits in vollem Lauf.

5.3 Instrumentalisierung des „politischen Islam" am Hindukusch in den achtziger Jahren

Zur Manipulation des afghanischen Widerstandes

Als Konsequenz einer inkonsequenten Strategie sah Washington sich mit der „April-Revolution" von 1978 vor vollendete Tatsachen gestellt. Am 25. Dezember 1979, also noch zu Beginn der sowjetischen Invasion in Afghanistan, hielt US-Präsident Carter eine Dringlichkeitssitzung des Pentagons, der CIA und des State-Departments ab. Nach intensiven Beratungen stimmten alle drei Organe im Prinzip zu, den „afghanischen Widerstand" finanziell und militärisch zu unterstützen (Lee, 608). Zu dieser Zeit war der afghanische Widerstand für die USA ein Gewässer, von dem weder die Tiefe noch die Temperatur bekannt waren. Denn der Widerstand der Afghanen gegen massive Unterdrückung, willkürliche Verhaftungen und Hinrichtungen durch das Kabuler Regime war mehrdimensional. Er setzte sich aus „Nationalisten, ehemaligen Bürokraten, Royalisten, Moskau-feindlichen Gruppen und gemäßigten religiösen Kräften" zusammen (Samimy, 1983, 30).

Mit der Machtübernahme von Generals Zia ul-Haq in Pakistan im April 1979 wurde die Entscheidung der USA für eine Unterstützung islamisch orientierter Kräfte bestärkt. Denn Zia ul-Haq versuchte selbst unter dem Namen von „Nezam Mustafa" – Ordnung des Propheten Mohammed – eine islamische Wirtschafts- und Gesellschaftsordnung in Pakistan zu errichten. Sicherlich war die regionale Atmosphäre durch die „islamische Revolution im Iran" 1979 und das Interesse Saudi-Arabiens religiös geprägt, was die Entscheidung der US-Administration für die Unterstützung des islamischen Widerstands am Hindukusch zusätzlich beeinflusste. Wie Howard Hart, CIA-Chef in Pakistan, zu erkennen gab, war es das Ziel der Carter-Administration, das sowjetische Abenteuer am Hindukusch so kostspielig wie möglich zu machen. Diese Idee war ebenso populär bei den Republikanern wie bei US-Thinktanks, etablierten Journalisten und Afghanistan-Beratern der Carter-Administration. Zbigniew Brzezinski erkannte spätestens 1980, dass im Gebiet der paschtunischen Stämme an der pakistanisch-afghanischen Grenze, das traditionell von Unruhen und kriegerischen Auseinandersetzungen geprägt war, das Zentrum eines „US-Stellvertreterkrieges" gegen den Einfluss der Sowjetunion in Afghanistan entstehen könne.

Der Machthaber Zia ul-Haq agierte geschickt, als er die entstandene Situation nicht nur für die Unterstützung des Widerstands in Afghanistan, sondern auch für die politische Stabilisierung seines eigenen Regimes instrumentalisierte. Er entschied sich für die Finanzierung und Unterstützung afghanischer Fundamentalisten – eine Entscheidung mit weit in die Zukunft reichender Bedeutung. Das Regime in Islamabad setzte bei den Gesprächen mit den USA durch, dass die Bereitstellung von Waffen und Geldern an Gruppen in Afghanistan ausschließlich über den pakistanischen Geheimdienst ISI abgewickelt wurde. Allein der ISI wählte die Empfängergruppen im Nachbarland aus (Cooley, 2000, 61).

In dieser Zeit hatte die Reaktion der USA auf das pakistanische Atomprogramm der Militärdiktatur große Sorgen bereitet. Ein Kongressbeschluss, bekannt unter dem Namen „Symington-Änderung", hatte amerikanische Militärlieferungen für Pakistan untersagt. Als Belohnung für das gemeinsame Engagement gegen die Präsenz der Sowjets in Afghanistan erhielt Islamabad nun nicht nur finanzielle Unterstützung in Milliardenhöhe, es wurden auch die Sanktionen auf Eis gelegt und generell die Beziehungen zu Pakistan intensiviert. Für die Militärdiktatur, die den ehemaligen Ministerpräsidenten Zulfikar Ali Bhutto abgesetzt hatte und schließlich hinrichten ließ, war dies ein durch und durch erfolgreiches Geschäft. Auch unter Jimmy Carter, dem Moralisten in der Politik, galt das Primat der US-Interessen vor moralischen Idealen.

Kurz nach der sowjetischen Invasion ernannte Zia einen neuen Chef des ISI, General Akhtar Abdel Rahman Khan. Er war sein rechter Arm im Afghanistankrieg, bis er mit Zia bei einem mysteriösen Flugzeugabsturz im Jahr 1988 ums Leben kam (Cooley, 2000, 67). Khan war der festen Überzeugung, dass der afghanische Djihad sowohl den Islam als auch Pakistan verteidigen und die Sowjets in einem großen Guerillakrieg besiegen könne. Auf Betreiben von Zia wurde über die Waffenlieferungen aus den USA,

Ägypten, China, Saudi-Arabien, Großbritannien, Frankreich und Israel absolutes Stillschweigen gewahrt.

Ronald Reagan setzte die Politik der Carter-Administration im Hinblick auf Afghanistan zunächst unverändert fort. Erst 1985 ergänzte er die Carter-Doktrin durch zusätzliche Rückendeckung für die afghanischen Mujahedin. Seine Version lautete: „Tue alles, was du tun musst, um den Mujahedin zu helfen, nicht nur zu überleben, sondern zu gewinnen" (Voje, S. 132). Die neue Direktive des Präsidenten Reagan wurde sehr rasch in die Tat umgesetzt. Im Jahr 1985 wurden mehr als 10 000 Panzerabwehrraketen und 200 000 weitere Raketen nach Afghanistan gesandt. Der Umfang der Waffenlieferungen übertraf in diesem Jahr die Summe der Lieferungen in den fünf vorhergehenden Jahren. Präsident Carter hatte zunächst Finanzhilfen in Höhe von lediglich 20 Millionen Dollar bewilligt. Doch unter der Reagan-Administration nahm die finanzielle Unterstützung kontinuierlich zu. 1983 umfasste das CIA-Budget für Afghanistan 325 Millionen US-Dollar, bis 1987 wurde die Summe verdoppelt auf 630 Millionen US-Dollar. Wie oben beschrieben, gaben die USA für zivile Projekte in der Zeit von 1946 bis 1979 insgesamt nur 532 Million US-Dollar aus. Pakistan war weder für Finanzhilfe noch für Waffenlieferungen an Mujahedin zu Rechenschaft verpflichtet. Damit waren Tür und Tor für Korruption, Missbrauch und Fehlleitungen der amerikanischen Mittel geöffnet (Lee, 2018, 612).

Die Gesamtsumme, die der Westen und die arabischen Golfstaaten in den „afghanischen Djihad" versenkt haben, wird auf etwa 8 Milliarden Dollar geschätzt. Genauso viel haben die Sowjets zur Stabilisierung des Kabuler Regimes ausgegeben, eine enorme finanzielle Belastung für die schwächelnde Wirtschaft. Zunehmende außenpolitische Isolation und interne Konflikte ließen das sowjetische Imperium 1990 implodieren – ein Ende, zu dem der Widerstand in Afghanistan zweifellos beigetragen hat.

Der Krieg zwischen den Mujahedin und der von der Sowjetunion unterstützten Regierung in Kabul hatte sich über ein Jahrzehnt hingezogen. Die Instrumentalisierung des politischen Islam seitens der USA und die in der Region vorherrschende Atmosphäre der Religiosität verhinderten, dass aus dem Widerstand gegen das Kabuler Regime eine national und freiheitlich gesinnte integrative Kraft hervorging, die eine Ausstrahlung wie etwa Kemal Atatürk, Jassir Arafat, Nelson Mandela oder Mahatma Gandhi sie zu ihrer Zeit entfaltet hatten. Sicherlich war der Widerstand der Afghanen aufgrund der multiethnischen Struktur und diversen religiösen Ausrichtung in vielfacher Hinsicht heterogen.

Während einige westeuropäische Verbündete sich auf humanitäre Hilfe konzentrierten, lieferten die USA vorwiegend Waffen. Über medizinische Hilfe und Nahrungsmittelversorgung für afghanische Flüchtlinge in Pakistan hinaus unterstützten sie finanziell großzügig die Akura-Khatak-Madresse, in der religiöser Fanatismus unterrichtet wurde. Es ist kein Wunder, dass Pakistan zum Zentrum für Rekrutierung und Ausbildung von Terroristen und zur operativen Basis ihrer Aktionen wurde. In diesem Kontext entstand das Al-Qaida-Terrornetz in Peschawar, Pakistan. Dieses Terrornetz unter Leitung von Osama bin Laden verdeutlichte im September 2001 auf spektakuläre Weise die Verletzbarkeit der USA. Als Folge ihres Stellvertreterkriegs leidet Afghanistan noch immer unter der Last des militanten Islam, der das größte Hindernis zur Völkerverständigung am Hindukusch darstellt.

5.4 Neue Version des „Great Game" in Mittelasien: Wenn regionale Mächte mitmischen

Afghanistan als Korridor zu Gas- und Ölreserven des Kaspischen Meeres

Nach dem Abzug der Sowjets aus Afghanistan und dem Zusammenbruch der Sowjetunion blieb das Regime in Kabul zum Ärgernis der USA immer noch an der Macht. Es konnte sich überraschenderweise noch zwei Jahre lang gegen die Anschläge der Mujahedin behaupten. Erst als der UN-Friedensplan unter Vermittlung von Benon Sevan, dem UN-Beauftragen für Afghanistan, 1992 am Widerstand der Mujahedin scheiterte, brach das Kabuler Regime zusammen, vor allem aufgrund der Differenzen innerhalb der VDPA. Mit dem Einzug der Mujahedin in Kabul kehrte jedoch keineswegs die ersehnte Ruhe und Ordnung ein. Als mittelbares Produkt des bewaffneten Widerstandes waren die Mujahedin weder intellektuell noch von ihren sozial-ethnischen Bindungen her in der Lage, ein angemessenes Friedenskonzept zu entwerfen, geschweige denn zu implementieren. Afghanistan stürzte in chaotische Verhältnisse.

Als Konsequenz riefen die USA, Saudi-Arabien und Pakistan 1994 eine neue Formation des militanten Islam als Ordnungsmacht in Afghanistan ins Leben, die „Tahrik Islami Taliban". Das Interesse der USA richtete sich vor allem auf die Gas- und Ölreserven der Region. Um die Ressourcen Zentralasiens zu erschließen, mussten Gas- und Ölpipelines durch Afghanistan und Pakistan, die einzige südliche Route außerhalb des Iran, verlegt werden (Rubin, 2013, 35). Zwar ist Afghanistan selbst reich an Bodenschätzen (Gas- und Ölreserven, Eisen und Kupfer, Uran und Seltene Erden), als Korridor zu den Absatzmärkten und Bodenschätzen der zentral- und mittelasiatischen Republiken besitzt es jedoch eine enorme strategische Bedeutung. Der amerikanische Präsident Bill Clinton hatte schon 1994 die Region um das Kaspische Meer zum strategischen Interessengebiet der Vereinigten Staaten von Amerika erklärt. (4) Nach Schätzungen der USA verfügt dieses Gebiet, an das fünf Anrainerstaaten angrenzen, über Rohölreserven von etwa 200 Milliarden Barrel. (5)

Seit der Auflösung des sowjetischen Imperiums Anfang der neunziger Jahre hat sich die Region zu einem Zentrum der Aktivitäten internationaler Ölgesellschaften entwickelt. Die atemberaubende Geschäftstüchtigkeit der Firmen wurde auf politischer Ebene, um das postsowjetische Russland nicht in Unruhe zu versetzen, von einer regen stillen Diplomatie der involvierten Staaten flankiert. Russland betrachtete die mittelasiatische Region, sowohl aus historischer Sicht – als Hinterhof des russischen Imperiums – wie auch im Kontext der zunehmenden Bedeutung der Energiequellen, nach wie vor als Nah-Ausland, auf das ihm besondere Rechte zustünden. Es versuchte, die in den sieben Dekaden des sowjetischen Kommunismus forcierte Dependenz dieser Region weiterhin im Sinne der Aufrechterhaltung imperialer Beziehungen zu instrumentalisieren. Obwohl es an den erforderlichen Ressourcen fehlte, versuchte Russland zumindest als einer der Mitspieler den Neueindringlingen das Feld nicht kampflos zu räumen. Moskau sicherte sich einen Anteil an Öl- und Gasreserven der Region. So wurde die Gazprom, die private Inkarnation des russischen Gasmonopols, mit 10 Prozent an den Ölgeschäften in Kasachstan beteiligt, wo auch die britische AGIP aktiv war. (7)

Die Palette der beteiligten Ölmultis umfasst nicht nur Firmen aus dem Westen und Russland. Während Japan den Bau einer Gaspipeline vom russischen Irkutsk durch die Mongolei, China und Südkorea (Länge: 4000 Kilometer, Kosten: 10 Milliarden US-Dollar) plante, wurde China beim Bau eines anderen Gasprojekts in Kasachstan aktiv (Länge: 3000 Kilometer, Kosten: etwa 10 Milliarden US-Dollar). (8) Schon zu Beginn des Jahres 1996 konnte sich eine chinesische Ölgesellschaft – China National Petroleum Corp. (CNPC) – in der Konkurrenz mit amerikanischen Ölmultis – Unocal und Aramco – in Kasachstan durchsetzen. CNPC erhielt die Konzession für die Ausbeutung und Lieferung des kasachischen Öls aufgrund des Versprechens, im Laufe der kommenden 20 Jahre etwa fünf Milliarden US-Dollar zu investieren. (9) Die Türkei und der Iran sahen ihrerseits die Chance, mit ethnischer, kultureller und religiöser Zusammengehörigkeit in der Region punkten zu können. Teheran plante den Bau einer Gaspipeline aus Usbekistan durch den Iran bis Pakistan und Indien (Länge: etwa 2400 Kilometer, Kosten: 11 Milliarden US-Dollar). (10)

Seit Mitte der neunziger Jahre schließen die internationalen Ölgiganten auf dem heißesten Platz der internationalen Ölindustrie Verträge, feilschen um Quoten, schüren Intrigen, schließen Bündnisse und lösen sie wieder auf. (13) Diese Entwicklung bietet für die aus dem Zusammenbruch der ehemaligen sowjetischen Supermacht hervorgegangenen Republiken an der Südflanke der russischen Föderation die historische Chance, durch Vermarktung ihrer Energiequellen ihren ökonomischen Entwicklungsprozess zu forcieren. Die aus der kommunistischen Nomenklatur hervorgegangene neue Elite dieser Region hoffte dadurch auf gewisse politische Stabilität und Entfaltung ihrer seit Jahrhunderten unterdrückten nationalen Identität.

Um zumindest die eigenen Geschäftsrisiken zu minimieren, praktizieren die Ölmultis zunehmend die altbewährte Strategie des kollektiven Handelns, indem sie durch Gründung internationaler Konsortien die regionalen Firmen und Staaten in den großen Deal einbanden. Diese konzertierte Aktion lässt sich am Beispiel des internationalen Ölkonsortiums in Aserbaidschan demonstrieren, wo seit November 1997 aus den Chigarq-Ölfeldern Öl gepumpt wird. Die „Aserbaidschan International Operating Company" ist ein Konsortium aus neun Ölgesellschaften, darunter British Petroleum (17,01 Prozent), die amerikanische Unocal (10,05 Prozent), die türkische TPAO (6,75 Prozent), die saudische Delta (1,68 Prozent) und Azeri State Oil (10,00 Prozent). (14)

In Kasachstan steht die Steigerung der Ölförderung im Zentrum der Wirtschaftspolitik. In der Tengis-Lagerstätte werden etwa zwei Milliarden Barrel Erdöl vermutet. In Karatschaganak an der Grenze zu Russland lagern etwa 800 Millionen Kubikmeter Erdgas. Vor allem das britisch-italienische Konsortium British Gas und Agip engagierte sich in der Ausbeutung von Erdgas und Erdöl. Am kaspischen Pipelinekonsortium ist jedoch neben westlichen Gesellschaften auch Russland beteiligt, das darüber hinaus erhebliche Einnahmen aus Transitgebühren erzielt (Götz, 1992, 105). Kasachstan war aber nach wie vor am Transport von Ö1 und Gas durch Afghanistan interessiert. Deswegen, so der kasachische Außenminister Qassym-Schomart Toqajew, sei sein Land für Frieden in Afghanistan. (15)

Usbekistan besitzt mit einer Produktion von 50 Tonnen pro Jahr eine der größten Goldlagerstätten der Welt. (16) Tadschikistan gilt als einer der größten Silberproduzenten der Welt. Und nicht zuletzt besitzt Turkmenistan die viertgrößten Gasreserven, sie werden auf etwa 2890 Milliarden Kubikmeter beziffert. (17) Die Perspektive, Gas durch den Iran und die Türkei nach Europa und durch den Iran und Afghanistan nach Südasien zu exportieren, motivierte den Präsidenten Turkmenistans, Saparmurat Nijasow, eine sehr vorsichtige Außenpolitik zu betreiben. Er blieb dem Gipfeltreffen der mittelasiatischen Staaten in Almaty Anfang Juni 1997, kurz nach dem Einmarsch der Taliban in Masar-e Scharif, fern. Im Gegensatz zu den anderen Staatschefs der mittelasiatischen Republiken glaubte Nijasow, durch die Einbindung der Taliban in Gaslieferungsprojekte die religiösen Eiferer zähmen zu können. (18)

Der Konflikt in Afghanistan stellte, vor allem in den achtziger Jahren, einen typischen Wettstreit des Kalten Krieges dar, bei dem ein Stellvertreterkampf um die Ausweitung der Einflusssphäre auf afghanischem Boden und auf dem Rücken der Völker am Hindukusch ausgetragen wurde. Nach der Auflösung des sowjetischen Imperiums wurde seit Beginn der neunziger Jahre dieser Konflikt härter, jedoch mit einer gewissen Akzentverschiebung fortgeführt, wobei sich zunächst kleine regionale Mächte stärker engagierten. Aus der Reihe der Anrainerstaaten traten vor allem Pakistan, der Iran und Saudi-Arabien deutlicher in Erscheinung, um ihre politischen Ambitionen, religiösen Belange, ökonomischen Interessen und geostrategischen Positionen durchzusetzen. Bei diesem großen Spiel waren die mittelasiatischen Republiken, die erst durch die Zerstückelung des sowjetischen Imperiums entstanden waren, keine Zaungäste. Im Namen der tadschikischen, usbekischen und turkmenischen Völker neu gegründete Staaten, die sich im Inneren noch nicht gefestigt hatten, suchten den internationalen Anschluss, um die immer noch von Russland abhängigen, herkömmlichen und wenig effektiven ökonomischen Strukturen zu überwinden. Sie boten dafür enorme unerschlossene Reichtümer an Erdgas und Erdöl, was eine starke Konkurrenz zwischen den international operierenden Öl- und Gasgesellschaften auslöste.

Die hauptsächlichen Akteure in Afghanistan waren zwei Ölgiganten, die amerikanische Unocal und die argentinische Bridas. Beide Firmen versuchten, ihre Ziele durch politische Einflussnahme zu verwirklichen, und konkurrierten dabei um die Gunst der Taliban. Unocal machte seinerzeit keinen Hehl daraus, dass die Firma die Taliban mit kommunikativer Infrastruktur versorgte. Terry Covington, Sprecher von Unocal, überreichte dem Zentralrat der Taliban Mitte August 1997 während seines Besuches in Kandahar eine große Faxanlage und einen Generator. Auf die Frage, ob er sich damit nicht in die inneren Angelegenheiten eines Staates einmische, in dem Bürgerkrieg herrsche, erwiderte Covington, dass es für seine Firma nicht ungewöhnlich sei, humanitäre Hilfe zu leisten. (20)

Unocal unterzeichnete im Juli 1997 einen Vertrag mit Turkmenistan und Pakistan über Gaslieferungen durch Afghanistan, obwohl das Unternehmen früher immer beteuert hatte, nur dann zur Kooperation bereit zu sein, wenn in Afghanistan Frieden zurückgekehrt sei und das Land eine repräsentative Regierung habe. (21) Die im US-Staat Kalifornien ansässige Ölfirma versuchte, ihre Position als streng neutral darzustellen. Aber Chris Taggort, einer der einflussreichen Manager der Firma, machte nach der Einnahme der Hauptstadt Kabul durch die Taliban im Oktober 1996 keinen Hehl daraus, dass sich für ihn die Situation einen Schritt vorwärtsbewegt habe. (22) Dabei war das State-Department der Ansicht, dass eine Piperline nicht für Jahrzehnte mit militärischem Schutz aufrechterhalten werden könne. (23)

Um die Rückendeckung durch eine breite Palette von Firmen und Staaten sicherzustellen, wurde Ende Oktober 1997 unter Federführung von Unocal der Gründungsvertrag des Konsortiums Central Asia Gas Pipeline Ltd. (CAGP) in der turkmenischen Hauptstadt Aschgabat unterzeichnet. (24) Am Konsortium waren neben Unocal die turkmenische Regierung, die saudische Delta Oil, die japanische Itochu Corp. und die japanische Inpex, die pakistanische Crescent Group, Hyundai aus Südkorea und die russische Gazprom beteiligt. (27) Es wurde zugleich Einvernehmen über den Bau einer Pipeline von Daulatabad im Süden Turkmenistans durch Afghanistan bis Multan in Pakistan erzielt. Dieses Vorhaben bezeichnete der turkmenische Präsident Nijasow als Projekt des Friedens und der Zusammenarbeit. Der Turkemanbaschi, Führer der Turkmenen, wie sich Nijasow nannte, fügte hinzu, dass er mit allen am Konflikt beteiligten Parteien in Afghanistan darüber Einigkeit hergestellt habe. Die Länge dieser Pipelines beträgt 1464 Kilometer, davon allein 750 Kilometer durch Afghanistan. (25) Es wurde in Betracht gezogen, diese Strecke um etwa 640 Kilometer bis nach Neu-Delhi zu verlängern. Bis zu 20 Milliarden Kubikmeter Gas pro Jahr sollten durch diese Pipeline transportiert werden. Die Gesamtkosten des Projektes wurden auf 2,5 Milliarden US-Dollar geschätzt.

Die argentinische Ölgesellschaft Bridas Corporation, deren Hauptquartier auf den britischen Virgin Islands liegt, ging ebenfalls für turkmenische Gaslieferungen nach Pakistan durch Afghanistan ein Joint Venture mit Aschgabat ein. Der Plan von Bridas sah den Bau einer Pipeline von Mary im turkmenischen Yashlar durch die afghanischen Städte Herat, Farah und Kandahar nach Sui in Pakistan mit einer Gesamtlänge von etwa 1500 Kilometern vor. Die Kosten dieses Projektes wurden auf etwa 1,5 Milliarden US-Dollar geschätzt. (28)

Bridas und Unocal, die um Konzessionen in Turkmenistan konkurrierten, versuchten, mit Hilfe einflussreicher Politiker und namhafter Diplomaten ihrem Ziel näherzukommen. Durch Gründung eines Konsortiums konnte Unocal über russische und turkmenische Ölgesellschaften hinaus vor allem Saudi-Arabien in das Gasprojekt einbinden. Die Delta Oil, deren Direktor enge Beziehungen zum saudischen Kronprinzen Abdullah ibn Abd al-Aziz unterhielt, ging ein Stück weiter und engagierte Diplomaten, die im Kontext des Afghanistan-Konfliktes eine große Rolle spielten. Dazu zählte u. a. Robert

Oakley, ehemaliger Botschafter der USA in Islamabad, dem gute Kontakte mit einflussreichen Afghanen nachgesagt wurden. Aber auch Bridas blieb nicht untätig. Sie beteiligte zunächst die saudische Ölfirma Nigharco. Der Direktor von Nigharco, Saleh Taher, galt als enger Freund von Faisal al-Turki, dem Chef des saudischen Geheimdienstes, der als Zahlmeister der Taliban bekannt ist. Auf dem Rückweg von Argentinien, wo eine Taliban-Delegation Anfang 1997 Gespräche mit Bridas geführt hatte, machte diese Delegation auf Einladung von Saleh Taher Zwischenstation in Saudi-Arabien, wo sie sich auch mit al-Turki traf. Die Einbindung der saudischen Politiker und Ölgesellschaften in den großen Öldeal ist von fundamentaler Bedeutung, weil die saudische Königsfamilie sowohl bei politischen Entscheidungsträgern in Pakistan als auch innerhalb der islamistischen Bewegung Afghanistans großes Ansehen genoss. Der saudische Wahhabismus versuchte, durch großzügige Spenden die politische Entwicklung in der Region zu beeinflussen. Im Hinblick auf ihr Engagement in Afghanistan vertrat Bridas eine flexible Politik, indem sie Kontakte sowohl mit Vertretern der Taliban als auch mit denen von Rabbani pflegte.

In diesem Interessengeflecht wurde Afghanistan zum Spielball mächtiger Interessen. Nach etwa 20 Jahren blutigen Kriegs waren die staatlichen Strukturen zerstört und es gab keine anerkannte Zentralregierung, die eine demokratische Legitimität hätte vorweisen können. Erst durch das starke Engagement der Ölfirmen international hoffähig geworden, versuchten die Taliban noch im Vorfeld der Erdöl- und Erdgasprojekte die für die Fortsetzung ihrer Feldzüge benötigten Finanzmittel zu bekommen. Die Zuteilung von Konzessionen zum Bau von Pipelines wurde an zwei Bedingungen geknüpft: Das Projekt musste rasch beginnen und die antragstellende Firma musste sich bereiterklären, Erdgas und Erdöl in Afghanistan zu fördern – so der Minister für Bergbau und Industrie, Mawlawi Ahmad Jan. (29) Der Vizeaußenminister der Taliban-Administration, Sher Abbas Stanikzai, äußerte sich ähnlich. (30) Das Interesse der Taliban an einer Erschließung eigener Ressourcen erwies sich jedoch als Makulatur. Denn in der damaligen Situation hatten die Taliban-Milizen gar keinen Zugang zu den Öl- und Gasreserven des Landes, die hauptsächlich im Norden und damit in Gebieten unter Kontrolle der Opposition lagen.

Die Taliban versuchten, aus den fossilen Ressourcen außenpolitisches Kapital zu schlagen. Wann immer Washington die ständige Verletzung der Menschenrechte durch die Taliban erwähnte, drohten diese damit, der amerikanischen Firma die argentinische Gesellschaft vorzuziehen. Das war der Fall, als sich die amerikanische Außenministerin Madeleine Albright im November 1997 im afghanischen Flüchtlingslager Nasir Bagh in der Nähe Peschawars über die Situation der Frauen informierte und sich mit ihren „afghanischen Schwestern" solidarisierte. Die Taliban bezeichnete sie bei der Gelegenheit als „jämmerlich", offiziell sei ihre Regierung nicht anzuerkennen. (31) Reaktionen darauf ließen nicht lange auf sich warten. Mohammad Azam Elmi, der stellvertretende Minister der Taliban für Bergbau und Industrie, erklärte daraufhin, dass sie Bridas vorziehen wollten. (32)

Für die Realisierung der Öl- und Gasprojekte gab es aber Hindernisse. Zunächst konnten die internationalen Ölfirmen nicht jahrelang warten, bis sich eine stabile Regierung in Afghanistan gebildet haben würde, denn die Konkurrenz, z. B. der Bau alternativer Projekte durch den Iran, zwang die beiden Ölfirmen zum Umdenken. Schon im Juni 1997 sagte ein Sprecher der Unocal unverhüllt, dass die Einzelheiten des Transitprojektes durch Afghanistan einzig und allein mit einer stabilen und international anerkannten Regierung in Afghanistan verhandelt werden könnten. (33) Anders als in der Vergangenheit ließ Washington beim Besuch einer Delegation der Taliban-Milizen im State-Department Anfang Dezember 1997 keinen Zweifel daran, dass die Vereinigten Staaten dem Bau einer Pipeline nur unter den Bedingungen einer friedlichen Regelung in Afghanistan zustimmen würden. Nach dem Gespräch mit einer Delegation der Taliban bezeichnete Vize-Staatssekretär Karl Frederick Inderfurth ausdrücklich den Bau einer Pipeline als Bestandteil der US-Politik am Kaspischen Meer, machte die Verwirklichung dieses Projektes jedoch gleichzeitig von einer politischen Lösung des Afghanistan-Konfliktes abhängig. Washington befürworte, so Inderfurth, eine Regierung in Afghanistan auf einer breiten Basis. (34) Die US-Regierung vertrat damit die Interessen von Geldgebern und Versicherungsgesellschaften, die selbstverständlich auf einem Mindestmaß an Sicherheit im Lande bestanden. Nach einer Studie, die das international anerkannte Energieberatungsunternehmen Wood McKenzie im Oktober vorgelegt hat, gibt es keine Chance, dass unter den vorherrschenden Umständen die Pipeline durch Afghanistan finanziert werden könnte. (35)

5.5 Der Ansatz von „full-spectrum dominance" der USA

Afghanistan als Hauptkriegsarena der Bekämpfung des Terrorismus

Der Zusammenbruch der Sowjetunion 1990/91 wurde als Sieg des kapitalistischen Systems interpretiert. „Unipolarisierung der Welt" unter der Vorherrschaft der Vereinigten Staaten von Amerika erschien als zwingende Konsequenz dieses Umbruchs. Politische Theorien und historische Doktrinen sahen den endgültigen Sieg der liberalen Demokratie heraufziehen. Bereits am Vorabend des Zusammenbruchs der Sowjetunion kündigte Fukuyama in „Das Ende der Geschichte" an, dass die westliche liberale Demokratie sich globalisiere und die letzte Stufe der politischen Transformation darstelle (Fukuyama, 1989, 1).

Zwar bedeuteten das Ende des Kalten Krieges und der Aufstieg der Vereinigten Staaten von Amerika als einzig verbleibender Supermacht nicht das „Ende der Geschichte", aber es handelte sich definitiv um den Beginn einer neuen Phase in den internationalen Beziehungen, die als „neue Weltordnung" präsentiert wurde. Auch in dieser Phase schritt die Geschichte voran, wie die Erfolge aufstrebender Länder aus der Peripherie und die Verschiebung des globalen politisch-ökonomischen Machtmittelpunktes zu erkennen gaben.

1 Strategie der unbestrittenen Dominanz der Vereinigten Staaten von Amerika

Verstoß gegen die UN-Charta

Der Begriff „unangefochtene Dominanz" hat zunächst eine militärische Bedeutung und wird verwendet, um die umfassende Kontrolle aller militärischen Dimensionen in einem weiten Bereich der Kriegsführung zu bezeichnen. Unangefochtene Dominanz meint aus dieser Sicht nicht nur den Einsatz militärischer Gewalt in der Gegenwart, sondern impliziert – wie es im Programm „National Military Strategy of the United States" betont wird – auch eine militärische Perspektive für die Zukunft (Myers, 2004, 23). Aber wenn die Vereinigten Staaten von Amerika als „einzige Macht" auf globaler Ebene agieren, umfasst diese Dominanz alle Dimensionen von „weicher und harter Macht". Darüber hinaus wurde die Umsetzung dieser Strategie in der Praxis meist von Interventionen begleitet, die als „humanitäre Maßnahmen" bezeichnet wurden, und auch von Operationen, die von Washington als „präventiv" gerechtfertigt wurden. Sie verstießen im Allgemeinen gegen die UN-Regeln zur nationalen Souveränität.

Hier werden zunächst drei wichtige Berichte zur Außenpolitik und nationalen Sicherheit in Bezug auf die Strategie der USA vorgestellt. Sie begründeten die Bekämpfung des internationalen Terrorismus in Afghanistan, im Irak, in Syrien und Libyen.

1) Im Bericht der „National Defense Guidelines" des National Security Council von 1992 wird der Zusammenbruch der Sowjetunion als „Schande" des kommunistischen Weltsystems bezeichnet. Gleichzeitig gilt dieses historische Ereignis als Sieg Amerikas und die Militäroperation gegen den Irak als erste Errungenschaft dieser neuen Periode unter der Führung der Vereinigten Staaten von Amerika. (36)

Der Bericht sieht das strategische Ziel der Vereinigten Staaten darin, die Entstehung einer feindlichen Macht zu verhindern und eine Region zu beherrschen, die für die Interessen der Vereinigten Staaten von großer Bedeutung ist. Alle Möglichkeiten sollen genutzt werden, um die Rückkehr einer Macht zu verhindern, die als Gefahr für Amerika und seine Verbündeten angesehen wird. Die Zielgebiete umfassen Europa, Ostasien, Zentralasien, den Persischen Golf und Lateinamerika. Diese Sicht reflektiert die potenzielle Rolle eines föderalen Russlands als Erbe des sowjetischen Imperiums, aber auch die mögliche Entstehung einer neuen Macht aus den Reihen der Schwellenländer, allen voran China.

2) Die Ziele der USA als singulärer Macht in einer unipolaren Welt werden ausführlich in „Defence Strategy and Program for the 21st Century" diskutiert. Diese Arbeit wurde 1997 von der Denkfabrik „Rand Institute" erstellt. In diesem einflussreichen Werk zur Außenpolitik der Vereinigten Staaten von Amerika werden globale Herausforderungen und Lösungen zu ihrer Bewältigung aus der Perspektive der einzigen Großmacht der Welt aufgezeichnet.

Die von David Ochmanek und Zalmai Khalilzad auf 225 Seiten zusammengestellte Schrift umfasst zehn Teile, in denen etablierte Wissenschaftler und Militärexperten die Gedanken der Neokonservativen im Detail erläutern (Ochmanek, 1997).

Der plötzliche Zusammenbruch des Sowjetreiches habe das bipolare Gebilde, Ergebnis des Zweiten Weltkriegs, beendet und die Vereinigten Staaten von Amerika als in jeder Hinsicht einzige Supermacht zurückgelassen. Während der vier Jahrzehnte des Kalten Krieges haben die USA bedeutende militärische Fähigkeiten entwickelt, die dieses Land heute besonders und unüberwindlich gemacht haben. Trotz des relativen Rückgangs der wirtschaftlichen Position sind die USA immer noch die größte Wirtschaftsmacht und besitzen eine führende Rolle in der Technologie (Ochmanek, 1997, 9). Das Muster der amerikanischen politischen und wirtschaftlichen Strukturen ist ohne Rivalen. Die Art und Weise, wie die Sowjetunion kollabierte, mache den Kommunismus als globales Wirtschaftssystem und Ideologie haltlos. Im Gegensatz dazu wurde das System der freien Marktwirtschaft weithin als der beste Weg zu wirtschaftlicher Entwicklung und Wohlstand akzeptiert. Daher hat Amerika heute keinen globalen Rivalen und kennt keinen nennenswerten Feind. Angesichts dieser Überlegenheit wird der Weg, den Amerika wählt, und die Rolle, die es heute spielt, das Schicksal der Welt im nächsten Jahrhundert bestimmen.

Trotz der Tatsache, dass seit dem Zusammenbruch der Sowjetunion mehrere Jahre vergangen seien, hätten die Vereinigten Staaten immer noch keine kohärente, umfassende und stabile Strategie, die mit der Zukunftsvision vereinbar wäre. In Anbetracht der vorherrschenden Bedingungen könne die beste Strategie der Vereinigten Staaten von Amerika darin bestehen, eine breite und bedingungslose amerikanische Führung bereitzustellen, die verhindern solle, dass eine neue und frische Macht als Konkurrent auftauche.

3) Das dritte Werk wurde im Frühjahr 2000 vorbereitet, als ein neokonservativer Kreis im Weißen Haus an die Macht kam (Carluci, 2000, 5). Es wurde von Zalmai Khalilzad, Frank Carluci und Robert Hunter herausgegeben und spiegelt die Meinungen von sechzig amerikanischen Außen- und Verteidigungspolitikern wider. Unter George W. Bush (junior) wurde es das grundle-

gende Dokument zur Außenpolitik und nationalen Sicherheit. Die USA werden darin als einzigartige militärische, wirtschaftliche, politische und kulturelle Macht bezeichnet. Die Frage sei, wie Washington seine Interessen und Werte im Ausland verteidigen könne, wo die Grenzen seiner Möglichkeiten lägen und was getan werden solle, damit sich die Interessen der USA global durchsetzten. Abschottung und Rückzug von der internationalen Bühne werden entschieden zurückgewiesen und die historische Notwendigkeit amerikanischer Führung wird bestätigt.

2 Der Kampf der USA gegen den internationalen Terrorismus als konkreter Ausdruck der Strategie der „full-spectrum dominance"

Afghanistan zum zweiten Mal als Hauptopfer der Strategie des US-Imperiums

Das Land im Hindukusch stellt das erste Opfer der Strategie der „full-spectrum dominance" der USA dar. Nach den Terroranschlägen in New York und Washington wurde Afghanistan de facto militärisch besetzt. Danach gestalteten sich die Beziehungen zwischen den USA und Afghanistan nicht als eine Beziehung zwischen Zentrum und Peripherie. Vielmehr wurde Afghanistan de facto als eine Kolonie behandelt, indem Washington nicht nur die ökonomischen Strukturen eigenhändig bestimmte, sondern in der Manier einer Kolonialmacht die Machthaber in Kabul bestimmte bzw. auswechselte.

Diese Politik wird in zwei konkreten Interventionen sichtbar: der Gestaltung des Staates im Sinne einer strengen Zentralisierung ohne angemessene Partizipation der zentrifugalen Kräfte und der Implementierung neoliberaler Konzepte, ohne zu berücksichtigen, dass Afghanistan ein „Failed State" war.

2.1 Die streng zentralistische Staatsstruktur Afghanistans durch massive Einmischung und eklatante Drohungen der USA

Nach den Terroranschlägen vom 11. September 2001 auf das World Trade Center in New York und dem Anschlag auf das US-Verteidigungsministerium in Washington wurde die Bekämpfung des internationalen Terrorismus als Hauptziel der US-Regierung ausgerufen. Da das Territorium der Taliban als Hauptstützpunkt von al-Qaida, dem globalen Terrornetzwerk, angesehen wurde und die Taliban sich weigerten, Osama bin Laden, den Führer von al-

Qaida, an die Vereinigten Staaten von Amerika auszuliefern, sahen sich die USA zu drastischen Maßnahmen veranlasst. Die allgemeine Solidarität der westlichen Länder mit den Vereinigten Staaten von Amerika, die im Rahmen der „internationalen Anti-Terror-Koalition" zum Ausdruck gebracht wurde, und insbesondere die vom damaligen deutschen Bundeskanzler Gerhard Schröder verkündete „unbegrenzte Solidarität" waren keineswegs nur eine politische Geste der Verbündeten. Sie sahen auch die potenzielle Gefahr, dass internationaler Terrorismus seitens der „Djihadisten" die großen Städte Europas ebenso bedrohte.

Da Bush nicht allein Osama bin Laden, den Chef des Terrornetzes, als verantwortlich identifizierte, sondern auch diejenigen, die ihm Unterschlupf gewährten, bestimmte er auch das politische Schicksal der Taliban. Vor die Wahl gestellt, sich als Freund oder Feind zu präsentieren, erklärten viele arabische und islamische Länder ihre Unterstützung der USA, warnten aber gleichzeitig davor, Terror mit Islam gleichzusetzen. Die Bush-Administration ließ sich von der neukonservativen Idee der „unangefochtenen Dominanz Amerikas" leiten. Es gelang ihr rasch, die Al-Qaida-Djihadisten aus den Hindukusch-Schluchten und die Taliban aus den Städten Afghanistans zu vertreiben. Als Nebenprodukt der Terrorismusbekämpfung wurde so den Afghanen die Chance auf politischen und wirtschaftlichen Wiederaufbau eröffnet.

Nachdem die USA im November 2001 in den „Petersberger Vereinbarungen" der vier afghanischen Gruppen Hamed Karzai (einen Angehörigen des Durani-Subclans) als „Präsidenten" der provisorischen Regierung durchgeboxt hatten, setzten sie in der neuen Verfassung Afghanistans einen zentralistischen Staatsaufbau mit einer de facto uneingeschränkten Autorität des Staatspräsidenten durch. In dieser Auseinandersetzung drohte Zalmai Khalilzad, persönlicher Beauftragter des US-Präsidenten, den anwesenden Befürwortern einer föderalistischen Staatsstruktur mit der Bombardierung ihrer Hochburgen mit B-2-Flugzeugen.

Die weitreichenden Befugnisse des Präsidenten

Das zentrale Präsidialsystem mit weitreichenden Befugnissen für den Präsidenten reflektiert die Interessen der traditionellen politischen Machtelite paschtunischer Chauvinisten. Ein oberflächlicher Blick in die Verfassung des Landes verdeutlicht schnell den großen Umfang zentralisierter Macht. Artikel 64 enthält 22 heikle und wichtige Klauseln in Bezug auf die Befugnisse und Pflichten des Präsidenten. Sie reichen von der „Festlegung der Grundlinien der Landespolitik" über die Ernennung von Ministern, des Generalstaatsanwalts, des Präsidenten sowie der Mitglieder des Obersten Gerichtshofs bis hin zur Ernennung, Pensionierung und Entlassung von Beamten der Streitkräfte, der Polizei, der Staatssicherheit und von hohen Beamten in allen 34 Provinzen des Landes. Und genau dieses Machtmonopol des Präsidenten erlaubte Aschraf Ghani, die Angehörigen der nichtpaschtunischen Elite aus Schlüsselfunktionen zu entfernen, was schließlich das Wiedererstarken der Taliban ermöglichte und in die politische Katastrophe von 2021 mündete.

2.2 Das Aufoktroyieren neoliberaler Wirtschaftspolitik in einem „Failed State"

Gleichzeitig mit dem Beginn der Übergangsverwaltung wurde Afghanistan zu einem Tummelplatz von Wirtschaftsexperten und technischen Beratern der USA und internationaler Finanzinstitutionen. Es wurde versucht, auf dem Neoliberalismus basierende Wirtschaftsideen in der afghanischen Post-Konflikt-Gesellschaft schnellstmöglich umzusetzen. Eine Reihe von Experten afghanischer Herkunft mit wissenschaftlicher und beruflicher Erfahrung eilte nach Afghanistan im Auftrag der Länder und Institutionen wie des Internationalen Währungsfonds, der Weltbank und Asiatischen Entwicklungsbank, die den „Wiederaufbau Afghanistans" finanzierten. Sie waren in jeder staatlichen Schlüsselposition präsent, ohne die tatsächlichen Schwierigkeiten des vom Krieg zerstörten Landes im Detail zu kennen. Das Land wurde zum Experimentierfeld für freie Marktwirtschaft. (38)

Zunächst wurde bei der Ausarbeitung der neuen Verfassung darauf geachtet, dass die Rahmenbedingungen des marktwirtschaftlichen Systems vom Staat eingerichtet und garantiert wurden. Dabei maßen die Architekten der freien Marktwirtschaft in Afghanistan dem Privatsektor sehr viel Bedeutung bei. Im

„Strategischen Plan des Finanzministeriums“ zur Privatisierung von Staatsunternehmen heißt es: „Die Regierung versucht, den Privatsektor als Motor des Wirtschaftswachstums und als wesentliches Element der langfristigen Entwicklung Afghanistans zu stärken. Die Regierung hat sich verpflichtet, den Privatsektor durch die schnelle und wirtschaftliche Übertragung von Unternehmensvermögen in diesen Sektor zu mehren und zu entwickeln.“ (39)

Aschraf Ghani war eine der politischen Persönlichkeiten und einer der Fachleute afghanischer Herkunft, die eine Schlüsselrolle in der Wirtschaft spielten und vor allem an ausländischen Investitionen interessiert waren. (40) Er galt als einer der großen Berater und wirtschaftlichen Einflussnehmer in der Regierung Karzai. Als Finanzminister von 2002 bis 2004 initiierte er viele Innovationen im zusammengebrochenen Finanzsystem des Landes. Nach ihm bekleidete Anwar ul-Haq Ahadi, der Vorsitzende der Partei „Afghan Nation“, bis 2009 das Amt des Finanzministers, danach besetzte Omar Zakhilwal diesen Posten. (41) Alle drei galten als Verfechter einer Wirtschaftspolitik des Neoliberalismus. Ahadi sagte ausdrücklich: „Wir glauben an diese Meinung, und deshalb setzt unsere Politik stark auf die Privatisierung der Wirtschaft.“ Danach bestätigte er seine Überzeugung, indem er Beispiele aus dem Informationstechnologiesektor und dem Bankensystem des Landes anführte. Ihm zufolge liegt der Anteil privater Unternehmen in diesen beiden Sektoren bei über neunzig Prozent. Darüber hinaus will die Regierung laut Ahadi weitere Maßnahmen zur Privatisierung im Versicherungssektor durchführen. Ahadi fügte hinzu: „Wir haben liberale Investitionsgesetze [...], wir haben ein liberales Währungsumtauschsystem und wir haben immer noch ein liberales Handelssystem.“ (42) Diese Politiker, die in der Kabuler Regierung Schlüsselpositionen innehatten, waren eigentlich reine Befehlsempfänger der USA und internationaler Finanzinstitutionen wie der Weltbank und des IMF. Laut Ahadi sei die Freiheit des Einzelnen in Bezug auf wirtschaftliche Aktivitäten sehr wichtig und die Regierung habe unter diesem Gesichtspunkt etwa 65 Prozent der staatlichen Unternehmen privatisiert. (43) Omar Zakhilwal seinerseits betrachtet den privaten Sektor als Träger der wirtschaftlichen Entwicklung. (44) Amin Farhang, amtierender Wirtschaftsminister von Afghanistan, nennt das Scheitern anderer Arten von Wirtschaftspolitik in der Welt als Hauptgrund für die Wahl des „freien Marktes“ in Afghanistan.

In diesem Rahmen wurde so schnell wie möglich der Prozess der „Privatisierung, Deregulierung und Liberalisierung" eingeleitet. Doch sollte es in einem peripheren Staat wie Afghanistan möglich sein, mit Blick auf die historischen Erfahrungen von Ländern in vergleichbarer Situation eine breiter angelegte Wirtschaftspolitik zu formulieren, die unterschiedliche Sektoren umfasst, deren Entwicklung aufeinander abstimmt und in den Dienst einer ausgewogenen sektoralen Entwicklung, sozialer Gerechtigkeit und wirtschaftlicher Wohlfahrt stellt. Eine solche Strategie müsste folgende Aspekte umfassen:

- eine Agrarpolitik im Rahmen des „Warenkorbs" zur Deckung der Grundbedürfnisse,
- eine Industriepolitik zum Ersatz des Imports von Konsumgütern,
- eine Zollpolitik, um die nationalen Industrien zu stärken und gleichzeitig zu vermeiden, dass Afghanistan vom Export eines einzigen Produktes abhängig wird; darüber hinaus dürfte diese Politik dazu führen, dass die Produkte, welche für die Grundbedürfnisse der Bevölkerung erforderlich sind, beeinträchtigt werden, und
- Investitionsregeln mit Bezug auf Arbeits- und Arbeitnehmerrechte; sie definieren die Voraussetzungen für ausländische Investitionen und stellen sicher, dass ihre Erträge auch dem Land zugutekommen, z. B. durch eine vernünftige Lohnpolitik.

2.3 Drogengeschäfte im Spannungsfeld verschiedener Interessen

Die Zusammenarbeit der CIA mit Osama bin Laden geht zurück auf das Jahr 1981, als sich die CIA mit dem saudischen Geheimdienst verbündete, um die Mujahedin in einer weltweiten Kampagne gegen den Kommunismus zu unterstützen. Während des afghanischen Widerstands gegen die Sowjetunion in den 1980er Jahren wurde Osama bin Laden der Finanzier und Logistikexperte in Afghanistan für das von Saudi-Arabien finanzierte „Maktab al-Khidamat" (Büro der Dienste), eine Organisation, die ausländische Mujahedin aus der ganzen Welt rekrutierte (Scott, 2003, 32).

Die US-Militärintervention in Afghanistan 2001 wurde vom Wiederaufstieg des Opiumhandels begleitet, eine Wiederholung dessen, was schon zuvor während der Interventionen in Indochina nach 1959 und in Südostasien 1950 der Fall gewesen war (Scott 2003, 33). Die Drogenpolitik der USA wurde im Süden Afghanistans Bestandteil ihrer Strategie, wobei offiziell dem Anbau und Handel der Kampf angesagt, praktisch jedoch mit der Drogenmafia zusammengearbeitet wurde. Warlords wurden so zugleich zu Drogen-Mafiosi. Im Süden des Landes war selbst die Familie von Hamed Karzai, vor allem der jüngere Bruder Ahmad Wali Karzai, in Korruption und Drogenhandel verwickelt. Karzais Familie konkurrierte mit Gul Agha Shirzai, einem weiteren einflussreichen Warlord in Kandahar. Shirzai wurde schließlich auf Bitte von Ahmad Wali durch Hamed Karzai zum Gouverneur von Nangerhar ernannt und damit in die Ostprovinz „verbannt". In diesem Streit ergriff der US-Präsident Barack Obama Partei für Shirzai, was zu Spannungen zwischen der US-Administration und der Regierung Karzai führte (Chayes, 2015, 136–155).

Als die Taliban im Jahr 2001 aus einer Provinz nach der anderen vertrieben wurden, begannen afghanische Farmer mit Unterstützung lokaler Kommandeure damit, den Drogenanbau als lukratives Geschäft auszuweiten. Das führte zu einer Stärkung der einflussreichen Geschäftsleute, die in Konkurrenz zu den Taliban standen und deswegen mit der Unterstützung der „internationalen Koalition" rechneten. Etwa 80 Prozent der Drogen wurden im Süden Afghanistans, vor allem in der Helmand-Provinz, angebaut. Der Mohnanbau benötigt wenig Wasser und Pflege. Im Vergleich zum Weizenanbau erzielten die Bauern etwa 40-mal höhere Erlöse in der Drogenproduktion. Sie setzt außerdem nicht viele Expertise voraus. So entstanden überall Drogenlabore, in denen Mohn an Ort und Stelle verarbeitet und verfeinert wurde. Doch die Kette der Profiteure reicht weiter: vom Tagelöhner auf dem Feld und dem Laborarbeiter bis in die Polizeistationen, Provinzregierungen und höchste Regierungskreise, sogar ins nahe Umfeld von Präsident Hamed Karzai. (45)

David Mansfield ist ein führender Experte für den Drogenhandel in Afghanistan, der das Drogenwachstum mit Hilfe von Satellitenbildern verfolgt hat. Er schätzte, dass die Mohnernte Afghanistans etwa 80 Prozent der weltweiten Produktion ausmacht. Nach dem „World Drug Report 2020" ist Afghanistan mit Abstand das Land, in dem das meiste Opium hergestellt wird –

etwa 84 Prozent der weltweiten Produktion in den letzten fünf Jahren. (46) Wie das „Analytical Support and Sanctions Monitoring Team" der UN angibt, verließen sich die Taliban auf Schlafmohn als Einnahmequelle, ergänzt durch illegalen Anbau, Erpressung, illegale Verkäufe und Spenden aus dem Ausland. „Das jährliche Einkommen der Taliban aus allen Aspekten des illegalen Drogenhandels beläuft sich nach wie vor auf Hunderte von Millionen Dollar", schätzt diese Organisation der Vereinten Nationen. (47) Offenbar befand sich der Sektor im Aufwind, wie das folgende Diagramm zeigt. Im „World Drug Report 2020" warnten die Vereinten Nationen, dass „illegaler Pflanzenanbau an nicht traditionellen Orten wie der Provinz Josjan im Norden des Landes begonnen hat".

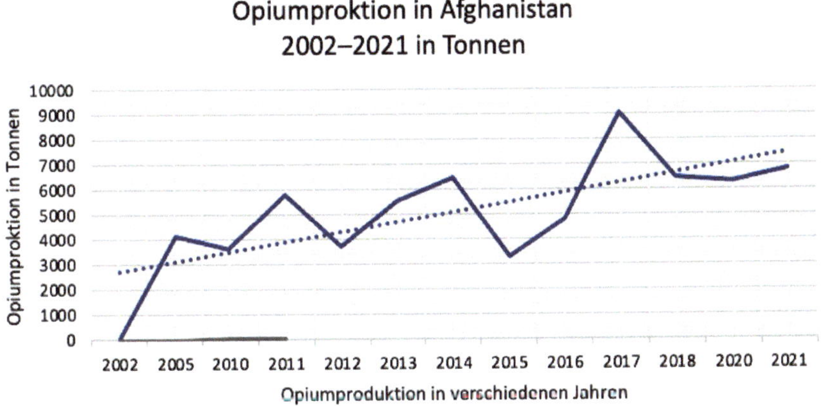

Quelle: Afghanistan_brief_Nov_2021.pdf (unodc.org) und Produktion von Opium in Afghanistan bis 2021 | Statista

Die im Juli abgeschlossene Opiumernte von 2021 belief sich das fünfte Jahr in Folge auf mehr als 6000 Tonnen. Bis zu 320 Tonnen reines Heroin sollen auf Märkten in der ganzen Welt geschmuggelt worden sein. Die Einnahmen aus Opiaten in Afghanistan wurden für das Jahr 2021 auf etwa 1,8 bis 2,7 Milliarden US-Dollar geschätzt. In Relation zum BIP, das bei etwa 19,78 Milliarden US-Dollar lag, belief sich dieser Betrag auf 9,1 bis 13,7 %.

Entlang der Lieferketten illegaler Drogen im Ausland fielen jedoch weitaus größere Summen an. (49) Der Jahresumsatz des weltweiten Drogenmarkts liegt nach UNO-Schätzungen bei rund 390 Milliarden US-Dollar. (50)

5.6 Afghanistan als eine Peripherie der Vereinigten Staaten

Wenn humanitäre und finanzielle Kosten zum Abzug führen

1. Der historische Widerspruch der USA: zwischen Anspruch und Wirklichkeit

Die Außenpolitik der westlichen Welt, insbesondere der Vereinigten Staaten von Amerika, basiert verbal auf folgenden Prinzipien:

- Aufrechterhaltung der nationalen Sicherheit in westlichen Staaten im Kampf gegen den internationalen Terrorismus,
- Durchsetzung der Globalisierung nach den Regeln der westlichen Staaten und
- Verwirklichung der Ideale politischer und wirtschaftlicher Freiheit.

Nach den Terroranschlägen von 2001 in New York und Washington hat die Wahrung der nationalen Sicherheit für die USA und ihre Verbündeten einen besonderen Stellenwert erhalten. Nachdem die Anschläge auf das Wirtschaftszentrum und das militärische Zentrum der USA die Verwundbarkeit westlicher Länder deutlich gemacht hatten, hat die westliche Welt den Kampf gegen den internationalen Terrorismus zu einem Grundanliegen ihrer Außen- und Sicherheitspolitik gemacht. Hatten die USA 2001 in Afghanistan im Kampf gegen den Terrorismus durch das Al-Qaida-Netzwerk und die Taliban noch die Unterstützung der Welt und die Zustimmung der Vereinten Nationen, so handelten sie 2003 allein und ohne politische oder militärische Solidarität anderer Staaten. George W. Bush unternahm im Rahmen der Terrorismusbekämpfung nicht nur Schritte zur Verwirklichung der Sicherheitsziele, sondern verknüpfte diese Zielstrebigkeit auch verbal mit der Komponente der „Demokratie" im Nahen Osten (Condoleezza Rice, Sicherheitsberaterin von Bush). Es ist aber evident, dass die Verwirklichung strategischer Ziele keineswegs untrennbar mit dem Ziel der Verbreitung von Demokratie verbunden ist. Wenn die Volksaufstände für Demokratie der westlichen Außenpolitik ins Konzept passen, werden die Bewegungen finanziell unterstützt und erhalten politische Rückendeckung. Wenn allerdings eine Bewegung für Freiheit und Demokratie in der Peripherie gegen autoritäre Strukturen eines „befreundeten Staates" gerichtet ist, fällt die Reaktion anders aus, wie sich konkret an Syrien und Saudi-Arabien belegen lässt. In Syrien wurde der Widerstand gegen das Assad-Regime mit allen Mitteln unterstützt und als gerecht betrachtet. Mit Saudi-Arabien hingegen gibt es engere strategische und ökonomische Beziehungen, die es geraten sein lassen, sich jeglicher Einmischung zu enthalten. Das gilt für die gesamte Golfregion, wo der Westen nicht davor zurückschreckt, autoritäre Regime mit modernen Waffen zu versorgen, insbesondere wenn der Waffenkauf mit Öl-Dollars bezahlt wird.

Diese doppelbödige Politik des Westens lässt sich im Afghanistan-Engagement erkennen. Bei den politischen Treffen (Bonn-II-Treffen, Dezember 2011), beim Wirtschaftstreffen (in Tokio, Juli 2012) und beim Militärtreffen (in Chicago, Mai 2012) sicherte die internationale Gemeinschaft dem Kabuler Regime politische, wirtschaftliche und militärische Unterstützung zu. In der jüngsten Erklärung der zweiten Konferenz in Bonn 2011 bekräftigten die Teilnehmer, dass die Zukunft des politischen Systems des Landes auf den Prinzipien des Pluralismus und der afghanischen Verfassung beruhen werde. Auch Afghanistan sehe sich verpflichtet, den Weg der Schaffung einer demokratischen und stabilen Gesellschaft auf der Grundlage der Rechtsstaatlichkeit und der Grundfreiheiten der Bürger, einschließlich der Gleichberechtigung von Mann und Frau, fortzusetzen. (51) Da jedoch die verfehlte Politik des Wiederaufbaus zur Entstehung einer oligarchischen Schicht geführt hatte, scheute Washington nicht vor einer Verletzung der demokratischen Ordnung zurück, als Aschraf Ghani zunächst 2014 und dann 2019 als eindeutiger Wahlverlierer zum siegreichen Präsidenten deklariert wurde.

Die Interessen der USA mit Blick auf Afghanistan richten sich auf Bekämpfung des Terrors, Gewährleistung politischer Stabilität und neuerdings – als strategisches Ziel – auf die Eingliederung Afghanistans in das globale System unter Führung der Vereinigten Staaten. Aus einem anderen Blickwinkel könnten die ersten beiden Interessen als taktische verstanden werden, also als Mittel, um das strategische Ziel zu erreichen. Die Notwendigkeit der Präsenz amerikanischer Kampftruppen resultiert aus der Gefahr, die terroristische Kräfte am Hindukusch für die USA darstellen. Natürlich kann dieses militärische Ziel nicht umgesetzt werden, ohne die politisch-ökonomische Situation in Afghanistan zu stabilisieren. Notfalls versucht Washington, mit Hilfe von Satrapen wie der Clique um Aschraf Ghani das strategische Ziel zu erreichen, und nimmt dabei die Verletzung demokratischer Werte in Kauf.

Die Interventionen der USA haben aus Afghanistan ein zersplittertes Land in der Peripherie gemacht, das politisch, wirtschaftlich und militärisch von den USA abhängig ist. Auf der anderen Seite ist Afghanistan ein Mitgliedsland der Vereinten Nationen und unterhält diplomatische Beziehungen mit anderen Mitgliedsstaaten. Es ist also de jure ein souveräner Staat. Doch ist de facto die Souveränität des Landes stark eingeschränkt. Daher konnte Washington in den Verhandlungen mit den Taliban die Kabuler Regierung völlig ignorieren und letzten Endes in eigener Entscheidung das Land der Terrorbande der Taliban überlassen. Mit dieser Entscheidung wurde ein eklatanter Verrat am afghanischen Volk begangen.

2. Humanitäre und finanzielle Last der USA am Hindukusch

Die Kosten der Invasion in Afghanistan waren schon immer Gegenstand von Kontroversen in den USA. Nach dem Abzug der US-Truppen aus Afghanistan am 30. August 2021 gab es Schätzungen der Gesamtkosten aus verschiedenen Quellen, die mit unterschiedlichen Methoden arbeiteten. Die Ergebnisse variieren zwischen 800 Milliarden und 2,5 Billionen US-Dollar. Das Verteidigungsministerium der USA kann detailliert angeben, dass es seit September 2001 1,7 Billionen US-Dollar für kriegsbedingte Kosten im Irak, in Afghanistan und anderen Ländern ausgegeben hat. Speziell für Afghanistan beliefen sich die Kosten der „Operation Enduring Freedom“ auf insgesamt rund 578 Milliarden US-Dollar. Das Pentagon schätzt daher die Ausgaben für den Afghanistankrieg auf insgesamt 837 Milliarden Dollar. (52) Dagegen schätzte der „Congressional Research Service“, dass sich die Operationen in Afghanistan von 2001 bis 2019 auf insgesamt 765 Milliarden US-Dollar beliefen. Das „Government Accountability Office“ stellt allerdings fest, dass die Zahlen aus verschiedenen Gründen ungenau sind. (53) Nach einem Bericht des „Special Inspector General for Afghanistan Reconstruction“ (SIGAR) belaufen sich die Kosten im Zeitraum von September 2001 bis März 2021 auf 837 Milliarden US-Dollar. Dass diese Summe mit den Schätzungen des Pentagons übereinstimmt, rührt daher, dass die Kalkulation von SIGAR auf Pentagon-Daten basiert. Die Kosten des Aufbauprogramms bezifferte SIGAR auf 145 Milliarden US-Dollar. Davon seien 83 Milliarden bereits in den 837 Milliarden des Verteidigungsministeriums enthalten. (54)

Die Brown University nimmt eine umfassendere Berechnung vor und veranschlagt mehr als nur die unmittelbaren Kosten der Kriegsführung. Dennoch deckt selbst diese Kostenschätzung vielleicht nicht alle Finanzströme ab, die möglicherweise im Zusammenhang mit dem Afghanistankrieg verfolgt werden könnten. Die Analyse der sich teilweise überschneidenden Budgetansätze ist keine einfache Aufgabe. Es gibt viele versteckte oder uneingestandene Kosten, die aus der Entscheidung der Vereinigten Staaten resultieren, auf die Anschläge vom 11. September 2001 mit militärischer Gewalt zu reagieren. Schätzungen der langfristigen Kosten kommen zu deutlich höheren Ergebnissen. Unter Einschluss der Zinszahlungen für die Finanzierung der Kriegsschulden bis in die 2050er Jahre werden die Gesamtkosten auf etwa 8 Billionen US-Dollar geschätzt. (55)

Viel gravierender als die Kosten des Krieges ist die von ihm verursachte menschliche Tragödie. Im Laufe des Krieges kamen 2324 US-Soldaten in Afghanistan ums Leben. Die Gesamtzahl der Kriegsopfer unter den Kombattanten und in der Zivilbevölkerung wird auf 243 000 beziffert. Darin sind nicht die Todesfälle durch Krankheiten, Verlust des Zugangs zu Nahrung, Wasser, Infrastruktur und andere Folgen des Krieges enthalten.

Zahl der Getöteten im Afghanistankrieg 2001–2021			
	Afghanistan	Pakistan	Insgesamt
US-Militär	2324	-	2324
US-Zivilisten	6	-	6
US-Auftragnehmer (US Contractors)	3917	90	4007
Koalitionstruppen	1114	-	1114
Afghanistan, Militär und Polizei	69 095	9431	78 528
Afghanistan, Zivilisten	46 918	24 099	70 418
Afghanistan, Journalisten und Medienmitarbeiter	74	87	161
Afghanistan, Mitarbeiter der humanitären Organisationen	446	105	551
Bewaffnete Kämpfer	52 893	32 838	85 731
Insgesamt	176 206	66 650	242 856
Summe gerundet	176 000	67 000	243 000

Quelle: Watson Institute, Brown University, Costs of War, Human and Budgetary Costs to Date of the U.S. War in Afghanistan, 2001-2022 | Figures | Costs of War (brown.edu)

3 „Doha-Abkommen" mit dem falschen Partner

Die Verhandlungen zwischen den Taliban und den USA gehen auf eine gemeinsame Initiative der USA und Pakistans im Januar 2012 zurück. Dabei wurde die Regierung in Kabul nicht in die Konsultationen einbezogen. Substanzielle Fortschritte wurden nicht erzielt, Differenzen zwischen Washington und Islamabad sowie Uneinigkeit unter den Taliban verhinderten einen Verhandlungserfolg. Dennoch konnten die Taliban erreichen, dass sie mit der Eröffnung eines Büros in Doha diplomatisch aufgewertet wurden. In seiner Ansprache an die Truppen in Arlington, Virginia, im August 2017 hob Präsident Trump hervor, dass – anders als bei seinem Amtsvorgänger Obama – Entscheidungen über den militärischen Rückzug aus Afghanistan auf „Bedingungen vor Ort" und nicht auf willkürlichen Zeitplänen basieren werden. (56) Trotz aller Bedenken wurden die Gespräche zwischen dem US-Sondergesandten Zalmai Khalilzad und dem hochrangigen Taliban Mullah Abdul Ghani Baradar Ende 2018 in Doha wiederaufgenommen. Sie konzentrierten sich auf Bedingungen, unter denen die Vereinigten Staaten ihre Truppen aus Afghanistan abzögen, während im Gegenzug die Taliban internationale terroristische Gruppen daran hindern würden, von afghanischem Boden aus zu operieren.

Im September 2019 brach Präsident Trump die „Friedensgespräche" mit den Taliban abrupt ab, eine Woche nachdem der US-Chefunterhändler Khalilzad angekündigt hatte, dass eine Einigung „im Prinzip" mit den Taliban erzielt worden sei. In einem Tweet teilte Trump mit, er habe ein geheimes Treffen mit den Taliban und dem afghanischen Präsidenten Ghani in Camp David abgesagt, nachdem ein US-Soldat bei einem Taliban-Angriff getötet worden sei. Dennoch unterzeichneten am 29. Februar 2020 Khalilzad und Baradar ein Abkommen, das den Weg für einen erheblichen Abzug der US-Truppen in Afghanistan ebnete. Dieses Abkommen besteht aus vier Teilen:

1. Garantien und Durchsetzungsmechanismen, die die Nutzung des afghanischen Territoriums für alle Gruppen und Personen, die gegen die Sicherheit der Vereinigten Staaten und ihrer Verbündeten agieren, ausschließen,
2. Garantien, Durchsetzungsmechanismen und der Ankündigung eines Zeitplans für den Rückzug aller ausländischen Streitkräfte aus Afghanistan,

3. einer Verpflichtung der Taliban, nach der Ankündigung des vollständigen Abzugs ausländischer Streitkräfte mit der afghanischen Regierung Verhandlungen aufzunehmen, und
4. einer Vereinbarung über Post-Konflikt-Prozesse: innerafghanische Verhandlungen über dauerhaften und umfassenden Waffenstillstand, einschließlich gemeinsamer Umsetzung und entsprechender Mechanismen. (57)

Einer der kritischen Punkte des US-Krieges in Afghanistan lässt sich als Mangel an einer allumfassenden Strategie charakterisieren, die – wie Cordesman vom Center for Strategic and International Studies fordert – in der Lage wäre, die Terrorismusbekämpfung mit Anforderungen an regionale Sicherheit zu verknüpfen. (58) Jede Exit-Strategie ist im Ansatz zum Scheitern verurteilt, wenn sie nicht die regionale Dimension in Rechnung stellt. Eine Machtübernahme der Taliban verursacht Unsicherheit in der Region und tangiert damit auch die Sicherheit des Westens. Die USA könnten sich sonst bald gezwungen sehen, erneut den Taliban entgegenzutreten und zu versuchen, sie zu zähmen. Eine nochmalige Militärintervention seitens der USA wäre allerdings ausgeschlossen.

David Petraeus, der ehemalige Kommandeur der amerikanischen Streitkräfte in Afghanistan, schrieb in einem Artikel in „The Atlantic Magazin", dass Amerika die Situation in Afghanistan hätte „kontrollieren" und den Sturz der Regierung verhindern können, anstatt das Land und seine Bevölkerung „den Taliban zu übergeben". Unter Bezugnahme auf militärische Einrichtungen und Technologien wie Drohnen argumentierte er, dass die USA mit geringeren personellen und finanziellen Kosten in der Rolle des Beraters und Unterstützers der afghanischen Regierung bleiben könnten. „Der Versuch, die Situation [in Afghanistan] zu kontrollieren, war eine weniger ideale Option und erforderte ein nachhaltiges und generationsübergreifendes Engagement. Aber es war besser, als dieses Land und seine Menschen den Taliban und anderen Kämpfern zu überlassen." (58) General Petraeus, der zeitweise auch CIA-Chef war, bezeichnete das Doha-Abkommen als „das schlechteste politische Abkommen" in der Geschichte der USA, was seiner Meinung nach auch seine Bedingungen betrifft, darunter die Freilassung von 5000 Taliban-Kämpfern aus Gefängnissen in Afghanistan, was den Sturz der Regierung beschleunigte. Damit wird, nach Meinung von Petraeus, die Behauptung der Rivalen der Vereinigten Staaten bestätigt, dass „Amerika kein verlässlicher Verbündeter, sondern eine im Niedergang begriffene Macht ist". Petraeus sagt voraus, dass die Taliban „weiterhin terroristische und paramilitärische Gruppen in Afghanistan aufnehmen und unterstützen werden".

Das Abkommen der Vereinigten Staaten von Amerika mit der Terrorgruppe Taliban war Ausdruck der Abhängigkeit Afghanistans von den Vereinigten Staaten. Aufgrund seiner inhaltlichen Mängel und der Mehrdeutigkeit seines Umsetzungsmechanismus kann es nicht als Garantie für einen „fairen und umfassenden Frieden" angesehen werden.

Selbst während der militärischen Besetzung Afghanistans in den achtziger Jahren des 20. Jahrhunderts, als sich das Land am Hindukusch in eine „blutende Wunde der Sowjetunion" verwandelt hatte, weigerte sich die Kreml-Führung, in Abwesenheit der Regierung Kabuls mit den Mujahedin zu verhandeln. Dafür saßen sich die Delegierten aus Kabul und Islamabad unter Aufsicht der Vereinten Nationen gegenüber und das Abkommen über den Abzug der Roten Armee aus Afghanistan wurde mit Garantien seitens der USA und der Sowjetunion geschlossen. Mit seiner Ignoranz gegenüber Kabul hat Washington den Status der Regierung von Aschraf Ghani auf den eines Satrapen herabgesetzt. Nach der Fertigstellung des Entwurfs des ersten Vertrags gab Khalilzad in einem Interview mit Tolo TV zu, dass er den Führern der Regierung der nationalen Einheit den Vertrag für einige Augenblicke gegeben hatte, nur um ihn zu lesen. Das ist mehr als eine politische Demütigung. Khalilzad weigerte sich, Ghani und Abdullah auch nur eine Kopie der schicksalhaften Vereinbarung zu geben, ein bislang unbekannter Affront.

VI. Kapitel:

Das überraschende Finale des „demokratischen Gesellschaftsmodells"

6.1 Das klägliche Scheitern eines hochdekorierten Technokraten

Von langer Hand vorbereitete und gezielte Flucht von Aschraf Ghani

6.2 Zur Struktur der extern gesteuerten Troika

6.3 Zum Konsens und Dissens der Troika mit dem Trio

VI. Kapitel: Das überraschende Finale des „demokratischen Gesellschaftsmodells“

6.1 Das klägliche Scheitern eines hochdekorierten Technokraten

Von langer Hand vorbereitete und gezielte Flucht von Aschraf Ghani

Die neoliberal inspirierte Wirtschaftspolitik im Kontext einer zentralistischen Staatsstruktur und der Chauvinismus der paschtunischen Elite führten zum Zusammenbruch des Wirtschafts- und Gesellschaftsmodells in Afghanistan. Das zentralisierte System der Oligarchie zeichnete sich durch folgende Aspekte aus:

- Die politische Elite der Paschtunen verstand sich als „Herrenvolk“ im Vielvölkerstaat und erhob einen historischen Anspruch auf den „Thron in Kabul“.
- Die staatliche Struktur war hochgradig zentralisiert, jedes Plädoyer für ihre Auflockerung wurde als Separatismus und Verrat gebrandmarkt.

Die Wirtschaftspolitik des Neoliberalismus und die Denkweise der politischen Elite der Paschtunen wurden in den vorherigen Kapiteln ausführlich skizziert. Hier werden exemplarisch anhand bestimmter Persönlichkeiten der paschtunischen Elite die Hintergründe beleuchtet, die erklären, warum am 15. August 2021 die Taliban-Milizen in Kabul ohne Widerstand einmarschiert sind.

1 Raffiniertes Doppelspiel des „Palast-Trios“

Aschraf Ghani, geboren 1949 in der Provinz Logar, ist einer der wenigen Afghanen, deren beruflicher Werdegang durch eine akademische Karriere in den USA geprägt wurde. Ghani war der erste Wirtschaftsberater von Hamed Karzai, danach arbeitete er als Finanzminister und schließlich als Präsident der Universität Kabul. Er war die führende Kraft in der Durchsetzung der liberalen und freien Marktwirtschaft in Afghanistan und Kandidat bei den Präsidentschaftswahlen 2009. Während des Wahlkampfes kritisierte Ghani

Schikanen gegen seine Anhänger in Kandahar. Kandahar habe sich in „Karzistan" verwandelt, eine Anspielung auf die dortige Macht Karzais. Er erhielt nur etwa 135 000 Stimmen und konnte somit nicht mehr als 2,9 % der Stimmen gewinnen. Ghani verließ jedoch nicht die politische Szene des Landes. In dieser Zeit wurde über den Abzug der internationalen Streitkräfte aus Afghanistan und den damit notwendig werdenden Transformationsprozess diskutiert. Mit Einverständnis der USA schlug Karzai Aschraf Ghani als Vorsitzenden des für die Steuerung des Transformationsprozesses verantwortlichen Gremiums vor. Aufgrund seiner unbestrittenen Loyalität war er für Washington tatsächlich eine vertrauenswürdige und zuverlässige Person.

Dieses Vertrauen zahlte sich für Ghani in den Präsidentschaftswahlen 2014 und 2019 aus. Die direkte Einflussnahme Washingtons stellte sicher, dass er unter Verletzung der Regeln demokratischer Wahlen Präsident wurde. Sein erklärtes Ziel war, den „Staat Afghanistan" aufzubauen. Aber in der Realität führte seine Politik, die in der Kontinuität der autoritären Politik der Vergangenheit (von Abdur Rahman Khan bis Hashem Khan und Sardar Daoud) stand, zu mindestens drei negativen Konsequenzen:

- zunehmender Entfremdung der Bürger von der Zentralregierung,
- einer Stärkung der imperialen Beziehungen zwischen dem Zentrum und den peripheren Teilen des Landes und
- einer Schwächung der Solidarität zwischen den Volkstämmen des Landes.

Ghani fehlte nicht nur die demokratische Legitimität für das Amt des Präsidenten, er erwies sich auch als ein Scharlatan und hinterlistiger Schwindler. Folgende Erläuterungen beschreiben sein wahres politisches Gesicht: Er war ein Politiker, für den nur seine eigene Meinung zählte, hatte egozentrische und autokratische Züge, war kaum fähig zu kooperieren und machte für seine Mängel und Misserfolge andere Personen verantwortlich. Seine Kabinettsminister behaupteten wiederholt in den Medien, dass Ghani sie in Kabinettssitzungen beleidigt habe, sein Verhalten sei nicht kontrolliert und er messe kollektiver Beratung und Meinungsbildung nicht die geringste Bedeutung bei. Auf Widerspruch reagiere er mit Besserwisserei und Beschimpfungen. Im Jahr 2018 behauptete Ali Ahmad Osmani, Minister für Wasser und

Elektrizität, dass Ghani die Minister gedemütigt habe und eine Atmosphäre der Angst, Demütigung und Drohungen im Kabinett verbreite. (1)

Ghani hing fest dem Glauben an die ethnische Vorherrschaft der Paschtunen an. Sein paschtunischer Chauvinismus zielte auf die Alleinherrschaft der Paschtunen ab, möglichst nur des Ghilzai-Subclans. Ahmad Wali Massoud, der Bruder von Ahmad Schah Massoud, bekam von ihm zu hören, dass er auf jeden Fall aus Afghanistan ausgewiesen werde. General Zahir Azimi, der Sprecher des Verteidigungsministeriums zu Karzais Zeiten, berichtete, dass Ghani einst so verärgert war, weil Leute in einer Sitzung argumentiert hatten, dass es Unsinn sei, Tadschiken nach Tadschikistan auszuweisen. Daraufhin habe Ghani die Sitzung verlassen und auf das gemeinsame Essen verzichtet. (2) Diese Einstellung prägt auch sein Verhältnis zum Islam, den er zur Legitimation der Alleinherrschaft der Paschtunen als „Herrenvolk" instrumentalisierte. Dabei war er selbst nicht minimal vertraut mit islamischen Lehren und Traditionen.

Während seiner Amtszeit als Präsident stufte er die Taliban als „politische Oppositionelle" ein, mit denen man verhandeln müsse, um einen Modus Vivendi zu finden. Dabei verwischte er absichtlich die Grenzen zwischen „ziviler Opposition" und „bewaffnetem Widerstand". Er beschwerte sich, dass es nicht gerecht sei, dass über 90 % der Insassen afghanischer Gefängnisse Angehörige eines Volksstamms, nämlich der Paschtunen (Taliban), seien. Offenbar setzte Ghani strafrechtliches Vorgehen gegen die Taliban-Terrorbande mit zivilrechtlichen Fällen anderer Gefangener gleich. Selbst bei massiven Offensiven der Taliban gegen Zivilisten und die Infrastruktur des Landes ergriff Ghani nur moderate Verteidigungsmaßnahmen und ging kaum offensiv gegen sie vor. Seine Außenpolitik war gekennzeichnet durch Rezeptlosigkeit hinsichtlich der politischen Verhandlungen mit den Nachbarstaaten, insbesondere mit Pakistan und dem Iran, eine Distanzierung von Indien und engere Beziehungen zu arabischen Golfstaaten. Sie basierte auf Abhängigkeit von den USA und vertraute sich ihren Entscheidungen und Interessen bedingungslos an. Vor diesem Hintergrund bildete Aschraf Ghani für die Verwirklichung seiner Zielsetzung, die nichtpaschtunische Machtelite systematisch aus den Schlüsselpositionen in der Armee und in Sicherheitsorganen zu entfernen, eine kleine interne Gruppe im Präsidialamt, die der Verfasser als „Palast-Trio“ bezeichnet. Die Hauptaufgabe des Palast-Trios bestand darin, die Schlüsselpositionen in der Verwaltung von der Zentralregierung bis zu den Provinzen von der nichtpaschtunischen Machtelite zu säubern und gleichzeitig dafür zu sorgen, dass diese Positionen von Paschtunen besetzt wurden, die Präsident Ghani gegenüber loyal waren.

Das Palast-Trio bestand aus ihm selbst, Moheb, seinem nationalen Sicherheitsberater, und Fazli, dem Chef des Präsidentenbüros. Hamdullah Moheb und Fazli Mahmoud Fazli waren die beiden Gesichter dieses Trios. Ghani traf sich jeden Vormittag für eine halbe Stunde mit Moheb und Fazli, um ihre Arbeit zu koordinieren. Das Palast-Trio besaß weitreichende Vollmachten, im Sinne der Zielsetzungen des Präsidenten zu agieren, ohne Rechenschaft ablegen zu müssen.

Hamdullah Moheb war der einzige Politiker, der mit seiner Familie im Palast lebte. Sogar seine Ehefrau hatte uneingeschränkten Zutritt zu den Räumen des Präsidenten. In den letzten zwei Jahren seiner Amtszeit besetzte Ghani systematisch das Palastpersonal nur mit Mitgliedern seines Clans; Angehörigen der nichtpaschtunischen Volkstämme wurde der Zugang zum Palastgeschehen erschwert.

Hamdullah Moheb war Angehöriger des Ghilzai-Subclans, geboren 1983 in Dschalalabad und als Flüchtlingskind in Pakistan in streng religiösem Geist erzogen. Die enge Verwandtschaft mit der Haqqani-Familie verlieh seinem Islamverständnis eine radikale Note. Aschraf Ghani ernannte ihn nach seinem umstrittenen Wahlsieg 2014 zu seinem stellvertretenden Bürochef. Aus dieser Position heraus wurde er ohne diplomatische Erfahrungen zum Botschafter in Washington ernannt. 2018 machte Ghani ihn zu seinem „Nationalen Sicherheitsberater“.

Die Familie von Moheb besaß organisatorische und djihadistische Beziehungen zur Hezbe Islami II, angeführt von Mawlawi Muhammad Junis Chalis und Mawlawi Jalaluddin Haqqani, einem der Hauptkommandanten dieser Partei während des Krieges mit der Sowjetunion in den 1980er Jahren. Hamdullah Moheb und Mawlawi Mohammad Junis Chalis stammen aus dem Distrikt Khogiani in Nangerhar, angeblich sogar aus demselben Dorf. Der Vater von Hamdullah Moheb war eines der aktiven Mitglieder der Hezbe Islami II unter der Führung von Mawlawi Chalis. Mawlawi Najmuddin, sein Onkel mütterlicherseits, galt als einer der hochrangigen Funktionäre dieser Partei. Hamdullah Moheb festigte seine Beziehung zu den Haqqani in den letzten Jahren kontinuierlich und arbeitete mit ihnen innerhalb der Regierung zusammen. Der ISI, der militärische Geheimdienst der pakistanischen Armee, war an dieser Zusammenarbeit beteiligt und hatte eine enge Beziehung zu Hamdullah Moheb aufgebaut.

Fazll Mahmud Fazli, Angehöriger des paschtunischen Ghilzai-Clans, wurde 1977 in Dschalalabad geboren. Nach dem Medizinstudium in Afghanistan brachte er etwa fünf Jahre in Großbritannien zu und praktizierte anschließend als Mediziner in Schweden. Seit den ersten Präsidentschaftswahlen 2009 arbeitete er sehr eng mit Aschraf Ghani zusammen. 2018 wurde er von Ghani als Chefberater seines Büros und anschließend zu dessen Chef ernannt. In dieser Position hatte er bei Personaleinstellungen im Palast freie Hand und genoss große Befugnisse in der Auswahl und Ernennung hoher Staatsbeamter, u. a. im Sicherheitsapparat.

Die Strategie des Trios zielte auf Kontinuität der Vorherrschaft des paschtunischen Chauvinismus. Dabei nahm es Staatsverrat in Kauf, weil seine Strategie zum Zusammenbruch eines politischen Konstrukts führte, das zumindest von der Verfassung her demokratisch konzipiert war. Aschraf Ghani wollte die Doha-Konsultationen mit den Vertretern des Friedensrates unter seiner Regie stattfinden lassen. Als er feststellen musste, dass dies nicht der Fall sein würde, fing er an, die Doha-Verhandlungen im Ganzen scheitern zu lassen. Dies führte dazu, dass zwischen den Taliban und den Vertretern des Friedensrates kein politischer Kompromiss im Hinblick auf eine Übergangsregierung erzielt wurde. Als Ergebnis der Verhandlungen sollten die Taliban in der Übergangsregierung einige Schlüsselposten bekommen. Es sickerte durch, dass die Leitung der Übergangsregierung Hamed Karzai übernehmen sollte. Er zählte zu dem Personenkreis, der in den Doha-Konsultationen sehr aktiv gewesen war, und hatte fast an jeder gemeinsamen Sitzung der Taliban mit Vertretern des Friedensrats von Doha bis Moskau teilgenommen. Das gefiel Aschraf Ghani ganz und gar nicht. Auch deswegen ließ er die Gespräche mit Taliban und damit das Doha-Abkommen zwischen den USA und den Taliban scheitern.

In einem Interview mit der Talkshow „CBS Face The Nation" sagte Anthony Blinken, dass er in der Nacht des 14. August mit Ghani telefoniert und ihn gebeten habe, einen Plan zur Übergabe der Kontrolle an eine neue Regierung in Kabul zu akzeptieren, die von den Taliban angeführt worden wäre, aber „alle Teile der afghanischen Gesellschaft umfasst" hätte. „Ghani sagte mir, dass er dazu bereit sei, aber wenn die Taliban nicht mitmachen würden, wäre er bereit, bis zum Tod zu kämpfen", sagte Blinken und fügte hinzu, dass der ehemalige afghanische Präsident am nächsten Tag plötzlich aus dem Land geflohen sei. (3)

2 Hohe Militär- und Sicherheitskräfte werfen Aschraf Ghani Verrat vor

Nach der dramatischen Aufgabe der Sicherheitskräfte und der Provinzgouverneure, die vom Trio systematisch eingefädelt worden war, wurde offiziell proklamiert, dass sich Ghani am 15. August im Verteidigungsministerium mit dem Verteidigungsminister Bismellah Khan Mohammadi treffen werde, um eine neue Verteidigungsstrategie zu konzipieren. Deswegen war die Palastgarde am Vormittag des 15. August im Verteidigungsministerium aufmarschiert. In Erwartung des Treffens mit dem Präsidenten sah Mohammadi mit großer Überraschung aus dem Fenster seines Arbeitszimmers, dass zwei Hubschrauber mit hoher Geschwindigkeit aus dem Palast in Richtung des Kabuler Flughafens flogen. Die Passagiere waren Ghani und seine loyalen Begleiter, die Kabul in Richtung Taschkent verließen.

Auch Zia Saraj, der Chef der Nationalen Sicherheit, wurde überrascht, zumal er noch am Vormittag des 15. August seinen täglichen Sicherheitsbericht dem „Koordinationsrat des Palasts" vorgelegt hatte. Danach habe er während der Sitzung mit seinem Team zur Vorbereitung seines Abendberichts erfahren, dass der Präsident in Richtung Taschkent in Usbekistan geflüchtet sei. (4)

Massoud Andarabi, der ehemalige Innenminister, bestätigte, dass Ghanis Flucht den Boden für den Einmarsch der Taliban vorbereitet habe. Die Militärkräfte hätten in großen Städten noch Widerstandsfähigkeit besessen, doch habe das Land mit der Flucht des Präsidenten den Oberkommandierenden und seine Widerstandskraft verloren.

Durch die unqualifizierte Einmischung des „Koordinationskomitees" des Präsidialamtes und vor allem durch ständige Entlassungen und Neubesetzungen in der Führungsebene wurde die Armee zermürbt, wankelmütig und unsicher. General Mohammad Farid Ahmadi, der ehemalige Kommandant des „Special Operation Commando Corps", kommentiert den Zusammenbruch der afghanischen Armee in folgenden Worten:

„Das Wesen der Armee hing nicht mit einer unabhängigen und mächtigen Regierung zusammen, sondern hing von der Unterstützung der USA und der NATO-Partner ab. Gleichzeitig hatten das Wesen und die Dynamik der politisch-militärischen Führung, unter der die Armee arbeitete, ein grundlegendes Problem. Der Armee wurden meistens disqualifizierte Kommandanten von außerhalb der Armeeorganisation aufoktroyiert. Damit wurden die Streitkräfte allmählich schwächer." (7) General Ahmadi führt dazu aus, „durch die ungesunde, nicht fortschrittliche und nicht konstruktive Situation unter unqualifizierter Führung wurde die Moral der Armee unterdrückt". General Ahmadi behauptet, dass „Präsident Ghani und Karzai den Streitkräften des Landes nicht vertrauten. Karzai sagte, es sei die amerikanische Nationalarmee, die Afghanen töte, und sie seien Amerikas Diener". Präsident Ghani hatte alles in seinen eigenen Händen monopolisiert und verließ sich nur auf einen kleinen Kreis innerhalb des Präsidialamtes. (8)

In der afghanischen politischen Elite gab es seit 2020 Konsultationen über eine politische Lösung des Konfliktes. Trotz gravierender Meinungsunterschiede über die Frage, ob die Taliban-Milizen zu einer Lösung und der Koexistenz mit Andersdenkenden bereit bzw. fähig seien, entstand letzten Endes ein Konsens, dass eine „Übergangsverwaltung" zur endgültigen Bestimmung des Charakters der künftigen Regierung mit Beteiligung der Taliban ausausweichlich sei. In der Übergangsverwaltung sollten Abdullah Abdullah und Hamed Karzai Schlüsselrollen spielen. Doch bestand Aschraf Ghani darauf, selbst an der Spitze der Verwaltung zu stehen, da er „legitimer Präsident" des Landes sei. Damit ließ er alle Entwürfe und Pläne der politischen Elite mit seinem „Veto" scheitern. Hinzu kam, dass nach seiner Einschätzung in der Doha-Delegation der Taliban die Kandahari-Fraktion, d. h. die Durani-Stämme, dominierte. Aschraf Ghani hatte jedoch Präferenzen für die

Haqqani-Fraktion, die als Vertretung der Ghilzai-Paschtunen gilt, zu denen Ghani selbst zählte.

Mit seiner dramatischen Flucht verurteilte Ghani nicht nur die eventuelle Bildung einer Übergangsregierung zum Scheitern, er bereitete damit auch gezielt den Boden für die Machtübernahme der Haqqani-Fraktion in Kabul vor. Diese Fraktion der Taliban hatte schon seit Wochen die Hauptstadt umzingelt. Ghani wollte auf jeden Fall die Partizipation der nichtpaschtunischen Elite durch den Friedensrat verhindern und die ganze Macht den Taliban übergeben. Denn es war vorhersehbar, dass nach seinem Abgang das Land in ein Chaos geraten würde, in dem keine Sicherheits- und/oder Militärorgane in der Lage sein würden, die Macht zu übernehmen.

Die Politik des inneren Palastzirkels stimmte trotz kleiner Differenzen mit dem Vorhaben der extern gesteuerten Troika überein.

6.2 Zur Struktur der extern gesteuerten Troika

Die personelle Struktur der extern gesteuerten Troika setze sich zusammen aus Aschraf Ghani, Hamed Karzai und Zalmai Khalilzad, dem US-Beauftragen für die Verhandlungen mit den Taliban-Milizen. Karzai wurde im Dezember 1957 im Dorf Karz in der südafghanischen Provinz Kandahar geboren. Sein Name weist auf seine Herkunft hin (Mills, 2007, 26). Seine Familie stand an der Spitze der Popalzai, eines Subclans der Durani-Paschtunen. Karzai hatte enge Beziehungen zur Königsfamilie und wünschte, Zahir Schah wieder auf dem Thron in Kabul sehen. Wie Aschraf Ghani machte er aus seiner chauvinistischen Gesinnung keinen Hehl. Seine Haltung zu den Taliban kommentierte Khalilzad so: „Karzai [...] sah die Taliban als Mittel, um der Katastrophe zu entkommen, die das Land erfasste. [...] Wie die meisten Afghanen begrüßte Karzai die Taliban zunächst als eine Kraft zur Beendigung des Bürgerkriegs und zur Bekämpfung des Warlordismus. Tatsächlich nahm er an frühen Versammlungen der Taliban teil und war in gewisser Weise maßgeblich an der Organisation der Gruppe beteiligt“ (Khalilzad, 2016, 91 f.). Karzai bezeichnete die Taliban nie als Terroristen, sondern wiederholt als „Brüder“.

Karzai wandte sich einst an John Arnaud, den Sonderbeauftragten des UN-Generalsekretärs in Afghanistan, mit folgenden Worten: „Die Vereinten Nationen und die internationale Gemeinschaft müssen sich daran erinnern, dass Afghanistan vor dreißig Jahren ein friedliches, freies und stabiles Land war, die Menschen waren alle glücklich. Aber sobald die Minderheiten (nichtpaschtunische ethnische Gruppen) in die Politik Afghanistans eintraten, kamen alle Probleme von Terrorismus, Drogen, Kriegen und Warlords nach Afghanistan. Solange wir nicht zurückkehren ins alte Afghanistan, wird dieses Land niemals zur Ruhe kommen." (9)

Diese Stellungnahmen lassen das Ausmaß seiner Fehleinschätzungen der Geschichte des Landes erahnen:

1) Karzai bezeichnet autoritäre Systeme als „friedlich, frei und stabil". Für ihn war Afghanistan unter der Herrschaft der Mohammadzai (König Zahir Schah und Präsident Daoud) der „ideale Staat". Er ignoriert die politischen Schikanen und Verhaftungen der Andersdenkenden, vor allem der nichtpaschtunischen Elite des Landes. Offenbar hat er vergessen, dass noch in den siebziger Jahren aufgrund der selbst verschuldeten Katastrophe Afghanen zum Verkauf ihrer Kinder gezwungen waren, um zu überleben.

2) Karzai hält mit dieser Auffassung an der historischen Rechtfertigung der paschtunischen Dynastie und der Kontinuität der Erbmonarchie fest. Auf paradoxe Weise lehnt er damit das demokratische System ab, das ihn mit Unterstützung der nichtpaschtunischen Volksstämme an die Macht gebracht hat. Der erste Präsident, der trotz der Defizite seiner Wahl eine gewisse Legitimation genießt, negiert die demokratische Verfassung seines Landes.

3) Indirekt, aber unverkennbar bestätigt Karzai mit seiner rückblickenden Betrachtung, wonach die „Einbeziehung von Minderheiten in die Politik" die Ursache für „Terrorismus, Drogenhandel und Krieg" sei, dass „Minderheiten" in der Vergangenheit keine Rolle gespielt haben und die politische Macht das Monopol einer bestimmten Gruppe war. Außerdem verwechselt er Ursache und Wirkung. Es waren die Unfähigkeit und Inkompetenz der paschtunischen Machtelite, die Afghanistan in den Stru-

del der Krise gezogen haben. Dass „Minderheiten in die Politik Afghanistans eintraten", beruhte auf dem unveräußerlichen Recht aller Bewohner, als gleichberechtigte Bürger über das Schicksal des Landes mitzubestimmen. Dagegen versuchte die Karzai-Gruppe in den Jahren 2004 bis 2014, alle staatlichen Einrichtungen zu nutzen, um ihre Macht zu erhalten, den Prozess der politischen Machtübertragung zu manipulieren und auf diese Weise – wie in der Vergangenheit üblich – die traditionelle Loja Dschirga als Werkzeug zu nutzen. Die Teilnehmer der traditionellen Loja Dschirga wurden nach Wünschen von Karzai ausgesucht. Damit instrumentalisierte Karzai die traditionelle Loja Dschirga gegen die in der Verfassung des Landes (Artikel 110 bis 115) verankerte Loja Dschirga. In der verfassungsmäßigen Loja Dschirga hätte Karzai keinen großen Einfluss gehabt. Denn diese setzte sich zusammen u. a. aus den Mitgliedern beider legislativen Häuser und Vertretern aus den Provinzräten.

Damit erwies sich Karzai als Chauvinist, der die Verfassungsorgane ignorierte, sich selbstherrlich aufführte und sich auf paschtunische Kräfte stützte. Er hätte auf keinen Fall in der verfassungsmäßigen Loja Dschirga eine Mehrheit gehabt. Sein letzter Verrat an der Demokratie war die Ignorierung der tatsächlichen Ergebnisse der Präsidentschaftswahl 2014. Wie in Kapitel 5 ausführlich beschrieben, gewann Abdullah Abdullah die Präsidentschaftswahlen von 2014. Karzai ignorierte das Ergebnis und im Einverständnis mit Washington ließ er Aschraf Ghani von der Wahlkommission zum Sieger erklären.

Khalilzad wurde 1951 als Angehöriger des paschtunischen Ghilzai-Subclans und Sohn eines privilegierten Staatsbeamten in der nordafghanischen Stadt Masar-e Scharif geboren. Nach dem Studium an der „American University of Beirut" im Libanon setzte er seine Ausbildung in den USA fort und promovierte an der „University of Chicago" bei Albert Wohlstetter, einem prominenten Analytiker und Strategen im Bereich der nuklearen Abschreckung. Wohlstetter vermittelte Khalilzad Kontakte zur US-Regierung und zur RAND Corporation, dem amerikanischen Thinktank. (10) Damit wurde ihm die Tür für eine steile berufliche Kariere in den USA geöffnet. 1984 begann er als Berater des US-Büros im Nahen Osten und in Südasien unter Leitung des einflussreichen Richard W. Murphy. Ab 1985 arbeitete er als Berater von Zbigniew

Brzezinski, dem renommierten außenpolitischen Berater und Kalter-Krieg-Strategen. Nach der Invasion der Roten Armee in Afghanistan 1979 wurde er hochrangiger Berater im US-Department der Regierung von Ronald Reagan. Während dieser Zeit war er Mitglied des Stabs für Politikplanung und Sonderberater des Außenministeriums für Afghanistan mit Unterstaatssekretär Michael Armacost. Auf ihn geht der Plan für die Unterstützung der „afghanischen Mujahedin" gegen die sowjetische Invasionsarmee zurück. Von 1993 bis 2000 war Khalilzad Direktor für Strategie, Lehre und Streitkräftestruktur bei der RAND Corporation. Er war Mitbegründer der Theorie der „full-spectrum dominance", in der sich die neokonservativen Vorstellungen von Alleinherrschaft der USA widerspiegeln.

Vier Phasen der Fehlkonzeption von Khalilzad als „Troubleshooter" für Afghanistan

Das Afghanistan-Engagement von Khalilzad, das letztlich zu verhängnisvollen Konsequenzen führte, kann in vier Phasen verdeutlicht werden:

1) In den achtziger Jahren: Instrumentalisierung des politischen Islam

2) In den neunziger Jahren: Parteiname für die Taliban

3) Anfang des 21. Jahrhunderts: Bildung eines zentralisierten Staates in Afghanistan

4) 2019: Doha-Verhandlungen mit den Taliban

1) Khalilzad hatte in den achtziger Jahren als Berater des State-Departments der USA den „Nationalen Widerstandstandkampf" gegen die sowjetische Invasion uminterpretiert zu einem Djihad, einem Kampf der muslimischen Umma (Gemeinschaft) gegen die atheistischen Ungläubigen. Damit wurden die islamischen Staaten und islamistische Zirkel von Saudi-Arabien bis Ägypten und vor allem die islamisch geprägte Militärdiktatur in Pakistan angesprochen. Auf diese Weise machte er den politischen Islam international quasi salonfähig. Der angeblich „islamisch geprägte Kampf der Afghanen" gegen die Rote Armee war letzten Endes erfolgreich, jedoch mit verheerenden Konsequenzen für Afghanistan. Denn die afghanische Front gegen die sowjetische Invasion setzte sich zunächst zusammen aus verschiedenen poli-

tischen Sparten der afghanischen Gesellschaft. Demokraten, Nationalisten, Bürokraten, Loyalisten, religiöse Kräfte und fortschrittliche Gruppierungen waren aktiv beteiligt. Unter dem Siegel der Geheimhaltung wurden die organisatorisch sehr schwachen neuen religiösen Kräfte in Afghanistan durch politische Unterstützung, militärische Ausrüstung und finanzielle Rückendeckung in ein schlagkräftiges Instrument gegen die Rote Armee verwandelt. Damit wurden jedoch alle anderen politischen Kräfte, die am afghanischen Widerstand beteiligt waren, systematisch aus der Kampfarena vertrieben und zur Bedeutungslosigkeit verdammt.

Während der achtziger Jahre wurde Pakistan zum Tummelplatz der Islamisten, auf dem sich radikal-islamistische Gruppen bildeten. Daraus entwickelte sich das Al-Qaida-Terrornetz unter Führung von Osama bin Laden, dem saudi-arabischen Djihadisten jemenitischer Abstammung. Schließlich versetzte bin Laden mit den Terroranschlägen in New York nicht nur die USA in Angst und Schrecken, sondern verbreitete weltweite Furcht vor islamistisch motiviertem Terror.

2) Die zweite destruktive Phase der Strategie von Khalilzad für Afghanistan ist eindeutig durch seine Politik zugunsten der Taliban gekennzeichnet. Als paschtunischer Chauvinist sah Khalilzad in Rabbani, einem Tadschiken, als Präsidenten der islamischen Republik eine Gefahr für die Vorherrschaft der Paschtunen. Als Berater der RAND Corporation und einflussreicher US-Diplomat setzte er sich für eine zunächst nur schwache paschtunische Widerstandsgruppe in Afghanistan ein. Mit massiver militärischer und politischer Unterstützung Pakistans und mit großzügigen Finanzspritzen aus den arabischen Golfstaaten, die sich gegen die iranischen Ambitionen richteten, entwickelte sich daraus die „Islamische Bewegung der Taliban“. Die Taliban zogen im Namen der Paschtunen von Kandahar, dem historischen Zentrum der paschtunischen Dynastie, gegen die Tadschiken in Kabul zu Felde. Während der Herrschaft der Taliban 1997–2001 entstand in Afghanistan das Rekrutierungs- und Ausbildungszentrum der al-Qaida mit den bekannten Konsequenzen.

3) Die dritte Phase der fehlerbeladenen Strategie von Khalilzad setzte nach der Vertreibung der Taliban-Milizen und der Anhänger von bin Laden aus

Afghanistan ein. Khalilzad machte keinen Hehl daraus, dass er für die Vorherrschaft der Paschtunen in Afghanistan war. In seiner Biografie schreibt er: „Paschtunen, die größte ethnische Gruppe in Afghanistan, sind seit dem siebten Jahrhundert eine dominierende politische Kraft im Land. Nahezu jeder afghanische Führer in den letzten drei Jahrhunderten war ein Paschtune. Ich war besorgt, dass eine zu starke amerikanische Neigung zur Nordallianz die Bemühungen untergraben könnte, die paschtunische Opposition zu mobilisieren. Diese Opposition war entscheidend, weil die Taliban hauptsächlich mit paschtunischer Unterstützung an die Macht gekommen waren" (Khalilzad, 2016, 93). Als persönlicher Beauftragter des US-Präsidenten George W. Bush spielte Khalilzad bei der Zusammensetzung der Delegierten auf der Bonner Konferenz 2001 und bei der Gestaltung der dort konzipierten Interimsregierung eine entscheidende Rolle, als er den Paschtunen Hamed Karzai gegen den Willen der nichtpaschtunischen Delegierten als Präsident der Übergangsregierung durchboxte. Später ergriff er Partei bei der Konstituierung der neuen Verfassung des streng zentralistischen Staates. Dabei spielte Khalilzad eine ausschlaggebende Rolle für die Fortsetzung der Vorherrschaft der Paschtunen. Khalilzad drohte sogar mit der Bombardierung der Hochburgen der nichtpaschtunischen Parteien und Gruppen, falls sie das aufoktroyierte System nicht akzeptierten und sich für eine föderale Staatsordnung einsetzten oder für Bildung einer föderalen Staatsordnung plädierten. Die Konsequenzen des streng zentralisierten Staates am Hindukusch wurden im vierten Kapitel behandelt.

4) Die vierte Phase des Engagements von Khalilzad datiert aus dem Jahre 2019, als er von der Trump-Administration beauftragt wurde, mit den Taliban zu verhandeln. Dabei machte er nach zwei Jahren Verhandlung zunächst eine Terrorgruppe hoffähig, beschädigte gleichzeitig das politische Image der Kabuler Regierung und unterminierte zuletzt die umstrittene Autorität des afghanischen Präsidenten Ghani.

6.3 Zum Konsens und Dissens der Troika mit dem Trio

Zuallererst waren sich die Troika und das Trio darin einig, die politische Vorherrschaft der Paschtunen auf jeden Fall wiederherzustellen. Im Hinblick auf die Einzelheiten dieses historisch überholten Phänomens gab es jedoch einen deutlichen Dissens. Aschraf Ghani wollte die alleinige Vorherrschaft – auch im Sinne des Ghilzai-Subclans – unter eigener Regie verwirklichen. Deswegen brachte er wiederholt seine Unzufriedenheit mit dem Abkommen zwischen den USA und den Taliban laut und deutlich zum Ausdruck. Khalilzad war prinzipiell damit einverstanden, sah jedoch erhebliche Probleme. Seiner Meinung nach konnte Ghani ohne eine etablierte politische Partei und loyales Militär dieses Vorhaben nicht verwirklichen. Deswegen favorisierte er die Taliban. Hinzu kommt, dass Khalilzad als Beauftragter der USA handeln musste. Die US-Administration war entschlossen, aufgrund der strategischen Momente – u. a. Rücksichtnahme auf Pakistan – das verlustreiche und kostspielige Kapitel des Desasters am Hindukusch mit einem „Friedensvertrag" mit den Taliban abzuschließen.

Darüber hinaus gab es in diesem Pokerspiel einen dritten Akteur, Hamed Karzai. Karzai war sich mit Ghani und Khalilzad darin einig, die politische Vorherrschaft der Paschtunen sicherzustellen. Aufgrund der Rivalität und seiner persönlichen Animosität gegenüber Ghani strebte er danach, dem Durani-Subclan den Löwenanteil in der Administration unter den Taliban zu sichern. Diese Differenzen spitzten sich in der letzten Phase des Machtwechsels zu. Als Ghani am 15. August 2021 die verfahrene Situation für aussichtlos hielt und sich entschied, Kabul zu verlassen, intensivierte Moheb seine Kontakte zur Haqqani-Fraktion und bat sie um raschen Einzug in die Stadt Kabul. Die Situation hatte sich bereits zugunsten der Haqqani-Gruppe entwickelt, deren Milizen die Hauptstadt umzingelten. Daraufhin versuchte Karzai, die Durani-Fraktion in Kandahar und Doha dazu zu bewegen, unverzüglich ihre eigenen Milizen nach Kabul zu beordern. Doch sickerten schon am 15. August die Haqqani-Milzen in den Präsidentenpalast ein und stellten Karzai vor vollendete Tatsachen.

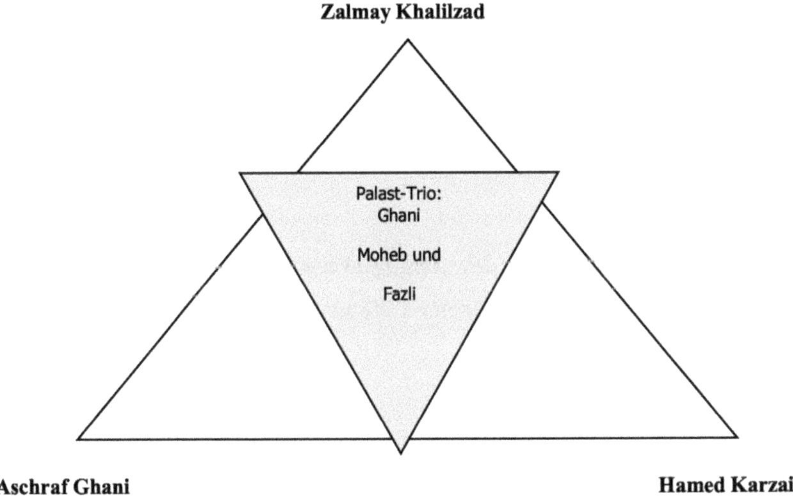

Es muss konstatiert werden, dass partikulare Interessen einer winzigen politischen Elite diesem Machtwechsel ihren Stempel aufgedrückt haben. Das Schicksal des afghanischen Volkes oder auch nur des paschtunischen Stammes wurde in keiner Weise in Betracht gezogen. Mit dem Monopolanspruch auf alleinige Herrschaft seitens der paschtunischen Machtelite ist das letzte Wort noch nicht gesprochen. Zweifellos wird der Kampf um politische Partizipation bzw. um gerechte Verteilung der Ressourcen nach Überwindung der Überraschungsmomente klare Konturen annehmen.

VII. Kapitel:

Rückkehr der „Tahrik Islami Taliban“
Afghanistan steuert auf eine Katastrophe ungeahnten Ausmaßes zu

7.1 Neue Positionierung der „engagierten Staaten“ in Afghanistan
Die umstrittene Anerkennung der Taliban-Administration als Verhandlungsmasse

7.2 Taliban von der bewaffneten Opposition zur Regierungsverantwortung
Hemmnisse und Widersprüche einer Gewaltherrschaft

7.3 Vielfältige Dimensionen des Widerstands am Hindukusch
Ein historisch bedingtes Phänomen am Kreuzweg der Kulturen

7.4 Afghanistan am Scheideweg der Geschichte
Balkanisierung oder angemessene Partizipation an Politik und Ressourcen

VII. Kapitel: Rückkehr der „Tahrik Islami Taliban"

Afghanistan steuert auf eine Katastrophe ungeahnten Ausmaßes zu

7.1 Neue Positionierung der „engagierten Staaten" in Afghanistan

Die umstrittene Anerkennung der Taliban-Administration als Verhandlungsmasse

Afghanistan im Bann der unterschiedlichen Interessen

Der unkoordinierte und rasche Abzug der USA aus Afghanistan stellte nicht nur die NATO-Partner der Vereinigten Staaten bzw. den Westen insgesamt vor vollendete Tatsachen, sondern zwang gleichzeitig zur Reorientierung der regionalen Mächte im Hinblick auf ihre Afghanistan-Strategie. Als Nachbarstaaten mussten die regionalen Mächte ihre Beziehungen zu den Taliban revidieren und trotz diverser Interessenlagen ihre Strategien aufeinander abstimmen. Denn der Rückzug der US-Militärkräfte vom Hindukusch hatte nach zwanzig Jahren ein politisches Vakuum hinterlassen, das nun zu füllen war. Das Land wurde, im Gegensatz zum Versprechen der Taliban, zum Tummelplatz des internationalen Islamismus. Die Machtübernahme der Taliban in Kabul stärkte in terroristischen Zirkeln die Gewissheit des Sieges in ihren jeweiligen Aktionsfeldern. Um sich mit dem Taliban-Regime als Nachbarn zurechtzufinden und eine Antwort auf die Gefährdung der nationalen Sicherheit zu finden, sahen sich die Staaten der Region daher gezwungen, ihre politischen Positionen und Strategien neu zu bestimmen.

Trotz aller Unterschiede in der Einschätzung der Taliban sind sich alle engagierten Staaten in einem Punkt einig: Keiner hat bislang, wenn auch aus unterschiedlichen Motiven, die Taliban-Regierung offiziell anerkannt, obwohl unterhalb der offiziellen Ebene diplomatische Kontakte mit den Taliban im Gange sind. Alle Staaten – auch Pakistan trotz aller Sympathie mit den Taliban – gehen sehr behutsam in der Frage der Anerkennung vor. Für die offizielle Anerkennung der Taliban werden unisono zwei Vorbedingungen vorgetragen:

- Bildung einer „inklusiven Regierung“ mit Partizipation aller Volksstämme des Landes und
- Gewährung bürgerlicher Freiheitsrechte, vor allem des Rechtes der Frauen auf Ausbildung und Arbeit.

Ihre dogmatische Interpretation der Scharia erlaubt es den Taliban nicht, diese Vorbedingungen zu erfüllen. Eine „inklusive Regierung“, deren Problematik im letzten Teil dieses Kapitels ausführlich erörtert wird, ist für die Taliban ein Tabuthema. Generell verweisen sie auf die Scharia, „die Gesamtheit aller religiösen und rechtlichen Normen, Mechanismen zur Normfindung und Interpretationsvorschriften des Islams“ (Rohe, 2011, 9), als Patentrezept für alle Probleme. Allerdings ist die Scharia im Laufe der Jahrhunderte von der „Ulema“, den islamischen Gelehrten, ganz unterschiedlich interpretiert worden. Heutzutage existieren in mehr als 50 islamischen Staaten genauso viele Ausprägungen der Scharia. Im Folgenden werden mit Blick auf die neu entstandene Situation die diversen Interessen und Strategien der in Afghanistan engagierten Staaten dargestellt. Ihr Einfluss auf die Geschicke Afghanistans vor allem in den letzten vier Jahrzehnten legt nahe, diese Frage im ersten Abschnitt dieses Kapitels ausführlich zu behandeln.

1 Positionierung der Vereinigten Staaten von Amerika

Neue Version der alten Strategie – Taliban als preiswerte Instrumente des Stellvertreterkrieges

Die Vereinigten Staaten von Amerika sind im Oktober 2001 mit den verbündeten NATO-Partnern in Afghanistan einmarschiert und haben am 31. August 2021 das Land „fluchtartig“ verlassen. Dabei hatten die NATO-Partner 20 Jahre unter dem De-facto-Kommando der USA am Hindukusch gegen „internationalen Terrorismus“ hart gekämpft, finanzielle Kosten übernommen und zahlreiche Opfer gebracht. Die NATO-Partner der USA waren von den terroristischen Anschlägen in New York und Washington am 11. September 2001 nicht weniger geschockt als die USA selbst. Deswegen wurde nach Artikel 5 des NATO-Vertrages vom April 1949 gehandelt. Dieser Artikel sieht vor, „dass ein bewaffneter Angriff gegen ein Mitglied oder mehrere Mitglieder als Angriff gegen alle gewertet werden soll und somit zu individueller oder kollektiver Selbstverteidigung gemäß Artikel 51 der UN-Charta berechtigt". In diesem Sinne stand auch Deutschland nach den Worten von Bundeskanzler Gerhard Schröder „uneingeschränkt solidarisch" zu den USA. (1) Der damalige Bundesverteidigungsminister Peter Struck fügte hinzu, dass „die Sicherheit der Bundesrepublik auch am Hindukusch verteidigt" werde. Dass nach zwanzig Jahren die USA ohne angemessene Konsultationen mit den Verbündeten das Land verließen und eine abweichende Meinung oder Kritik seitens der Verbündeten dazu nicht geäußert wurde, bestätigte erneut die Unterwürfigkeit der NATO-Partner gegenüber den USA. Sie werden auch die Strategie der USA nach dem Abzug mittragen.

Die USA hatten schon 2011 nach der Ermordung von Osama bin Laden den internationalen Terrorismus nicht mehr als Hauptziel der USA eingestuft. Aufgrund dieser Einschätzung kam das Abkommen der USA mit den Taliban zustande. Im Rahmen des Doha-Abkommens wurden die Taliban u. a. dazu verpflichtet, dass „vom afghanischen Territorium keine Bedrohung für die Sicherheit der USA oder deren Verbündete ausgeht". Es ist das Ergebnis von 18 Monaten Verhandlungen hinter verschlossenen Türen ohne Einbeziehung der NATO-Partner und ohne angemessene Konsultation mit der afghanischen Regierung. Dabei hatten die USA mit Afghanistan ein strategisches Abkommen zum Schutz des Landes geschlossen.

Der Abzug der US-Militärs stellte nicht unbedingt eine militärische Niederlage der USA dar. Es handelte sich eher um einen Niedergang des „imperialen Moralismus" der USA. Deswegen war es wohl zunächst eine „moralische Niederlage", verursacht durch hohe Kosten und den politischen Druck der US-Öffentlichkeit. Es war aber auch eine diplomatische Niederlage der USA, die vor Augen führte, dass es im Notfall auf Washington keinen Verlass gibt. Seitens der USA handelte es sich um einen klugen Schachzug, Afghanistan zu verlassen, aber ihre strategischen Ziele nicht aus dem Auge zu verlieren, denn durch gewisse Beziehungen mit den Taliban könnten diese Zielsetzungen preiswerter erreicht werden.

2001 präsentierten sich die USA im Rahmen des Konzeptes „full-spectrum dominance" als unipolare Macht, vor allem gegenüber dem internationalen Terrorismus. Der Status der USA hat sich inzwischen fundamental geändert.

Die globale Ordnung steht eindeutig an der Schwelle zur Multipolarität. Die USA befinden sich wirtschaftlich in starker Konkurrenz mit den neuen autozentrierten Staaten, ihre politische Führerschaft ist vielfach infrage gestellt und soziale Probleme sind gewachsen. Das Land muss sich auf aufsteigende Mächte von China und Indien über Russland und Indonesien bis Brasilien einstellen und sich mit den als „strategische Konkurrenten und ideologische Feinde" apostrophierten Kontrahenten auseinandersetzen. Aber die USA versuchen wie zuvor, mit Militärgewalt ihren ehemaligen Status als unipolare Macht zu erhalten. Deshalb unterhalten sie über 100 Militärstützpunkte im Ausland und sind derzeit in 80 Ländern an Militäroperationen beteiligt. (2) Der Kampf gegen Terrorismus hat aus der Sicht der USA an Bedeutung verloren, sie fokussieren sich nun stärker auf China und Russland.

Mit dem Abzug aus Afghanistan hat Washington aber nicht seine strategischen Ziele am Hindukusch aufgegeben. Die US-Administration verfolgt sie nun indirekt durch Pakistan und die arabischen Golfstaaten, zum Teil auch im direkten Kontakt mit den Taliban. Diese Alternative kostet die USA auf jeden Fall weniger als 50 Milliarden US-Dollar, die Summe der jährlichen Kosten für die Unterstützung der afghanischen Regierung unter Aschraf Ghani. Hinzu kommt, dass die USA zuvor auf die Kooperation bzw. auf das Wohlwollen der regionalen Staaten angewiesen waren. Nun sorgt das drohende Chaos in Afghanistan dafür, dass sich einige der regionalen Staaten wegen der Umstände am Hindukusch Sorgen machen, obwohl sie zunächst voller Schadenfreude waren.

Im Kontext dieser neuen Situation muss auch die veränderte Strategie der Nachbarstaaten Afghanistans eingeschätzt werden. Die USA agieren weiterhin im Rahmen des „Washingtoner Konzepts" im Verbund mit Pakistan und den arabischen Golfstaaten gegen Russland, den Iran, Indien und China – Staaten, die im Rahmen des „Moskauer Formats" handeln. Diese Positionen werden in folgenden Ausführungen präzisiert.

2 Strategie der russischen Föderation

Ein Spagat zwischen Schadenfreude und Besorgnis wegen Terrorismusgefahr

Der skandalöse Abzug der USA aus Afghanistan gab zunächst Anlass zur Schadenfreude in Moskau. Dieses Behagen wurde aber schnell dadurch getrübt, dass durch die Machtübernahme der Taliban-Milizen terroristische Gruppen am Hindukusch mehr Bewegungsspielraum erhielten. Darin sieht Moskau eine doppelte Gefahr für die Sicherheit Russlands: Zum einen können terroristische Gruppen im Kaukasus von der neuen Situation profitieren, zum anderen ist die Sicherheit der mittelasiatischen Republiken, vor allem Tadschikistans und Usbekistans, bedroht.

Nach der Machtübernahme der Taliban in Kabul stellte Zamir Kabulov, Russlands Sondergesandter für Afghanistan, noch fest: „Die Interessen der Taliban stimmen objektiv mit unseren überein." (3) Damit zielte Kabulov lediglich darauf, dass die Amerikaner sich zurückgezogen hatten. Als versierter Diplomat und Kenner der Geopolitik der Region verschwieg er die andere Hälfte der neuen Realität, nämlich die Gefahr des internationalen Terrorismus an den Grenzen der mittalasiatischen Republiken. Seine Aussage kann nur als Anbiederung des Kremls an die Taliban verstanden werden. Russland befürchtet schon seit langem, dass sich Djihadisten aus ihrer Kaukasusregion und den ehemaligen Sowjetrepubliken den Reihen von Terrorgruppen in Syrien, dem Irak, Pakistan und Afghanistan anschließen und dann mit neuen Fähigkeiten und Waffen nach Hause zurückkehren.

In der Kaukasusregion haben sich zwei militante Fraktionen gebildet: Das „Kaukasus-Emirat", das mit al-Qaidas Al-Nusra-Front in Syrien verbunden ist, und die „Kaukasus-Provinz des Islamischen Staates", die als ein Ableger des „Islamischen Staates" gilt. Verschiedene Schätzungen gehen davon aus, dass sich etwa 2400 bis 7000 Freiwillige aus Russland und Zentralasien diesen Terrorgruppen angeschlossen haben. (4) Was Russland am meisten bei der Machtübernahme der Taliban beunruhigte, war das Versagen der Taliban, die grundlegende Ordnung und staatliche Funktionsfähigkeit am Hindukusch zu gewährleisten. Für Moskau bestand die zentrale Herausforderung weniger im Umgang mit den Taliban als vielmehr in einer weiteren Destabilisierung, die über die Grenzen Afghanistans hinausgreifen und insbesondere Zentralasien erfassen könnte. Dass die regionale Stabilität für Russland unbestrittene Priorität in Bezug auf Afghanistan bleibt, steht außer Frage. Ekaterina Stepanovic, eine russische Expertin, vertritt die Ansicht, „theoretisch könnte Moskau überall mit einem islamistisch dominierten Regime leben", gibt aber gleichzeitig zu bedenken, „in der Praxis ist Moskaus Herangehensweise an die Macht der Taliban jedoch kaum abgeschlossen – sie ist pragmatisch und entwickelt sich weiter". (5)

In der Praxis wird Russlands Strategie davon abhängen, ob völlige Funktionsfähigkeit des Staates in Afghanistan sichergestellt ist und es den Taliban gelingen wird, die terroristischen Gruppen am Hindukusch im Zaum zu halten. Es ist kein Geheimnis, dass Taher Yeldash und sein Sohn Asis Yeldash, zwei bekannte usbekische Terroristen, in Afghanistan an der Grenze zu Usbekistan aktiv sind. Ebenso ist bekannt, dass Haji Forqan, Chef der „Islamischen Organisation Ostturkestans", und Mawlawi Ebrahim, Chef der „Tadschikistan Jamaati Ansarullah" und der „Islamischen Bewegung Usbekistans", sich unter dem Schirm der Taliban im Norden Afghanistans frei bewegen. Die Situation am Hindukusch spricht dafür, dass die Hoffnung Russlands, an der Südflanke ungestört zu bleiben, illusorisch ist. Daher wird Moskau weiter auf die „Bildung einer inklusiven Koalitionsregierung" insistieren. Zur Sicherheitskonferenz der Shanghai-Organisation am 16. September 2022 wurden die Taliban nicht eingeladen, obwohl Afghanistan einen Beobachterstatus genießt. Sie wurden jedoch ausdrücklich aufgefordert, eine „inklusive Regierung" zu bilden. (6) In diesem Zusammenhang erklärte der russische Außenminister Sergej Lawrow, dass an einer afghanischen Regierung nichtpaschtunische ethnische Gruppen wie Hazara, Usbeken und Tadschiken beteiligt werden sollten. Er betonte die Notwendigkeit einer diplomatischen Einigung zwischen den Taliban und der von Ahmad Massoud geführten Nationalen Widerstandsfront im Pandschir-Tal. (7) Auch Präsident Putin unterstrich die Sicherheitsbedenken Russlands: „Es ist wichtig, nicht zuzulassen, dass Terroristen (von Afghanistan) auf Nachbarländer übergreifen." (8) Es spricht allerdings einiges dafür, dass Moskau im Hinblick auf die Taliban noch keine konsequente Strategie entwickelt hat.

Im Kontext dieser komplexen Situation hat Moskau seine diplomatischen und sicherheitspolitischen Aktivitäten in den zentralasiatischen Republiken intensiviert. Oleg Syromolotow, der stellvertretende Außenminister, sagte, dass russisches Militär die Situation an der afghanisch-tadschikischen Grenze mit Hilfe elektronischer Systeme und Luftüberwachung unter Kontrolle habe. Zudem wurde der russische Stützpunkt in Tadschikistan an der Grenze zu Afghanistan mit neuen Waffensystemen aufgerüstet. (9) Die Gefahr des Terrorismus wurde Russland schon am 5. September 2022 in Kabul drastisch vor Augen geführt: Zwei Mitarbeiter der russischen Botschaft wurden getötet und elf weitere verletzt, als ein Selbstmordattentäter Sprengstoff in der Nähe des Eingangs der Botschaft zündete. (10)

Die außenpolitische Situation der zentralasiatischen Republiken ist komplex. Keines der zentralasiatischen Länder hat die russische Invasion der Ukraine verurteilt. In der Generalversammlung der Vereinten Nationen hielten sich diese Staaten zurück und blieben neutral. Sie wollten es sich mit Moskau nicht verderben, weil Russland ihre Sicherheit gegen die terroristische Gefahr aus Afghanistan garantiert. Für die Sicherheit sorgt der 2002 in Moskau gegründete Verteidigungspakt (Organisation für den Vertrag über die kollektive Sicherheit). Im Fall eines ausländischen Angriffs haben sich die Bündnispartner – wie im NATO-Bündnis – zum gegenseitigen Beistand verpflichtet. Im Rahmen des Verteidigungspakts unterhält Russland in einigen Mitgliedstaaten strategische Stützpunkte. In dieser geopolitisch wichtigen Region spielt China eine komplementäre Rolle: Während Moskau in der Sicherheitspolitik die Führungsrolle beansprucht, strebt China nach Dominanz im Bereich der Infrastruktur, insbesondere im Rahmen der Initiative „One Belt, One Road“. (11)

Im Hinblick auf die Taliban handelt Moskau in Absprache mit dem Iran, Indien und China. Ihre Konsultation bildet die Basis für Entscheidungen der Mitglieder des „Moskauer Formats“, das Russland, Indien, Iran, Kasachstan, Kirgisistan, China, Pakistan, Tadschikistan, Turkmenistan und Usbekistan umfasst. Im April 2017 fand die erste Konsultationsrunde statt. Die USA und ihre Verbündeten waren selbstverständlich ausgeschlossen. Das vierte Treffen des Formats fand am 16. November 2022 in der russischen Hauptstadt statt. Der Aufruf zur Neupositionierung kam von Zamir Nabiyevich Kabulov, dem Sonderbeauftragten des Präsidenten der Russischen Föderation für Afghanistan. (13) Es wurden folgende Punkte unterstrichen:

- Im Unterschied zu anderen Konsultationen wurden die Taliban nicht eingeladen. Das ist eine konsequente Position, weil die Taliban in der Vergangenheit die Forderung des Moskauer Formats nach Bildung einer inklusiven Regierung nicht in die Tat umgesetzt haben.
- Das Moskauer Format betonte, wie wichtig es sei, in Afghanistan eine „wirklich inklusive Regierung" zu bilden, die eine gerechte Partizipation der wichtigsten ethnischen Volksstämme Afghanistans widerspiegelt.
- Im Moskauer Format wird ausdrücklich auf die wirksame Bekämpfung des Terrorismus und der Drogengefahr hingewiesen, die von Afghanistan ausgeht. In diesem Kontext wurden die Taliban aufgefordert, derartige Gefahren zu beseitigen.
- Die Teilnehmer kamen überein, die regionalen Bemühungen zur Förderung der innerafghanischen nationalen Aussöhnung und zur Stärkung der Sicherheit und Stabilität in der Region unter der Schirmherrschaft des Moskauer Formats und anderer wirksamer Mechanismen weiter zu koordinieren. (14)

Das Moskauer Format machte deutlich, dass im Umgang mit den Taliban eine Polarisierung stattgefunden hat: Auf einer Seite stehen Russland, China, Indien und der Iran, auf der anderen Seite die USA mit Pakistan, Saudi-Arabien, Katar und den Vereinigten Arabischen Emiraten. Die folgenden Kapitel gehen auf diese Blockbildung ein.

3 China: Auf der Suche nach Lösung des gordischen Knotens

Zwischen der Realisierung wirtschaftlicher Interessen und militärischer Abstinenz

Laut chinesischen Staatsmedien markierte der Rückzug der USA aus Afghanistan „die letzte Dämmerung des Imperiums". Chinas Außenministerium erklärte, dass die Erfahrung des Krieges in Afghanistan Washington eine Lektion in „rücksichtslosen militärischen Abenteuern" erteilt habe. Und einige Kommentatoren in Peking behaupteten sogar, dass China erfolgreich sein werde, wo die Vereinigten Staaten versagt hätten (Jones,2021,5).

China hat reichlich Grund zur Sorge über die Situation in Afghanistan. Die dort aktiven Terrorgruppen könnten in Xinjiang, dem unruhigen Gebiet der

Uiguren in Westchina, einsickern und die Stabilität der Region gefährden. Die „Eastern Turkestan Islamic Movement" will dort einen uigurischen Staat errichten. Unter Führung von Abdul Hag operiert sie in Badachschan, der Provinz Afghanistans im Nordosten an der Grenze zu China. (15) In dieser abgelegenen Hochebene sind Militäroperationen nur unter größten Schwierigkeiten durchführbar. Die Terroristen der „Eastern Turkestan Islamic Movement" kooperieren hier mit einer Vielzahl von Djihad-Organisationen, darunter al-Qaida, „Jamaat Ansarullah" und „Jamaat al-Tawhid Wal-Djihad", die bisher in Pakistan stationiert waren. China ist bestrebt, durch Vermittlung Islamabads die Taliban dazu zu bewegen, gegen politische und wirtschaftliche Hilfeleistungen Chinas die Terrorangriffe dieser Gruppen zu unterbinden. Wie Zhao Huasheng, einer der besten Afghanistanexperten Chinas, kürzlich schrieb: „Die Sicherheit und Stabilität von Xinjiang sind in hohem Maße der Ausgangspunkt für Chinas Afghanistan-Politik." (16) Die Frage ist aber, ob die Taliban in der Lage sind, gegen uigurische Militante im Norden Afghanistans aktiv zu werden. Daneben ist Peking an den Mineralvorkommen Afghanistans interessiert, darunter Eisen, Kupfer und Lithium, und macht sich daran, nach Abzug der USA z. B. die Kupferminen von Ainak in der Provinz Logar auszubeuten. Von diesem Projekt versprechen sich die Taliban hohe Einnahmen, die sie angesichts der internationalen Sanktionen zum wirtschaftlichen Überleben benötigen. Darüber hinaus wird Peking versuchen, im Rahmen von „One Belt, One Road" und im Kontext des „Economic Corridor" mit Pakistan in die Infrastruktur Afghanistans zu investieren. Die Verwirklichung dieser Projekte hängt ohne Zweifel von der Stabilisierung der politischen Verhältnisse am Hindukusch ab. Allerdings bleiben die Aussichten dafür vorläufig trüb.

China gilt als einer der geopolitischen Gewinner der neuen Verhältnisse in Afghanistan. Doch hat ein Terroranschlag auf ein Hotel am 12. Dezember 2022 das diplomatische Verhältnis zwischen China und Kabul getrübt. China äußerte sich „schockiert" über diesen Vorfall, bei dem fünf seiner Bürger schwer verletzt wurden, (17) reduzierte die Zahl seiner diplomatischen Vertreter und Geschäftsleute in Kabul auf ein Minimum und forderte seine Staatsangehörigen auf, Afghanistan zu verlassen.

Es spricht einiges dafür, dass China ein militärisches Abenteuer am Hindukusch nicht riskieren wird. Seine Strategie setzt darauf, Ziele allein durch den Einsatz von „soft power" zu verwirklichen. Es ist auch höchst wahrscheinlich, dass China die bitteren Erfahrungen der imperialen Mächte, der Sowjetunion und der USA, in Afghanistan realistisch auswerten und das Risiko einer militärischen Intervention hoch veranschlagen wird. Unter diesen Bedingungen sieht sich China gezwungen, im „Moskauer Format" mit Russland, dem Iran und Indien zu kooperieren und gleichzeitig Pakistan als Verbündeten an sich zu binden.

4 Indien: ein Verlierer mit rationaler politischer Kalkulation

„Zangenpolitik" gegenüber Pakistan als Hauptstrategie

Der Einmarsch der Taliban in Kabul ging mit einer erheblichen Verschiebung der Geopolitik in Südasien einher. Insbesondere Indien wird angesichts der historischen Spannungen und Grenzstreitigkeiten mit Pakistan und China auf die Probe gestellt werden. Eine große Herausforderung zeichnet sich bereits in der Einstellung Pakistans ab, die Herrschaft der Taliban in Afghanistan im Sinne einer „strategischen Tiefe" gegenüber Indien willkommen zu heißen. (18)

Im Vergleich zu anderen Nachbarn Afghanistans kennt Indien die vorherrschenden Verhältnisse am Hindukusch sehr gut und richtet seine Afghanistan-Strategie ziemlich realistisch ein. Diese Ausrichtung der Außenpolitik Indiens basiert auf den historischen Erfahrungen der Kolonialzeit des britischen Imperiums. Schon im 19. Jahrhundert galt das Stammesgebiet zwischen Indien und Afghanistan als „trouble area". Teile der dort ansässigen paschtunischen Stämme ließen sich gegen angemessenes Entgelt für die Kampftruppen der britischen Imperialmacht rekrutieren. Zugleich aber hat sich dieses Gebiet im antibritischen Kampf als Hochburg der in Indien entstandenen Deobandi-Bewegung etabliert, die im Befreiungskampf eine wichtige Rolle spielte. Ihr Ziel war eine islamische Ordnung für den gesamten indischen Subkontinent nach Beseitigung der britischen Herrschaft. Sie geriet deswegen schon vor dem Zweiten Weltkrieg mit der bürgerlich-islamischen Bewegung der „Muslim League" unter Führung von Mohammad Ali Jinnah in

Konflikt. Im Gegensatz zu den panindischen Ideen der Deobandi-Bewegung führte die Politik der „Muslim League" zur Abtrennung von Pakistan, wobei die Kaschmir-Frage dauerhaft ungelöst blieb. Mit Unterstützung von Großbritannien entwickelte sich in Pakistan, das als islamischer Staat entstanden war, eine scheindemokratische Ordnung, die von der Armee beherrscht wurde.

Pakistan geriet nach dem Zweiten Weltkrieg in eine unversöhnliche Konfrontation mit Afghanistan, das Anspruch auf Teile des pakistanischen Territoriums erhob, die es im 19. Jahrhundert durch verschiedene Verträge mit dem britischen Imperium verloren hatte. Im Kontext dieser prekären Entwicklung trat Indien auf der politischen Bühne auf und unterstützte die territorialen Forderungen Afghanistans mit dem Ziel, den Erzfeind Pakistan „in die Zange nehmen" zu können. Die Unterstützung der afghanischen Regierungen – mit gewissen Schwankungen und ohne Rücksicht darauf, von wem und wie Afghanistan regiert wurde – war eine Konstante der indischen Außenpolitik und wurde bis zur Machtübernahme der Taliban 1996 kontinuierlich beibehalten. Unter strikter Anweisung Pakistans leiteten die Taliban eine antiindische Politik ein, indem sie antiindischen Terrororganisationen auf afghanischem Territorium freie Bewegung gewährten. Die Entführung eines Flugzeugs der Indian Airlines 1999 war ein klarer Hinweis auf die Unterstützung der antiindischen Terroristen seitens der Taliban. Die Entführer des Indian-Airlines-Fluges IC-814 hatten das Flugzeug in das damals von den Taliban kontrollierte Afghanistan gebracht und erpressten die Freilassung von drei Terroristen, die in Indien inhaftiert waren.

Nach dem Zusammenbruch des Taliban-Regimes 2001 unterstützte Indien die Kabuler Regierung konsequent mit dem Aufbau der Infrastruktur und des Gesundheitswesens. Darüber hinaus wurde Indien in den letzten zwei Jahrzehnten zu einem der bedeutendsten Spender Afghanistans, der Stipendien für afghanische Studenten vergab, Nahrungsmittelhilfe leistete und dabei half, das Stromnetz des Landes wiederherzustellen. Indien investierte in etwa 150 Projekten in Afghanistan ca. 2 Milliarden US-Dollar. (19) Aufgrund seiner früheren Erfahrungen mit der Taliban-Regierung hat Indien ernsthafte Befürchtungen, dass die antiindischen Terrorgruppen in Afghanistan wieder Fuß fassen. Zwei der wichtigsten militanten islamistischen Gruppen, die in

Kaschmir operieren, „Jaish-e-Muhammad“ und „Lashkar-e-Taiba“, haben historische Verbindungen zu den Taliban. Laut einem UN-Bericht sind zwischen 6000 und 6500 Mitglieder von Lashkar-e-Taiba und Jaish-e-Muhammad auf afghanischem Boden aktiv. (20)

In der islamischen Welt hat sich trotz der repressiven Maßnahmen der Modi-Regierung gegenüber Muslimen die Stimmung zugunsten Indiens verändert. Das Land unterhält heute eine starke Beziehung zu den islamischen Golfstaaten, wodurch sichergestellt ist, dass es nicht als Paria-Staat gesehen wird. Trotzdem ist die Sorge Indiens im Hinblick auf die Taliban berechtigt, denn die „neuen Taliban“ unterscheiden sich in ihrer religiösen Ausrichtung und ihrer Loyalität gegenüber Islamabad kaum von „alten Taliban“. Daher steht Indien vor der schwierigen Entscheidung, ob es die Taliban-Regierung anerkennen soll oder nicht. Indien versucht im Chor der Shanghai-Organisation und ebenso im Rahmen des Moskauer Formats mit Russland, dem Iran und China zu kooperieren. Darüber hinaus lässt die indische Regierung wie in der Vergangenheit die Tür für eine Unterstützung des Widerstandes am Hindukusch offen, um die Politik Islamabads konterkarieren zu können.

5 Die Machtübernahme der Taliban als Pyrrhussieg für Pakistan

Afghanistan als „ungenießbarer Bissen“ für das zerbrechliche Pakistan

Dass sich die Administration der Taliban für Pakistan als ein schwerwiegendes Problem herausstellen würde, war schon in politischen Kreisen bekannt. Amrullah Saleh, ehemaliger Chef des afghanischen Geheimdienstes und erster Stellvertreter des Präsidenten Ghani, der sich immer gegen die Unterstützung der Taliban durch das pakistanische Militär ausgesprochen hatte, twitterte im August 2012: „Afghanistan ist zu groß für Pakistan zu schlucken und zu groß auch für die Taliban. Afghanen lassen nicht zu, dass ihre Geschichte ein Kapitel über Demütigung und Verbeugung vor Terrorgruppen enthält.“ (20)

Im gesamten Prozess des imperialen Engagements der USA in Afghanistan spielte Pakistan eine doppelbödige Rolle: Islamabad hat einerseits „mit dem Wolf Fleisch gefressen“ und andererseits „mit dem Hirten geweint“. Islamabad erhielt allein im Laufe der letzten zwanzig Jahre für seine Dienste etwa

30 Milliarden Dollar von Washington und gewährte gleichzeitig den Milizen einen sicheren Hafen auf pakistanischem Territorium, rüstete sie aus und ermöglichte ihnen eine sichere Rückkehr nach Afghanistan. Mit etwa 2400 Kilometern besitzt Pakistan nicht nur die längste Grenze zu Afghanistan, auch aufgrund der engen ethnischen und kulturellen Beziehungen sowie seiner strategischen Interessen ist das Land in der Afghanistanfrage stets sehr engagiert gewesen. Infolge der Feindseligkeit mit Indien ist Pakistan an Afghanistan zur Sicherung „strategischer Tiefe" interessiert. In Pakistan wurde die Idee der strategischen Tiefe in den 1980er Jahren von der National Defense University entwickelt. Seitdem wurde dem pakistanischen Militär-Establishment wiederholt unterstellt, dass seine Afghanistan-Politik darauf abzielt, das Nachbarland zu kontrollieren. Dieser Ansatz wird vor allem im Zusammenhang mit dem Grenzkonflikt mit Indien als „strategische Tiefe" bezeichnet. Zudem sieht die Handelsbourgeoisie bzw. das pakistanische Industriekapital den Binnenstaat Afghanistan als einen guten Absatzmarkt für seine Produkte an, die oft von minderer Qualität sind. Und schließlich sieht Pakistan, in Übereinstimmung mit den arabischen Golfstaaten, Afghanistan als Sprungbrett in die mittelasiatischen Republiken.

Vor allem seit den achtziger Jahren, als Pakistan afghanische Mujahedin beherbergte, beansprucht Islamabad das Recht, bei der Bildung der Regierung in Kabul mitentscheiden zu können. Obwohl mit der Machtergreifung der Taliban dieses Ziel verwirklicht zu sein scheint, könnte sich die Strategie Islamabads bald als Pyrrhussieg erweisen. Denn die regionalen Rivalen Indien und Iran werden, wie schon in der Vergangenheit, auf jeden Fall ihre Bemühungen zur Eindämmung des Einflusses Islamabads auf Kabul intensivieren. Ferner spricht die systemimmanente Schwäche Pakistans gegen ein erfolgreiches Engagement in Afghanistan. Pakistan selbst leidet unter der Gefahr des Terrorismus im paschtunischen Stammesgebiet. Dieses Gebiet bezeichnete der pakistanische Autor Imtiaz Gul als „the most dangerous place". Gul berichtete, dass in diesem „gefährlichsten" Gebiet Gewalt und Fremdenhass in der Mentalität der dort ansässigen paschtunischen Stamme verankert sind (Gul, 2010, 37–42).

Pakistan ist eine Atommacht und gleichzeitig eine Brutstätte des internationalen Terrorismus, der letzten Endes eine existenzielle Gefährdung des Staates mit sich bringt. Es gibt mehr als vierzigtausend Madrasas, in denen Millionen Kinder, vor allem aus paschtunischen Stammesgebieten, mit Unterstützung großzügiger arabischer Spenden streng religiös im Sinne des Djihad indoktriniert werden. Der Einmarsch der Taliban in Kabul nährt die Hoffnung diverser terroristischer Gruppen, sich auch im politischen Umfeld Pakistans durchsetzen zu können. Folgende terroristische Gruppen sind dort aktiv: al-Qaida, Tahrik Taliban Pakistan, Islamischer Djihad, die Islamische Bewegung Turkestans, The Islamic Army of Great Britain, Brigade 313, Lashkari Islami und Lashkari Jhangavi (Imtiaz Gul, 2010, 47). Diese Organisationen haben zum Teil ihre Ausbildungsstätten nach Afghanistan verlagert. Auch die „Tahrik Taliban Pakistan" und das Haqqani-Netzwerk waren bis zur Machtübernahme in Kabul in Pakistan stationiert.

Anders als in Madrasas, in denen vorwiegend paschtunische Kinder aus dem Stammesgebiet aufgezogen werden, haben Kinder in den zwei anderen Provinzen, Punjab und Sindh, die Chance, sich in „Information Technology and Modern Science" auszubilden. Allein schon diese Dualität – traditionelle Madrasa und modernes Schulwesen – sorgt für soziale Spannung und liefert sogar Konfliktstoff für bewaffnete Auseinandersetzungen. Von besonderer Schwere ist der Konflikt in der Provinz Belutschistan mit den Herrschaften aus Punjab und Sindh, der aufgrund der separatistischen Bewegung der Belutschen, die mittelbar von Indien unterstützt wird, vorprogrammiert ist.

Die politische Instabilität in Pakistan ist ein strukturelles Problem, dessen Ende nicht abzusehen ist. Schon die Entstehungsgeschichte begründete den immerwährenden Konflikt mit Indien, der dreimal zum bewaffneten Kampf geführt hat. Der historische Rahmen erklärt den hohen Stellenwert des mächtigen Militärs als Staat im Staat, was seinerseits neben der starken politischen Zersplitterung stets dafür gesorgt hat, dass keine politische Partei eine volle Legislaturperiode von fünf Jahren regiert hat. Pakistan wurde über mehr als die Hälfte seines Bestehens vom Militär regiert, das sich viermal an die Macht geputscht hat.

Nach wochenlangen hitzigen Auseinandersetzungen wurde Imran Khan, Regierungschef in Islamabad und Vorsitzender der Partei der „Pakistan Tehreek-e-Insaf" (Pakistanische Bewegung für Gerechtigkeit), am 11. April 2022 durch ein Misstrauensvotum im Parlament gestürzt: 174 der insgesamt 342 Abgeordneten stimmten gegen ihn. An seiner Stelle wurde Shehbaz Sharif, Vorsitzender der „Pakistan Muslim League“, vom Parlament zum neuen Premier gewählt.

Der parteipolitische Machtwechsel in Islamabad wird kaum negative Auswirkungen auf die Beziehungen Pakistans zur Taliban-Administration haben. Denn trotz aller politischen Schwankungen in Pakistan vereint nahezu alle politischen Kräfte des Landes ebenso wie den Militärkomplex das gemeinsame Interesse, an Entscheidungen über das politische Schicksal Afghanistans beteiligt zu sein. Allerdings wird die politische und wirtschaftliche Krise in Pakistan die Beziehungen zu den Taliban nicht unberührt lassen. Aufgrund ihrer Unfähigkeit, einen Staat zu verwalten, sind die Taliban auf Rat und Tat Islamabads stark angewiesen. Allein die finanzielle Unterstützung seitens arabischer Golfstaaten wird die politische Situation in Afghanistan nicht stabilisieren können. Historische Erfahrungen sprechen allerdings dafür, dass einige Fraktionen der politischen Elite Afghanistans für eine gewisse Zeit von Fremdmächten instrumentalisiert werden können, ihre Hörigkeit jedoch auf Dauer brüchig sein wird. Ohnehin liefert die umstrittene Durand-Grenze zwischen Afghanistan und Pakistan reichlichen Konfliktstoff.

Neben Saudi-Arabien und den Vereinigten Arabischen Emiraten war Pakistan 1997 einer der drei Staaten, die die erste Taliban-Administration offiziell anerkannten. Doch wie die arabischen Golfstaaten und die USA zögert Islamabad jetzt, die Taliban formal anzuerkennen. Unterhalb der offiziellen Ebene hat Islamabad die Taliban de facto anerkannt und agiert auf internationaler Ebene als ihr Fürsprecher. Damit handelt Pakistan trotz eines gewissen Dissenses zu den USA im Sinne des „Washingtoner Konzeptes“, vernachlässigt aber seine Kontakte zu Russland und China ebenfalls nicht.

6 Der Iran auf der Suche nach einem Modus Vivendi mit den Taliban-Milizen

Die doppelte Strategie von Beschwichtigung und Abstandhaltung

Im Laufe der letzten 40 Jahre haben die Beziehungen der Islamischen Republik Iran zu Afghanistan große Veränderungen erfahren. Während der Besatzung Afghanistans durch die sowjetische Macht in den achtziger Jahren konzentrierte sich der Iran zunächst darauf, die am Hindukusch aktiven Organisationen der Schiiten zu unterstützen. Acht schiitische Gruppen, die im Iran stationiert waren, wurden unter Anleitung Teherans zur „Islamischen Einheitspartei“ mit dem legendären Abdul Ali Masari an der Spitze vereinigt. Nach dem Zusammenbruch des Kabuler Regimes 1992 und mit zunehmenden Feindseligkeiten zwischen den ehemaligen Mujahedin passte der Iran seine Haltung zur afghanischen Opposition an die neue Realität an. Seine Loyalität wechselte von religiöser Motivation zu kultureller Orientierung mit der Folge, dass Teheran dem Farsi-Sprachkreis zugehörige Parteien unterstützte, vor allem „Jamiati Islami Afghanistan“ unter Führung des Tadschiken Burhanuddin Rabbani.

Traditionell besaß der Iran stets besondere Beziehungen zu den nichtpaschtunischen Volkstämmen Afghanistans (darunter Tadschiken, Usbeken, Hazara, Turkmenen und Belutschen) und profitierte von der Tatsache, dass Dari – die afghanische Variante des Persischen – die Verkehrssprache dieser Volksstämme ist. Das hinderte jedoch Teheran keineswegs daran, auch mit Paschtunen gute Beziehungen zu pflegen. Offensichtlich ist der Iran in dieser Hinsicht flexibler als Pakistan, das im Wesentlichen nur mit den Paschtunen enge Beziehungen gepflegt hat, obwohl gerade die paschtunische Elite die Durand-Grenzlinie immer infrage gestellt hat.

Nachdem die Taliban im September 1998 die Hochburg der „Nordallianz“ in Masar-e Scharif gewaltsam eingenommen und dort zehn diplomatische Vertreter des Irans getötet hatten, wurde Teheran dazu bewogen, daraus politische Konsequenzen zu ziehen und Beziehungen zur paschtunischen Elite zu knüpfen. Nach dem Sturz der Taliban-Regierung und der Machtübernahme von Hamed Karzai 2001 schlug Teheran wieder einen neuen Kurs ein und gewährte trotz gewisser Skepsis über kulturelle Schwellen hinweg der Regierung in Kabul finanzielle Unterstützung. Motiviert wurde dieser Schritt auch durch die Rivalität mit Saudi-Arabien und das Interesse, Afghanistan nicht unter den Einfluss arabischer Staaten geraten zu lassen.

In der Zeit des militärischen Engagements der USA in Afghanistan zögerte die Führung des Irans nicht, Afghanistan als „besetztes Land“ zu bezeichnen.

Bedenken bezüglich amerikanischer Stützpunkte in der Nähe der iranischen Grenze (in Schindand und Herat) wurden von Teheran wiederholt öffentlich vorgetragen.

Die Hintergründe und Motive der iranischen Interessen gegenüber Afghanistan sind komplex. Beide Länder teilen eine knapp 1000 Kilometer lange Grenze, nach der pakistanischen die längste gemeinsame Grenze Afghanistans. Entsprechend groß sind Teherans Sicherheitsinteressen in Afghanistan. Das unstabile Nachbarland kann eine Fluchtwelle hervorbringen, die den Iran in Bedrängnis bringt. Als regionale Macht mit hegemonialem Anspruch besitzt der Iran großes Interesse daran, dass die USA, der „Erzfeind", im Osten des Landes nicht Fuß fassen kann. Auch darf der Zugang zu den mittelasiatischen Republiken nicht durch ungünstige Entwicklungen in Afghanistan beeinträchtigt werden.

Besonderes Augenmerk gilt der vom Chorasan-Terrornetz ausgehenden Gefahr. Diese Organisation ist ein Ableger des „Islamischen Staates", der die Schiiten als Ungläubige bezeichnet und brutal bekämpft. Teheran hat effektive Vorsorge getroffen, den „Islamischen Staat" auf afghanischem Boden wirksam bekämpfen zu können. Das wichtigste Instrument dafür ist eine paramilitärische Truppe, die Teheran bereits anderswo mit großer Wirkung gegen den Islamischen Staat eingesetzt hat. Mit Bataillonen schiitischer ausländischer Kämpfer hat der Iran in Syrien beeindruckende Erfolge erzielt. Viele dieser Rekruten kommen aus Afghanistan und Pakistan. Die afghanischen Kämpfer sind in der „Liwai Fatemiyoun" organisiert, einer Truppe von 10 000 bis 15 000 Mann mit Kampferfahrungen in Aleppo, Damaskus und Latakia (Clarke, 2020, 12). Es ist nicht ausgeschlossen, dass die „Liwai Fatemiyoun" auch in Afghanistan eingesetzt wird, wenn Teheran mit den Taliban keinen Modus Vivendi findet.

Obwohl Teheran in den letzten 20 Jahren versucht hat, mit den Regierungen von Karzai und Aschraf Ghani gute nachbarschaftliche Beziehungen zu knüpfen und dadurch zur Stabilisierung in Afghanistan beizutragen, wurden die Beziehungen zu den Taliban trotz aller Unstimmigkeiten nicht vernachlässigt. „Ähnlich wie die Vereinigten Staaten hat der Iran akzeptiert, dass die Anpassung bzw. Annäherung an die Taliban der einzige Weg sei, um sich mit einer Terrorgruppe zurechtzufinden" (Abedin, 2019, 23). Kamran Bokhari berichtet in „Foreign Affairs", dass „die Iraner irgendwann um 2005 angefangen haben, Verbindungen zu den Taliban zu kultivieren. Bis 2009 lieferte die Quds Force, der Auslandsoperationsarm der iranischen Elitetruppe, des Islamic Revolutionary Guard Corps (IRGC), Waffen an die Taliban-Aufständischen" (Bokhari, 2022, 11). Teheran arbeitete mit Taliban-Persönlichkeiten wie den ehemaligen Militärkommandeuren Mullah Abdul Qayyum Zakir und Mullah Ibrahim Sadr sowie mit Mullah Akhtar Muhammad Mansour zusammen. Mullah Mansour wurde 2016 bei einem US-Drohnenangriff getötet, kurz nachdem sein Fahrzeug aus dem Iran nach Pakistan gelangt war.

Zugleich verfügt der Iran aber über Druckmittel, die er gegen die Taliban einsetzen kann. Mitglieder der ehemaligen nichtpaschtunischen Elite haben im Iran Schutz gefunden, darunter vor allem Ismail Khan, der frühere Emir der westlichen Provinzen Afghanistans. Sie verpflichteten sich zur Zurückhaltung im bewaffneten Kampf gegen die Taliban. Im Fall einer Verschärfung der Spannungen zwischen Teheran und Kabul könnten sie jedoch aktiviert werden. Darüber hinaus pflegt der Iran gute Beziehungen mit Ahmad Massoud, dem Chef der „Nationalen Widerstandsfront Afghanistan". Ein Gespräch zwischen ihm und Amir Khan Mottaqi, dem geschäftsführenden Außenminister der Taliban, fand im Dezember 2021 in Teheran ohne Ergebnis statt. (23)

Über alle politischen Komplikationen zwischen Teheran und Kabul hinweg hat der Iran großes Interesse daran, bei der Frage der Wasserrechte am Helmand mit den Taliban eine angemessene Lösung zu finden. Im Juni 2022 forderte der iranische Außenminister Hossein Amir-Abdollahian in einem Telefongespräch mit Amir Khan Mottaqi eine ernsthafte Zusammenarbeit in dieser Frage, die trotz ihrer enormen langfristigen Relevanz noch nicht gelöst ist. (24)

Angesichts der Vielschichtigkeit der Beziehungen hat Teheran von einer Anerkennung der Taliban Abstand genommen. Seine Zustimmung zur Samarkand-Deklaration der Shanghaier Organisation und zum Moskauer Format impliziert zugleich eine Ablehnung des Washingtoner Konzepts.

7 Türkei: Überbewertung ihres Stellenwertes bei den Taliban

Im Sumpf des hegemonialen Konkurrenzkampfes

Die Türkei besitzt weit zurückreichende historische, politische und ethnische Beziehungen zu Afghanistan. Zu Beginn des 20. Jahrhunderts ließen sich politisch engagierte Afghanen von der „Bewegung der Jungtürken" inspirieren. In den zwanziger Jahren sah Amanullah Khan, der Reformkönig Afghanistans, in Mustafa Kemal Atatürk, dem Begründer der Republik Türkei, ein Vorbild für die Modernisierung von Wirtschaft und Gesellschaft. Die Anwesenheit turkstämmiger Völker begründete schon seit jeher für die Türkei ein besonderes Interesse an Afghanistan. Allerdings sind die politisch-ideologischen Differenzen zwischen den Taliban und der Türkei beträchtlich. Trotz der islamisch geprägten Plattform der AKP ist die Türkei laut Verfassung von 1982 eine „demokratische, laizistische, soziale und rechtsstaatliche Republik", während die Taliban ohne konkrete Vorstellungen nur von der „Herrschaft Gottes auf Erden" reden. Darüber hinaus „verbinden sich in der Türkei Elemente einer modernen Industrie- und Dienstleistungsgesellschaft mit einem ausgeprägten Nationalgefühl". (25)

Seit 2001 war das NATO-Mitglied Türkei mit etwa 500 Soldaten in Afghanistan präsent und übte sogar zeitweilig zusammen mit der Bundesrepublik Deutschland das Oberkommando über die ausländischen Streitkräfte aus. An der Schwelle des Abzugs der NATO aus Afghanistan war die Türkei stark daran interessiert, den Zuschlag für die Aufrechterhaltung der Sicherheit am Kabuler Flughafen zu erhalten. (26) Dabei hoffte Ankara zunächst auf politische Rückendeckung von Katar, seit 2011 Gastgeber der politischen Gespräche zwischen den Taliban und den USA mit guten Beziehungen zu den Taliban. Darüber hinaus rechnete die Türkei damit, von Islamabad politisch unterstützt zu werden und finanzielle Hilfeleistungen von den USA zu bekommen. Das Kalkül Ankaras ging jedoch in keiner Weise auf. Katar musste sich aufgrund des starken Einsatzes der Vereinigten Arabischen Emirate und Saudi-Arabiens zurückziehen, Pakistan nahm Partei für die Emirate und die USA hatten kein Vertrauen zum türkischen Vorhaben. Noch waren die USA empört über Ankaras Kauf der S-400-Systems von Russland. Letzten Endes setzten sich die Vereinigten Arabischen Emirate durch und übernahmen die Sicherheitsaufgaben an afghanischen Flughäfen. Diese Entscheidung, die auch für Flughäfen im Westen Afghanistans (Schindand und Herat) galt, verärgerte auf der anderen Seite den Iran, der in den Arabischen Emiraten Schützlinge der USA sieht.

Die Beziehungen der arabischen Staaten zur Türkei sind zwiespältig: Auf der einen Seite setzen sie darauf, dass die Türkei als sunnitischer Staat mit anderen arabischen Staaten gemeinsam gegen den schiitische Staat Iran Front macht. Andererseits sehen sie mit Skepsis die widersprüchliche Politik der Türkei im Hinblick auf die arabische Welt. Angesichts der ökonomischen Engpässe und internen politischen Spannungen versucht Erdogan behutsam, seine hegemonialen Bestrebungen, zu denen das Osmanische Reich ihn inspiriert hat, fortzuführen, ohne das Land über Gebühr zu strapazieren. Dabei kommt ihm die geostrategisch vorteilhafte Lage der Türkei an einem neuralgischen Schnittpunkt zwischen Asien und Europa zugute.

Im Kontext dieses Machtspiels ist die Doppelrolle der Türkei gegenüber den Taliban verständlich. Sie kooperiert mit den USA im Rahmen des Washingtoner Konzeptes und nimmt gleichzeitig als Beobachter teil an der Konferenz des Moskauer Formats. Die Taliban hat sie bisher nicht anerkannt.

8 Arabische Golfstaaten als Gönner des Fundamentalismus der Taliban-Clique

Afghanistan als Sprungbrett zu zentralasiatischen Republiken

Die Rückkehr der Taliban nach Kabul wurde im Nahen Osten in unterschiedlichen politischen Nuancen kommentiert, Ausdruck der Bruchlinien, welche die Politik der arabischen Golfstaaten kennzeichnen. Dahinter steht vor allem der Anspruch auf politische Führerschaft in der arabisch-islamischen Welt. Mohammed bin Salman, der mächtige Prinz von Saudi-Arabien, hat in seinem Streben nach Vorherrschaft auf drei Ebenen Rückschläge erlitten. Da ist zunächst die brutale Ermordung von Jamal Khashoggi am 2. Oktober 2018 im Konsulat von Saudi-Arabien in Istanbul, die nach Einschätzung des CIA auf das Konto von bin Salman selbst geht. Die Mordszene, inszeniert nach dem Drehbuch eines billigen Krimiromans, hat das politische Image des ambitionierten Kronprinzen stark ramponiert. Zweitens endete die militärische Invasion von Saudi-Arabien im Jemen 2015 in einem Fiasko. Und drittens hat sich der Versuch, Katar durch umfassende Sanktionen in die Knie zu zwingen, für Saudi-Arabien als Bumerang erwiesen, denn Katar kam aus dieser Blockade stärker als zuvor heraus. Während daraufhin die Vereinigten Arabischen Emirate auf Distanz zu Riad gingen, setzte Katar seinen eigenen Weg fort und intensivierte zum Ärger von Saudi-Arabien sogar seine diplomatischen Beziehungen zur Islamischen Republik Iran. Im Kontext dieser verfahrenen Situation reagierten diese drei arabischen Staaten auf die Machtübernahme der Taliban in Kabul unterschiedlich.

Saudi-Arabien und die Vereinigten Arabischen Emirate, die schon die erste Herrschaft der Taliban anerkannt hatten, waren diesmal zurückhaltend. Die Bedenken dieser totalitären Staaten hatten auch damit zu tun, dass sie selbst aufgrund der Missachtung von Menschenrechten unter Duck stehen und erst in jüngster Zeit vorsichtige Reformmaßnahmen einleiteten. Augenfällige Bekundungen von Sympathie mit dem brutalen Regime der Taliban wären in dieser Situation nicht angemessen gewesen. Im Gegensatz dazu intensivierte Katar unterhalb der Ebene offizieller Anerkennung die diplomatischen und humanitären Beziehungen mit der neuen Administration der Taliban.

Saudi-Arabien, dessen Beziehungen mit der ersten Herrschaft der Taliban aufgrund des Aufenthalts von Osama bin Laden in Afghanistan angespannt waren, agiert nun vorsichtig. Zusammen mit den Vereinigten Arabischen Emiraten versucht Saudi-Arabien aufgrund der Rivalität mit dem Iran, die alten Kontaktkanäle mit den Taliban wieder aktiver ins Spiel zu bringen. Hierbei bietet sich Islamabad als zuverlässiger Partner an. Katar hingegen kooperiert mit der Türkei im Streben um die Gunst der Taliban. Wie oben schon erwähnt wurde, gingen Doha und Ankara bei der Konkurrenz um die Kontrolle der afghanischen Flughäfen als Verlierer vom Platz. Aber der eigentliche Kampf um Einflussnahme in Afghanistan geht weiter.

Über Afghanistan hinaus agieren beim „Stierkampf" in der Region eigentlich drei Toreros als Hauptdarsteller der Szene: Saudi-Arabien, die Türkei und der Iran. Um ihre historischen Träume, die Rückkehr zur Glanzzeit ihrer alten Imperien, verwirklichen zu können, konkurrieren sie um die Ausweitung ihrer Einflusssphäre. Während Saudi-Arabien die Glanzzeiten des Imperiums der Umayyaden im 7. und 8. Jahrhundert vor Augen hat, sehnt sich die Türkei zurück nach der Größe des Osmanischen Reiches ab dem 13. Jahrhundert. Währenddessen kontempliert der Iran nostalgisch über die Blütezeit des Sassanidenreichs im Altertum.

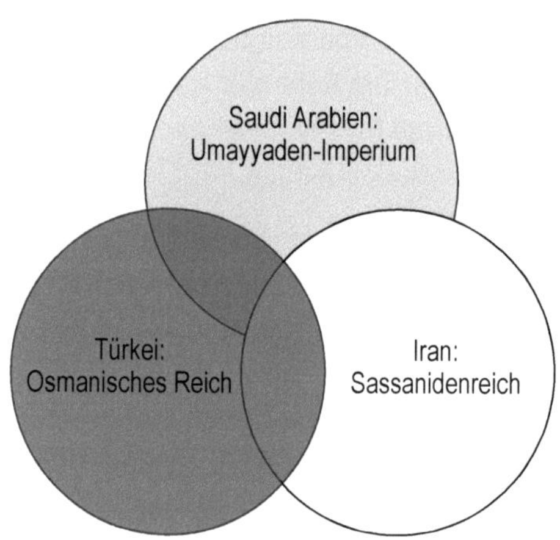

Die drei Staaten, die nun in regionaler Konkurrenz um die Ausweitung ihrer Machtsphäre mit harten Bandagen gegeneinander kämpfen, gingen unterschiedliche Entwicklungswege. Der Iran hat sich mit seinem theokratischen Regime trotz der strengen Sanktionen der USA und ihrer Verbündeten seit etwa 40 Jahren zu einer autarken und starken Militärmacht entwickelt, die ihre Schlagkraft im syrischen Bürgerkrieg, im Jemen und im Irak gegen die Vormachtstellung von Saudi-Arabien und die Türkei demonstriert hat. Auch die Türkei hat sich seit etwa zwanzig Jahren von einem peripheren Staat der westlichen Hemisphäre zu einem relativ autozentrierten Staat entwickelt, dessen industrielle Produkte mit den chinesischen Billigwaren in der gesamten Region stark konkurrieren. Ankara setzt eigene militärische Akzente von Syrien über den Nordirak bis Libyen. Auch Saudi-Arabien hat ein starkes Militärpotenzial aufgebaut und nutzt es für die Ausbreitung des „Wahhabismus", einer puristisch-traditionalistischen Richtung des militant-sunnitischen Islam. Darüber hinaus pflegt Saudi-Arabien gute Beziehungen mit Russland und intensiviert den Aufbau der wirtschaftlichen Beziehungen zu China. Zweifelsohne werden diese Staaten mit ihren unterschiedlichen Regimen im „Pokerspiel" in der Region künftig entscheidende Rollen spielen.

Zusammenfassend lassen sich die in Afghanistan engagierten Staaten zwei Gruppen mit unterschiedlichen Strategien zuordnen:

Das Washington-Konzept sieht die Taliban als preiswerte Stellvertreter und Instrument im Dienst der Strategien der USA, Pakistans und der arabischen Golfstaaten (Saudi-Arabien, die Vereinigten Arabischen Emirate und Katar). Bezüglich der drei wichtigen Fragen positioniert sich Washington wie folgt:

1) Bezüglich der offiziellen Anerkennung der Taliban taktiert Washington damit, bekannte Gesichter aus der ehemaligen Regierung Afghanistans, inklusive einiger Vertreter der nichtpaschtunischen Elite, an der Administration der Taliban zu beteiligen und diese neue Konstellation als inklusive Regierung zu bezeichnen.
2) Im Hinblick auf die Rechte der Frauen wird nach dem Washingtoner Konzept großer Wert darauf gelegt, dass die strengsten Verbote der Ausbildung, des Studiums und der Arbeit aufgehoben oder gelockert werden. Dahinter steht der Gedanke, dass mit der Lockerung der Verbote das Problem der Anerkennung gelöst werden kann.
3) Washington hat explizit jeder Art von Unterstützung des bewaffneten Widerstands am Hindukusch eine klare Absage erteilt.

Beim Moskauer Format sind folgende Positionen erkennbar:

1) Es plädiert für behutsame Beziehungen mit den Taliban, um die Gefahr des Überspringens des Terrorismus abwenden zu können, und ist unter gewissen Bedingungen bereit, die Taliban-Administration anzuerkennen. Diesbezüglich ist die Hauptbedingung die Bildung einer echten inklusiven Regierung, in der die Partizipation der nichtpaschtunischen Volksstämme sich deutlich abzeichnet.
2) Darüber hinaus koppelt das Moskauer Format die Frage der offiziellen Anerkennung an die Gewährung der Rechte der Frauen auf Schule, Studium und Arbeit. Diese Bedingungen, nämlich die Bildung einer inklusiven Regierung und die Einführung bürgerlicher Freiheiten, vor allem für Frauen, können die Taliban nicht erfüllen. So bleiben die Anhänger des Moskauer Formats gegenüber den Taliban ablehnend.

3) Sollten sich die Spannungen mit den Taliban verschärfen, ist es nicht ausgeschlossen, dass Mitglieder des Moskauer Formats den bewaffneten Kampf am Hindukusch gegen die Taliban in Afghanistan aktiv unterstützen.

Polarisierung der engagierten Staaten im Hinblick auf die Taliban-Administration

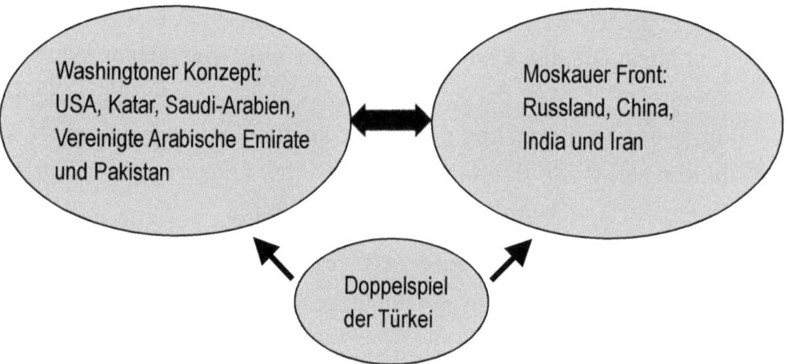

7.2 Taliban von der bewaffneten Opposition zur Regierungsverantwortung

Hemmnisse und Widersprüche einer Gewaltherrschaft

1 Zum Auftakt der Taliban-Administration

Allgemeine Entwicklung: Flucht, Verzweiflung und soziale Misere

Nach der Flucht von Präsident Ghani brach die Staatsordnung des Landes wie ein Kartenhaus zusammen. Die afghanische Armee wurde überwältigt und löste sich auf. Der Exodus der politischen Elite und die panische Flucht ehemaliger Mitarbeiter der internationalen Hilfsorganisationen dauern unvermindert an. Das Volk hat Angst vor den umherziehenden schwer bewaffneten Milizen, ebenso vor grundloser Untersuchung von Häusern, willkürlichen Warnschüssen und selbstgerechter Verurteilung zu barbarischen Strafen. Die freie Presse wurde verboten, Journalisten waren willkürlicher Verhaftung und schwerer Folterung ausgesetzt, Andersdenkende wurden zum Schweigen verurteilt. Vor allem wurden den unter patriarchalischen Verhältnissen leidenden Frauen die mühsam erlangten Rechte auf Arbeit, Schule und Studium wieder entzogen.

Unter der Gewaltherrschaft der Milizen wurden alle mit großen Opfern erlangten demokratischen Rechte durch die religiöse Radikalität und den primitiven Stammeskodex des „Paschtunwali" annulliert. Terrorismus ernährt sich von Brutalität, Gewalt, Brandstiftung, Raub und Anarchie. „Die Gewalt der Taliban ist das letzte Glied in einer langen Kette unmenschlicher Taten von Fanatikern und Fundamentalisten" (Gupta, 2021, 21).

Der Machtwechsel in Kabul kann in einem bestimmten Sinne als gravierender Wendepunkt in der leidvollen Geschichte am Hindukusch betrachtet werden. Denn nach etwa 20 Jahren Kampf um Freiheit und Gerechtigkeit schlitterte Afghanistan wieder in „finsteres Mittelalter" hinein. Trotz aller sozialen Misere gab die Entwicklung vor der Rückkehr der Taliban Anlass für einen Schimmer Hoffnung. Die junge Generation, die mehr als 60 % der Bevölkerung des Landes ausmacht, ist zum Teil gebildet, politisch interessiert, spricht English und diskutiert die sozioökonomischen Konflikte des Landes kompetent, ehrlich und offen.

Eine Gruppe von 70 renommierten Ökonomen aus der ganzen Welt schilderte am 10. August 2022 in einem Appell an den Präsidenten der Vereinigten Staaten von Amerika die Situation am Hindukusch folgendermaßen: „Die Taliban-Regierung hat schreckliche Dinge getan, einschließlich – aber nicht beschränkt auf – ihre entsetzliche Behandlung von Frauen und Mädchen und ethnischen Minderheiten." (1)

Die wirtschaftliche, politische und soziale Situation in Afghanistan ist in der Tat desaströs. Die Wirtschaft ist zusammengebrochen, die Arbeitslosigkeit unvorstellbar hoch, mehr als 60 Prozent der Bevölkerung sind auf Nahrungsmittelhilfe angewiesen. Die Hungersnot macht auch vor der ehemaligen Mittelschicht keinen Halt. Bis Ende des Jahres 2022 sinkt nach einer Prognose der Weltbank das BIP um 30 Prozent. (2) Nach ihren statistischen Daten betrug zum Wechselkurs von 2020 das BIP 20,8 Milliarden US-Dollar. Nach dem Machtwechsel im August 2021 dürfte das BIP des Landes um etwa 29 % gesunken sein. Wenn 2022 mit einer weiteren Senkung um 30 % gerechnet wird, wird das BIP Afghanistans 2022 insgesamt 10,77 Milliarden US-Dollar betragen. Das wäre seit 2008 der geringste Wert des BIP. Im Jahr 2008 belief er sich auf 10,11 Milliarden US-Dollar.

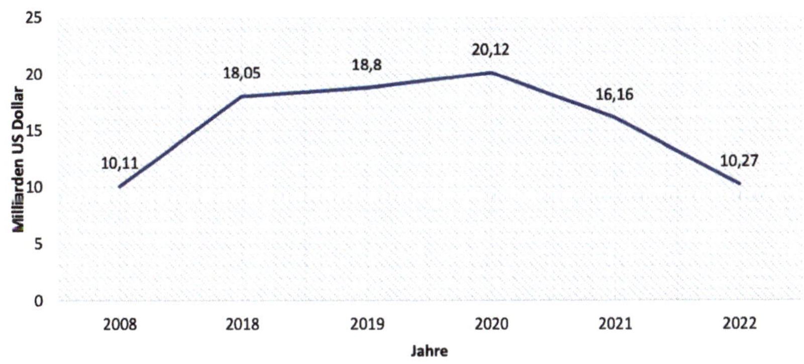

World Bank: GDP (current US$) - Afghanistan | Data (worldbank.org)

Diese Entwicklung birgt die Gefahr, dass die in den letzten zwei Jahrzehnten erzielten bescheidenen Entwicklungserfolge zunichte gemacht werden, was zur Verschärfung der Armut, verbreiteter Vertreibung, sozialer Fragilität und Zunahme extremistischer Bedrohungen in Afghanistan, der Region und in der Welt führen wird, berichtet die Weltbank. (3) Der wirtschaftliche Zusammenbruch wurde durch einen starken Rückgang internationaler Zuschüsse, den Verlust des Zugangs zu den ausländischen Vermögenswerten der Zentralbank, die Unterbrechung der internationalen Bankbeziehungen und einen Verlust des Vertrauens in Investitionen verursacht, so der Bericht der Weltbank. Unter den gegenwärtigen Bedingungen sind die Aussichten für die Wirtschaft Afghanistans mehr als düster. Die Weltbank stellt weiter fest, „da sich die internationale Hilfe auf die Unterstützung humanitärer Bedürfnisse und Grundversorgung beschränkt, dürfte die Wirtschaft im Laufe des Jahres 2022 weiter schrumpfen. Die Wirtschaft wird nicht schnell genug wachsen, um die Lebensgrundlagen der 600 000 Afghanen, die jedes Jahr das erwerbsfähige Alter erreichen, zu verbessern oder Chancen zu schaffen“. (4)

Das Internationale Komitee vom Roten Kreuz berichtete, dass seit 2021 bei Nahrungsmitteln in Afghanistan enorme Preissprünge beobachtet wurden.

Demnach ist seit Juni 2021 der Preis für Weizenmehl um bis zu 68 % gestiegen, Speiseöl um 55 %, Dünger um 107 % und Diesel um 93 %. Siebzig Prozent der afghanischen Haushalte sind nicht in der Lage, ihre Grundbedürfnisse zu befriedigen. Rund 22,8 Millionen Menschen – mehr als die Hälfte der Bevölkerung – sind akut betroffen. (5)

Eine derartige sozioökonomische Misere hat das Land sogar in den chaotischen Jahren der theokratischen Herrschaft 1992–2001 nicht erlebt. Sie prägt die Einstellung der Bevölkerung zum Taliban-Regime und liefert neben der politischen Unterdrückung weiteren Zündstoff für sozialen und politischen Widerstand.

2 Offene Rückkehr zur Herrschaft des paschtunischen Chauvinismus

Zur Odyssee der Herrschaftslegitimation

Mit der „April-Revolution" 1978 wurde zum ersten Mal die historische monarchistische Legitimation der paschtunischen Vorherrschaft durch die „Volksdemokratische Partei Afghanistan" herausgefordert. An ihre Stelle trat die Legitimation durch die Macht des Volkes in kommunistischem Verständnis. Dieses System wurde 1992 durch eine Theokratie ersetzt, die Legitimation der Macht als Gottes Herrschaft auf Erden. Die Theokratie der Taliban führte dazu, dass Afghanistan zum Tummelplatz internationaler Terroristen wurde, was schließlich in den Terroranschlägen in New York und Washington im September 2001 gipfelte. Die massive Antwort der USA und ihrer Verbündeten bereitete der theokratischen Herrschaft der Taliban ein Ende. Als Nebenprodukt des Kampfes gegen den internationalen Terrorismus entstand im Namen der Demokratie eine Anokratie der „neuen Oligarchie" in Afghanistan. Nationenbildung in Abwesenheit einer von der Breite der Gesellschaft getragenen Entwicklungsstrategie und in Abhängigkeit von ausländischen Mächten musste jedoch erfolglos bleiben. Neoliberale Konzepte spielten allenfalls der imperialen Strategie der USA in die Hände und ließen einen abhängigen und zerbrechlichen Staat der Peripherie entstehen. Letzten Endes führte der Verrat der politischen Elite unter Leitung von Aschraf Ghani zum Sturz des pseudodemokratischen Regimes. Mit aktivem Beistand Pakistans kehrten die Taliban an die Macht zurück.

Die Taliban praktizieren seither paschtunischen Chauvinismus im Vielvölkerstaat Afghanistan, kaschiert als Herrschaft Gottes. Hinter ihrer theokratisch gefärbten monoethnischen Gewaltherrschaft steht der traditionelle Anspruch der paschtunischen Machtelite, im Vielvölkerstaat Afghanistan das „Herrenvolk" zu repräsentieren. Damit ist allerdings die Fortsetzung der wechselvollen Odyssee auf dem Weg politischer Legitimation quasi vorprogrammiert. Der Widerstand der nichtpaschtunischen Volksstämme im Ringen um politische Partizipation, gerechte Verteilung der Ressourcen und Wahrung ihrer Identität, Sprache und Kultur wird sich nach der Schockwelle der Machtübernahme erneut formieren. Der Monopolanspruch im Verein mit Konzeptlosigkeit und mangelnder Regierungsfähigkeit wird das Land nicht zur Ruhe kommen lassen. Als Produkt bewaffneten Kampfes sind die Taliban nicht in der Lage, mit anderen Volksstämmen des Landes einen Modus Vivendi zu finden. Aufgrund ihrer Herkunft sind sie politisch ignorant, religiös dogmatisch, sozial primitiv und gesellschaftspolitisch reaktionär.

Schematische Darstellung der Odyssee des Landes am Hindukusch

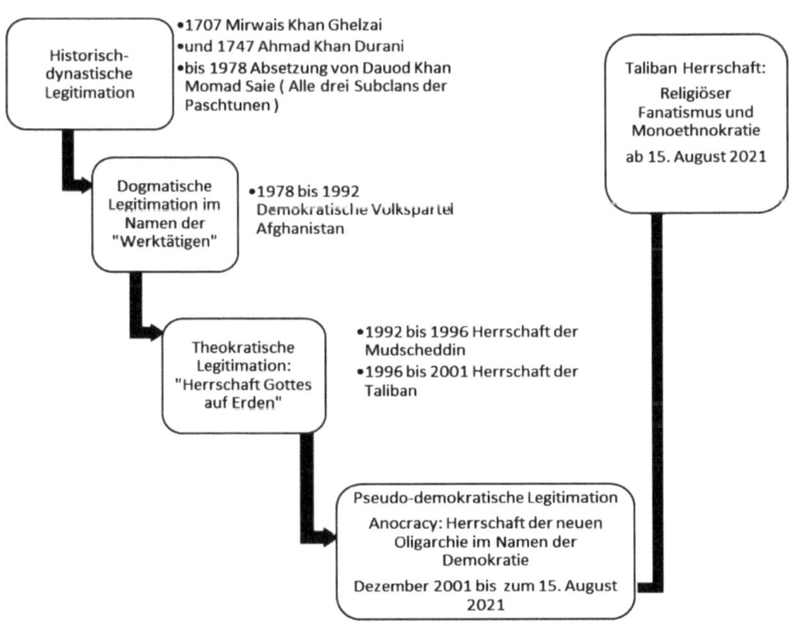

Die Regierung der Taliban ist mit einer Reihe schwerwiegender Hemmnisse und Widersprüche konfrontiert. Die wichtigsten Probleme werden in den folgenden Abschnitten analysiert.

3 Facettenreiche Rivalitäten innerhalb der Taliban-Milizen

Rivalitäten innerhalb der Taliban lassen sich auf drei Ebenen erkennen. Diese werden im Folgenden analysiert.

3.1 Historische Animosität zwischen den paschtunischen Subclans

Zwischen den Durani und Ghilzai, zwei Subclans der Paschtunen, gab es schon immer Rivalitäten. Der Durani-Clan bestellte von 1747 bis 1979 die Könige Afghanistans, der Ghilzai-Clan musste ihm traditionell den Vortritt lassen. Diese Rivalitäten wurden bereits in den Kapiteln 5 und 6 im Einzelnen beschrieben. In diesem Abschnitt werden die Rivalitäten im Kontext der Taliban-Administration dargestellt.

Schon am Vorabend der Machtübernahme der Taliban versuchte das Palast-Trio, die Haqqani-Gruppe (Ghilzai-Subclan der Paschtunen), die bereits die Hauptstadt umzingelt hatte, dazu zu bewegen, rasch einzumarschieren. In mehrmaligen Telefonaten mit Sarajuddin Haqqani, dem Anführer der Haqqani-Gruppe, versuchte Moheb, Ghanis nationaler Sicherheitsberater, Arrangements zu treffen, die Mullah Abdul Ghani Barader, den De-facto-Anführer der im Durani-Subclan verankerten Fraktion der Taliban, vor vollendete Tatsachen gestellt hätten. Im Gegensatz zum Vorhaben des Palast-Trios, das sich für die Haqqani-Fraktion eingesetzt hatte, versuchte Hamed Karzai noch, den in Doha weilenden Mullah Barader zu motivieren, die Kandahari-Fraktion der Taliban möglichst schnell auf den Marsch nach Kabul zu schicken. Das Blatt hatte sich jedoch bereits zu Gunsten der Haqqani-Fraktion gewendet, die Hauptstadt bzw. der „Palast" in Kabul war schon unter ihrer Kontrolle.

Bei der Bildung der Interimsverwaltung spitzte sich der Konflikt zwischen den Clans weiter zu. Sarajuddin Haqqani übernahm mit dem Innenministerium ein Schlüsselministerium. Mullah Barader hingegen, der als Ministerpräsident favorisiert war, wurde lediglich dritter Stellvertreter des Ministerpräsidenten, was einer Degradierung gleichkam. Bei der spannungsgeladenen Diskussion über die personelle Besetzung soll es zu Gewaltanwendung gekommen sein, die nur durch intensive Vermittlung des pakistanischen Geheimdienstes ISI beigelegt wurde. Diese Bruchlinie wird für weitere Konflikte sorgen, denn die zwei Fraktionen unterscheiden sich in vielfältiger Weise sowohl in ihrer langfristigen Strategie als auch in ihrer Loyalität zu Pakistan voneinander. Ein kurzer Blick auf die Biografien der beiden Hauptkontrahenten, Haqqani und Barader, verdeutlicht die Diskrepanzen.

Sarajuddin Haqqani ist der Anführer der mächtigen „Haqqani-Gruppe“, einer Terrortruppe, die schon Anfang des 21. Jahrhunderts von Jalaluddin Haqqani in Nordwasiristan, dem pakistanischen Stammesgebiet an der Grenze zu Afghanistan, gegründet wurde. Nach dem Ableben von Jalaluddin Haqqani 2014 avancierte nach der patrilinearen Tradition der Paschtunen Sarajuddin Haqqani, sein ältester Sohn, zur Spitze der Organisation. Er wurde 1979 geboren und zunächst von seinem Vater zu Hause unterrichtet, bevor er sich 1984 im Alter von fünf Jahren an der „Anjuman Ulum al-Qur'an“, einer Madrasa in Khyber Pakhtunkhwa, einschrieb. (6) Auf sein Konto gehen einige tödliche Terroranschläge in Afghanistan. So hat er zugegeben, den Angriff vom 14. Januar 2008 auf das Serena-Hotel in Kabul geplant zu haben, bei dem sechs Menschen getötet wurden, darunter der amerikanische Staatsbürger Thor David Hesla. Haqqani gestand zudem, dass das versuchte Attentat im April 2008 auf Hamed Karzai auf sein Konto geht. Seine Terrorgruppe wurde von Koalitionsstreitkräften beschuldigt, Ende Dezember 2008 in Kabul einen Bombenanschlag auf eine Kaserne in der Nähe einer Grundschule durchgeführt zu haben, bei dem mehrere Schulkinder, ein afghanischer Soldat und ein Wachmann getötet wurden. (7) Im März 2010 wurde er Führungsmitglied der „Quetta Schora“ der Taliban. Er ist ein gesuchter internationaler Terrorist. Das FBI bot 10 Millionen US-Dollar für Informationen, die direkt zur Verhaftung von Sarajuddin Haqqani führen. (8)

Als Innenminister der provisorischen Regierung ist Haqqani ein mächtiger Spieler im afghanischen Poker. Er gibt Interviews, prahlt mit „erfolgreichen Terroranschlägen“ und diffamiert die USA. Die US-Administration überhört alle Verleumdungen und macht den Eindruck, als ob sich der Terrorist von gestern in einen akzeptablen Akteur von heute verwandelt habe. Dabei ist die Haqqani-Gruppe eine radikalislamistische Bande, deren Kader hauptsächlich Absolventen der Akura-Khatak-Madrasa sind, einer religiösen Einrichtung in Pakistan, die als Kaderschmiede von Terroristen bekannt ist. Sie ist eine Fortsetzung der 1866 in Indien gegründeten antikolonial ausgerichteten Deobandi-Madrasa (Kamran, 2016, 139) und steht in der Tradition des

Sufi-Reformers Schah Waliullah Dehlawi, der in engem Kontakt mit Mohammad Ibn Abdul Wahab, dem Gründer des Wahhabismus, stand. Nach der Gründung Pakistans 1947 setzte sich die radikale Tradition der Deobandi-Madrasa fort, unterstützt durch großzügige finanzielle Zuwendungen aus den wahhabitisch geprägten Golfstaaten.

Diese von der Elite der Ghilzai geführte Haqqani-Gruppe ist eine von der „Islamischen Bewegung der Taliban“ unabhängige Organisation. Die „Islamische Bewegung der Taliban“ wird vom Durani-Subclan dominiert und de facto von Mullah Abdul Ghani Barader geleitet. Nach der Vertreibung der Taliban aus Afghanistan 2001 gelang es Barader, in Quetta die Milizen zu erneuern und den dort ansässigen „Quetta Schora“ als Zentralorgan der Taliban zu etablieren.

Mullah Barader wurde 1968 im Dehrawud-Distrikt der Provinz Urusgan im Süden Afghanistans geboren. (9) Er ist Schwager von Mullah Omar, dem ersten „Amir al-Muminin“ der Taliban und einem der Gründer der Taliban-Bewegung (Keeble, 2019, 105). Wie Hamed Karzai ist Mullah Barader Mitglied des Popalzai-Subclans der Durani, was die gute Beziehung zwischen den beiden begründet. Er ist der eigentliche politische Chef der Taliban, der im Ruf steht, sowohl ein fähiger Militärführer als auch ein subtiler politischer Akteur zu sein. Während des Exils galt er auch als relativ unabhängig vom ISI und am zugänglichsten für politische Kontakte mit Kabul. (10) Es ist bezeichnend, dass er 2010 vom ISI in der südpakistanischen Stadt Karatschi verhaftet und erst durch die Vermittlung der Trump-Administration 2018 auf freien Fuß gesetzt wurde, um als „gemäßigtes Mitglied“ der Taliban in Doha über eine politische Lösung des Afghanistan-Konfliktes zu verhandeln.

Die unterschiedliche Herkunft der beiden Flügel der Taliban ließ nach dem Einmarsch der Taliban in Kabul einen scharfen interne Konflikt entstehen. Die Kandahari-Fraktion unter Führung von Mullah Barader, die in Doha die „politische Lösung“ verhandelt hatte, wird in erster Linie von den USA, Katar und den Arabischen Emiraten unterstützt, während die Haqqani-Fraktion der Favorit Pakistans ist. Diese Parteinahme reflektiert den Konflikt um „Paschtunistan“, der nach der Gründung Pakistans zwischen Islamabad und der von Durani dominierten Regierung in Kabul schwelte. Mit Haqqani kann

Pakistan daher seine Beziehungen mit weniger belastender Vorgeschichte gestalten als mit Mullah Barader. Der Streit zwischen Haqqani und Barader ist inzwischen so heftig, dass keine gemeinsame Sitzung im Kabinett stattfindet. Auch gemeinsame Gebete im Palast finden nicht mehr statt. Das gegenseitige Misstrauen geht so weit, dass sogar die Anteile der beiden Fraktionen an der bewaffneten Garde im Palast streng kontrolliert werden, damit keine Seite der bewaffneten Milizen die Oberhand gewinnen kann.

3.2 Generationsbedingter Konflikt zwischen „alter Garde" und lokalen Kommandeuren

Eine weitere Konfliktebene betrifft die „alte Garde", die in der Zentrale die Strategie bestimmt, und die „jungen Kommandeure", die an der Front gekämpft und militärische Entscheidungen getroffen haben. Diese Jungkommandeure wurden im Großen und Ganzen direkt in der Haqqani-Madrasa rekrutiert und nach einer kurzen Ausbildung durch den ISI an die Front nach Afghanistan geschickt. Sie waren für die Taktik des Djihad zuständig und handelten zum Teil operativ nach eigener Entscheidung. Sie gingen in den Djihad mit der religiösen Überzeugung, dass der Djihad der direkte Weg zum versprochenen Paradies sei.

Das **Paradies** (arabisch جنت الفردوس) ist nach islamischer Vorstellung der Ort, an dem die Menschen (Adam und Eva) zu Anfang der Schöpfung durch Allah gelebt haben, bis sie wegen ihres Sündenfalls daraus verbannt wurden. Im Koran hat das Paradies acht Namen. (11) Nach der islamischen Lehre kommen die gottgefälligen Muslime nach dem Tode direkt ins Himmelsreich, der Djihad ist der sichere Weg dorthin. In ihren Predigten preisen Mullahs das Paradies mit dieser Charakterisierung an: „In diesem Garten steht seinen Bewohnern alles kostenlos zur Verfügung. Im Himmel ist alles schön. Rotwein fließt in den Bächen und kühle Quellen halten den Weißwein für Gottes Diener kalt. Himmlische Jungfrauen – die auf Arabisch Huren heißen – laufen in Seidenkleidern herum, die mit wunderschönen Blumen und Drahtarmreifen geschmückt sind, und warten mit Armen voller Zuneigung, sexueller Lust und Vergnügen darauf, dass himmlische Männer sie zum Dienst rufen. Nach dem Geschlechtsverkehr werden die Huren wieder zu Jungfrauen." Diese Beschreibung des Paradieses ist gedeckt durch zahlreiche Ayat und Hadithe (Sprüche des Koran und Mohammeds). (12)

Schon zur Zeit des Propheten im 6. Jahrhundert wurden Araber mit derartigen Versprechungen rekrutiert. Die Arabische Halbinsel war eine trostlose Wüste, deren Bewohner von spärlichem Handelsverkehr mit den byzantinischen und sassanidischen Imperien lebten. Flüsse und Bewässerungslandwirtschaft kamen in dieser Landschaft nicht vor. Die Darstellung des Paradieses als üppigen Gartens war daher ein verlockender Anreiz, um Wüstenbewohner für den Djihad anzuwerben. Auch heute werden im arabischen Raum die Kinder der Unterprivilegierten als Djihadisten rekrutiert, während die Kinder wohlhabender Schichten über Mittel zur Erfüllung ihrer Wünsche in der diesseitigen Welt verfügen und kaum für Djihad-Abenteuer anfällig sind. Die Verlockungen des Versprechens, per Djihad direkt ins Paradies zu gelangen, sind bei den armen und elternlosen Kindern in den Flüchtlingslagern Pakistans nicht weniger wirksam. Für sie ist Märtyrertum der direkte und kürzeste Weg dorthin.

Nach der Machtübernahme der Taliban in Kabul verlagerte sich für die alte Garde das Hauptgewicht des Djihad auf die administrativ-politische Ebene, um die Macht zu stabilisieren bzw. aufrechtzuerhalten. Im Gegensatz zur alten Garde verharren die Jungkommandeure im Glauben an die dogmatische Lehre der Madrasa, wonach das Martyrium des Djihad der Königsweg zum Paradies und zu ewigem Leben mit Wein, Milch und Honig ist. Für diese Kommandeure, denen im hiesigen Leben der Genuss von „Huren, Wein, Milch und Honig" versagt war, kommt die Schwerpunktverlagerung auf Politik und Verwaltung einem religiösen Verrat gleich. Sie sind daher entschlossen, den Djihad gegen das „afghanische Volk", das sich zu etwa 99 Prozent zum gemäßigten Islam bekennt, zu wenden. Trotz der offiziellen Amnestie verfolgen sie daher gnadenlos die Bevölkerung, verhaften und töten die „Feinde des Djihad" nach eigenem Gutdünken. Ihre Aktionen stehen im Widerspruch zu den Ansichten der alten Garde. Auch die Auseinandersetzungen an den Grenzen zu Usbekistan, dem Iran und selbst Pakistan gehen auf ihre Kosten. Sie werden eine ganze Weile noch das Sorgenkind der Taliban bleiben.

3.3 Durch ethnische Säuberung ausgelöster Konflikt zwischen paschtunischen und nichtpaschtunischen Kommandeuren

Die dritte Ebene des internen Konflikts der Taliban kommt in der interethnischen Struktur der Taliban zum Ausdruck. In den letzten 20 Jahren haben die zunächst nur im paschtunischen Milieu verankerten Taliban versucht, einige Djihadisten unter den ethnischen Tadschiken, Hazara und Usbeken zu rekrutieren, was in einem sehr begrenzten Umfang gelungen ist. Unmittelbar nach der Machtübernahme der Milizen haben die nichtpaschtunischen Kommandeure zu ihrer Überraschung schmerzhafte Erfahrungen gemacht. Sie haben im eigenen Einsatzgebiet beobachten und zum Teil dabei assistieren müssen, wie nichtpaschtunische Einwohner ethnisch motivierter Säuberung, willkürlicher Verfolgung und brutaler Schikanierung unterworfen wurden. Gleichzeitig wurden viele Paschtunen, zum Teil aus Pakistan (Nordwasiristan), in den Dörfern der afghanischen Provinzen Daikundi, Bamyan, Badachschan und Sarepol angesiedelt, aus denen vorher nichtpaschtunische Einwohner vertrieben worden waren. Die ethnisch motivierte Siedlungspolitik ist ein Instrument der Taliban, das die Dominanz der Paschtunen am Hindukusch stabilisieren soll.

Diese Politik steht im krassen Widerspruch zur Propaganda der Bewegung, die eine Islamisierung der Gesellschaft, in der alle Muslime unabhängig von ihrer Stammeszugehörigkeit gleich behandelt werden, propagiert. Die in der Realität erfahrene Diskriminierung führte unter den Kommandeuren in den Milizen der Tadschiken, Hazara und Usbeken zu Protesten, die von Befehlsverweigerung bis hin zum offenen Widerstand reichten. Statt einen Konsens zu suchen, was allerdings dem Wesen der Führung der Taliban fremd ist, griff die Führung hart durch. Einige Kommandeure wurden entmachtet, andere von Schlüsselpositionen entfernt oder sogar liquidiert.

Im Folgenden werden drei Fälle geschildert, in denen sich Kommandeure der Tadschiken, Usbeken und Hazara gegen die Unterdrückung ihrer Stammesgenossen zur Wehr gesetzt haben.

Der Tadschike Hamid Chorasani kämpfte mit den Taliban im Pandschir-Tal gegen US-Militär. Die Kabuler Regierung verfolgte ihn damals wegen verschiedener Terroranschläge. (13) Nach der Machtübernahme der Taliban wurde er als „Sicherheitschef" in der Provinz Pandschir eingesetzt. (14) Als er selbst erlebt hatte, dass die Bevölkerung von Pandschir willkürlichen Verhaftungen und Schikanen ausgesetzt war, wendete er sich in einem Videoclip offiziell an die Führung der Taliban mit diesen Worten: „Geehrte Führer, ich bin ein aufrichtiger Mujahed. Warum werden wir schikaniert und verfolgt? Warum werden wir durch die Helmand-Mujahedin (Paschtunen) ungerecht behandelt? Ist dies eine Stammesordnung oder eine islamische Regierung?" (15) Chorasani wurde stillschweigend durch Atiqullah Sediqi ersetzt. Es ist auffallend, dass danach mehrere lokale Kommandeure im Pandschir-Tal von den Taliban unter dem Vorwurf der Zusammenarbeit mit der Nationalen Widerstandsfront festgenommen und ins Gefängnis geworfen wurden. (16)

Am 14. Juni 2022 kam es in der Provinz Faryab im Norden des Landes zu einem Zusammenstoß zwischen Qari Ehsanullah Tofan, dem usbekischen Kommandeur der Taliban, und Mullah Mansur Javid, einem paschtunischen Taliban. Javid wollte Tofan entwaffnen bzw. verhaften. Daraufhin verschärften sich die ethnischen Spannungen unter den Taliban, was Qari Salah Uddin Ayubi, einen anderen Usbeken-Kommandeur, dazu veranlasste, seine Unterstützung für Qari Ehsanullah Tofan zu erklären. Aufgrund des Konflikts in Faryab gab die Taliban-Führung in Kabul dem stellvertretenden Verteidigungsminister, Mullah Fazil, die Anweisung, Qari Ehsanullah Tofan und Qari Salah Uddin Ayubi zu verhaften und nach Kabul zu überführen. Mullah Fazil scheiterte jedoch bei der Operation und kehrte schließlich mit leeren Händen nach Kabul zurück. (17)

In Balkhab, einem Distrikt der Provinz Sarepol im Norden Afghanistans, herrschten über Wochen Spannungen zwischen Paschtunen- und Hazara-Taliban. Vergeblich wurde versucht, den Mawlawi Mehdi Mujahed, einen Hazara-Kommandeur, nach Kabul zu locken, um ihn wegen seiner Beschwerde über ungerechte Behandlung der Hazara in Balkhab zur Rechenschaft zu ziehen. Zuvor hatte der Zusammenstoß zwischen Mawlawi Mehdi Mujahed und Mawlawi Ataollah, dem Gouverneur des Distrikts Balkhab, zehn Tote und Verwundete hinterlassen. Nach diesem Konflikt stellte Mawlawi Mehdi Mujahed eigenmächtig Ali Hassan Hakimi als Bezirksgouverneur von Balkhab vor. Als Reaktion auf diese Entscheidung veröffentlichte der Taliban-Sicherheitskommandeur in der Provinz Sarepol einen Newsletter, in dem er die Einführung von Ali Hassan Hakimi als Gouverneur des Distrikts Balkhab als illegal und Mawlawi Mehdi Mujahed als unverantwortliche Person bezeichnete. (18)

Mawlawi Mehdi war eine der bekanntesten Figuren der Taliban unter den Hazara. Im Norden des Landes operierte er als geschickter Kommandeur und spielte eine Schlüsselrolle in der Eroberung der Provinz Sarepol durch die Taliban. Er diente vier Monate lang als Geheimdienstchef der Taliban in der Provinz Bamyan. Als er aufgefordert wurde, nach Kabul zu gehen, verweigerte er den Befehl, weil er um sein Leben fürchtete. Daraufhin ging er nach Balkhab, seinem Geburtsort, wo er seine Anhänger zum Widerstand aufforderte. Am 17. August 2022 berichtete das Verteidigungsministerium, dass „die Grenztruppen des islamischen Emirats Mehdi an der Grenze zwischen der Provinz Herat und dem Iran getötet haben". (19)

Taliban sind in einer Atmosphäre der Kalaschnikow-Kultur aufgewachsen und kennen keine politischen Kompromisse. Für sie ist die Welt nur schwarz oder weiß und es gilt ausschließlich die Parole „mit uns oder gegen uns". Die von Tag zu Tag sich verschärfende ethnische Spaltung verstärkt die Mehrdimensionalität des Konfliktes am Hindukusch.

3.4 Hibatullah, Chef der Taliban, versus administrative Kader der Taliban

Dogmatische Vision gegen selektiven Pragmatismus

Unabhängig von allen oben angeführten Rivalitäten hat sich inzwischen eine neue Konfrontation zwischen dem erzkonservativen Chef der Taliban in Kandahar und den administrativen Kadern in Kabul herauskristallisiert, die für das Schicksal der Taliban-Milizen von großer Relevanz ist. Hibatullah Achundsada, der Chef der Taliban, polarisiert die angespannte Atmosphäre in einem Maße, das kaum erwartet wurde.

Hibatullah Achundsada wurde 1961 in Panjawai in der Provinz Kandahar geboren. Er ist ein sunnitischer religiöser Geistlicher und gehört dem Nurzai-Subclan der Paschtunen an. Als oberster Führer der Taliban hat er die ultimative Autorität in politischen, religiösen und militärischen Angelegenheiten. Er ist ein Gründungsmitglied der Taliban-Milizen und ein Scheich, der auf Hadith spezialisiert ist. Während des Taliban-Regimes (1996–2001) war er der oberste Richter (قاضی القضات) und erließ viele Fatwas der Taliban. Nach der Vertreibung der Taliban aus Afghanistan ging er nach Pakistan und predigte in einer Moschee in Kuchalak, einer kleinen Stadt im Südwesten Pakistans. Im Jahr 2016 tauchte er als Emir der Taliban in Quetta auf, nachdem Mullah Mansur, der damalige Chef der Taliban, durch eine US-Drohne getötet worden war.

Mullah Hibatullah Akhundsada, der Amir al-Muminin der Taliban, hat sich mittlerweile mit einem ihm treuen Kreis in der südafghanischen Stadt Kandahar fest etabliert und äußert sich zunehmend zu seiner Version der islamischen Ordnung in Afghanistan. Dabei stößt er auf Konfrontation mit den Verwaltungskadern der Bewegung in der Hauptstadt Kabul, die sich darum bemühen, das interne politische Chaos zu managen und die internationalen Beziehungen des Landes in geordnete Bahnen zu lenken. Dies führt zu folgenden Differenzen:

1. Hibatullah, als erzkonservativer Islamist, handelt dogmatisch und möchte kompromisslos zum Ursprung des Islam zurückkehren. In der Zielsetzung gibt es keinen Dissens zwischen Hibatullah und den Kadern. Aufgrund unvermeidlicher Sachzwänge der Administration müssen die Kader jedoch taktisch flexibel sein. Hierbei wirkt Hibatullah als Bremser, der keine Zugeständnisse macht.

2. Dieser taktische Dissens hat sich inzwischen so weit zugespitzt, dass Hibatullah die Bitte einer Delegation von Kabinettsmitgliedern der Taliban aus Kabul, ihnen eine Audienz zu gewähren, kategorisch abgelehnt hat. Stattdessen hat sich Jusuf Wafa, bekannt als Aref Wafa, mit der Delegation getroffen und deren Anliegen an Hibatullah weitergeleitet. Jusuf Wafa gilt nicht nur als Sprecher und enger Vertrauter des Chefs, er steht an der Spitze eines Zirkels um den Chef.

3. Hibatullah geht mit seinem sonderbaren Benehmen so weit, dass er auch die Bitte einer europäischen Delegation um eine Audienz abgelehnt hat. Er soll sich aber angeblich mit einer Delegation des ISI und des pakistanischen Militärs getroffen haben.

4. Die Vorschriften im Hinblick auf vielerlei Verbote für Frauen gehen auf sein Konto. Diesbezüglich wird alles durch das Ministerium für Tugend geregelt, das direkt unter seiner Anweisung steht.
5. Die Bildung einer inklusiven Regierung passt keineswegs in seine Konzeption. Er vertritt die Ansicht, bei der Errichtung der islamischen Ordnung komme es nicht darauf an, dass die verschiedenen Völkerschaften am islamischen Staat partizipierten. Es gehe vielmehr darum, dass die dem Emir gehorsame islamische Umma (امت ; islamische Gemeinde als Untertan) seinen Anweisungen exakt Folge leiste. Denn es gebe an die Adresse der Muslime eine Ayat (Wort Gottes) im Koran mit dem Inhalt, „gehorchen Sie Allah, gehorchen Sie dem Gesandten Gottes und gehorchen Sie dem Emir".
6. Nach Anweisung von Hibatullah sollen alle Moscheen des Landes unter Aufsicht der Sittenpolizei zentral geleitet und verwaltet werden. Dies führt direkt zur Konfrontation mit der traditionellen dörflichen Herrschaftshierarchie. In dieser Hierarchie sind Moscheen Eigentum der Khans, und Mullahs sind Brotempfänger bzw. Befehlsempfänger der Khans. Entsprechend interpretieren sie die islamische Lehre im Sinne der Khans.
7. Um alles im Land unter Kontrolle zu haben bzw. den unislamischen Anweisungen der zentralen Administration in den Provinzen entgegenzuwirken, plant Hibatullah die Einrichtung eines Schorai Ulema – eines Rates der islamischen Gelehrten – in den Provinzen des Landes. Denn die Gouverneure werden vom Innenministerium in Kabul bestimmt und sind eigentlich den Anweisungen der Kabuler Administration untergeordnet.
8. Last, but not least ist Mullah Hibatullah ein Apologet der Deobandi-Schule mit strengen islamischen Vorschriften. Deshalb haben nur einige Geistliche aus dieser Schule in Pakistan enge Kontakte zu Hibatullah als Berater. Die Deobandi-Schule in Akura Khatak (Pakistan) arbeitet unter der Aufsicht des pakistanischen Militärgeheimdienstes ISI. Hibatullah verdankt seine Karriere dem ISI, da dieser ihn aus der Anonymität einer kleinen Moschee in einem pakistanischen Dorf herausgeholt und an die Spitze einer mächtigen Terrororganisation gesetzt hat.

Die personelle Zusammensetzung des religiösen Gremiums unter der Leitung von Hibatullah Achundsada sieht folgendermaßen aus:

- Yusuf Wafa, Gouverneur von Kandahar und Sprecher von Hibatullah
- Mullah Neda Mohammad Nadim, Minister für höhere Erziehung
- Mullah Hasan Akhondsadah, Ministerpräsident der Taliban
- Scheich Abdul Hakim Haqqani, Oberster Richter des Landes
- Mullah Nur Mohammad Saqeb, Leiter einer Reihe von Moscheen und Sonderbeauftragter von Hibatullah
- Mawlawi Farid Mahmood, Vorsitzender der Wissenschaftsakademie

Dieses erzkonservative Gremium prägt das wahre Gesicht des islamischen Emirats.

4 Konzeptionslosigkeit der Milizen

„Scharia" als Allheilmittel?

Die Taliban-Milizen sind schon von ihrer Genesis her ein Produkt der bewaffneten Auseinandersetzung. Rekrutiert aus zerrütteten Familien in den pakistanischen Flüchtlingskamps haben sie in der Haqqani-Madrasa die Strenge vorbildlicher islamistischer Glaubenspraxis erfahren und sind nach einer militärischen Grundausbildung in die Kampfarena nach Afghanistan geschickt worden. Es darf nicht verwundern, dass sie nun im Genuss der Macht in Kabul mit der Kalaschnikow in der Hand prahlen und ihre ungezügelte Brutalität gegen zivile Proteste, vor allem den Friedensmarsch der Frauen, zur Schau stellen.

Nach dem Einmarsch in Kabul und der Bildung der Interimsverwaltung haben die politischen Kader in Kabul und im politischen Büro in Doha auf jede Frage nach ihrer Vorstellung für die Zukunft Afghanistans eine vorgefertigte Antwort parat, nämlich die „islamische Scharia" (شریعه). Dabei spielt es keine Rolle, ob es sich um die neuen politischen und administrativen Strukturen, um das Pressewesen, um Berufstätigkeit von Frauen oder um das Erziehungswesen der Mädchen handelt – die bekannte Standardantwort verweist stets auf die Scharia. Dabei kann die aus dem 6. und 7. Jahrhundert stammende, auf einer überholten, einfachen arabischen Gesellschaftsordnung basierende Scharia keineswegs als angemessenes Konzept einer modernen Gesellschaft im 21. Jahrhundert geeignet sein. Der Begriff selbst ist angesichts der vielfach zersplitterten islamischen Glaubensrichtungen nicht einheitlich definiert. Zudem ist die reine orthodoxe Scharia in keinem einzigen der etwa 50 „islamischen Staaten" zur Anwendung gekommen. Trotz verbaler Gemeinsamkeiten kommt in jedem Staat eine andere Auslegung der Scharia zur Geltung.

Exkurs: das islamische Rechtssystem und die Grundlage der Scharia

Verwirrungen im Dschungel der islamischen Glaubensrichtungen

Der Begriff „Scharia" wird im Koran als „der Weg zur Quelle" bezeichnet. Er umfasst die gesamte Normenlehre des Islam. Die Islam-Universität al-Azhar in Kairo definiert „Scharia" als „das islamische Rechtssystem bzw. den abgeleiteten Gesetzeskodex aus Koran und Sunna" (Bindabel, 2017, 37). Scharia als solche hat damit zwei Dimensionen: Sie regelt die Beziehungen sowohl zwischen Menschen und Gott als auch zwischen Menschen.

Die Al-Azhar-Universität ist eine islamische wissenschaftliche Institution von internationalem Rang und gilt als eine der ältesten und wichtigsten Autoritäten in der „islamischen Welt". Die „Akademie für islamische Untersuchungen" wird von einem islamischen Gelehrten, Scheich al-Azhar, geleitet.

Die Scharia hat im strengsten Sinne des Wortes nur zwei Primärquellen, nämlich den Koran und die Sunna; aber in unterschiedlichen Islamrichtungen werden zwei Sekundärquellen hinzugefügt: Ijma, die Konsens-Fatwa von Gelehrten, und Qiyas, eine Fatwa bzw. Anweisung eines islamischen Gelehrten basierend auf Analogien aus dem Koran und der Sunna.

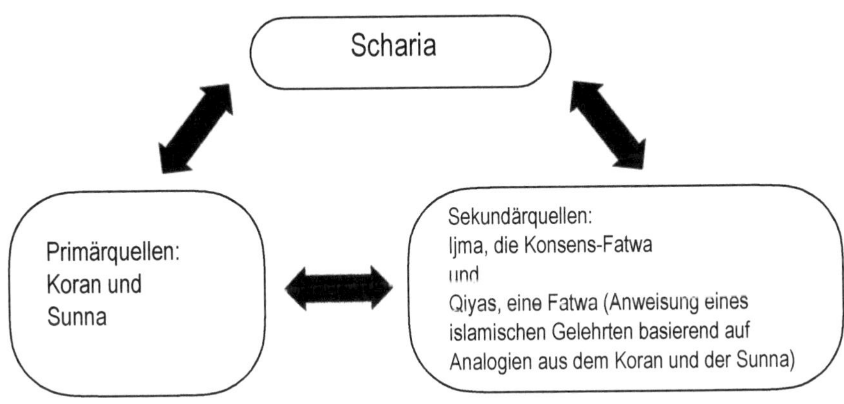

(Khoury, 2003, 151)

Beim Koran handelt es sich um Suren und Ayat (سوره و آيات) aus dem heiligen Buch des Islam. Der Koran besteht aus 114 Suren, 6236 Ayat und 77 807 Wörtern. Er wird von Muslimen als „Zeichen bzw. Worte Gottes" betrachtet. Das arabische Wort Sunna (سنت) bedeutet „Tradition" bzw. die überlieferten Aussprüche und Taten des Propheten Mohammed.

Im Kontext der „richtigen" Deutung dieser zwei Primär- und zwei Sekundärquellen der Scharia bestehen große Differenzen; zunächst zwischen verschiedenen Mazaheb, den Islamrichtungen im Sinne bestimmter Normen (Fiqh), die von einem Faqih, dem Wissenden und Gelehrten, gegründet worden ist.

Zunächst gibt es bei der Interpretation von Koran und Sunna als Primärquellen keinen allgemein gültigen Konsens zwischen allen Mazaheb (Plural von Mazhab). Bestimmte Mazaheb meinen, dass der Koran, der unter Anweisungen von Othman Ibn Affan, dem dritten Kalifen des Islam, gesammelt und vorgelegt worden ist, keine den tatsächlichen Ursprung exakt wiedergebende Sammlung darstelle; einige Ayat seien inadäquat und andere seien willkürlich hinzugefügt worden. Es besteht z. B. ein krasser Unterschied bei der Interpretation der Ayat von Gebetswachen. (20) Diese Sure wird z. B. von Schiiten und Sunniten ganz unterschiedlich gelesen und in der Praxis verwendet. Die Schiiten interpretieren sie folgendermaßen: „Waschen Sie Ihre Gesichter und Ihre Hände bis zu den Ellenbogen. Und wischen Sie Ihre Vorderköpfe und Ihre Füße bis zu den Knöcheln ab.“ Die Sunniten bestehen auf folgender Deutung: „Waschen Sie Ihre Gesichter, Ihre Hände und Füße.“ Demnach müssen die Schiiten Gesichter und Hände waschen und ihre Vorderköpfe und Füße abwischen, während die Sunniten auch die Füße waschen und nur die Vorderköpfe abwischen müssen. Seit 1400 Jahren ist dieser eigentümliche Streit nicht beigelegt. Beide Seiten behaupten, dass ihre Interpretation dem Rhythmus der Sprache entspricht und auch die grammatisch richtige Interpretation darstellt.

Bei der Verwendung von Hadith (حديث), Aussprüchen von Mohammed, gibt es noch krassere Unterschiede. Im Laufe der Geschichte wurden verschiedene Richtungen eingeschlagen im Bestreben, die „richtigen und vertrauensvollen“ Hadith von anderen unterscheiden zu können. Das hat jedoch kaum Früchte getragen, im Gegenteil hat jede Islamrichtung nach eigener religiöser Präferenz aus den hunderttausend Hadith eine bestimmte Anzahl gebündelt und als „wahr und vertrauenswürdig“ präsentiert. Das kann an folgenden zwei Beispielen deutlich werden: Es wird mit Aussprüchen des Propheten belegt, dass das Gebet eines Mannes ungültig ist, wenn eine Frau an ihm vorbeigeht ((باطل. Der Gläubige muss mit seinem Gebet noch einmal beginnen. Im Gegensatz dazu gibt es überlieferte Zitate von Aischa, der Lieblingsehefrau des Propheten, denen zufolge sie viele Male am betenden Propheten vorbeigegangen sei, ohne dass dieser sein Gebet als ungültig betrachtet hätte. (21) Immerhin war Aischa die engste Vertraute des Propheten.

Eine vergleichbare Kontroverse ist im Hinblick auf den Hijab von aktueller Brisanz. Es gibt viele Argumente für und gegen ein bestimmtes Hijab-Format. Ohnehin definiert der Islam den Stellenwert der Frauen im Rahmen der patriarchalischen Familienstruktur mit klarer Rollenteilung: Der Mann ist der Brotverdiener, der Frau obliegt die Hausarbeit, sie untersteht der Herrschaft des Mannes. Dass von Gleichberechtigung von Mann und Frau nicht die Rede sein kann, lässt sich schon an zwei Beispielen zeigen: Eine Tochter erbt die Hälfte dessen, was dem Bruder als Erbe zufällt, und in Zeugenvernehmungen werden die Aussagen von zwei Frauen wie die Aussage nur eines Mannes gewichtet.

Neben dem Streit über die unterschiedlichen Interpretationen der Primärquellen liefern die Sekundärquellen der Scharia, Ijma und Qyas, Konfliktstoffe, die noch brisanter sind. Diese Quellen gehen auf die Faqih, die Islamgelehrten, zurück, doch hat ein von allen Muslimen als religiöse Autorität akzeptierter Gelehrter das irdische Licht bisher nicht erblickt.

Im Laufe der historischen Entwicklung sind aufgrund dieser vielfältig interpretierbaren Primär- und Sekundärquellen zahlreiche Mazaheb und Sekten im Islam entstanden. Einige der bekanntesten und über die Staatsgrenzen hinweg verbreiteten Mazaheb und Sekten sind im folgenden Diagramm zusammengefasst.

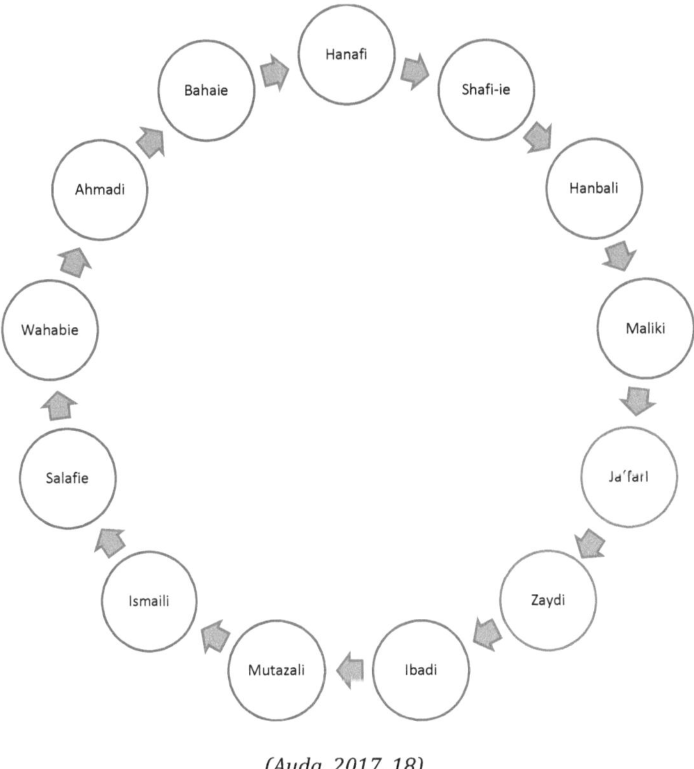

(Auda, 2017, 18)

Diese Richtungen des Islam befinden sich zum großen Teil in einem unüberwindbaren Widerspruch zueinander, mit der Konsequenz, dass sie sich gegenseitig zu „Kafir", Ungläubigen, erklären. Ob und inwieweit in diesem Verwirrspiel gerade die Interpretation der Taliban das Prädikat „richtig" tragen kann, ist mehr als fraglich. So gibt es keinen einzigen Faqih in den Reihen der Taliban. Die Taliban bekennen sich offiziell zur hanafitischen Richtung, einem der vier Zweige des sunnitischen Islam. Bislang haben sie aber keine Verfassung vorgelegt, die ihr Verständnis des Islam reflektiert. Somit gilt die Scharia – nach der dogmatischen Interpretation der Taliban – als allgemein gültiges Rezept für alle Angelegenheiten des Landes: Fragen von zivilen Freiheiten, Pressewesen, Partizipation der Frauen am öffentlichen Leben und last, but not least die Frage der friedlichen Koexistenz der Hanafi-gläubigen Paschtunen mit den Tadschiken, Hazara und Usbeken.

5 Zu monoethnischen Strukturen der Taliban-Administration

Die monoethnische Orientierung der Taliban spiegelt sich in der Verwaltungsstruktur vom Kabinett bis zu den Distrikten des Landes wider. Die provisorische Regierung setzt sich zusammen aus 27 Mitgliedern, unter denen sich nur ein Tadschike und ein Usbeke befinden. Es ist auffallend, dass 13 Mitglieder des Kabinetts, darunter der Ministerpräsident, auf der von den UN geführten schwarzen Liste international gesuchter Terrorristen stehen. (22)

Ethnische Struktur des Taliban-Kabinetts

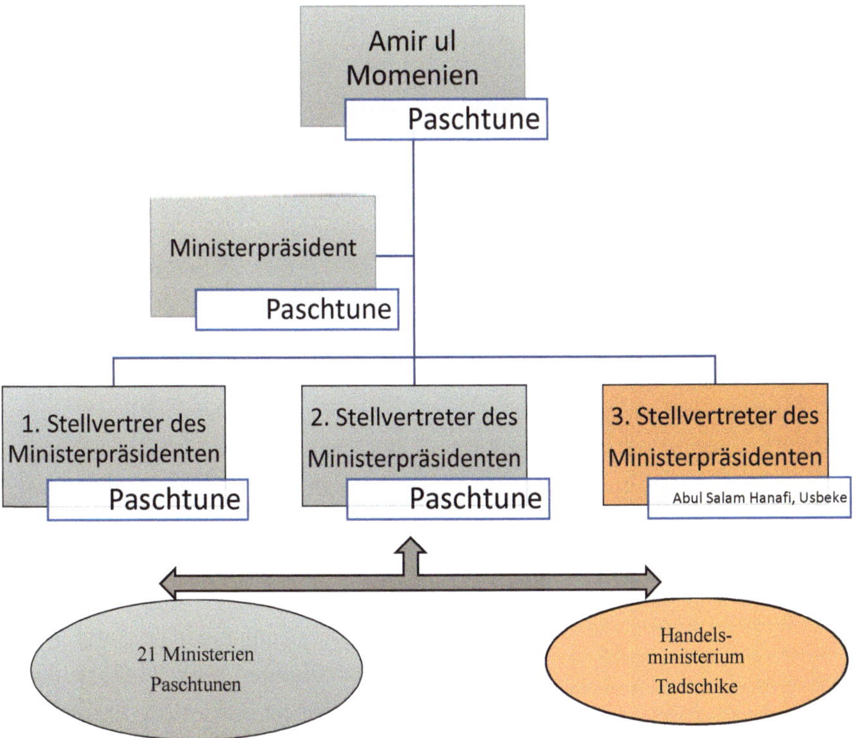

Der Monopolanspruch der Taliban setzt sich fort in der Besetzung der Gouverneursposten. Unter insgesamt 34 Gouverneuren befinden sich vier Tadschiken, ein Turkmene und ein Usbeke. Sie nehmen 11 Prozent bzw. 3 Prozent der Gouverneurssitze ein. Hazara gehen in dieser Verteilung völlig leer aus.

Ethnische Struktur der Taliban-Verwaltung auf der Ebene der Provinz-Gouverneure (23)

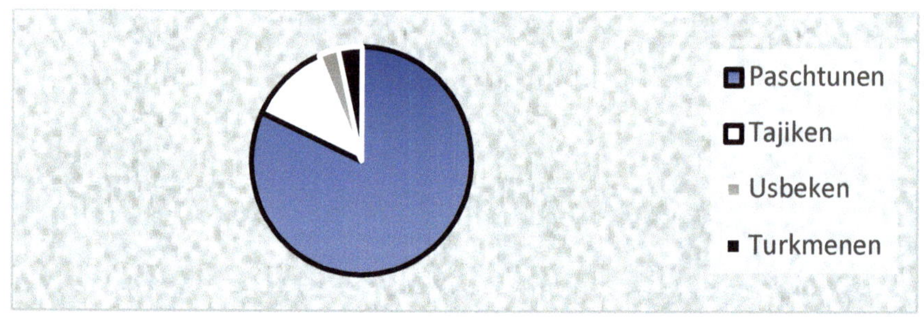

Allerdings ist auch unbestreitbar, dass eine Beteiligung anderer Volksstämme an der Verwaltungsstruktur der Taliban den Charakter des dysfunktionalen Systems keineswegs ändern würde. Im besten Fall würde sie vorübergehend zur Stabilisierung des Emirat-Systems beitragen. Eine ausgewogenere Partizipation nichtpaschtunischer Ethnien an der Verwaltung könnte das Wesen des theokratischen Systems nicht tangieren. Denn es erlaubt Mullah Hibatullah, dem Chef der Taliban, jeglichen Versuch in Richtung einer Lockerung zu blockieren und sogar bereits getroffene Entscheidungen rückgängig zu machen. Die Problematik der gerechten Partizipation an der Politik und einer fairen regionalen Verteilung der Ressourcen lässt sich einzig im Rahmen einer dezentralisierten demokratischen Grundordnung lösen. In diesem Sinne ist die Forderung der internationalen Gemeinschaft, eine inklusive Regierung zu bilden, inadäquat, solange die theokratische Ordnung unangetastet bleibt.

6 Umstrittene Legitimation des theokratischen Systems der Taliban

Die Taliban legitimieren ihr theokratisches System durch den Rat der islamischen Geistlichen. Am 4. April 1996 kamen etwa 1200 Mullahs, viele von ihnen aus Pakistan und insbesondere aus dem Umfeld von „Darul Ulome Haqqani", in der Hochburg der Taliban-Milizen in Kandahar zusammen. Die Initiative zur Einberufung dieses Schora ging auf den pakistanischen Fundamentalisten Maulana Sami ul-Haq zurück. Diese „Schorai Ulema Keram" (Rat der verehrten islamischen Gelehrten) ernannte Mullah Mohammad Omar, den Chef der Milizen, zum „Amir al-Muminin“ (Emir der Gläubigen), wie schon im dritten Kapitel beschrieben. Er war Anführer der Taliban bis 2013. Sein Nachfolger, Akhtar Mansur, wurde 2016 bei einem Drohnenangriff getötet.

Mansurs Nachfolger ist Hibatullah Achundzada. Allerdings ist seine Legitimation als Amir al-Muminin umstritten. Seine Anhänger behaupten, er sei 2016 in Quetta von einer „Islamischen Schora“ gewählt worden. Tatsache ist aber, dass weder der genaue Termin noch die Zahl und die Identität der Mitglieder dieses Gremiums bekannt sind. Darüber hinaus qualifiziert ihn sein geringer Studienabschluss in der Islamlehre keineswegs zum Erlass einer Fetwa. Seit der Machtübernahme der Taliban in Kabul residiert er in der südafghanischen Stadt Kandahar. Obwohl in seinem Namen Anweisungen veröffentlicht werden, tritt er öffentlich nicht in Erscheinung. Infolge seiner mangelnden Präsenz und seiner geringen formalen Qualifikation bzw. angezweifelten religiösen Autorität liegen Entscheidungen über die praktische Umsetzung der Scharia in den Händen der zerstrittenen Führung der Taliban. Dabei spielt das „Amr Bil Maruf Wa Nahi az Munkar“ (Ministerium für die Verbreitung der Tugend und die Verhinderung des Lasters) eine entscheidende Rolle.

Dieses Ministerium ist für die Anwendung der Scharia und die Kontrolle der Befolgung ihrer Vorschriften zuständig. In seinem Auftrag sind die „Mohtasebien“, eine als Moralapostel firmierende Schlägertruppe, ständig unterwegs, um mit ihren Schlagstöcken die vom Ministerium erlassenen Dekrete strikt durchzusetzen. Diese Dekrete schreiben u. a. Haarschnitt und Bärte, Kleidung, die Erscheinung der Frauen in der Öffentlichkeit und die Einhaltung der Gebote täglichen Betens vor. Fotografien von Lebenden dürfen nicht existieren, zur Kontrolle werden willkürliche Hausdurchsuchungen durchgeführt. Mädchen dürfen nicht zur Schule gehen. Frauen sollen öffentlich nicht in der Gesellschaft von Männern angetroffen werden und alleine, d. h. ohne ein Mahram, eine männliche Begleitung, dürfen sie nicht reisen. Die medizinische Versorgung ist Männern vorbehalten.

Wer diesen Vorschriften nicht Folge leistet, kann empfindlich, auch durch öffentliche Prügel, bestraft werden. Größere Verstöße gegen die Scharia werden auch durch öffentliche Hinrichtungen oder Verstümmelungen geahndet. Die strikte Anwendung der Scharia in der Lesart der Taliban hat das Land in ein Straflager für 35 Millionen Afghanen verwandelt, die unter Arbeitslosigkeit, Hungersnot und täglicher Erniedrigung leiden. Es ist vor allem dieser vielfachen Unterdrückung der Menschen geschuldet, dass die Regierung der Taliban von der internationalen Gemeinschaft nicht anerkannt worden ist, nicht einmal von ihren Gönnern Pakistan und den arabischen Golfstaaten.

Die Taliban stehen im Bann des paschtunischen Traditionalismus und der von ihnen übernommenen Interpretation der Scharia. Sie stehen unter dem Einfluss der Deobandi-Schule und bekennen sich offiziell zur Hanefi-Rechtsschule von Imam Abu Hanifa. Abu Hanifa wurde 699 in Kufa im Irak geboren. Nach Abschluss seiner Ausbildung in Kufa und Basra ging er nach Mekka und Medina als Zentrum der religiösen Lehren des Islam. Er war einer der berühmtesten Islamgelehrten und gilt als Begründer der Hanifi-Mazhab. Nach seinen Worten ist „Glaube die höchste Anbetung und Unglaube die größte Sünde. Jemand, der an der höchsten Anbetung festhält und die größte Sünde vermeidet, kann auf Erlösung hoffen". (24)

Die religiöse Legitimation der Herrschaft ist in vielfältiger Weise umstritten. Wie schon erwähnt, wurde nach dem Ableben des Propheten kein einziger Emir nach dem Kriterium eines Rates bestimmt. Die Machtfrage wurde schon immer durch die politische und gesellschaftliche Stärke einer Gruppe oder einer Fraktion gelöst. Hinzu kommt, dass heute selbst im wahhabitischen Saudi-Arabien kein Rat den König bestimmt. Die Könige werden nach dem Testament von Bin Saud, dem Gründer von Saudi-Arabien, aus den dreißiger Jahren des 20. Jahrhunderts bestimmt. Das Gleiche gilt für die anderen islamisch geprägten Staaten wie Marokko, Jordanien und die arabischen Golfstaaten. In manchen Staaten, ob demokratisch oder autoritär, gibt es eine Verfassung, die auf den islamischen Charakter des Staates Bezug nimmt, aber nach gewissen Regeln die politischen Herrscher bestimmt. Selbst im schiitischen Iran, wo das System von „Welayate Faqih" herrscht, wird der Präsident unter dem großen Einfluss bzw. mit der Genehmigung des „Schorai Negahban" – des Rates der Wächter – durch Volkswahlen bestimmt. Damit ist nicht nur die Rolle des Emirs der Taliban fraglich, ihr gesamtes theokratisches System ist anfechtbar.

7 Ethnische Säuberung durch die Taliban als Fortsetzung der paschtunischen Herrschaft

Nach der Machtübernahme in Kabul haben die Taliban zunächst einen Prozess der ethnischen Säuberung in der Verwaltung eingeleitet, der sich von der Zentralregierung bis zur Bezirksebene in den Provinzen erstreckt. Im März 2022 wurden per Dekret 400 hohe Beamte ohne Anspruch auf Rente oder Abfindung aus dem Staatsdienst mit der Begründung entlassen, dass sie kein Paschtu verstünden. Sie alle waren Angehörige nichtpaschtunischer Volksstämme; die freigewordenen Stellen wurden mit unqualifizierten Paschtunen besetzt. (25) Der Prozess der ethnischen Säuberung in der Verwaltung wird vor allem in den nichtpaschtunischen Provinzen erbarmungslos durchgeführt. So wurden z. B. in der Landwirtschaftsabteilung der Provinz Daikundi, einer vorwiegend von Hazara besiedelten Region, kurzerhand 15 Angestellte aus dem Dienst entlassen. Ihre Posten wurden durch Verwandte der Taliban besetzt, mithin durch Personen, die weder über die erforderlichen Qualifikationen verfügen noch die Sprache und Mentalität der Hazara kennen. (26)

Selektive ethnische und religiöse Säuberungen stehen auch im akademischen Bereich auf der Tagesordnung. Jakob Yasna, Dozent an der Al-Bairuni-Universität in der Kapisa-Provinz, wurde aufgrund seiner Zugehörigkeit zur Ismäilia zum Kafir (Ungläubigen) erklärt und zur Aufgabe seiner Dozentenstelle gezwungen. Andernfalls hätte er die Todesstrafe riskiert. (27)

Mehr als 800 Familien in den Städten Gizab und Patavi in der Provinz Daikundi haben von den örtlichen Taliban-Behörden einen Evakuierungsbefehl erhalten. Von ihnen haben bereits 400 Familien ihre Häuser im Dorf Kandir (Gizab) geräumt. Den Bewohnern der 15 anderen Dörfer wurde eine Räumungsfrist gesetzt. Die von der Vertreibung betroffenen Bewohner sind Hazara und Anhänger der schiitischen Religion. (28)

Die Verdrängung der Hazara ist mindestens seit dem 19. Jahrhundert mit der Vorherrschaft der Paschtunen verknüpft. Schon in den neunziger Jahren des 19. Jahrhunderts ließ Abdur Rahman Khan, der „eiserne Emir" Afghanistans, mehr als 60 Prozent der Hazara vertreiben oder umbringen. Allein im Bezirk Behsud haben von 20 000 Familien nur 6000 die Massaker und Vertreibungen überlebt. Tausende Mädchen und Frauen der Hazara wurden in Kabul verkauft (Ghobar, 1970, 670).

Diese Tradition der ethnischen Säuberung bzw. Paschtunisierung wurde unter der Herrschaft der Nader-Dynastie Anfang der dreißiger Jahre des 20. Jahrhunderts systematisch fortgesetzt. Eine Schlüsselrolle spielten dabei Abdul Majid Zabuli, Sardar Mohammed Daoud und Sardar Mohammad Naim Khan. Die Brüder Mohammed Daoud und Naim Khan – Söhne von Abdul-Aziz Khan, dem Onkel Zahir Schahs – waren hartnäckige Chauvinisten mit großer Sympathie für das Naziregime. Zabuli, ein Taraki-Ghilzai, war einer der reichsten Kaufleute und die einflussreichste Person in den Diensten der chauvinistischen Politik der Königsfamilie.

Diese Troika förderte aktiv die Annäherung Afghanistans an das Dritte Reich. Als stolze Arier haben sie aus ihrem Glauben an „rassische Überlegenheit" gegenüber nichtpaschtunischen Volksstämmen keinen Hehl gemacht. Einer der wichtigsten Verfechter dieses Chauvinismus war Muhammad Gul Khan Mohmand, ein Ghilzai-Paschtune. Dieser Kreis arbeitete wiederum unter Anweisungen von Sardar Haschem Khan, dem Onkel des Königs und damaligen Premierminister.

Muhammad Gul Khan Mohmand wurde Innenminister (und Ra'is-i Tanzima) mit dem Auftrag, die „idealistische Vision" der Paschtu-Identität zu fördern (Lee, 2018, 526). Sein Paschtunismus war zutiefst politisch geprägt. In poetischen Worten feierte er Paschtu und Paschtunen wie folgt: „Paschtu ist essenzieller/wahrer Adel […], Paschtu ist Erlösung […], Paschtu ist Würde […], Paschtu ist Ehre […]. In Paschtu gibt es keine Unehre oder Erniedrigung. […] Paschtu ist edel und freigeboren, Paschtu ist Lordschaft" (Lee, 2018, 527). Im Jahr 1936 erklärte die Regierung Paschtu zur einzigen Amtssprache des Landes und ordnete obligatorische Paschtu-Kurse für Beamte und Angestellte an. Innerhalb von drei Jahren sollte das Land in der Lage sein, offizielle Kommunikation in Paschtu zu erledigen. Dieses Vorhaben wurde zur lukrativen Einkommensquelle für Paschtu-Lehrer und endete zwangsläufig in einem Fiasko. Denn selbst vehemente Befürworter dieses Vorhabens waren nach Ablauf der dreijährigen Frist nicht in der Lage, in Paschtu zu kommunizieren oder zu korrespondieren.

Dessen ungeachtet wurde von Gul Mohammad Khan Mohmand im Norden Afghanistans die systematische ethnische Säuberung im Zusammenhang mit der Paschtunisierung weiterhin durchgesetzt. Ein Beispiel aus der Provinz Balch macht deutlich, wie dieser Prozess in die Tat umgesetzt wurde. In Masar-e Scharif wurde eine Reihe von traditionellen Häusern im Umkreis des Grabmals von Hazrat Ali vollständig dem Erdboden gleichgemacht, während die gesamte usbekische, tadschikische und Hazara-Bevölkerung von Balch gewaltsam vertrieben wurde. Die Gegend wurde durch Mohmand-Paschtunen aus Nangerhar und Kunar besiedelt (Lee,2018, 536).

Vielen Sehenswürdigkeiten in der Gegend von Balch wurden Namen in Paschtu gegeben, insbesondere denjenigen, die das historische Balch vor dem Durani-Reich repräsentierten. So wurde Tschar Bagh Golschen in Schinkai umbenannt, Qala Tsche in Spin Koat, Rahmat Abad in Djrgai und Qusch Tapa in Mangolai. Weil Balch die Heimat der arischen Rasse sei, sollten Paschtunen die einzigen Bewohner dieser Region sein und ihre Sprache sollte den historischen Stätten ihre Namen geben.

Seit der Machtübernahme der Taliban steht ethnische Säuberung wieder in einer sehr aggressiven Weise im Norden und Nordosten des Landes, darunter im Pandschir-Tal, auf der Tagesordnung. Sie ist ein grundlegender Bestandteil der politischen Agenda der Taliban. Ihre gewaltsame Siedlungspolitik rückt die Möglichkeit einer friedlichen Koexistenz der Völker am Hindukusch in weite Ferne. Es ist abzusehen, dass in der Zukunft eine grundlegende Revision der Siedlungspolitik neben gerechter Partizipation an Macht und Ressourcen ein unabweisbarer politischer Anspruch nichtpaschtunischer Volkstämme sein wird.

8 Mangel an internationaler Finanzierung als Hauptsorge der Taliban

Merkmal imperialer Abhängigkeit des Landes

Schon seit jeher waren afghanische Herrscher mit einem Mangel an internen Ressourcen konfrontiert, die zur Pflege der Loyalität der internen Lords und der Bändigung zentrifugaler Kräfte benötigt wurden. Die Rivalität um knappe Mittel begründete die Abhängigkeit des Landes von den jeweils dominierenden ausländischen Mächten, zunächst vom zaristischen Imperium im Norden und dem britischen Imperium im Osten, in einer späteren Phase von der Sowjetunion und den USA. Auch in der „demokratisch konzipierten Gesellschaft" ab 2001 blieb eine an den vorhandenen Ressourcen und Bedürfnissen orientierte Entwicklungspolitik aus. Das Wohlstandsniveau löste sich kaum vom Existenzminimum und unter dem Diktat der USA bzw. internationaler Finanzinstitutionen verharrte das Land in finanzieller, politischer und militärischer Abhängigkeit von den USA und ihren Verbündeten. Dieses eklatante Machtungleichgewicht erlaubte es der Trump-Administration, im Jahr 2018 über die Ghani-Regierung hinweg direkt mit den Taliban in Doha zu verhandeln. Trotz des „Sicherheitsabkommens" mit den USA wurde die afghanische Regierung brüskiert und das Image Afghanistans als souveräner Staat ramponiert. Hingegen wurden die Taliban-Milizen als anerkannte Verhandlungspartner hoffähig gemacht.

Nach der Machtübernahme im August 2021 blockierte die Regierung Biden den Zugriff auf afghanische Währungsreserven, die auf amerikanischen Bankkonten lagen. Unmittelbar nach der Einnahme Kabuls durch die Taliban ließ Finanzministerin Janet Yellen afghanische Konten einfrieren. Afghanistans Zentralbank verfügte nach Angaben des Internationalen Währungsfonds Ende April 2021 über Reserven im Volumen von 9,4 Milliarden Dollar. Auch der NATO-Generalsekretär Jens Stoltenberg verkündete am 27. September, dass das westliche Militärbündnis finanzielle Hilfen an die afghanische Regierung unterbrochen habe. „Wir haben natürlich jede Unterstützung, finanzielle und andere Unterstützung, für die afghanische Regierung ausgesetzt. Denn es gibt keine afghanische Regierung, die von der NATO unterstützt werden könnte", so Stoltenberg. „Es wird kein Geld überwiesen." (29)

Als direkte Folge brach unmittelbar nach dem Einmarsch der Taliban in Kabul das afghanische Bankensystem zusammen. Afghanische Händler wurden unsicher und einige verließen fluchtartig das Land. Damit stagnierte der Außenhandel, eine zentrale Einnahmequelle der Regierung. Die Verwaltung der Taliban stand buchstäblich vor leeren Kassen. Gleichzeitig forderten die unter Waffen stehenden Truppen der Taliban ihren irdischen Lohn, den die Führung in Kabul jedoch nicht zu finanzieren vermochte. Um Abhilfe zu schaffen, begannen lokale Taliban-Führer Geschäfte zu plündern, in Häuser einzudringen und das Volk zu schikanieren. Staatliche Angestellte erhielten über Monate kein Gehalt. Die meisten Beamten und Angestellten hatten aus ihren bescheidenen Einkommen keine Ersparnisse bilden können und standen nun mittellos auf der Straße. Allein mit den Einnahmen aus dem illegalen Drogenhandel, der nun auch de facto legal betrieben wurde, und den geschrumpften Zolleinnahmen konnte die Taliban-Administration nicht annähernd die existenziellen Bedürfnisse des Landes befriedigen. Unter diesen Umständen wuchs langsam und stetig eine allgemeine Unzufriedenheit heran.

Seit der Machtübernahme der Taliban in Kabul ist die allgemeine humanitäre Krise am Hindukusch eine der schlimmsten der Welt. Von akuter Hungersnot und chronischer Mangelernährung sind mehr als 20 Millionen Menschen betroffen. Wie oben erwähnt ist das BIP 2022 um etwa 30 % gesunken, während die Arbeitslosigkeit auf 60 % gestiegen ist. Nach einem Bericht der Vereinten Nationen im Juni 2022 bedürfen etwa 24,4 Millionen Menschen bzw. 59 % der Bevölkerung des Landes humanitärer Hilfe. (30) Es besteht daher kein Zweifel, dass die internationale Gemeinschaft der notleidenden Bevölkerung Unterstützung gewähren muss. Schließlich dürfen nicht die verarmten Menschen in Afghanistan gezwungen werden, den Preis für das politische Fehlverhalten der Taliban bzw. deren Ignoranz gegenüber den berechtigten Forderungen der internationalen Gemeinschaft zu bezahlen. Allerdings sind Finanztransfers nach Afghanistan unter dem Regime der Taliban ein heikles und doppelschneidiges Thema. Auf der einen Seite ist die Not der Bevölkerungsmehrheit ohne Finanztransfers und die Revitalisierung des Finanzsystems kaum zu lindern. Auf der anderen Seite verbietet es sich, mit monetären Transaktionen durch von Taliban dominierte Kanäle deren System zu stabilisieren. Das kaum auflösbare Dilemma dreht sich um die Frage, ob die Linderung der Not mit der Verfestigung der Herrschaft der Taliban erkauft werden darf.

Nach einem Bericht der Organisation „Refugees International" vom August 2022 haben die Vereinten Nationen eine Luftbrücke eingerichtet, um Bargeld nach Afghanistan zu bringen, in der Absicht, humanitäre Hilfe fortzusetzen. Diesem Bericht zufolge flogen die Vereinten Nationen zwischen Dezember 2021 und Mai 2022 über 825,6 Millionen US-Dollar nach Afghanistan. Diese Gelder wurden direkt an 30 UN- und internationale NGOs verteilt. (31) Ob und inwieweit die Taliban-Administration direkt von diesem Geldtransfer profitiert hat, ist nicht ohne weiteres zu beantworten. Sicherlich haben die Taliban versucht, die Verteilung der Mittel in ihrem Sinne zu beeinflussen und die Hilfsaktionen insgesamt als eine Glanzleistung ihrer Administration zu präsentieren. Die Mittel von Kabul in die Provinzen zu transportieren und dort wirksam zu kontrollieren, ist in der Tat eine Herkulesaufgabe. Auf jeden Fall haben die Taliban vom „sekundären Effekt“ dieses Finanztransfers profitiert, da er stabilisierende Effekte auf den Wechselkurs ausgeübt hat.

9 Die größte Sorge der Taliban: Nichtanerkennung ihrer Administration

Die internationale Gemeinschaft verweigert die Anerkennung

Die exponierte geostrategische Lage am „Kreuzweg der Kulturen“ hat Afghanistan schon immer der Einflussnahme externer Mächte ausgesetzt. Auch die Taliban sind in finanzieller, militärischer und politischer Hinsicht von ihren Mentoren in der Region abhängig. Dabei ist ihr eigener Aktionsradius stets eingeschränkt gewesen. Als eine in Pakistan rekrutierte Terrortruppe, die mit großzügiger Finanzierung der arabischen Golfstaaten großgezogen wurde und sich dabei ideologisch-religiös an diese Staaten gebunden hat, ist ihre Autonomie begrenzt und ihre Anfälligkeit für eine Instrumentalisierung durch ihre Förderer groß.

Das Doha-Abkommen zwischen dem „Islamischen Emirat Afghanistan“ und den USA, bekannt als „Agreement for Bringing Peace to Afghanistan“, wurde am 29. Februar 2020 im katarischen Doha vom damaligen Leiter des politischen Büros der Taliban in Katar, Mullah Abdul Ghani Barader, und dem US-amerikanischen Sondergesandten Zalmai Khalilzad unterzeichnet. Mit der Unterzeichnung des Abkommens blieb kein Zweifel daran, dass die USA Afghanistan, gemäß dem Wahlkampfversprechen von Donald Trump, auf jeden Fall verlassen würden. Unmittelbar nach Abschluss des Abkommens setzten rege diplomatische Bemühungen der Regionalmächte ein, mit den Taliban Kontakt aufzunehmen bzw. bestehende Beziehungen zu intensivieren. Delegationen der Taliban wurden in den arabischen Golfstatten, in Teheran, Islamabad, Peking und Moskau empfangen. Es fanden politische Gespräche zwischen den Delegierten der Taliban und den Gastgebern mit Beteiligung der offiziellen afghanischen Delegationen statt. Der Aufschwung diplomatischer

Aktivitäten verdankte sich dem Bestreben der Regionalmächte, das erwartete Vakuum nach dem Rückzug der USA im Sinne ihrer Interessen zu füllen. Ihre trügerische Einschätzung ging davon aus, dass sich die ehemaligen Milizen nach der Machtergreifung mit einem „gemäßigten Antlitz" präsentieren würden. Damit wurden die Taliban auf diplomatischer Ebene überbewertet.

Diese Erfahrung weckte bei den Milizen die Erwartung, dass nach der Machtübernahme in Kabul ihr „Emirat Islami" unmittelbar als offizielle Regierung anerkannt werde. Ihre Euphorie verflog aber bald, als die Anerkennung der Regierung an politische Teilhabe und Achtung der Menschenrechte geknüpft wurde. Die aus den langwierigen bewaffneten Auseinandersetzungen entstandenen Milizen konnten diese Forderungen nicht erfüllen. Denn sie hatten ihre eigene Interpretation der Partizipation anderer gesellschaftspolitischer Kräfte und der Achtung der Menschenrechte. Sie argumentierten, dass selbst in demokratischen Gesellschaften des Westens die Regierung aus den Mitgliedern derjenigen Partei gebildet wird, die sich in den Wahlen durchgesetzt hat. Im Gegensatz zum Westen seien sie insofern großzügig, als sie Angehörige nichtpaschtunischer Ethnien in ihre Regierung aufgenommen hätten. Hierbei vermengen die Taliban eine durch demokratische Wahlen legitimierte Regierung mit der gewaltsamen Machtübernahme einer Gruppe, die in der Unterdrückung der Opposition keine Grenzen kennt. Im Hinblick auf die Wahrung der Menschenrechte, insbesondere die der Frauen, verstecken sich die Taliban hinter der Fassade der Scharia. Deren Verbote bzw. Gebote sind die einzige von ihnen anerkannte Richtschnur. Die Problematik der Scharia wurde oben detailliert beschrieben. Mit ihrer Rigidität haben sich die Taliban selbst in eine politische Sackgasse hineinmanövriert mit der Folge, dass sie nun als Paria behandelt werden.

Die Taliban-Milizen sind gesellschaftspolitisch ignorant und erkennen nicht, dass Ausbildung, Berufstätigkeit und Gleichberechtigung der Frauen keine Privilegien sind, sondern Bestandteile universeller Menschenrechte, wie sie in einer Resolution der Vereinten Nationen niedergelegt sind. Diese nach harten Kämpfen gegen theokratische und patriarchalische Strukturen nach 2001 erzielte Errungenschaft beabsichtigen die Taliban gegen eine diskriminierende arabische Tradition aus dem 7. Jahrhundert auszutauschen. Und mit dieser Einstellung wollen sie Mitglied einer globalen Organisation werden, welche die Allgemeine Erklärung der Menschenrechte in der Resolution ihrer Generalversammlung im Dezember 1948 verabschiedet hat. In Artikel 1 dieser Charta der Menschenrechte heißt es: „Alle Menschen sind frei und gleich an Würde und Rechten geboren. Sie sind mit Vernunft und Gewissen begabt und sollen einander im Geiste der Brüderlichkeit begegnen." In Artikel 2 werden diese Feststellungen präzisiert: „Jeder hat Anspruch auf alle in dieser Erklärung verkündeten Rechte und Freiheiten, ohne irgendeinen Unterschied etwa nach Rasse, Hautfarbe, Geschlecht, Sprache, Religion, politischer oder sonstiger Anschauung, nationaler oder sozialer Herkunft, Vermögen, Geburt oder sonstigem Stand." (32)

An die Stelle universeller Menschenrechte wollen die Taliban ein System setzen, in dem die umfassende Diskriminierung der Frauen festgeschrieben ist. Im ersten Schritt haben sie den Namen des Landes „Islamische Republik Afghanistan" in „Islamisches Emirat Afghanistan" geändert. Damit wird die neue politische Orientierung auf eine der Scharia verpflichtete Regierungsform zum Ausdruck gebracht. In der Frage der völkerrechtlichen Anerkennung kommt dieser Differenzierung eine Schlüsselrolle zu.

Die Verknüpfung der Anerkennung der Taliban mit der Einhaltung von Menschenrechten in Afghanistan ist – wie in einem Infobrief des Deutschen Bundestags dargestellt – „eine völkerrechtskonforme Gegenmaßnahme als Reaktion auf Menschenrechtsverletzungen seitens der Taliban-Regierung in Afghanistan". (33) Offiziell wurde die Taliban-Administration bisher von keinem Staat als Regierung Afghanistans anerkannt. Es hat sich jedoch eine De-facto-Anerkennung durchgesetzt. Kontakte mit den Taliban werden unterhalb der Schwelle der völkerrechtlichen Anerkennung von den USA, Russland und China gepflegt. Pakistan, die arabischen Golfstaaten, der Iran und die Türkei haben ihre Beziehungen mit den Taliban sogar intensiviert.

In einem Brief an den Generalsekretär der UNO bat Amir Khan Mottaqi, der Außenminister der Taliban-Regierung, anlässlich der 76. Generaldebatte der UN-Generalversammlung vom 21. bis 27. September 2021 für Afghanistan reden zu dürfen. Die Taliban erklärten, dass sie den bisherigen afghanischen UN-Botschafter Ghulam Isaczai durch ihren eigenen Sprecher Suhail Schahin ersetzen wollten. Die Entscheidung wurde vom zuständigen UN-Komitee vertagt. Isaczai stand für Afghanistan auf der Sprecherliste der Generaldebatte. Er zog allerdings nach Beratung mit Aschraf Ghani seine Teilnahme in letzter Minute zurück. Folglich ergriff niemand für Afghanistan das Wort. Dieser Vorfall verrät nochmals die Doppelbödigkeit von Ghani und seinen Anhängern, die Isaczai ausredeten, die internationale Bühne zur Entlarvung des wahren Gesichts der Taliban zu nutzen.

10 Die Problematik der Bildung der „inklusiven Regierung"

Eine erforderliche, jedoch keine ausreichende Bedingung zur Anerkennung

Bei der Diskussion um die offizielle Anerkennung der Taliban-Administration wird international unisono als Voraussetzung die Bildung einer inklusiven Regierung vorgebracht. Es wird jedoch kaum präzisiert, was damit im Einzelnen gemeint ist und nach welchen Kriterien diese Bedingung als erfüllt angesehen wird.

Dabei ist die Bildung einer inklusiven Regierung eine politische Notwendigkeit, jedoch für die Garantie von Gleichheit und Menschenrechten noch keineswegs ausreichend. Eine Partizipation nichtpaschtunischer Volksstämme an der Taliban-Administration stellt allein noch keine Garantie für deren gerechte Behandlung dar. Ohne zusätzliche Absicherung wären die Vertreter der nichtpaschtunischen Volkstämme im Kabinett und in anderen staatlichen Positionen den willkürlichen Entscheidungen der Taliban ausgeliefert. Denn sie müssten sich im Rahmen des totalitären Systems den Anweisungen der Taliban unterwerfen. In ähnlicher Weise stellt sich die Frage des Zugangs der Frauen zu Ausbildung, Studium und Arbeit. Ihre Menschenrechte und Ansprüche auf politische Partizipation bleiben immer gefährdet, wenn sie unter den Bedingungen der Scharia zugelassen werden.

Aus diesem Grund darf der Blick nicht auf die formale Inklusion der Regierung verengt werden. Vielmehr muss die Gestaltung des gesamten Systems als Kriterium für eine internationale Anerkennung in den Blick genommen werden. Solange die Staatsform das Prädikat „Religion" mit sich trägt, gibt es keine ausreichende Garantie für die Gewährung bürgerlicher Freiheiten. Und eine gerechte Partizipation an der Macht kann nur durch eine freiheitlichdemokratische Gestaltung des Staatswesens zustande kommen und garantiert werden.

Die Taliban aber betrachten die Bevölkerung des Landes nicht als gleichberechtigte Bürger, sondern als Ommat (Untertanen), die sich durch Bai-at (بیعت-; Treuschwüre) dem Chef der Milizen zu unterwerfen haben.

Wie oben schon ausgeführt, stand in Afghanistan die zentralistische Regierungsform schon immer im Widerspruch zu demokratischen Strukturen, die von Autokraten leicht zu manipulieren waren. Daher ist es für die politische Stabilität essenziell, einige Kompetenzen des zentralen Staates auf die Provinzen zu verlagern. Dafür müssen die Provinzen mit den erforderlichen finanziellen Mitteln ausgestattet werden. Die gerechte Verteilung der Ressourcen sollte durch eine Indexierung der Staatsdienste – vom Gesundheitswesen über Trinkwasser- bis zur Stromversorgung – sichergestellt werden. Von elementarer Bedeutung ist der Aufbau eines demokratischen Systems, der nicht im Top-down-Verfahren, sondern als Bottom-up-Prozess vollzogen wird.

Ob die gegenwärtige Machtelite in der Lage ist, einen Wandel dieser Art einzuleiten, ist mehr als fraglich. Aber die Suche nach einem schlüssigen Rezept für die künftige Gestaltung einer friedlichen Gesellschaft, in der die ethnischen Gemeinschaften in Harmonie miteinander koexistieren und die UN-Menschenrechtscharta ohne Einschränkungen Anwendung findet, wird wieder in die Sackgasse führen, wenn sich die streng zentralistischen Strukturen wieder durchsetzen werden.

7.3 Vielfältige Dimensionen des Widerstands am Hindukusch

Ein historisch bedingtes Phänomen am Kreuzweg der Kulturen

Die hauptsächliche Stoßrichtung der Politik der Taliban zielt darauf ab, den „Feind", den sie als die nichtpaschtunischen Volksstämme identifizieren, zur totalen Kapitulation zu zwingen, wobei sie den militanten Islam als Fassade nutzen. Sie bedienen sich verschiedener Maßnahmen in einer Bandbreite von der Vertreibung der Einwohner aus ihren Dörfern über die Zerstörung ihrer Existenzbasis (Felder, Häuser, Infrastruktur) bis zu willkürlicher Verhaftung, Folterung und Ermordung. Diese „Politik der verbrannten Erde“, die immer deutlichere Konturen annimmt, provoziert zwangsläufig Widerstand. Wenn ein nicht gewaltförmiger ziviler Widerstand perspektivlos ist, kann die Unterdrückung begreiflicherweise unversehens bewaffneten Widerstand provozieren. Tadschiken, Usbeken und Hazara blicken auf einen langen Krieg zurück, der eine „Kalaschnikow-Kultur“ im Lande entstehen ließ und ihnen Teilhabe an politischer Macht hätte verschaffen können, wenn ihre Elite nicht fundamentale Fehler begangen hätte.

Dem Widerstand in Afghanistan geht es allerdings nicht allein um politische Partizipation und gerechte Verteilung der Ressourcen, vielmehr zeichnet sich im Kampf gegen die Taliban eine Vielfalt von Konfliktebenen ab. Es geht um den Kampf für eine moderne Lebensweise und gegen überlebte Tradition, für gesellschaftliche Reformen und gegen Stagnation, für Nachsichtigkeit und gegen politischen Dogmatismus, für Aufklärung und gegen militanten Islam, für Toleranz und gegen Stigmatisierung Andersdenkender sowie für eine progressive Kultur und gegen den patriarchalischen Stammeskodex. Letzten Endes handelt es sich um einen Kampf für demokratische Freiheiten und gegen totalitäre Ansprüche.

Bewaffneter Widerstand formiert sich am Hindukusch, weil die historische und kulturelle Identität der Tadschiken, Usbeken und Hazara auf dem Spiel steht. Es geht um nicht weniger als ihre nackte Existenz und ihr Überleben als lebendige, dynamische und sich formierende ethnische Gemeinschaften. Träger dieses Widerstandes ist eine herangewachsene Generation, die sich von der alten Garde distanziert. Diese hat als „politische Elite“ der nicht-paschtunischen Volksstämme ihre historische Chance verpasst und sich schließlich ins Ausland gerettet. Noch kämpft sie um ihre ökonomischen Privilegien und plädiert für eine Teilung der Macht, um zurückkehren zu können. Das ist sicherlich ihr gutes Recht, aber chancenlos, denn sie hat ihren sozialen Stellenwert, den sie zu Recht nach dem ersten Widerstand gegen die Taliban erzielt hatte, längst verloren.

Die neue Generation hingegen ist unter halbdemokratischen Verhältnissen herangewachsen, kennt sich im politischen Diskurs aus und ist sich über die Ziele ihres Kampfes im Klaren. Sie hat sich nicht dem dogmatischen Islam verschrieben, sondern Freiheit und Gerechtigkeit als Leitwerte adoptiert. Sie hat aus den fundamentalen Fehlern der Vergangenheit gelernt und ist nicht dazu bereit, in den Dienst traditioneller und religiöser Dogmen zu treten, und schon gar nicht dazu, von irgendeiner ausländischen Macht als Stellvertreter instrumentalisiert zu werden.

Zum Spektrum des Widerstandes zählen ehemalige junge Offiziere in Sicherheitsorganen, die mit der Aussicht konfrontiert sind, dauerhaft diskriminiert zu werden. Daneben gibt es junge Leute, die ihre Ausbildung bzw. ihr Studium hinter sich gebracht haben, aber nun mit Arbeitslosigkeit und sozialer Misere rechnen müssen. Viele von ihnen haben ihre Arbeitsstellen in internationalen Hilfsorganisationen und im Staatsapparat verloren; sie wurden prompt entlassen und durch analphabetische Milizen ersetzt. Ferner handelt es sich um ehemalige Dozenten, Lehrer und Journalisten, die um ihre Verdienstmöglichkeiten gebracht worden sind. Da sie nicht über Finanzreserven oder Ersparnisse verfügen, wurden sie schlagartig zu Almosenempfängern. Diese Aufzählung kann fortgesetzt werden mit Kleinhändlern, Künstlern, Musikern und Beschäftigten in den Medien, die nun kaum noch Überlebenschancen besitzen. Viele von ihnen waren die einzigen Versorger ihrer Großfamilien gewesen.

Angesichts der brutalen Unterdrückung standen die nichtpaschtunische politische Elite und Intellektuelle vor den folgenden Alternativen:

- elende Kapitulation,
- angstvolle Ignoranz,
- vorübergehende Selbsttäuschung,
- couragierter ziviler Widerstand oder
- bewaffneter Widerstand.

Einiges deutet darauf hin, dass sich eine starke und weit verbreitete oppositionelle Bewegung gegen die Taliban formiert, deren Reichweite von bewaffnetem Widerstand über die Proteste der couragierten Frauen bis hin zum zivilen Ungehorsam der ehemaligen Oppositionellen reicht. Schon jetzt haben landesweit verschiedene Gruppen und Organisationen durch Aktionen auf sich aufmerksam gemacht. Es handelt sich um folgende Gruppen:

1) Front der Freiheitskämpfer von Westnuristan, aktiv in Nuristan

2) Nationale Befreiungsfront, aktiv in Kunduz, Tachar und Badachschan

3) Front der Freiheitskämpfer, aktiv in Parwan, Kabul und Ghazni (1)

4) National-islamische Bewegung zur Befreiung Afghanistans, aktiv in Kunar, Nangerhar und Helmand

5) Demokratische Befreiungsfront, aktiv in Bamyan

6) Nationale Widerstandsfront von Hazaristan, unter dem Kommando von Ali Pur, aktiv in Herat, Gohr und Daikundi

7) Nationale Patriotische Front, aktiv in Faryab und Ghazni (2)

8) Front für Freiheit und Demokratie, aktiv in Kabul

9) Befreiungskämpfer von Farah, aktiv in Farah

10) Freiheitskämpfer von Turkestan, aktiv in Faryab und Josjan

11) 1Widerstandsbewegung für Gerechtigkeit, aktiv in Ghazni, Bamyan und Ghor

Diese Widerstandsgruppen haben sich bereits innerhalb eines Jahres nach der Machtübernahme der Taliban in Kabul organisiert. Sie sind von Struktur und politischer Vorstellung her unterschiedlichen Charakters. Ihnen gemeinsam ist der bewaffnete Kampf gegen die Taliban. Erst im Laufe der Zeit wird sich zeigen, inwieweit ihre Messerstiche gegen die Taliban effektiv sind. Sie tragen auf jeden Fall dazu bei, dass die Taliban unsicher werden und ihr Image als „unbesiegbar“ schon jetzt angekratzt ist. Aber der Widerstand am Hindukusch geht über den Horizont dieser Gruppierungen hinaus. Es handelt sich um einen durch Geschichte und Topografie geformten Widerstand, der in der Mentalität der Einwohner bzw. in der leidvollen Geschichte des Landes tief verwurzelt ist. Der historisch angelegte Freiheitsdrang lässt sich am deutlichsten bei der „Nationalen Widerstandsfront“ erkennen. Sie hat sich einem Widerstand verpflichtet, der auf eine lange Vergangenheit des bewaffneten Kampfes zurückblickt und auf einer formulierten politischen Plattform steht. Diese Front, welche vor allem im Pandschir-Tal nördlich der Hauptstadt Kabul lokalisiert ist, bildet das Rückgrat der gesamten Widerstandsbewegung am Hindukusch. Sie verfügt über reichliche Erfahrungen aus dem bewaffneten Kampf gegen die sowjetische Invasion. Die Rote Armee attackierte das Pandschir-Tal achtmal, vermochte aber keinen nennenswerten Sieg bzw. keine Geländegewinne gegen die Kämpfer von Ahmad Schah Massoud, dem „legendären Kommandanten" des damaligen Widerstandes, zu erringen. Aktuell kämpft diese Front unter dem Kommando von Ahmad Massoud, dem 33-jährigen Sohn von Ahmad Schah Massoud, mit dem Ziel, eine nationale politisch-militärische Front gegen die Taliban zu bilden. Ihrer fundamentalen Bedeutung wegen konzentriert sich die folgende Beschreibung des Widerstandes am Hindukusch auf diese Front, vor dem Hintergrund historischer Spezifika und Besonderheiten der Region.

Ein kurzer historischer Abriss

Die topografisch schwer zugängliche, gebirgige Region im Norden von Kabul, die sich von Gulbahar bis Badachschan im Nordosten des Landes erstreckt, blickt auf eine lange leidvolle, aber legendäre Vergangenheit zurück. Dieses Gelände, das etwa 120 Kilometer nördlich der Hauptstand Kabul liegt, heißt „Pandschir-Tal", wörtlich übersetzt „Tal der fünf Löwen" (Kohsad, 1989, 19). Es ist ein etwa 125 Kilometer langes und enges Tal, das sich vom Nordosten in Richtung Süden erstreckt. Um drei Haupttäler gruppieren sich etwa 20 kleinere Täler mit je 20 bis 40 Kilometer Länge. In der Mitte des Haupttals fließt der Pandschir aus etwa 6000 Metern von Khawak, Chamar und Anjuman nach Süden. Er speist sich aus dem Schmelzwasser der schneebedeckten Berge und bewässert das Tal ganzjährig.

Das Pandschir-Tal ist aufgrund seiner strategischen Bedeutung immer als Transitland für Güter und Kulturaustausch in der Nord-Süd-Richtung wichtig gewesen. Einige Imperatoren haben Menschen aus dem Tal versklavt und nach Indien gebracht. Dschingis Khan, der mongolische Imperator, zerstörte im 12. Jahrhundert einige Gebiete im Pandschir-Tal. Arabische Invasoren konnten es jedoch nicht einnehmen. Die Einwohner sind überwiegend Tadschiken und Anhänger des sunnitischen Islam. Auch einige Hazara und Nuristani derselben Glaubensrichtung leben dort. Die Provinz ist in sieben Distrikte unterteilt und umfasst 512 Dörfer. 2021 betrug die Bevölkerung der Provinz Pandschir etwa 173 000 Personen. Bazarak ist ihre Provinzhauptstadt.

Pandschir als „uneinnehmbare" Festung des Widerstandes

„Kapitulation ist nicht Teil meines Wortschatzes."
(Ahmad Massoud auf Twitter.com/BHL, August 21, 2021)

Unmittelbar nach dem Fall der Ghani-Regierung flog Ahmad Massoud am 15. August 2021 nach Pandschir. Er war der Erste bzw. der Einzige, der ohne Verzug den Taliban den Kampf ansagte. Seine Kampfansage war jedoch kein spontaner Akt. Schon in den letzten Tagen der Regierung von Ghani, als sich abgezeichnet hatte, dass die Taliban rasch vorrücken würden, hatte Massoud seine Entscheidung getroffen.

Am 14. August 2021 versammelten sich etwa 70 einflussreiche Pandschiris im Konferenzsaal der Massoud-Stiftung in Kabul. Achtundsechzig der Anwesenden versprachen Massoud, im Pandschir-Tal Widerstand zu leisten. Wie Razaq Mamoon, Journalist und Vertrauter von Ahmad Massoud, berichtet, erhielt Massoud in der Nacht zum 15. August die überraschende Mitteilung von der pakistanischen Botschaft in Kabul, dass ihm ein pakistanisches Visum erteilt worden sei und am nächsten Tag um etwa 14 Uhr ein pakistanischer Flugzeug der PIA auf dem Kabuler Flughafen für ihn zum Abflug nach Islamabad bereitstehe. (3) Er hatte weder einen Antrag auf Visum gestellt noch eine Reise nach Pakistan geplant. Das Erstaunen wuchs, als eine Stunde später sein Onkel, Ahmad Wali Massoud, anrief und ihn aufforderte, „sich auf die Reise nach Pakistan für politische Beratung vorzubereiten". Er lehnte dieses Ansinnen mehrmals kategorisch ab mit dem Einwand, dass hinter dem Angebot eine Falle stecke. Tatsächlich standen zwei PIA-Flugzeuge an diesem Tag für den Transport prominenter Mitglieder der nichtpaschtunischen Elite, darunter Junus Qanuni, Haji Mohaqqiq, Ahmad Wali Massoud und Ata Mohammad Nur, in Kabul bereit. Ihr Abflug verspätete sich, weil Pakistan bis zuletzt darauf spekulierte, dass Ahmad Massoud an Bord kommen würde. Erst nachdem Ahmad Massoud mit einem Helikopter ins Pandschir-Tal gestartet war, flogen die Maschinen nach Islamabad ab. Sein Verdacht, das Evakuierungsangebot Pakistans sei keineswegs in freundlicher Absicht unterbreitet worden, war begründet. Denn offensichtlich holte Pakistan diese Gäste vor dem 15. August zu „politischer Beratung" nach Islamabad, um ganz sicherzugehen, dass in Kabul kein spontaner Widerstand gegen den Einmarsch der Taliban organisiert würde. (4)

Ahmad Massoud, geboren am 10. Juni 1989 im Pandschir-Tal, ist der älteste Sohn des legendären Ahmad Schah Massoud, der zehn Jahre als Kommandeur der „Schorai Nezar" (Rat der Wächter), des bewaffneten Arms des „Jamiati Islami", gegen die sowjetische Besatzungsmacht in Pandschir erfolgreichen Widerstand leistete. Ahmad Schah Massoud wurde am 9. September 2001 durch zwei Attentäter des Al-Qaida-Terrornetzes umgebracht. Im Gegensatz zu seinem Vater, der an die Anweisungen der „Jamiati Islami" gebunden und daher in seinem Entscheidungs- bzw. Bewegungsradius eingeschränkt war, ist Ahmad Massoud als Chef der „Nationalen Widerstandsfront" an keine anderen parteipolitischen Anweisungen gebunden. Während sein Vater militärische Expertise in konkreten Widerstandsaktionen sammelte, wurde Ahmad Massoud an der Royal Military Academy Sandhurst ausgebildet. Im Jahr 2012 begann er ein Studium in „War Studies" am King's College London, wo er 2015 einen Bachelorabschluss erhielt. Seinen Masterabschluss in Internationaler Politik erwarb er 2016 an der City University of London. (5) Das Thema seiner Dissertation waren die Taliban. (6) Ahmad Massoud kehrte 2016 nach Afghanistan zurück und übernahm in Kabul die Leitung der Massoud-Stiftung, einer Denkfabrik, die sich mit der politischen Situation des Landes befasst.

Die Doha-Gespräche betrachtete Ahmad Massoud von Beginn an mit großer Skepsis, da er befürchtete, dass ein rascher Abzug der US-Truppen aus Afghanistan das Land in ein Chaos stürzen werde. Die USA hätten den Taliban zu schnell Zugeständnisse gemacht und andere Afghanen von den Friedensgesprächen ausgeschlossen. Es sei „kein von Afghanistan geführter Prozess [...]. Es passiert etwas zwischen Amerika und den Taliban, zwischen den Regionalmächten und den Taliban. Wo sind die Afghanen?" Im Hinblick auf den Konflikt mit den Taliban sagte Massoud schon 2019 in einem Interview: „Ich bete und hoffe wirklich, dass Afghanen und Afghanistan nie wieder ein Blutvergießen erleben", und fügte hinzu: „Gott bewahre. Aber wenn es dazu kommt, nicht nur ich, sondern es gibt [...] Hunderttausende junge Menschen, die wie ich sind. Wir sind bereit, zur Waffe zu greifen." (7)

In einem Artikel der Washington Post, der in den Tagen nach dem Fall von Kabul verfasst wurde, skizzierte Ahmad Massoud die Werte, für die er steht: „Wir haben so lange für eine offene Gesellschaft gekämpft, eine Gesellschaft, in der Mädchen Ärztinnen werden konnten, unsere Presse konnte frei berichten, unsere Jugend konnte tanzen und Musik hören oder Fußballspielen in den Stadien beiwohnen, die einst von den Taliban für öffentliche Hinrichtungen genutzt wurden – und vielleicht bald wieder." (8)

Im Hinblick auf die politische Gestaltung des Landes plädiert Ahmad Massoud für „Dezentralisierung". Damit meint er „Fokussierung auf die Machtverteilung zwischen den 34 Provinzen des Landes anstelle einer zentrierten Regierungshochburg in Kabul". Zur Regierung von Ghani vertrat Massoud die Ansicht, dass aktuell das politische System selbst das Problem sei. Seiner Meinung nach „gibt es keine Rechenschaftspflicht und niemand kann den Präsidenten infrage stellen". (9)

Einzelheiten zur Plattform der Nationalen Widerstandsfront

Kampf für Freiheit und Demokratie

Die Plattform der Nationalen Widerstandsfront fasst ihre Ziele in 34 Punkten zusammen. Die Front versucht, alle Anti-Taliban-Kräfte unabhängig von politischen, sozialen, kulturellen, ethnischen und ideologischen Unterschieden zu vereinen. Durch die Teilnahme am Kampf gegen Unterdrückung, Ignoranz und Extremismus will sie ihrer historischen Verantwortung gerecht werden und die gegenwärtige Krise überwinden, um einen dauerhaften Frieden zu erreichen. (10)

Die Prinzipien und Ziele der künftigen Regierung werden in der Plattform detailliert beschrieben. Zuallererst werden die „Wahrung der territorialen Integrität, Wiederherstellung der nationalen Souveränität, der Unabhängigkeit des Landes und Gewährleistung der Rechtsstaatlichkeit" hervorgehoben (Punkt 3 der Plattform). In Punkt 4 wird festgelegt, „die Souveränität in Afghanistan liegt beim Volk und soll direkt oder durch seine Vertreter ausgeübt werden. Die Prinzipien der Bürgerpartizipation gelten als Hauptkriterien, wobei bei Entscheidungen politische Parteien als Säulen der Demokratie, der Meinungsfreiheit und des kulturellen und sprachlichen Pluralismus die Hauptrolle spielen. Das muss unterstützt und entwickelt werden". In Punkt 5 wird die künftige Regierungsform festgelegt: „Schaffung eines legitimen, dezentralisierten, nationalen und modernen politischen Systems auf der

Grundlage des freien Willens des afghanischen Volkes, ohne ethnische, konfessionelle, rassische und geschlechtsspezifische Unterschiede, als Rechtsstruktur und als Regierung, die dem gewählten Parlament rechenschaftspflichtig ist."

Im Hinblick auf die Frage der politischen Macht heißt es in Punkt 7: „Machterlangung und -übertragung durch demokratische Wahlen als einzig legitime Lösung und Widerstand gegen die Machtergreifung und deren Fortführung durch Einschüchterung und Gewaltanwendung." Punkt 8 ist ein „Bekenntnis zum Pluralismus und zur Institutionalisierung der politischen Partizipation durch Stärkung zivilgesellschaftlicher und politischer Initiativen". Gleichberechtigung der Geschlechter wird explizit in Punkt 10 bestätigt: „Wir glauben an Gleichberechtigung von Mann und Frau vor dem Gesetz und lehnen jede Art von Diskriminierung zwischen Bürgern ab. Wir glauben an die Beteiligung von Frauen in allen politischen, wirtschaftlichen und kulturellen Bereichen ohne jegliche Diskriminierung."

Auf die Bedeutung der Gewaltenteilung wird in Punkt 11 hingewiesen. Mit Blick auf die künftige Entwicklung betont Punkt 23 den Stellenwert, der der „Entwicklung von Wirtschaftsplänen und nachhaltiger Entwicklung für die Zukunft des Landes" zugemessen wird. In den Punkten 12 und 13 werden die Prinzipien der Außenpolitik festgelegt. Sie betreffen die Wiederherstellung und Stärkung der Unabhängigkeit, die Wiederherstellung der Würde des Landes, die Sicherung nationaler Interessen, die Wahrung der territorialen Integrität, Nichteinmischung und gute Nachbarschaft in gegenseitigem Respekt, Gleichberechtigung und aktive Präsenz auf der Weltbühne. Sie enthalten ein Bekenntnis zum Grundsatz der positiven Neutralität sowie zur Gewährleistung des Ausgleichs legitimer Interessen und ausgewogener Beziehungen Afghanistans zu seinen Nachbarn, der Weltregion und zu internationalen Organisationen.

Ali Nazary, Leiter der Abteilung für Außenbeziehungen der Nationalen Widerstandsfront, stellt fest: „Wir sind für Frieden – aber Frieden bedeutet nicht, sich den Forderungen der Feinde zu ergeben. Die Widerstandsfront glaubt, dass wir für einen dauerhaften Frieden die zugrunde liegenden Probleme in Afghanistan angehen müssen [...]. Afghanistan besteht aus ethnischen Minderheiten, niemand ist eine Mehrheit. Es ist ein multikultureller Staat, es braucht einen Power-Sharing-Deal, bei dem sich alle an der Macht sehen.“ (11)

Kritische Würdigung der Plattform der Nationalen Widerstandsfront

Die Plattform als ein politischer Konsens auf breiter Ebene

Die Plattform der Nationalen Widerstandsfront befasst sich mit den zentralen Fragen zur Gestaltung der Zukunft des Landes. In erster Linie werden die nationale Souveränität und territoriale Integrität Afghanistans betont. Dies impliziert eine eindeutige Widerlegung des Vorwurfs des Separatismus ebenso wie eine unmissverständliche Ablehnung des paschtunischen Chauvinismus. Zur künftigen Gestaltung der Wirtschaft und Gesellschaft Afghanistans wird eine klare Vision vorgestellt. Demnach kämpft die Front kompromisslos für eine demokratische Gesellschaftsordnung, die durch Gewaltenteilung, Legitimierung durch freie Wahlen im fairen Wettbewerb der Parteien und politische Freiheitsrechte der Bürger charakterisiert ist. Im Kontrast zum paschtunischen Chauvinismus und Monoethnizismus der Taliban plädiert die Plattform für die Entfaltung der kulturellen und sprachlichen Vielfalt des Landes am Hindukusch. Auch ihr Plädoyer für eine dezentrale Regierungsform auf der Provinzebene mit gewissen Rechten und Pflichten gegenüber der demokratischen Zentralregierung widerspricht diametral dem zentralistischen Chauvinismus. Sie zieht die richtigen Konsequenzen aus den Erfahrungen mit den hochgradig zentralisierten Regierungen der Vergangenheit, die stets – wie zuletzt unter Aschraf Ghani – alle Belange des Landes durch selbstherrliches Diktat des „Palastes“ entschieden. In der Plattform wird der Begriff „Föderalismus“ bewusst vermieden, um nicht diejenigen zu provozieren, die darin einen Hinweis auf separatistische Bestrebungen sehen. Deswegen plädiert sie ausdrücklich für eine Staatsstruktur zwischen Föderalismus und dezentraler Regierungsform, wobei von der Ebene der Distrikte über Städte bis hin zur Provinzebene innenpolitische Angelegenheiten durch demokratische Selbstbestimmung entschieden werden. Hier unterscheiden sich die Vorstellungen der Front eindeutig von der Top-down-Politik der bisherigen Regierungen.

Im Hinblick auf die künftige Gestaltung der Wirtschaft des Landes setzt sich die Front für eine Strategie nachhaltiger Entwicklung ein, wobei alle Regionen des Landes nach dem Prinzip der Gleichheit und Gerechtigkeit von den verfügbaren Ressourcen und Möglichkeiten profitieren sollen. Eine ausgewogene regionale Entwicklung soll der Diskriminierung und Vernachlässigung gewisser Regionen ein Ende setzen.

Außenpolitisch vertritt die Front eine Politik der Neutralität und erteilt jedem strategischen und militärischen Bündnis mit externen Mächten eine klare Absage. Dadurch soll sichergestellt werden, dass von Afghanistan aus keine Gefahr für die Nachbarstaaten ausgeht. Gleichzeitig müssen die Prinzipien von Nichteinmischung, guter Nachbarschaft, gegenseitigem Respekt und Gleichberechtigung berücksichtigt werden. Diese Prinzipien außenpolitischer Beziehungen reflektieren die leidvolle Geschichte des Landes, insbesondere die Phasen afghanisch-sowjetischer und afghanisch-amerikanischer Beziehungen in den letzten 40 Jahren.

Die nationale Widerstandsfront betont ausdrücklich, dass das afghanische Volk sein Schicksal selbst in die Hand nehmen muss. Bertolt Brecht wird folgende Weisheit zugeschrieben: Diejenigen, die glauben, dass andere ihm Freiheit geben werden, sind wie diejenigen, die beim Überqueren eines Flusses darauf warten, dass der Fluss austrocknet. Die Front sieht konsequenterweise keine Alternative zu einer umfassenden konzeptionellen Gestaltung der Zukunft des Landes. Zweifellos stößt ihre Durchsetzung nicht unbedingt auf ungeteilte Zustimmung. Dennoch liegt damit ein konkreter Plan vor, der keinen Vergleich scheuen muss und eine Herausforderung darstellt, alternative Pläne zu formulieren und zu begründen.

Nationale Widerstandsfront als ein weitsichtig konzipiertes Vorhaben

Zur Überraschung vieler politischer Beobachter war Ahmad Massoud schon lange Zeit vor der Machtübernahme der Taliban-Milizen auf den Kampf vorbereitet. Er hatte schon 2019 dafür gesorgt, dass in den Nebentälern von Pandschir Waffen gelagert wurden. Er war nicht an den Regierungen von Karzai und Ghani beteiligt und zählte nicht zur neu gebildeten Schicht der Oligarchie. Ahmad Massoud agiert politisch weitsichtig und rational. Er präsentiert die Front als einen nationalen Widerstand gegen Tyrannei und Unterdrückung. Dieses Narrativ machte den Widerstand zu einem großen Sammelbecken für Taliban-Gegner aus allen Volksstämmen und bewirkt, dass die Versuche der Taliban, neue paschtunische Kämpfer gegen Tadschiken zu rekrutieren, auf schwaches Echo stoßen. Die Nationale Widerstandsfront hat den Mythos der Unbesiegbarkeit der Taliban infrage stellt. Schon ein Jahr nach der Niederlage der Amerikaner am Hindukusch hat sich der Glaube, die Taliban seien unschlagbar und keine Kraft könne sich gegen sie behaupten, als unzutreffend entlarvt. Der Widerstand blieb nicht auf das Pandschir-Tal regional beschränkt, er dehnte sich auf mindestens vier Provinzen gen Nordosten aus, nach Kapisa, Andarab, Takhar und Badachschan. Sein Momentum stärkte den Widerstandswillen auch anderer Gruppen und ließ sie Kraft und Mut schöpfen.

Der Nationalen Widerstandsfront kommt zugute, dass die Taliban in ihrem Vorhaben, das Pandschir-Tal unter ihre Kontrolle zu bringen, auf Granit gestoßen sind. Mullah Jakub, der Verteidigungsminister der Taliban-Administration, hat selbst im Mai 2022 das Oberkommando in Pandschir geleitet, allerdings keine Fortschritte erzielt. Darauf sandte er Mawlawi Abdul Qayoom Zaker, den Vizeverteidigungsminister und Chef des „Helmand-Schora", nach Pandschir. Zaker, der als blutrünstiger Talib in der Helmand-Provinz bekannt ist, verlor zunächst seinen Stellvertreter Mawlawi Haroon und wurde dann selbst verletzt. Bevor er in Kabul an seinen Verletzungen starb, soll er gesagt haben: In Pandschir kämpfen nicht nur Frauen, Kinder und Männer gegen uns, sondern sogar die Bäume und Gesteine des Tals sind uns feindlich gesinnt.

Zur Notwendigkeit der Ergänzung der Plattform der Widerstandsfront

Eine Blume macht noch kein Frühling

Der bewaffnete Widerstand, der in Afghanistan seit jeher Tradition besitzt, wird durch die repressive Atmosphäre der Gegenwart befördert. Noch befindet er sich in der Anfangsphase und ist vor allem regional auf den Norden und Westen des Landes, d. h. auf die historischen Siedlungsgebiete der Nichtpaschtunen, beschränkt. Die politische Plattform der Nationalen Widerstandsfront bietet aber eine gute Basis für die politische Verständigung verschiedener politischer Richtungen. Für einen erfolgversprechenden bewaffneten Kampf muss sie jedoch durch qualifizierte militärische Kapazitäten und effektive geheimdienstliche Fähigkeiten ergänzt werden. Denn die Front kämpft nicht gegen ein paar unzureichend bewaffnete und unausgebildete Milizen, sondern gegen eine Terrorgruppe, die mit dem von den USA hinterlassenen Waffenarsenal ausgestattet ist. Hinzu kommt der Beistand der pakistanischen Geheimdienste. Solange die Nationale Front in gebirgigen Hochtälern gegen die Taliban kämpft, kann sie den bewaffneten Kampf gut bestehen. Es wird jedoch problematisch, wenn sich die Kampfarena auf offenes Gelände und die Peripherie der Städte verlagert. Dann ist die Front mit der Wucht und der Feuerkraft der modernen Panzer und Helikopter konfrontiert. Die Nationale Front kann sich aber keineswegs eine mechanisierte, von Materialschlachten geprägte Kriegsführung leisten, denn sie verfügt nicht über Panzer oder Kampflugzeuge. Es handelt sich beim Kampf der Front gegen die Taliban um einen asymmetrischen Krieg, in dem sich Gegner ungleicher Stärke gegenüberstehen. In diesem asymmetrischen Krieg hat die Front nicht auf Attentate zurückgegriffen, ihre Stärke liegt – entsprechend dem Charakter der Formierungsphase – in ständigen Nadelstichen gegen die Taliban, in der erfolgreichen Tarnung im zivilen Leben und in variablen Kampfmethoden.

Nach bisherigen Erfahrungen ist damit zu rechnen, dass die militärischen Spionagenetze Pakistans durch moderne Beobachtungstechniken die Bewegungen der Kommandeure der Nationalen Widerstandsfront observieren und im Bedarfsfall durch Drohnen rasch und effektiv handeln. Bislang sind einige Kommandeure und selbst zivile Berater von Ahmad Massoud auf diese Weise physisch liquidiert worden. Hierbei stellt die Liquidierung von Fahim Daschti, dem Sprecher der Front, am 5. September 2021 durch pakistanische Drohnen den deutlichsten Hinweis auf aktives Engagement des pakistanischen Geheimdienstes in Afghanistan dar. (12) Der 48-jährige Fahim wurde im Dashtak-Gebiet von Pandschir zusammen mit Frontgeneral Abdul Wodod, dem Neffen Ahmad Massouds, getötet. Nur wenige Tage zuvor hatte Daschti gesagt: „Wenn wir sterben, wird die Geschichte über uns schreiben als Menschen, die bis zum Ende für ihr Land eingetreten sind." (13) Ahmad Massoud selbst ist als Chef der Nationalen Widerstandsfront dieser Gefahr ausgesetzt. Deswegen ist es von großer Bedeutung, dass die politische Arbeit der Plattform der Nationalen Widerstandsfront durch effektive Maßnahmen im Militär- und Geheimdienstwesen ergänzt wird. Vorerst ist eine Rückendeckung aus dem Ausland nicht in Sicht. Aber mit zunehmender Polarisierung der beiden Antagonisten „Moskauer Format" und „Washingtoner Konzept" ist es durchaus möglich, dass Teilnehmer des Moskauer Formats, vor allem Russland, Iran, Indien und auch China, den bewaffneten Widerstand am Hindukusch unterstützen. Allerdings würde das Land dann wiederum zur Kampfarena rivalisierender Kräfte.

Der Aktionsradius der Nationalen Widerstandsfront ist bislang beschränkt auf vier Provinzen im Osten und Norden. Die Arbeit der Front wird erst dann zur echten Gefahr für die Taliban, wenn sie sich zur Dachorganisation für separate und autonom agierende Widerstandszellen entwickelt. Damit könnte sie landesweit die Strategie und Taktik des Guerillakrieges wirksam koordinieren. Ahmad Massoud ist politisch eloquent und einfallsreich, aufgrund seines Studiums auch militärisch smart und kreativ. Er hat sich von der alten Garde der Machtelite, die im Ausland vergeblich auf eine friedliche Verhandlung mit den Taliban hofft, deutlich distanziert. Für die traditionelle Mentalität in Afghanistan gilt der 33-jährige Ahmad Massoud noch nicht als Integrationsfigur. In diese Rolle wird er aber im Laufe eines langwierigen Widerstandskampfes hineinwachsen.

Zum Charakter des bewaffneten Kampfes am Hindukusch

„Die unterdrückerischen Regierungen der Länder verdienen es, gestürzt zu werden; wenn möglich friedlich, mit Gewalt, wenn notwendig." (Freedom House [14])

Beim bewaffneten Kampf am Hindukusch gegen die Tyrannei der Taliban handelt es sich um einen gerechten Krieg. Dessen Doktrin ist nicht ein Produkt der modernen Zeit, sie hat in der Geschichte der Völker eine lange Tradition. Gerechter Kampf gegen Unterdrückung und Despotie hat auch in den Vereinigten Staaten von Amerika eine lange Tradition. Thomas Jefferson, einer der Gründerväter der Vereinigten Staaten und der dritte amerikanische Präsident (1801–1809), war der Überzeugung, „der stärkste Grund für das Volk, […]

das Recht zu behalten, Waffen zu besitzen und zu tragen, ist wie ein letzter Ausweg, um sich gegen die Tyrannei der Regierung zu schützen" (Martino, 2010, 10). Da die Taliban politische Gespräche kategorisch ablehnen, kann nur bewaffneter Widerstand Schutz gegen das despotische System bieten. Ihre Gewaltherrschaft liefert die ethische Begründung des bewaffneten Widerstands. Denn ihr Despotismus ist noch extremer als tödlicher Krieg. Er trachtet nicht nur danach, Menschen physisch zu liquidieren, sondern versucht auch, die historische Identität der nichtpaschtunischen Völker am Hindukusch auszuradieren. Elende Kapitulation stellt aber keine Option für Afghanistan und erst recht keine Alternative für die nichtpaschtunischen Völker am Hindukusch dar.

Der Begriff eines gerechten Krieges gegen die Tyrannei lässt sich aus der Allgemeinen Erklärung der Menschenrechte der UN aus dem Jahre 1948 ableiten. In den 30 Artikeln dieser Deklaration werden bürgerliche und Menschenrechte im Einzelnen aufgezählt und die Mitglieder der Organisation zur Einhaltung dieser Rechte verpflichtet. Daraus folgt im Umkehrschluss, dass im Fall der Unterdrückung bzw. der Nichtbeachtung der Verpflichtungen diese Rechte mit Gewalt erkämpft werden müssen. Genau dies ist der Preis, den das ausgeblutete Land für den Verrat der Troika (Khalilzad, Karzai und Ghani) viele Jahre lang bezahlen wird.

7.4 Afghanistan am Scheideweg der Geschichte

Balkanisierung oder angemessene Partizipation an Politik und Ressourcen

Allgemeine Einschätzung des radikalislamischen Fundamentalismus

Der zeitgenössische Fundamentalismus ist eine Reaktion auf die chronische politische Krise, soziale Misere und ökonomische Rückständigkeit der islamisch-arabischen Welt, der in nostalgischer Verklärung die Blütezeit des arabischen Imperiums gegenübergestellt wird. Durch die kapitalistische Globalisierung ist sie in Bedrängnis geraten und hat im Ringen um Weltherrschaft an Attraktivität und Vitalität verloren. Der Fundamentalismus erhebt Anspruch auf die Gestaltung der Weltordnung im Sinne einer Wiederherstellung alter imperialer Größe.

Die operative Arbeitsweise des modernen Fundamentalismus ist aggressiv, autoritär und seinem Wesen nach gewalttätig. Der „Djihad“ gegen Andersdenkende wird als religiöse Pflicht aller Muslime betrachtet. Takfiri-Fundamentalisten, die auch Muslime anderer islamischer Richtungen als Ungläubige einstufen, kämpfen ohne Erbarmen und nehmen den Tod unschuldiger Menschen in Kauf. Sie verwandeln sogar „Dar al-Islam“ (islamisches Territorium) in „Dar al-Harb“ (Territorium des Krieges). Orthodoxe islamische Theologie unterscheidet zwischen Dar al-Harb und Dar al-Islam. In Dar al-Harb ist der Islam nicht vorherrschend bzw. wird der „göttliche Wille“ nicht eingehalten. Dagegen ist Dar al-Islam ein „Territorium des Friedens“, in dem der Islam vorherrscht und Unterwerfung unter Gott stattfindet.

Takfiri-Fundamentalisten sehen sich im Dienst eines Gottes, der das Blutvergießen anderer Menschen als religiöse Pflicht, die Ausplünderung des Eigentums der Unterworfenen als islamisches Gebot und die Versklavung der Ungläubigen als legitim erachtet. Der Hang zum „Heiligen Krieg“ in der islamischen Welt resultiert aus dieser extremistisch-orthodoxen Überzeugung.

Mehrdimensionalität des Konfliktes am Hindukusch

Afghanistan als „Buzkaschi-Arena"

Afghanistan hat in den letzten Jahrzehnten viele politische Höhen und Tiefen erlebt. Die bitteren Erfahrungen haben die Idee, dass politische Partizipation an der Macht nur gewaltsam durchsetzbar ist, dominant werden lassen. Ihre Spuren lassen sich vom Staatsstreich 1978 und dem Sturz der Regierung 1992 durch Mujahedin über die Machtübernahme der Taliban 1996 bis 2001 eindeutig verfolgen. Zuletzt lässt sich der Einmarsch der Taliban-Milizen 2021 in Kabul in diese Reihe gewaltsamer Umstürze einordnen.

Der vorherrschende Konflikt in Afghanistan besitzt historische, politische, kulturelle und wirtschaftliche Dimensionen und hat sich wie der gordische Knoten zu einem Problemkomplex entwickelt. Die Machtergreifung der Taliban 2021 stellt eine Herausforderung sowohl für die interne Elite als auch für externe Mächte, insbesondere die regionalen Staaten, dar. In Ermangelung eines politischen Konsenses wird sich das Land zu einer „Buzkaschi-Arena" entwickeln. Dadurch wird die Gefahr der Balkanisierung des Landes heraufbeschworen. Anders als bei der Balkanisierung in Europa (Jugoslawien) wären verschiedene Regionen des Landes als selbstständige Staaten keineswegs überlebensfähig, dazu sind die ethnischen und Siedlungsstrukturen zu intensiv miteinander verwoben.

Es deutet vieles darauf hin, dass aufgrund des massiven Vorgehens der Taliban-Milizen gegen das afghanische Volk aus dem zersplitterten Widerstand verschiedener potenzieller Sparten der oppositionellen Kräfte ein bewaffneter Kampf in neuer Version entstehen wird, wobei die junge, in einer Atmosphäre der Freiheit groß gewordene Generation die Schlüsselrolle spielen wird. Damit würde eine notwendige Voraussetzung für die Formierung einer konsistenten Opposition entstehen. Ausreichend für die Überwindung des brutalen Regimes wäre es jedoch keineswegs. Dafür sind, wie die Geschichte der letzten zweihundert Jahre nahelegt, die imperialen Verhältnisse, in die das Land eingebettet ist, ausschlaggebend. Die Strategie der externen Mächte ist jedoch noch verschwommen und nebulös. Viel wird auch davon abhängen, wie sich letzten Endes die imperialen Mächte

(Russland, USA und China) positionieren. Aber auch die Ambitionen anderer regionaler Kräfte (Iran, Pakistan, Indien und Saudi-Arabien) sollten nicht gering eingeschätzt werden.

Epilog:
Von einer segmentären Gesellschaft zur Nation: eine Sisyphusarbeit

In vielen afrikanischen Gesellschaftsformationen werden die Herrschaftsstrukturen als „segmentär" bezeichnet. Auch in Zentralasien, darunter auch am Hindukusch, werden die komplizierten sozialen und politischen Beziehungen fragmentierter, separat nebeneinander bestehender Gesellschaften als segmentär charakterisiert (Sigrist, 1967, 10). Eine segmentäre Gesellschaft definiert Sigrist als „eine akephale (d. h. politisch nicht durch eine Zentralinstanz organisierte) Gesellschaft, deren politische Organisation durch politisch gleichrangige und gleichartig unterteilte mehr- oder vielstufige Gruppen vermittelt ist" (Sigrist, 1967, 30). Hierbei wird als Hauptmerkmal der segmentären Gesellschaften das Fehlen bzw. die Ablehnung der Autorität einer Zentralinstanz, d. h. des Staates, hervorgehoben. Im Kontext dieser Bestimmung werden die Gesellschaftsstrukturen der Paschtunen in Afghanistan als ethnisch und segmentär charakterisiert, weil sie nicht von zentralen politischen Institutionen, sondern von „lineages" gleichrangiger Gruppen geprägt sind. Die Herrschaftsstruktur beruht auf dem Prinzip Primus inter Pares. Hierbei existieren Segmente nebeneinander, die auf Abstammung und Verwandtschaft basieren, sich in Negation anderer Stammesgesellschaften definieren und sich in ihrer Feindschaft zum Zentralstaat einig sind.

Bei der Anwendung des Begriffs auf die paschtunische Gesellschaft sind zwei Einschränkungen zu beachten. Zunächst kann diese Bestimmung nur für die Segmente der Paschtunen angewandt werden, die den sozialen Wandel durch die Urbanisierung nicht mitgemacht haben. Noch wichtiger ist eigentlich die Tatsache, dass sich die paschtunische Machtelite seit 1747 im Vielvölkerstaat Afghanistan als „Herrenvolk" fühlt und als solches die tragende Säule des afghanischen Staates bildet. Hier kommt das krasse Paradox zum Vorschein, dass eine Ethnie, die dem Staat gegenüber strukturell ablehnend eingestellt ist, sich gleichzeitig zur Staatsbildung berufen fühlt. Dieser eigenartige Widerspruch wird noch verschärft durch den Umstand, dass die paschtunische Machtelite die nichtpaschtunische Elite ignoriert und für sich einen monoethnischen Anspruch auf Dominanz in Wirtschaft und Gesellschaft reklamiert.

Das Konzept der segmentären Gesellschaftsformation lässt sich kaum auf die nichtpaschtunischen Ethnien des Landes übertragen. Die Tadschiken sind mehr im städtischen Milieu wohnhaft und selbst ihre traditionellen Siedlungen besitzen schon urbanisiertes Gepräge. Trotz des ungleichen Zugangs zu Grund und Boden und saisonaler Konflikte über Wasserrechte stehen die Siedlungen der Tadschiken nicht auf Kriegsfuß miteinander. Die weiterverbreitete Kultur der „Farsiwanen", verankert in Farsi als Sprache und Kultur, macht Tadschiken als eine ethnische Einheit erkennbar.

Auch auf andere Ethnien (Hazara, Usbeken und Turkmenen) lassen sich die Kategorien der segmentären Gesellschaftsformation nicht adäquat anwenden. Sie sind in geografisch abgrenzbaren Siedlungen als Dorfgemeinschaften organisiert und zeichnen sich dadurch aus, dass sie versuchen, politischer Isolation, ökonomischer Misere und kultureller Unterdrückung durch Einwanderung in städtische Milieus zu entkommen, um in den Genuss sozialer Dienste des Staates zu gelangen.

Daher lässt sich der Begriff der segmentären Gesellschaftsformation keineswegs auf das ganze Land anwenden. Ein solche Sichtweise würde der Diversität der Produktionsweisen nicht gerecht. Wie im ersten Kapitel skizziert, sind Gesellschaft und Wirtschaft des Landes durch ein „Ensemble" von Produktionsweisen charakterisiert, in denen sich die wechselvolle Geschichte und die natürlichen Produktionsbedingungen widerspiegeln. Bei internen Determinanten spielen diejenigen Faktoren eine Rolle, die aus den naturgeografischen Bedingungen und den vorherrschenden gesellschaftlichen Verhältnissen im afghanischen Raum resultieren. Bei den externen Einflussfaktoren sind ökonomische und politische Aspekte eng miteinander verflochten. Die ökonomische Komponente bezieht sich in erster Linie auf die Auswirkungen des Transithandels und die damit einhergehenden sekundären Effekte. Interne und externe Bedingungen und Einflüsse haben die historische Formation des afghanischen Raumes in ihrer spezifischen Ausprägung hervorgebracht.

Wenn „das große Grundeigentum [...] wirklich Grundlage der mittelalterlichen, der feudalen Gesellschaft" (Politische Ökonomie, 1972, 91) war, so konnte sich in der im Zerfall befindlichen archaischen Gesellschaft des afghanischen Raumes aufgrund der topografischen und klimatischen Voraussetzungen im Zusammenhang mit der lange Zeit intakt gebliebenen Stammeskultur und dem retardierenden Effekt der periodischen Dekonstruktionen von außen keine dominierende feudale Gesellschaftsformation entwickeln. Während der Blütezeit der imperialen Reiche auf afghanischem Boden stellten die Großstädte politisch-ökonomische Machtzentren dar, die vor allem durch Tauschbeziehungen und ein Abgabensystem die umliegenden, von ihnen abhängigen Dörfer und Gemeinden ausbeuteten. Die handwerkliche Produktion in den städtischen Zentren war entweder auf die Bedürfnisse der Administration und zum Teil der städtischen Händlerschicht oder aber auf den Transithandel ausgerichtet.

Während der historischen Phasen der Stagnation und Destruktion, als die Großstädte durch Invasion von außen oder durch die Entfaltung der Zerstörungskraft der altansässigen, zentrifugal wirkenden Volksstämme demoliert wurden, beschränkte sich die Rolle der Städte auf das Anbieten kleinerer Dienstleistungen für den Transithandel. Dadurch wurden die Beziehungen zwischen den Städten und dem Lande ebenfalls auf ein Minimum reduziert, ohne dass allerdings die Dorfgemeinden in ihren Aktivitäten merklich beeinträchtigt gewesen wären. Denn die Reproduktion war eigentlich in den Dorfgemeinden schon immer fast autark; der Tausch bäuerlicher gegen handwerkliche Produkte aus der Stadt war die meiste Zeit nur von marginaler Bedeutung. „In Ermangelung einer lokalen Reproduktionsbasis waren Handwerker häufig gezwungen gewesen, von Dorf zu Dorf zu wandern und unmittelbare Auftragsproduktion auszuführen" (Oesterdiekhoff, 1978, 139).

Die materielle Grundlage der Machterhaltung und der Machterweiterung der auf dem afghanischen Boden entstandenen Reiche bildeten, wie im Einzelnen skizziert, die auf Raubzügen gemachte Beute und die von anderen Völkern erzwungenen Tribute. Entfielen diese Tribute, so zerfiel nach dem Verbrauch der Reserven das Reich. Versuchte die Zentralinstanz auf Kosten der zentrifugalen Kräfte ihren unmittelbaren Machtbereich zu erweitern, konnte das nur gelingen, wenn Loyalität auf dem Land durch zusätzliche Finanzmittel oder Konzessionen, die von zentrifugalen Kräften als lukrative Kompensationsgeschäfte akzeptiert wurden, erkauft werden konnte. Wurden die für die Machterhaltung bzw. Machterweiterung der Zentralinstanz benötigten Mittel durch Steuererhöhung, von der die zentrifugalen Kräfte direkt betroffen waren, finanziert, war ein derartiger Versuch im Ansatz zum Scheitern verurteilt. Dazu war die Erschließung externer Finanzmittel erforderlich.

Unter diesen Bedingungen ist es nicht überraschend, dass die Ansätze zentralisierter Staatsbildung im Top-down-Verfahren in Afghanistan gescheitert sind. Der segmentäre und akephale Charakter der paschtunischen Gesellschaftsformation, das ambivalente Verhältnis ihrer Elite zum Staat, ihr Monoethnizismus und die Diskriminierung anderer Ethnien verhinderten den Prozess der Nationenbildung und fixierten das Land in prekärer Abhängigkeit von externen Interessen. Trotz aller vorhersehbaren Schwierigkeiten bietet sich ein Bottom-up-Ansatz als verbleibende Option an, um Afghanistan aus dem gefährlichen Zirkel von „institutionalisierter Anarchie" und um sich greifender Balkanisierung zu retten.

Für den Aufbau einer demokratisch konzipierten Gesellschaft und Wirtschaft ist ein radikaler Paradigmenwechsel erforderlich. Im Bottom-up-Ansatz sollten aber die vorhandenen staatlichen Strukturen mit den 34 Provinzen beibehalten werden. Ansonsten würde eine Neugestaltung gleich zu Beginn der Reform Probleme aufwerfen, für die zunächst kaum eine angemessene Lösung gefunden werden könnte. In den existierenden 34 Provinzen können von der Bezirksebene ausgehend demokratische Wahlen durchgeführt werden, die anschließend auf die Städte und die Provinzen (Gouverneure) ausgedehnt werden. Quasi als krönender Abschluss des Prozesses würden demokratische Wahlen auf Landesebene durchgeführt. Bislang wurden die Gouverneure und alle anderen Posten in der Provinzverwaltung von der Zentrale in Kabul eingesetzt. Die lokale Machtelite konnte nicht zur Rechenschaft gezogen werden, da die Beamten von der Zentrale ernannt und vor Ort nicht rechenschaftspflichtig waren. Die Entfremdung der Bevölkerung gegenüber dem Staat war damit unüberwindbar. Schon seit jeher stellte ein Klientelsystem sicher, dass korrupte Personen nicht zur Rechenschaft gezogen wurden, wenn sie „von oben" eingesetzt waren. Auf jeden Fall müssen die demokratisch gewählten Gouverneure mit zusätzlichen Kompetenzen und Finanzen ausgestattet werden.

In diesem Zusammenhang benötigt das Land vor allem eine grundbedürfnisorientierte Entwicklungsstrategie, die auf die spezifische Situation der Bevölkerung zugeschnitten sein muss. Diese Strategie impliziert die Gewährleistung der Mindestausstattung einer Familie mit ausreichend Nahrungsmitteln, menschenwürdiger Wohnung und angemessener Kleidung. Über die Gewährung der erwähnten Güter hinaus müssen auch die Verfügbarkeit elementarer öffentlicher Dienstleistungen wie Trinkwasser, Anlagen, Transportmittel, Gesundheits- und Bildungseinrichtungen sowie Möglichkeiten kultureller Entfaltung sichergestellt werden (Samimy, 1993, S. 168).

Die Bedürfnisse der Provinzen nach öffentlichen Dienstleistungen, z. B. Versorgung mit Trinkwasser, Elektrizität und Gesundheitsdiensten, müssen nach einem allgemein akzeptierten Index erfasst und priorisiert werden. So sollten z. B. zunächst die Provinzen mit Krankenhausbetten ausgestattet werden, die bezogen auf ihre Einwohnerzahl über vergleichsweise wenige Betten verfügen. Dieses grundbedürfnisorientierte Konzept muss eingebettet sein in eine Strategie der Förderung der Binnenmarktproduktion und des Exportsektors, möglichst unter Vermeidung außenwirtschaftlicher Abhängigkeit von Monoexportprodukten.

Zwei weitere Aufgaben sind mit Priorität zu behandeln: Um den Prozess der Nationenbildung auf den Weg zu bringen, ist die kompromisslose Umsetzung der Charta der UN-Menschenrechte unabdingbar. Die Garantie der Menschenrechte und rechtsstaatlicher Verfahren ist notwendige Komponente einer liberalen Demokratie. Zum anderen müssen die Kompetenzen der Provinzen im Bereich der öffentlichen Dienstleistungen gestärkt werden, gerade um eine zielgerichtete und effiziente Versorgung der Bevölkerung zu gewährleisten. Generell sollte die Steuerung des Ressourceneinsatzes dem Subsidiaritätsprinzip folgen, d. h. auf sachlich nicht gerechtfertigte Zentralisierung verzichten.

Fazit

Der Pufferstaat Afghanistan: ein brüchiges Schiff im stürmischen Ozean

Seit den ersten Militärschlägen der USA in Afghanistan am 7. Oktober 2001 sind inzwischen 21 dornenreiche Jahre vergangen. Das „Global Village“ hat strukturell und funktional grundlegende Umwälzungen erfahren, denn die Implementierung der US-Strategie der „full-spectrum dominance“ hat empfindliche Niederlagen erfahren. Die „neoliberale“ Globalisierung hat dazu geführt, dass nun unsere „einzige Welt“ von einer unipolaren Struktur zu multipolarer Blockbildung fortschreitet. Die Hegemonie der USA unter den klassischen kapitalistischen Staaten hat deutliche Risse erfahren und die imperiale Strategie der USA gegenüber den „Peripheriestaaten“ hat in vielfacher Hinsicht an Brisanz verloren. Die neuen „autozentrierten Staaten“, z. B. China und Indien, machen den USA die althergebrachten imperialen Ansprüche streitig. Das „Himmelreich China“ versucht schleichend, aber konsequent neben der bestehenden, immer noch von den USA dominierten Weltordnung „alternative imperiale Verhältnisse“ zu schaffen. Dazu dient u. a. das gigantisch angelegte Projekt „One Belt, One Road“. Das auch als „Neue Seidenstraße“ bekannte Projekt umfasst seit 2013 Pläne zum Auf- und Ausbau interkontinentaler Handels- und Infrastrukturnetze zwischen dem „Himmelreich“ und 60 Ländern Afrikas, Asiens und Europas. Nach der „historischen Erniedrigung“, welche die Russische Föderation nach der Auflösung des sowjetischen Imperiums hinnehmen musste, scheut nun Moskau nicht davor zurück, zur Überwindung ihrer „historischen Tragödie“ überall – in Syrien, der Ukraine oder auch Afghanistan – den USA die Stirn zu bieten. Andere ehemalige Peripheriestaaten, z. B. die Türkei, Indonesien und Brasilien, die sich an der Schwelle zum „autozentrierten“ Status befinden, erhalten in einer multipolaren Welt mehr Spielraum und werden sich kaum noch den Zwängen der alten imperialen Verhältnisse unterwerfen.

Die im Entstehen begriffene neue Weltordnung wird das Schicksal des peripheren Pufferstaates Afghanistan entscheidend prägen. Immerhin vermag Jean-Paul Sartre schwachen Trost zu spenden, wenn er feststellt: „Der Mensch ist zur Freiheit verurteilt.“ Worüber vorgestern noch als utopisch gelästert und was gestern als schwierig eingestuft wurde, kann heute durchführbar und morgen unleugbare Realität sein.

Quellen und Anmerkungen

II. Kapitel: Pseudolegitimation der Herrschaft im Namen der „Werktätigen"

2.1 Zur April-Revolution der Demokratischen Volkspartei Afghanistans

(1) Vgl. Vorschlag des ZK der DVPA zum Entwurf des Grundgesetzes, in Dari, Kabul 1976, S. 2
(2) Rede des Generalsekretärs der Partei, N. M. Taraki, Kabul, 09.05.1978
(3) Quarterly Economic Review (QER), 1978, S. 23
(4) QER, 2nd Quarter 1979, S. 19
(5) QER, Annual Supplement 1979, S. 10
(6) Afghani Mohasselan (afghanische Studenten), hrsg. vom Ministerium für höhere Erziehung Afghanistans, 11.12.1359, S. 39–41
(7) Neue Zeit, 05.02.1980
(8) taz, 14.11.1979, S. 10
(9) Das Flugblatt wurde unter dem Titel „Noor Mohammad Taraki, der sogenannte Führer der Chalqis" herausgegeben, S. 2, Spalte 1
(10) Indo-Asia, 1978, Heft 4, S. 4
(11) Vgl. Anis, Offizielle Regierungszeitung vom 10.07.1357, S. 5
(12) Anis, Offizielle Tageszeitung, 08.07.1357, S. 4
(13) Dieser Spruch wurde als großes Plakat überall propagiert. Es befand sich u. a. am Gebäude der Silo, einer Großbäckerei in Kabul
(14) Le Monde, 16.01.1980, und weiter 17.01.1980, 18.01.1980
(15) Archiv der Gegenwart, Folge 5/1980, S. 231
16) Le Monde, 16.01.1980
(17) Indo-Asia, 20. Jg., 1979, Heft 4, S. 431–432
(18) Archiv der Gegenwart, Folge 5/1980, 17–21, Januar 1980, S. 23184
(19) Ebenda
(20) Le Monde, 16.01.1980

2.1 Zum endgültigen Abzug der sowjetischen Soldaten aus Afghanistan

(1) Obwohl diesbezüglich die Echtheit des politischen Testaments des Zaren infrage gestellt wird, lassen sich die Absichten des Expansionismus Russlands aus dem Gorchakov-Memorandum eindeutig erkennen. Darüber hinaus hat die reale Entwicklung in den letzten 150 Jahren den Drang Moskaus zu weiteren Expansionen bestätigt. Vergleich: Gorchakov-Memorandum 1864, in: Fraser Tytler 1967, 338
(2) Hindustan Times, 04.03.1988 und Frankfurter Allgemeine Zeitung, 02.03.1988
(3) The Hindu, 05.03.1988
(4) National Herald, 07.03.1988
(5) Samimy, S. M.: Hintergründe der sowjetischen Invasion in Afghanistan, Studienverlag Dr. N. Brockmayer, 2. Auflage 1983, S. 93

(6) Zu den Einzelheiten vgl. Samimy, S. M.: a. a. O., S. 95–120
(7) Kuschkaki, S.: Dahai Qanun-e-Asasi (Das Jahrzehnt der Grundverfassung) in Farsi, Pakistan 1986 (1365), S. 183
(8) Arnold, A.: Afghanistan – The Soviet Invasion in Perspective, California 1981, S. 39
(9) Samimy, S. M.: Afghanistan – National-demokratische Strömungen neuen Ursprungs, Karlsruhe 1985, Institut für Afghanistanforschung, S. 15
(10) Zu den einzelnen Maßnahmen und deren Auswirkungen vgl. Samimy, S. M.: o. a. S. 3–23
(11) Zu Afghanistan und Entspannungspolitik vgl. Behrens, H.: Die Afghanistan-Intervention der UdSSR. Tuduv-Verlagsgesellschaft, München 1982, S. 158–176
(12) Ebenda
(13) World Defence Almanac, 1986/87, S. 28
(14) Der Anteil der Kosten der Kriegsführung in Afghanistan an den Gesamtausgaben der Sowjetunion im Ausland wird auf 20 % geschätzt. Nach Kuba und Vietnam (jeweils 30 % bzw. 25 %) liegt er an dritter Stelle.
(15) Archiv der Gegenwart, 1. bis 16. Januar 1987

III. Kapitel: Zur theokratischen „Legitimation" der Machtausübung der Islamisten

3.1 Chaotische Herrschaft der Mujahedin

(1) AFP-DEU, 25.04.92, 6
(2) AP, 24.04.92, 134
(3) Ebenda
(4) AP, 25.04.92, 107
(5) AP, 25.04.92, 7904
(6) RTR-DEU, 25.04.92, 107
(7) DPA, 24.04.92, 521
(8) RTR-Asien, 25.04.92, 6834
(9) RTR-DEU, 25.04.92, 51
(10) RTR-DEU, 25.04.92, 5
(11) DPA, 28.06.92, 321
(12) Neue Zürcher Zeitung, 24.06.1992
(13) Mojaddedi, Rede vom 29. Juni 1992, Kabul
(14) Ebenda
(15) In einigen Meldungen ist sogar von fünf Jahren die Rede, vgl. dazu: Süddeutsche Zeitung, 1992, Nr. 144, S. 10
(16) Mojaddedi, Rede vom 29. Juni 1992, Kabul
(17) Ebenda
(18) Ebenda
(19) Ebenda

(20) Ebenda
(21) Die Zeit, 29.10.93
(22) Radio Kabul, Dari, 16:05, 01.06.1992
(23) Ebenda
(24) Ebenda
(25) Süddeutsche Zeitung, 04.07.1992
(26) AP, 15.08.92,7575
(27) Ebenda
(28) RTR-Asien, 16.12.92, 7031
(29) RTR-Asien, 30.12.93,3121
(30) RTR-Asien, 30.12.93,3121
(31) RTR-Asien, 26.12.93, 5035
(32) Radio Kabul, Paschtu, 15:30, 28.12.92
(33) Gemeinsame Erklärung des Rates in Dari, Kabul, 30.12.92
(34) RTR-Deutsch, 02.01.93, 106
(35) RTR-Asien, 02.01.93, 8923
(36) RTR-Deutsch, 02.01.93,106

3.3 Zur Genesis und Konzeption der theokratischen Herrschaft der Tahrik Islami Taliban

(1) Cooperation Center for Afghanistan, CCA, Peshawar, Pakistan 1998
(2) Amnesty International, 1998, 9
(3) Ebenda
(4) Sunday Times, 01.11.1998
(5) Zarbul Islam, eine Zeitschrift der Islamisten in Peshawar, erste Nummer, 1998
(6) AFP, 26.02.2001
(7) UPI, 27.02.2001
(8) Ebenda
(9) IPS, 18.08.1997
(10) RTR-Europa, 09.12.97
(11) RTR-Asien, 05.06.97
(12) Kyodo News, Japan, 12.01.2001
(13) Said Bahuddin Majroh, Ein Statement, Peshawar, 1998, 4
(14) Ebenda
(15) Der Koran, Sure 4, Vers 59
(16) Ebenda
(17) www.whitehouse.gov

IV. Kapitel: Defizitäre demokratische Legitimation der Herrschaft:

4.1 Entstehung eines neuen Konstrukts als Nebenprodukt der Terroranschläge in den USA

(1) George W. Bush, www.whitehouse.gov

(2) Spiegel, Jahreschronik, 2001, S. 30

(3) Michael W. Doyle, Empire (Ithaca: Cornell University Press, 1986), S. 45. Hier zitiert nach Edward W. Said, Culture and Imperialism, New York 1993, S. 9

(4) George W Bush, www.whitehouse.gov

(5) DPA, 08.10.2001, 155

(6) Ebenda

(7) www.un.org/News

(8) DPA, 26.11.01/454

(9) www.un.org/News

(10) AFP, 23.Nov.01/82

(11) Zu Einzelheiten des Planes vgl. www.auswaertiges-amt.de/aussenpolitik

(12) DDP, 23. Nov. 01/34

(13) DPA, 23. Nov. 01/93

(14) DPA, 23. Nov. 01/645

(15) Informationszentrum der Vereinten Nationen in Bonn, 27. November 2001, Pressemitteilung 427

(16) Rede von Bundesaußenminister Fischer zur Eröffnung der Afghanistan-Konferenz, www.auswaertiges-amt.de

(17) Ebenda

(18) Dem hier zitierten Dokument liegt die deutsche Übersetzung des Auswärtigen Amts zugrunde, www.auswaertiges-amt.de

(19) Ebenda

(20) Ebenda

(21) Ebenda

(22) Ebenda

(23) Asa-MA-I, Eine unabhängige Zeitschrift der Afghanen im Ausland, Nr. 21/22, März 1922, S. 20

(24) Bonner Vereinbarungen: www.auswaertiges-amt.de/aussenpolitik

(25) Wiederaufbauprogramm Afghanistan, www.bmz.de

(26) AFPD, 3. Nov. 02/142

(27) Ebenda

(28) Ebenda

(29) www.irinnews.org

(30) www.pcpafg.org

(31) www.bmz.de

(32) www.myafghan.com

(33) www.bmz.de
(34) Ebenda
(35) Ebenda
(36) Dokument, Bonner Vereinbarungen, Anlage 1.2
(37) Resolution 1386 des UN-Sicherheitsrats
(38) www.un.org
(39) Ebenda
(40) dpa, 26.10.02/24
(41) RTRD, 03.07.02/118
(42) Ebenda
(43) DPAB, 03.07.44
(44) Ebenda
(45) Ebenda
(46) RTRD, 03.07.02/118
(47) US Rights Group: Over 800 Afghan Civilians killed in US Airstrikes, www.saba-woon.com
(48) Ebenda
(49) Afghanistan/Masar-e Scharif, Die Zeit, www.zeit.de/2002/27/Politik/200227_-spuren suche
(50) Ebenda
(51) Afghanistan: Urgent action needed, www.amnesty.org
(52) Afghanistan: Amnesty International urges humane treatment of detainees, www. web. amnesty.org
(53) RTRE, 20.10.02/441
(54) AFPD, 17.11.02/20

4.2 Der „demokratisch wiedergewählte" Präsident Karzai in Bedrängnis

(1) George W Busch, www.whitehouse.gov
(2) Nationale Entwicklungsstrategie: www.ands.gov.af, Strategischer Plan des Finanzministeriums: http://mof.gov.af/en
(3) Christa Mahar: Left Behind. In: Time, vol. 181, Nr. 23, 2013, S. 28
(4) http://www.spiegel.de/politik/ausland/gipfel-in-lissabon-nato-will-kampfeinsatz-in-afghanistan-2014-beenden-a-730262.html
(5) http://www.nato.diplo.de/contentblob/2978540/Daten/968933/Erkl_ AFG_Lissboa_DLD.pdf
(6) http://president.gov.af/en/news/979
(7) http://8am.af/1392/03/19/ahmadzai-interview-ejmaemelli-chairs
(8) Stephan Biddle, Ending the War in Afghanistan, in: Foreign Affairs, September/Oktober 2013, Essay, www.foreignaffairs.com/print/134868
(8a) Ebenda

(9) www.rand.org/pubs/monographs/MG59
(10) http://cia.gov/library/publicatiobns/the world-Facebook/goes/afhtml
(11) Christa Mahar: Left Behind. In: Time, vol. 181, Nr. 23, 2013, S. 2g
(12) Ebenda
(13) http://www.defense.gov/pubs/section_1230_Report_July_2013.pdf
(14) Ann Jones: Afghans mull three lousy options. In: Asia Times Online, http://atimes.com/atimes/Soujt _Asia /OA29Df03.html
(15) http://undp.org/content/undpt/en/homes/libraray/hdr/human_development-report 2011.html
(16) http://www.unodc.orgldocuments/crop- monitoring/Afghanistan/Afghanistan_opium_survey_2011_webpdf
(17) Afghan Perceptions and Experiences of Corruption, A National Survey 2010 of Integrity Watch Afghanistan, http://www.iwawb.org/Reports/PDF/IWA%20survey%202010.pdf
(18) http://www.auswaertigesamt.de/cae/servlet/contentblob/6o2882/publicationFile/162521/united%20nations.pdf
(19) http://auswärtes-amt.de/cae/servelet/vontenblob/604504/publicationFile/162929/Conference-Conclusions-international_Afghanistan_Conference_nonn_2011_Dari.pdf
(20) http://www.nato.int/history/index.html
(21) http://8am.af/1392/05/02/us_india_afg_relation-support/
(22) http://www.spiegel.de/politik/deutschland/peter-struck-die-praegnantesten-zitate-a-B7 3892.html
(23) Dr. Babak Khalatbari: Demokratieentwicklung in Afghanistan. Länderberichte, 5. August 2006, www.kas.de/afghanistan
(24) Ashfaq Yusufzai: Taliban Terror fears grow for Pakistanis, http://www. atimes.-com/atimes/south-Asia/Sou-01-281013.html und http://www.iwaweb.org/Reports/PDF/IWA%20corruption%surveyo/202010.pdf

4.3 Der fragliche „friedliche Machtwechsel" am Hindukusch

(1) http://a.files.bbci.co.uk/worldservice/live/assets/images/20l4/09/21/l40921121534_ld.jpg?w=713
(2) http://www.bbc.co.uk/persian/afghanistan/20l4/09/l40921_k04_afg- han election.shtml
(3) Ebenda
(4) http://www.auswaertiges-amt.de/cae/servlet/contentblob/602882/publicationFile/162521/united%20Nations.pdf
(5) http:// president.gov.af/en/news/97 9
(6) https://www.cimicweb.org/cmo/afg/Documents/Tokyo/CFC_Afghanis-tan_(lTokyo-Conference-Backgrounder_June2012.pdf

(7) http://www.iec.org.af/results/fa/elections
(8) http://www.afghanasamai.com
(9) http://www.dw.com/fa-af
(10) http://www.iec.org.af/results/fa/elections
(11) http://blog.daneshnamah.net/180-afghanistan-foreign-policy-payk-talk.html
(12) http://www.afghanpaper.com/nbody.php?id=92427
(13) http://www.longwarjournal.org/archives/2014/07/osama bin ladendisc.php
(14) Pervez Musharraf: In the Line of Fire. Hier persische Übersetzung, Maiwand Publikationen, Kabul, 2006, S. 312
(15) http://www.bbc.com/news/world-asia-3372107
(16) https://en.wikipedia.org/wiki/Muhammad_Rasul
(16a) Mullah Omar's son appointed Taliban's military commission chief for 15 provinces, http://www.khaama.com/mullah-omars-son-appointed-tali-bans-military-commission-chief-for-15-provinces-0544?utm_source=feedburner&utmmedium=email&utm_campaign=Feed%3A+khaa-ma+%28KHAAMA+PRESS+%7C+Afghan+Online+Newspaper+%26+-Magazine%29
(16b) http://www.zeit.de/politik/ausland/2016-05/mullah-achtar-mansur-taliban-tod-drohne
(16c) https://en.wikipedia.org/wiki/Hibatullah_Akhundzada
(17) und (18) Karzai doubts Pakistan has fullfilled commitments for afghan peace talks, in: http://www.khaama.com/?s=karzai
(19) Afghanistan Reconciliation: Hezbi Islami wants removal of restriction, http://www.khaama.com/?s=hezb-e+islami
(20) Zu Einzelheiten vgl. Borhan Osman: Beyond Jihad and Traditionalism. Afghanistans new generation of islamic asctivists, https://www.afghanistan-analysts.org/publication/aan-papers/between-jihad-and-traditio-nalism-afghanistans-new-generation-of-islamic-activists/
(21) Ebenda
(22) http://www.bbc.co.uk/persian/afghanistan/2014/11/141121_fm_saudi_ arabia_islamic_centre_kabul
(23) Die Führer der Mujahedin gründeten den Rat zur Aufrechterhaltung und zur Stabilität Afghanistans, http://www.bbc.com/persian/afghanis-tan/2015/12/151218_k05_afghan_jihadi_leaders_gathering
(24) http://www.ufuqnews.com/archives/27562
(25) http://www.worldbank.org/en/country/afghanistan
(26) http: //mof.gov.af/fa / documents

V. Kapitel: Historischer Rückblick: imperiale Beziehungen der USA zu Afghanistan

(1) In Small Things Remembered, The Years of US-Afghan Relation, http://www.meridian.org/insmallthingsremembered/
(2) Memorandum of Conversation by Mr. Richard S. Leach, December 8, 1948, vol. v/1, S. 491–492
(3) Streamflow Characteristics of Streams in the Helmand Basin, Afghanistan, by Tara Williams-Sether, U.S. Department of the Interior, Dirk Kempthorne, Secretary U.S. Geological Survey, Mark D. Myers, Director U.S. Geological Survey, Reston, Virginia: 2008, S. 104
(4) Newsweek, November 24, 1997, S. 74
(5) Newsweek, October 20, 1997, S. 43
(6) Newsweek, April 17, 1997, S. 12
(7) Newsweek, April 17, 1997, S. 12
(8) Newsweek, November 24, 1997, S. 28–29
(9) RTR-Eu, 23.09.97, S. 1198
(10) RTR-Asien, 31.10.97, 9291
(11) RTR-Asien, 13.05.97, 508
(12) IPS, 12.05.95
(13) Der Spiegel, 41/97, S. 184
(14) RTR-Asien, 08.11.97, 1162
(15) RTR-EU, 02.06.97, 2434
(16) Newsweek, April 1997, S. 97
(17) IPS, 27.10.97
(18) Ebenda
(19) Ahmad Taheri in einem Beitrag, „Politisches Feature“, vorgelegt bei der Deutschen Welle, 26.11.1997, S. 8
(20) IPS, 19.08.1997
(21) Ebenda
(22) Ebenda
(23) Ebenda
(24) RTR-Asien, 25.10.97, 7154
(25) RTR-Asien, 05.06.97, 8936
(26) AFP, 03.05.97, 33
(27) RTR-EU, 26.19.97, 229
(28) IPF, 27.10.97
(29) AFP, 06.04.97, 10
(30) RTR Asien, 14.05.97, 5105
(31) RTR-EU, 09.12.97, 18
(32) RTR-Asien, 28.08.97, 322

(33) RTR-Asien, 05.06.97, 8936
(34) RTR-Asien, 23.11.97, 8175
(35) Ebenda
(36) Defense Planning Guidance, National Security Council, 4/6/1992, S. 2, https://www.archives.gov/files/declassification/iscap/pdf/2008-003-docs1-12.pdf
(37) http://faslnaw.blogfa.com/post-88.aspx
(38) Strategischer Plan des Finanzministeriums, http://mof.gov.af/en
(39) http://www.ted.com/speakers/ashraf_ghani.html
(40) [http://en.wikipedia.org/wiki/Ministry_of_Finance (Afghanistan]
(41) http://www.afghanembassyjp.com/en/interviews/?in=
(42) http://www.usip.org/publications/afghanistans-economy-right-road-still-long-way-go
(43) http://www.afghanistan-un.org/wp-content/uploads/2012/07/Zakhilwal-Tokyo-Speech-Final.pdf
(44) http://www.gstar.blogfa.com/post-31.aspx
(45) Susanne Koelbe, 28.01.2009, Nato-Oberbefehlshaber erteilt rechtswidrigen Tötungsbefehl,
Kampf gegen afghanische Drogenhändler: Nato-Oberbefehlshaber erteilt rechtswidrigen Tötungsbefehl - DER SPIEGEL
(46) Javier Delgado Rivera. Mehr unter: Afghanistan's Drug Disorder, in: South Asia Monitor, A Perspective on, from and of the interest to the Region, July 17, 2020, Afghanistan's drug disorder: UN World Drug Report | South Asia Monitor
(47) Die SIGAR (Special Inspector General for Afghanistan Reconstruction) und das Pentagon gehen davon aus, dass die Einnahmen aus Drogenaktivitäten der Taliban jährlich etwa 1,5 Milliarden US-Dollar betragen. Javier Delgado Rivera, siehe oben (46)
(48) Afghanistan_brief_Nov_2021.pdf (unodc.org)
(49) Afghanistan_brief_Nov_2021.pdf (unodc.org)
(50) BND-Bericht: Taliban profitieren von Drogenanbau in Afghanistan, Taliban profitieren laut BND von Drogenanbau in Afghanistan - DER SPIEGEL
(51) The International Afghanistan Conference in Bonn, 5 December 2011. Afghanistan and the International Community: From Transition to the Transformation Decade, Conference Conclusion,
International Afghanistan Conference in Bonn, 5 December 2011 - Conference Conclusions (un.org)
(52) Mackenzie Eaglen, August 28, 2021, Estimating the Costs of 20 Years in Afghanistan
Estimating the Costs of 20 Years in Afghanistan | American Enterprise Institute - AEI
(53) Ebenda
(54) Ebenda

(55) Watson Institute, Brown University, Costs of War, Human and Budgetary Costs to Date of the U.S. War in Afghanistan, 2001-2022 | Figures | Costs of War (brown.edu)
(56) The U.S. War in Afghanistan 2001-2021, Council on Foreign Relation (cfr.org)
(57) Agreement for Bringing Peace to Afghanistan between the Islamic Emirate of Afghanistan, which is not recognized by the United States as a state. Taliban and the United States of America, February 29, 2020 which corresponds to Rajab 5, 1441 on the Hijri Lunar calendar and Hoot 10, 1398 on the Hijri Solar calendar, Microsoft Word - 10_v1-T_Draft Text [English - 20200229] - Edited (For State).docx
(58) Anthony H. Cordesman, US Strategy in Afghanistan, The Debate We Should Be Having, October 7, 2009
US Strategy in Afghanistan | Center for Strategic and International Studies (csis.org)
(58) David Petraeus, Afghanistan did not have to turn out this way, The Atlantic Magazin, August 8, 2022,
Petraeus: Our Lack of Commitment in Afghanistan - The Atlantic

VI. Kapitel: Das überraschende Finale des „demokratischen Gesellschaftsmodells

(1) Theoretiker des „gescheiterten Staates“ in Farsi نظریه‌پرداز دولت‌های ناکام؛ نقش غنی در فروپاشی افغانستان
هشت صبح 23 اسد 1401 نظریه‌پرداز دولت‌های ناکام؛ نقش غنی در فروپاشی افغانستان | روزنامه ۸صبح (8am.af)
(2) Ebenda
(3) Ashraf Ghani promised to 'fight to death' but fled Afghanistan, Antony Blinken, 21 November 2021 | US News (republicworld.com)
(4) Die unerzählten Geheimnisse des Untergangs der Republik in Afghanistan; Ahmad Zia Siraj, im BBC Persian,
رازهای ناگفته سقوط نظام جمهوری در افغانستان؛ احمد ضیا سراج - به عبارت دیگر (YouTube)
(5) VOA-Dari, صدای امریکا دری (darivoa.com)
(6) Afghanistan International, ein Jahr nach dem Sturz von Kabul, یک سالگی سقوط کابل (YouTube)
(7) Mohammad Akram Andishman: Warum ist die afghanische Armee zusammengebrochen?
Ein Interview mit dem General Ahmadi, in Farsi, چرا ارتش افغانستان فروپاشید؟ (goftaman.com)
(8) Ebenda

(9) Zitiert aus einem Werk von Ahmad Wali Massoud, نقلقول از نوشته: احمد ولی مسعود، .
آجندای ملی، ریفرم سیاسی و ایجاد صلح پایدار در افغانستان، واحد انتشارات؛ نهاد شهید مسعود، ۱۳۹۱، ص۳۰.
(10) Zalmay Khalilzad, https://de.wikipedia.org/wiki/Zalmay_Khalilzad

VII. Kapitel: Rückkehr der „Tahrik Islami Taliban"

7.1 Neue Positionierung der „engagierten Staaten" in Afghanistan

(1) Schröder: Deutsche uneingeschränkt solidarisch mit USA, Veröffentlicht am 12.09.2001
Schröder: Deutsche uneingeschränkt solidarisch mit USA - WELT
(2) John Rachel, An Objective Look at US Foreign Policy: an Interview With Norman Solomon, October 4, 2022, in: Counter Punch, An Objective Look at US Foreign Policy: an Interview With Norman Solomon - CounterPunch.org
(3) Russ Javid Ahmad, Russia and the Taliban Make Amends, Moscow's New Ally in Afghanistan 31, 2016, Russia and the Taliban Make Amends | Foreign Affairs
(4) Ebenda
(5) Ekaterina Stepanova: Russia's Approach to Afghanistan Following the Taliban Takeover. November 22, 2021, in: PONARS Eurasia, Russia's Approach to Afghanistan Following the Taliban Takeover - PONARS Eurasia
(6) Samarkand Declaration of the Council of Heads of State of Shanghai Cooperation Organization
September 16, 2022, Samarkand Declaration of the Council of Heads of State of Shanghai Cooperation Organization
(7) Dr. Samuel Romani, Russia and the Taliban: Prospective Partners? 14. September 2021
Russia and the Taliban: Prospective Partners? | Royal United Services Institute (rusi.org)
(8) Afghan crisis: Russia plans for new era with Taliban rule, 21. August 2021, Afghan crisis: Russia plans for new era with Taliban rule - BBC News
(9) Vormarsch der Taliban; Russland als Schutzmacht Zentralasiens, 14.08.2021, Taliban-Vormarsch: Russlands Rolle im Afghanistan-Konflikt – ZDF heute
(10) Reuters Kabul | Updated: September 5, 2022 3:19:02 pm
Two Russian embassy staff dead, 11 hurt in suicide bomb blast in Kabul | World News,The Indian Express
(11) Le Monde diplomatique, Dezember 2022, S. 4
(12) Nilofer Sakhi, Reflections on the 2022 Moscow Format,
https://www.atlanticcouncil.org/blogs/southasiasource/reflections-on-the-2022-moscow-format-consultations-on-afghanistan-and-regional-security/

und: Moscow Format meeting on Afghanistan to take place on November 16, https://tass.com/politics/1533541

(13) India participates in Moscow Format Consultations on Afghanistan, https://newsonair.com/2022/11/17/india-participates-in-moscow-format-consultations-on-afghanistan/

(14) Moscow format envoys unanimously support inclusive gov't in Kabul, https://amu.tv/en/24036/

(15) World Atlas, Zehn interessante Fakten über Tadschikistan, 10 interessante Fakten über Tadschikistan - WorldAtlas (worldmap-knowledge.com)

(16) Ebenda

(17) Mohammad Yunus Yawar, China 'shocked' at Kabul hotel attack that injured its five citizens,
https://www.reuters.com/world/asia-pacific/five-chinese-citizens-badly-injured-kabul-attack-businessman-says-2022-12-13/

(18) Afghanistan: The Taliban's victory will test India, and peace in South Asia,18 August 2021, Afghanistan: The Taliban's victory will test India, and peace in South Asia - BBC News

(19) Shubhajit Roy | New Delhi, Updated: November 25, 2020 7:27:03. The Indian Express,
India pledges aid to rebuild Afghanistan, commits to projects worth $80 million | India News, The Indian Express

(20) India weighs up new security risks in wake of Taliban takeover,
New Delhi faces problem of greater Pakistani influence on Afghanistan and implications for Kashmir insurgency, The Guardian, India weighs up new security risks in wake of Taliban takeover | India | The Guardian (21)

(21) Twitter.com/AmrullahSaleh2, August 19, 2021

(22) Pak Niha Dagia, Pakistan's Ruling Party Oblivious to People's Economic Woes, the unprecedented misery of Pakistani citizens is aggravated by the lack of sympathy from the government as it refuses to accept its contribution to record inflation, Pakistan's Ruling Party Oblivious to People's Economic Woes – The Diplomat

(23) Osama Rizwi, Economic Fallout of Pakistan's Political Crisis, April 14, 2022, Economic Fallout of Pakistan's Political Crisis – The Diplomat Economic Fallout of Pakistan's Political Crisis – The Diplomat

(24) KP, Khaama Press Fars, طالبان دیدار امیرخان متقی با احمد مسعود را تایید کرد (khaama.com)

(25) Irans Außenminister: Afghanistan sollte Frage der Hilmand-Wasserrechte lösen, 25. Juni 2022 05:42 Europe/Berlin, Pars Today,
Irans Außenminister: Afghanistan sollte Frage der Hirmand-Wasserrechte lösen - Pars Today

(25) Vinay Kaura, Türkei und die Taliban, Turkey and the Taliban | Middle East Institute (mei.edu)
(26) Türkei: Politisches Porträt, Türkei: Politisches Porträt - Auswärtiges Amt (auswaertiges-amt.de)
(27) Turkey and the Taliban. What are the points of difference and convergence? 14.9.2021, 23:48:16, Turkey and the Taliban.. What are the points of difference and convergence? - Teller Report

7.2 Taliban von der bewaffneten Opposition zur Regierungsverantwortung

(1) Economists' letter, 2022-08-10, Economists' Letter Afghanistan (squarespace.-com)
(2) World Bank, Data, GDP (current US$) - Afghanistan | Data (worldbank.org)
(3) PRESS 13, 2022, World Bank: Urgent Action Required to Stabilize Afghanistan's Economy, World Bank: Urgent Action Required to Stabilize Afghanistan's Economy
(4) PRESS RELEASE, April 13, 2022, World Bank: Urgent Action Required to Stabilize Afghanistan's Economy, World Bank: Urgent Action Required to Stabilize Afghanistan's Economy
(5) Afghanistan: Hunger and poverty surge as drought persists, Afghanistan: Hunger and poverty surge as drought persists | IFRC
und: SAVING LIVES, CHANGING LIVES, Afghanistan, Afghanistan | World Food Programme (wfp.org)
(6) Yusufzai, Arshad (March 7, 2022): "Sirajuddin Haqqani, feared and secretive Taliban figure, reveals face in rare public appearance", Arab News
(7) The Haqqani Network: A brief profile, EFSAS, European Foundation for South Asian Studies, The Haqqani Network: A brief profile, EFSAS
(8) Seeking Information, Sirajuddin Haqqani, @download.pdf (fbi.gov)
(9) Profile: Mullah Abdul Ghani Baradar, BBC News - Profile: Mullah Abdul Ghani Baradar
(10) Who is Mullah Abdul Ghani Baradar? All about Mullah Omar Confidant and Cofounder of Taliban, Arfa Javid, 21. August 2021, Josh, Who is Mullah Abdul Ghani Baradar? All about Mullah Omar Confidant and co-founder of Taliban (jagranjosh.com)
(11) Dar al-Halal (دارالجلال), Dar al-Qarar (دارالقرار) Dar al-Salam دارالسلام, Jannah al-Firdous جنه الفردوس, Jannah al-Mawi جنه الماوی, Jannah al-Khald جنه الخلد, Jannah al-Nu'im جنه الخلد, Jannah Aden جنه عدن.
(12) Sura Baqa, in Aya 61, Maryam Soura (سوره مریم، آیه ۶۱) heißt: „Gläubige werden schließlich an einen ewigen Ort namens Paradies gehen und ein Leben voller Segen und Glück führen". Genauso u. a., in Aya 73, soura zamar, wird das Paradies ausführlich beschrieben.

(13) Who ist Hamid Chorasani, حمید خراسانی کی است و چرا امرالله صالح موفق به دستگیری وی نشد - YouTube

(14) اختلافات درونی طالبان در پنجشیر؛ حمید خراسانی از صف طالبان جدا می‌شوداختلافات درونی طالبان در پنجشیر؛ حمید خراسانی از صف طالبان جدا می‌شود | روزنامه ۸صبح (8am.af)

(15) Chorasani ärgert sich خشم حمید خراسانی از رهبرانش

خشم حمید خراسانی از رهبرانش؛ اختلافهای میانگروهی طالبان جدی‌تر شده؟ (YouTube)

(16) Fortsetzung der Differenzen innerhalb der Taliban in Pandschir ادامه اختلافات درونی طالبان در پنجشیر؛ آمر حوزه بازارک زندانی شده است

ادامه اختلافات درونی طالبان در پنجشیر؛ آمر حوزه بازارک زندانی شده است | روزنامه ۸صبح (8am.af)

(17) ادامه اختلافات درونی طالبان در پنجشیر؛ آمر حوزه بازارک زندانی شده است ادامه اختلافات درونی طالبان در پنجشیر؛ آمر حوزه بازارک زندانی شده است | روزنامه ۸صبح (8am.af)

(18) Ethnischer Konflikt innerhalb der Taliban-Führung شفقنا, اختلافات قومی درمیان فرماندهان طالبان؛ حذف فرماندهان غیر پشتون از صفوف طالبان / بسیج طالبان برای قتل مهدی مجاهد تشدید اختلافات قومی درمیان فرماندهان طالبان؛ حذف فرماندهان غیر پشتون از صفوف طالبان / بسیج طالبان برای قتل مهدی مجاهد | خبرگزاری شیعیان افغانستان | Afghanistan - Shia News Agency (shafaqna.com)

(19) Taliban haben Mawlawi Mehdi getötet طالبان «مولوی مهدی» فرمانده متواری قوم هزاره را در حین فرار به ایران کشتند

نیروهای طالبان «مولوی مهدی» فرمانده متواری قوم هزاره را در حین فرار به ایران کشتند (iranianuk.-com)

(20) Maeda Sura, Ayat 6 und 7 سوره مائده، آیات 6-7 فاغسلوا وجوهکم و ایدیکم الی المرافق و امسحوا بروسکم و ارجلکم الی الکعبین)

(21) In einigen sunnitischen Quellen (wie Sahih Bukhari) wurde Ayesha wie folgt zitiert:

„Ich schlief vor dem Propheten (Friede und Segen auf ihm) und stellte meine Füße in die Nähe der Niederwerfung Seiner Majestät. Als er sich niederwerfen wollte, schlug er mein Bein und ich faltete meine Beine und als er aufstand, streckte ich meine Beine wieder!"

Original: عَنْ عَائِشَةَ زَوْجِ النَّبِیِّ(ص)، أَنَّهَا قَالَتْ: كُنْتُ أَنَامُ بَيْنَ يَدَیْ رَسُولِ اللهِ وَرِجْلَایَ، فِی قِبْلَتِهِ فَإِذَا سَجَدَ غَمَزَنِی، فَقَبَضْتُ رِجْلَیَّ، فَإِذَا قَامَ بَسَطْتُهُمَا»؛ بخاری، محمد بن اسماعیل، الجامع المسند الصحیح المختصر من أمور رسول الله(ص) و سننه و أیامه(صحیح بخاری)، ج 1، ص 86، بیروت، دار طوق النجاة، چاپ اول، 1422ق؛ قشیری نیشابوری، مسلم بن حجاج، المسند الصحیح المختصر بنقل العدل عن العدل إلی رسول الله(ص)(صحیح مسلم)، ج 1، ص 367، بیروت، دارالاحیاء التراث العربی، بی‌تا؛ شیبانی، أبو عبد الله أحمد بن محمد، مسند احمد بن حنبل، ج 42، ص 75، بیروت، مؤسسة الرسالة، چاپ اول، 1421ق؛ بیهقی، احمد بن حسین، السنن الکبری، ج 1، ص 203، بیروت، دار الکتب العلمیة، چاپ سوم، 1424ق. (islamquest.net)

(22) Namensliste der Kabinettsmitglieder der Taliban, die auf der schwarzen Liste des internationalen Terrorismus stehen:

1. Mullah Hasan Akhond, Ministerpräsident
2. seine Stellvertreter
3. Mullah Abdukl Haq Wasieq, Chef des Geheimdienstes
4. Sarajuddin Haqqani, Innenminister
5. Emir Khan Mottaqui, Außenminister
6. Schir Mohammad Abs Stanikzai, stellvertretender Außenminister
7. Khaslilullah Haqani, Minister für Flüchtlingsangelegenheiten
8. Khairullah Khairkhwao, Kulturminister
9. Mullah Fasel Mazlum, Stellvertretender Verteidigungsminister
10. Nurullah Nuri, Minister für Grenzen und Stämme
11. Qari Dien Mohammad Hanief, Wirtschaftsminister

Afghanistan: Who's who in the Taliban leadership - BBC News

(23) Einzelheiten der Kabinettsmitglieder der Taliban-Administration
بینه سرپرست طالبان را ببنید لیست کامل کابینه سرپرست طالبان را ببنید (afghanpaper.com)

(24) Short Biography of Imam Abu Hanifa. Biography of Imam Abu Hanifa | Islamic-Finder)

(25) Weil sie Paschtu nicht können, wurden sie entlassen", اطلاعات روز، ۱۸ حمل ۱۴۰۱
«ادعای تصفیه‌ی قومی در کمیسیون اصلاحات اداری؛ «پشتو بلد نیستید، منفک شدید - (etilaatroz.com)

(26) «تصفیه قومی» در ادارات دولتی در دایکندی؛ از تنزیل بست کارمندان تا برکناری آنان» - (etilaatro-z.com)

(27) پاکسازی‌های قومی در افغانستان: یک استاد دانشگاه به دلیل پیامدهای انتقاد از سیاست‌های قومی طالبان استعفا داد، از رادیو زمانه (radiozamaneh.com)

(28) کوچ اجباری هزارها از دایکندی، یادآور جنایات امیر عبدالرحمان است
https://www.hazarainternational.com/fa/?p=25209
(29) Anette Meiritz, USA blockieren Geldströme an die Taliban, Handelsblatt 18.08.2022,
https://www.handelsblatt.com/politik/international/afghanistankrise-usa-blockieren-geldstroeme-an-die-taliban/27527088.html
(30) The situation in Afghanistan and its implications for international peace and security, General Assembly Security Council Seventy-Sixth session, Seventy-seventh year Agenda item 39, The situation in Afghanistan, 220615_sg_report_on_afghanistan_s.2022.485.pdf (unmissions.org)
(31) Hardin Lang, Fit for Purpose: Getting Humanitarian Aid Right in Afghanistan. One Year after the Taliban Takeover, Report, August 2022, Refugee International,
https://www.refugeesinternational.org/reports/2022/8/16/fit-for-purpose-getting-humanitarian-aid-right-in-afghanistan-one-year-after-the-taliban-takeover
(32) Vereinte Nationen A/RES/217 A (III) 10. Dezember 1948, Dritte Tagung Resolution der Generalversammlung 217 A (III). Allgemeine Erklärung der Menschenrechte,
https://www.un.org/depts/german/menschenrechte/aemr.pdf
(33) Zur völkerrechtlichen Anerkennung des Taliban-Regimes in Afghanistan, Rechtsreferendarin Farina Clemens, 24. Februar 2022, Infobrief (bundestag.de)

7.3 Vielfältige Dimensionen des Widerstands am Hindukusch

(1) Paschtu News Agency:
جبهه ملی آزادگان؛ مولوی عمران فرمانده قطعه ضربتی فرقه ۱۱۱ طالبان را کشتیم! – Peshgo News Agency – خبرگزاری پیشگو کشته شدن سه فرمانده گروه طالبان توسط جبهه ملی آزاده گان در ولایت غزنی! – Peshgo News Agency – خبرگزاری پیشگو
(2) Paschtu News Agency:
– تصفیه کامل یک روستا در غزنی توسط جبهه ملی وطندوست! Facebook | جبهه وطن دوست (+20)
Peshgo News Agency – خبرگزاری پیشگو
(3) 5. Republik, Razaq Mamoon
جمهوری پنجم | رزاق مامون | برنامه 396 | یک سال پیش درهمین روز، همین ساعات
جمهوری پنجم | رزاق مامون | برنامه 396 | یک سال پیش درهمین روز، همین ساعات (YouTube)
(4) Ebenda
(5) Marc Perelman: Son of slain Afghan commander Massoud warns of 'civil war' if US troops leave hastily, france24.com, 24. März 2021, und: Ahmad Masssoud, Ahmad Massoud – Wikipedia
(6) Casey, John (28. August 2021). "Meeting Ahmad Massoud, the Sandhurst graduate taking on the Taliban". The Spectator.

(7) Son of famed Afghan commander Massoud steps into spotlight, Issued on: 28/08/2019 - 07:08, France 24

(8) WashingtonPost.com (U.S.), August 18, 2021

(9) Ahmad Massoud: „Decentralisation is the solution“, son of Afghan hero says, 2022 (thenationalnews.com)

(10) Grundsätze der Nationalen Widerstandsfront, in Farsi
جبهه مقاومت ملی افغانستان, خطوط اساسی جبهه مقاومت ملی افغانستان
خطوط اساسی - جبهه مقاومت ملی افغانستان (nationalresistance.org)
صفحه نخست - جبهه مقاومت ملی افغانستان (nationalresistance.org)

(11) The Anti Taliban Resistance Movement In Afghanistan, MEMRI, August 24, 2021 | By Tufail Ahmad and Y. Carmon, NRF

(12) Lebenslauf von Fahim Daschti,
https://fa.wikipedia.org/wiki/%D9%81%D9%87%DB%8C%D9%85_%D8%AF%D8%B4%D8%AA%DB%8C

(13) 6. September 2021, Afghanistan: Journalist leader Fahim Dashti killed in Taliban attack in Panjshir Valley
https://www.ifj.org/media-centre/news/detail/category/press-releases/article/afghanistan-journalist-leader-fahim-dashti-killed-in-taliban-attack-in-panjshir-valley-.html

(14) Freedom House (www.freedomhouse.org): Laut Freedom House sind von 194 Nationen der Welt 47 Nationen mit einer Bevölkerung von 2,3 Milliarden Menschen „nicht frei“. Einwohnern dieser Länder fehlt es an politischer Freiheit und Bürgerrechten.

Referenzen

Abedin, Mohan, 2019; How Iran Found Its Feet in Afghanistan, Tehran Learns to Talk to the Taliban, October 24, 2019, Foreign Affairs

Afghan, Samsor, 1998; Second Saqawi, in Pashto, Peshawar, Pakistan

Amin, Samir, 2011; Global History, A View from the South, Pambazuka Press, An Imprint of Fahamu, Andishmand, Mohammad Akram, 2005; The Years of Invasion and Resistance, in Dari, Entesharat Rasalat, Kabul

Ata-ie, Mohammad Ebrahim, 2005; A Survey of the Modern History of Afghanistan – in Pashto – Third Edition, Maiwand Khparawandoya Tolena, Pakistan

Auda, Jasser, 2017: MAQASID AL-SHARIAH AS PHILOSOPHY OF ISLAMIC LAW, a system approach

Basham, A. L, 1994; The Wonder That was India, Rupa & Co, 1994, S. 27

Bokhari, Kamran, 2022; The Search for Stability in Afghanistan, Can Iran and Pakistan Manage the Taliban's Emirate? January 11, 2022, Foreign Affairs

Bindabel, Wardah Abdukl Wagab, 2017; The Influence of Shariah (Islamic Principles) on Corporate Governance on Cross-Border Merger and Acquisitions Involving Islamic Companies in the Gulf Countries, Faculty of Business and Law, De Montfort University Leicester, UK

Bonn, G., u. a., in: Indo-Asien, 20. Jg. 1978, Heft 4, S. 360

Brechna, Habibo, 2005; Die Geschichte Afghanistans, Historische Ereignisse, Erzählungen und Erinnerungen, Hochschulverlag AG an der ETH Zürich AG

Carluci, Frank, u. a., 2000; Taking Charge, A Bipartisan Report to the President Elect in Foreign Policy and National Security, published by Rand

Cagaptay, Sonner, 2014; The Rise of Turkey: the twenty-first century's first Muslim power, potomac books, an imprint of the University of Nebraska Press

Caudill, Mildred, 1975; Helmand Arghandab Valley, Yesterday, Today, Tomorrow, Lashker Gah, Afghanistan

Chayes, Sarah, 2015; Thieves of States, Why Corruption Threatens Global Security, W. W. Norton & Company, New York, Washington

Cooley, John K., 2000; Unholy Wars in Afghanistan, America and International Terrorism, New Edition

Clarke, Coin, and Tabatabai, Ariane M, 2020; What Iran wants in Afghanistan, and what U.S. Withdrawal means for Teheran, July 8, 2020, Foreign Affairs

Doyle, Michael W, 1986; Empire, Ithaca: Cornell University Press, hier zitiert nach Edward W. Said, 1993, 9; Culture and Imperialism, New York

Dupree, Louis, 1980; Afghanistan, Princeton University Press, Princeton, New Jersey

Elphinstone, Mounstuart, 1991; An Account of Kingdom of Caboul, and its Dependencies in Persian, Tatary and India , Robert W. Forbes, hier zitiert nach der Farsi-Übersetzung: Asef Fekrat, Mashhad, 1374

Farhang, Mir Mohammad Sediq, 1988; Afghanistan in den letzten fünfhundert Jahren, Peshawar, Pakistan, in Farsi
Fraser Tytler, W. K., 1967; Afghanistan – A Study of Political Development in Central and Southern Asia, Third Edition, London 1967
Fukuyama, Francis, 1989; The End of History, The National Interest, Sommer
Garraty, John A., and Peter Gay, 1987; The Columbia History of The World, Harper & Row
Ghobar, Gholam Mohammad, 1980; Afghanistan im Laufe der Geschichte, QuM/Iran, in Farsi
،میر غلام محمد غبار: افغانستان در مسیر تاریخ، چاپ دوم، ایران قم
Götz, Roland, und Halbach, Uwe, 1992; Politisches Lexikon GUS, Verlag C. H. Beck, München
Gleig, G. R., 1846; Sale's Brigade in Afghanistan – Seizure and Defence of Jalalabad, London, John Murray, Albemarte Street
Grevemeyer, Jan Heeren, 1980; Das „neue Modell einer Revolution". Syndikat Autoren u. Verlagsgesellschaft, Frankfurt a. M.
Gul, Imtiaz, 2010; The Most Dangerous Place, Pakistan's Lawless Frontier, Penguin Books
Gupta, M. L., 2021; Afghanistan under Taliban Rule, Published by M: L. Gupta, India November, S. 21
Habibi, Abdul Hai, 1999; Kurze Geschichte Afghanistans, in Paschtu:
پوهاند عبدالحی حبیبی: "د افغانستان لنډ تاریخ»، دانش کتابتون، قصه خوانی پیښور ۱۹۹۹، پاکستان
Hero, Dilip, 1989; Holy Wars, The Rise of Islamic Fundamentalism New York, USA
Holms, John Pynchon, 2001; Terrorism, Today's Biggest Threat to Freedom, Kennington Book, New York
Hudud al Alam, 1970; Printed in Great Britain by Stephan Austin and Sons, Hertford Herts
Kohsad, Ahmad Ali, 1946; Geschichte Afghanistans, in Farsi:
،دلو ۱۳۲۵ احمد علی کهزاد: "تاریخ افغانستان"، از نشرات انجمن تاریخ، در مطبعه عمومی کابل (1946)
Lalzad, Abdul Khaleq, 2019; „Chorasan", in Farsi,
"پیشینه واژه های افغان، افغانستان و احیای نام تارسخس تاریخی "خراسان
Lalzad, Afghanistan.pdf.
Lee, Janathan, 2018; Afghanistan, A History from 1260 to The Present. Reaktion Books Ltd, London
Jaqubi, Said Dawood, Untersuchung des Panjsher-Namens, in: Qabzani, S. 111
Jones, Seth G., und Blanchette, Jude, 2021; What's Bad for Washington Isn't Necessarily Good for Beijing, September 13, 2021, in: Foreign Affairs
Kamran, Tahir and Zaidi, Abbas, 2016; Faith-Based Violence and Deobandi Militancy in Pakistan. Basingstoke: Palgrave Macmillan

Keddi, Niki, 1983; An Islamic Response to Imperialism, California, USA
Khalilzad, Zalmay, 2016; The Envoy: From Kabul to the White House, My Journey Through a Turbulent World, St. Martin's Press
Keeble, Harry, und Hollington, Kris, 2019; Terror Cops, Pocket Books, London, Sydney and New York,
Terror Cops - Harry Keeble, Kris Hollington - Google Books
Khoury, A. H., 2003; Ancient and Islamic Sources of Intellectual Property Protection in the Middle East: A Focus on Trademarks. IDEA
Kohsad, Ahmad Ali, 1989: Panjsher, in: Abdul Hai Qabzani, Panjsher aus der Sicht der Historiker, Saied-Druckerei, Kabul 1989, Kabul, Farsi
Lalzad, Abdul Khaleq, 2019; Die Geschichte der Namen von Afghan, Afghanistan und die Wiederbelebung des Namens Chorasan, in Farsi: پیشینه های واژه های افغان، افغانستان و احیای واژه خراسانgal zad afghanistan.pdf
Lapidus, Ira M, 1988; A History of Islamic Societies, Cambridge University Press
Lee, Jonathan, 2018; Afghanistan, A history from 1260 to the Present, published by Reaktion Books Ltd
Maprayil, Cyriac, 1982; The Soviets and Afghanistan, Cosmic Press London
Martino, Joseph P., 2010; Resistance to Tyrany, published in the United States of America
Marx-Engels, Ausgewählte Schriften, Dietz-Verlag, 1970, Bd. II
Mills, Richard, 2007; Karzai, The Failing American Intervention and Struggle for Afghanistan, Willy & Son, United States of America
Mousavi, Sayed Askar, 1998; The Hazaras of Afghanistan – A Historical, Cultural, Economic and Political Study, Curzon, London
Myers, Richard, 2004; The National Military Strategy for the United States, A Strategy for Today, A Vision for Tomorrow, Defense Ministry, Washington
Ochmanek, David, 1997; Strategy Appraisal, Strategy and Defense Planning for 21st Century, Rand Corp.
Oesterdiekhoff, Peter, 1978; Hemmnisse und Widersprüche in der Entwicklung armer Länder. Darstellung am Beispiel Afghanistans, München
Politische Ökonomie, 1972; Vorsozialistische Produktionsweise, Verlag Marxistische Blätter, Frankfurt a. M.
Maley, William, 1998; Fundamentalism Reborn, Afghanistan and the Taliban, Vanguard Books, Lahore
Marsden, Peter, 1998; The Taliban War, Religion and the New Order in Afghanistan, London and N.Y.
Marx-Engels, 1970; Ausgewählte Schriften in zwei Bänden, Dietz-Verlag, Bd. II
Nilab Rahimi, Panjsher in „Hodudul Alem, in: Qabzani, 2016
Rashid, Ahmad, 2000; Taliban, Militant Islam, Oil and Fundamentalism, Yale University Press

Rohe, Mathias, 2011; Das Islamische Recht. Beck, München
Roy, Oliver, 1986; Islam and Resistance in Afghanistan, Yale University Press, Cambridge
Rubin, Burnett R., 2013; Afghanistan from the Cold War through the War on Terror, Oxford University Press
Rudersdorf, K. H., 1980; Afghanistan, eine Sowjetrepublik? rororo aktuell
Qabzani, Abdul Hai, 2016; Panjsher, aus der Sicht der Historiker, Kabul, in Farsi
Said, Edward W., 1993; Culture and Imperialism, New York
Samimy, Said Musa, 1981; Afghanistan, Hintergründe der sowjetischen Invasion, Studienverlag Dr. N. Brockmeyer, Bochum
Samimy, Said Musa, 1992; Die sowjetische Afghanistan-Politik in Afghanistan, Bumerang einer Strafexpedition? Institut für Afghanistanforschung, Pahl-Rugenstein Verlag Nachfolger GmbH, Bonn
Samimy, Said Musa, 1993; Afghanistan, Gefangener seiner eigenen Widersprüche, Pahl-Rugenstein, Bonn
Samimy, Said Musa, 2003; Afghanistan – Tragödie ohne Ende? Horlemann Verlag, Bad Honnef, Bonn
Samimy, Said Musa, 2016; Afghanistan, Chronik eines gescheiterten Staates, Frieling & Huffmann GmbH & Co. KG, Berlin
Scott, Peter Dale, 2003; The United States in Afghanistan, Columbia and Indochina, Drugs, Oil and Wars, Rowman & Littlefield Publishers
Shah, Aqil, 2022; The Shambolic End of Imran Khan. Pakistan's Prime Minister Leaves - But the Generals Remain, Foreign Affairs, April 15, 2022
Shirzai, Frydon, u. a. (Frydoun, Shirzai, Ghulam Farouq, Richard Scott), 1975; Farm Economic Survey of The Helmand Valley, USAID/DP, Kabul, Afghanistan, 1975
Sigrist, Christian, 1967; Regulierte Anarchie. Untersuchungen zum Fehlen und zur Entstehung politischer Herrschaften in segmentären Gesellschaften Afrikas, Walter Verlag, Olten und Freiburg im Breisgau
Thukydides, 2013; The Complete Work of Thucydides, Delphi Classics
Tibi, Bassam, 1998; The Real Imam. Islam from Mohammad until Today, Piper Verlag GmbH, Munich
Voje, Julian, 2014; Die geostrategische Bedeutung Afghanistans aus Sicht der USA: Kontinuität und Wandel 1979–2008, Inaugural-Dissertation zur Erlangung der Doktorwürde der Philosophischen Fakultät der Rheinischen Friedrich-Wilhelms-Universität, Bonn
Yousaf, Mohammad, und Adkin, Mark, 1992; The Bear Trap, Jung Publisher, Lahore, Pakistan
Zafaryab, Ahmad, 1985; „Moududis" Islamic State, in: Islam, Politics and The State: The Pakistan Emergency, hrsg. von Mohammad Asghar Khan

Biografie und Werke des Verfassers

Dr. Said Musa Samimy wurde 1945 in Afghanistan geboren und kam nach dem Studium der Wirtschaftswissenschaften an der Universität Kabul 1968 nach Deutschland.

Nach seiner Promotion im Jahre 1977 über internationale Währungsordnung kehrte er zurück und übernahm einen Lehrauftrag an der Wirtschaftsfakultät Kabul. Politische Repressalien zwangen ihn nach zwei Jahren jedoch dazu, das Land wieder zu verlassen.

Von 1998 bis 2010 war der Autor Redakteur bzw. Leiter der Afghanistan-Redaktion des Asien-Programms der Deutschen Welle.

Er ist Begründer und erster Direktor des Instituts für Afghanistanforschung und Mitarbeiter bei zahlreichen deutsch- und englischsprachigen Zeitschriften.

Bisherige Veröffentlichungen von Dr. Said Musa Samimy

Hintergründe der sowjetischen Invasion in Afghanistan, Studienverlag D. N. Brockmeyer, Bochum, 1981

Afghanistan, Bumerang einer Strafexpedition; Institut für Afghanistan-Forschung, Pahl-Rugenstein Verlag Nachfolger GmbH, Bonn 1992

Afghanistan, Gefangener seiner eigenen Widersprüche? Institut für Afghanistan-Forschung, Pahl-Rugenstein Verlag Nachfolger GmbH, Bonn, 1993

Afghanistan, Tragödie ohne Ende, Horlemann Verlag, Bad Honnef, 2003

Afghanistan, Chronik eines gescheiterten Staates, Buchwerkstatt Berlin, Frieling & Huffmann GmbH & Co. KG, 2016